Planejamento
Estratégico

O GEN | Grupo Editorial Nacional – maior plataforma editorial brasileira no segmento científico, técnico e profissional – publica conteúdos nas áreas de ciências sociais aplicadas, exatas, humanas, jurídicas e da saúde, além de prover serviços direcionados à educação continuada e à preparação para concursos.

As editoras que integram o GEN, das mais respeitadas no mercado editorial, construíram catálogos inigualáveis, com obras decisivas para a formação acadêmica e o aperfeiçoamento de várias gerações de profissionais e estudantes, tendo se tornado sinônimo de qualidade e seriedade.

A missão do GEN e dos núcleos de conteúdo que o compõem é prover a melhor informação científica e distribuí-la de maneira flexível e conveniente, a preços justos, gerando benefícios e servindo a autores, docentes, livreiros, funcionários, colaboradores e acionistas.

Nosso comportamento ético incondicional e nossa responsabilidade social e ambiental são reforçados pela natureza educacional de nossa atividade e dão sustentabilidade ao crescimento contínuo e à rentabilidade do grupo.

SALA DE AULA VIRTUAL

Idalberto **Chiavenato**
Arão **Sapiro**

Planejamento Estratégico

A NOVA JORNADA
DA INTENÇÃO AOS RESULTADOS

Entendendo como as organizações chegam aonde elas querem chegar

5.ª ed.

- Os autores deste livro e a editora empenharam seus melhores esforços para assegurar que as informações e os procedimentos apresentados no texto estejam em acordo com os padrões aceitos à época da publicação, *e todos os dados foram atualizados pelos autores até a data de fechamento do livro*. Entretanto, tendo em conta a evolução das ciências, as atualizações legislativas, as mudanças regulamentares governamentais e o constante fluxo de novas informações sobre os temas que constam do livro, recomendamos enfaticamente que os leitores consultem sempre outras fontes fidedignas, de modo a se certificarem de que as informações contidas no texto estão corretas e de que não houve alterações nas recomendações ou na legislação regulamentadora.

- Data do fechamento do livro: 20/01/2023

- Os autores e a editora se empenharam para citar adequadamente e dar o devido crédito a todos os detentores de direitos autorais de qualquer material utilizado neste livro, dispondo-se a possíveis acertos posteriores caso, inadvertida e involuntariamente, a identificação de algum deles tenha sido omitida.

- **Atendimento ao cliente: (11) 5080-0751 | faleconosco@grupogen.com.br**

- Direitos exclusivos para a língua portuguesa
  Copyright © 2023 *by*
  Editora Atlas Ltda.
  Uma editora integrante do GEN | Grupo Editorial Nacional
  Travessa do Ouvidor, 11
  Rio de Janeiro – RJ – 20040-040
  www.grupogen.com.br

- Reservados todos os direitos. É proibida a duplicação ou reprodução deste volume, no todo ou em parte, em quaisquer formas ou por quaisquer meios (eletrônico, mecânico, gravação, fotocópia, distribuição pela Internet ou outros), sem permissão, por escrito, da Editora Atlas Ltda.

- Capa: Bruno Sales Zorzetto

- Editoração eletrônica: 2 estúdio gráfico

- Ficha catalográfica

CIP-BRASIL. CATALOGAÇÃO NA PUBLICAÇÃO
SINDICATO NACIONAL DOS EDITORES DE LIVROS, RJ

C458g
5. ed.

    Chiavenato, Idalberto
    Planejamento estratégico : a nova jornada da intenção aos resultados : entendendo como as organizações chegam aonde elas querem chegar / Idalberto Chiavenato, Arão Sapiro. - 5. ed. - Barueri [SP] : Atlas, 2023.
      : il.

    Inclui bibliografia e índice
    ISBN 978-65-5977-440-1

    1. Administração de empresas. 2. Planejamento estratégico. 3. Planejamento empresarial. I. Sapiro, Arão. II. Título.

22-81434   CDD: 658.4012
                              CDU: 005.51

Gabriela Faray Ferreira Lopes - Bibliotecária - CRB-7/6643

À Rita,

Minha alma gêmea e meu mundo encantado. Mais que uma simples dedicatória, um sincero e profundo testemunho de sua marcante presença em todos os momentos de minha vida. Como musa inspiradora e mestra impulsionadora. Sempre com muito amor, paixão e admiração.

Idalberto Chiavenato

À Martha.

Porque eu te amo.

Eu te amo por você estar sempre presente em cada instante comigo. Eu te amo pelas lembranças que guardamos das lindas experiências que desfrutamos. Eu te amo pelos momentos de riso e de dor que passamos. Eu te amo por cada felicidade e sucesso que compartilhamos. Eu te amo porque você trouxe alegria ao meu coração, que bate mais rápido quando estou com você.

Arão Sapiro

Parabéns!

Além da edição mais completa e atualizada do livro *Planejamento Estratégico*, agora você tem acesso à Sala de Aula Virtual dos professores Idalberto Chiavenato e Arão Sapiro.

A **Sala de Aula Virtual** é a solução que você precisa para complementar seus estudos.

São diversos objetos educacionais, como vídeos dos autores, estudos de caso e muito mais!

Para acessar, basta seguir o passo a passo descrito na orelha deste livro.

Bons estudos!

Sempre que o ícone aparece, há um conteúdo disponível na Sala de Aula Virtual.

SOBRE OS AUTORES

Idalberto Chiavenato é Doutor (PhD) e Mestre (MsC) pela City University Los Angeles (Califórnia, EUA), especialista em Administração de Empresas pela Escola de Administração de Empresas de São Paulo da Fundação Getulio Vargas (FGV EAESP), graduado em Filosofia e Pedagogia, com especialização em Psicologia Educacional, pela Universidade de São Paulo (USP), e em Direito pela Universidade Presbiteriana Mackenzie.

Foi executivo de alto nível e consultor de empresas. Diretor de faculdades, professor honorário de várias universidades do exterior e renomado palestrante ao redor do mundo. Foi professor da FGV EAESP e do Mestrado para Estrangeiros da FGV do Rio de Janeiro. Fundador e presidente do Instituto Chiavenato e membro vitalício da Academia Brasileira de Ciências da Administração. Conselheiro e vice-presidente de Assuntos Acadêmicos do Conselho Regional de Administração de São Paulo (CRA-SP) e conselheiro do Conselho Federal de Administração (CFA).

Autor de 48 livros nas áreas de Administração, Recursos Humanos, Estratégia Organizacional, Comportamento Organizacional e Empreendedorismo publicados no Brasil, na América Latina, em Portugal, na Espanha, em Angola e em Moçambique. Recebeu três títulos de *Doutor Honoris Causa* por universidades estrangeiras, a Comenda de Recursos Humanos pela ABRH-Nacional e o Prêmio Jabuti de Literatura. Foi Juiz do Prêmio Nacional de Qualidade da Fundação Nacional de Qualidade (FNQ).

Prof. MSc Arão Sapiro é professor de cursos de graduação e pós-graduação em Administração e Engenharia de Produção. É graduado e mestre pela FGV EAESP, com certificados de Educação Continuada pela Faculdade de Economia, Administração e Contabilidade da Universidade de São Paulo (FEAUSP) e de Ensino do Método de Estudos de Casos pela Harvard Business School.

Autor de inúmeros artigos, ensaios e pesquisas sobre: liderança, planejamento estratégico, mudança & engajamento e negociação & mediação. Possui grande experiência em consultoria para organizações nacionais e multinacionais, públicas e privadas. Mentor para a implementação das melhores práticas do Instituto Brasileiro de Governança Corporativa (IBGC).

Como conferencista, viajou pelo Brasil, pela Angola e pelos Estados Unidos abordando temas relacionados a *advocacy* em prol da cultura de confiança.

Criador do Instituto de Estudos para a Colaboratividade (INSEC), sociedade civil de interesse público cujo objetivo é incentivar a competitividade de forma sustentável no longo prazo, com uma visão que vai além do foco de lucro no curto prazo.

PREFÁCIO

Nos dias de hoje, apenas o foco no curto ou curtíssimo prazo não é nada sustentável para qualquer organização e manter uma visão de longo prazo tem sido um desafio enorme para os líderes empresariais. Frente a tanta incerteza, turbulência, volatilidade e ambiguidade, a busca do equilíbrio entre o curto e o longo prazo é que pode produzir o valor capaz de beneficiar todas as partes interessadas no negócio da organização. O fato é que convivemos em uma tempestade econômica perfeita. E quanto mais forte a tempestade e maior o balanço vigoroso das ondas do mar e dos trovões e raios, tanto mais o timoneiro precisa estar atento e seguro em relação aos enormes desafios das águas revoltas por onde navega. Da mesma maneira, a turbulência e a incerteza que caracterizam o mundo atual dos negócios impõem enormes e crescentes desafios às empresas. À medida que esses desafios aumentam, também aumenta desproporcionalmente a necessidade do planejamento estratégico. É preciso garantir que o barco esteja preparado, saber exatamente para onde ir e como ultrapassar os desafios que intempestivamente surgem na viagem. Assim, chegar ao porto visado e no momento certo constitui a essência do sucesso da viagem. Da mesma forma, alcançar o resultado organizacional desejado constitui a essência do planejamento estratégico. É preciso chegar aonde se pretende chegar da melhor maneira possível. Isso requer *insights* criativos e um enorme jogo de cintura.

A cada dia que passa, as organizações estão enfrentando fortes desafios e pressões competitivas nos mercados em que atuam, o que as obriga a manterem-se em um contínuo e ágil processo de alerta, visão, flexibilidade, adaptação e ajustamento às mutáveis condições ambientais caso queiram manter sua competitividade e sustentabilidade. Porém, muitas organizações se assemelham a barcos sem rumo ou coordenação. O objetivo principal do planejamento estratégico é alavancar as ações necessárias para as manobras que permitam que as organizações consigam navegar e avançar dentro de mutáveis e dinâmicas condições cada vez mais adversas e imprevisíveis em seu contexto de negócios. Nos tempos atuais, as organizações de sucesso são aquelas capazes de se flexibilizar, adaptar e ajustar rápida e continuamente ao intenso processo de mudanças e disrupções no mundo ao seu redor. Mais ainda, o seu sucesso é tanto maior na medida em que elas conseguem se antecipar de maneira proativa, ágil e competitiva a essas mudanças inesperadas e oferecer a inovação necessária à melhoria do padrão de vida da sociedade. Mas como conseguir tal proeza? A resposta está quase sempre no planejamento estratégico.

Como dizia Charles Darwin: as espécies vivas que sobrevivem não são as mais fortes e nem as mais inteligentes; são aquelas que conseguem adaptar-se e ajustar-se às contínuas demandas, mudanças e desafios do seu meio ambiente. No darwinismo organizacional que caracteriza o mundo moderno, as organizações que sobrevivem às mutáveis e rápidas condições ambientais são aquelas que não somente se adaptam e se ajustam, mas se antecipam proativamente e criam as condições de mudanças que impactam o ambiente em que vivem.

Planejar estrategicamente é conhecer e entender o contexto externo; é saber o que se quer e como atingir objetivos; é saber como se prevenir e evitar as possíveis ameaças; é calcular os riscos e minimizá-los evitando possíveis vulnerabilidades; é preparar-se taticamente no sentido de rearranjar-se internamente e buscar sinergias; é ousar em relação às metas propostas e superar-se de maneira continuada e constante para oferecer resultados cada vez melhores aos parceiros externos e internos. Planejar não é somente focar o futuro, mas uma forma de assegurar a sobrevivência e a continuidade dos negócios na medida em que se ajustam e reajustam planos, programas e procedimentos face às eventualidades e contingências imprevistas que se apresentam no cotidiano das organizações.

O planejamento estratégico é um processo essencial na medida em que traça objetivos a alcançar e as diretrizes para a definição dos planos de ação para alcançá-los e que resultarão em vantagens competitivas e sustentabilidade da organização no longo prazo. Ele identifica recursos potenciais, cria e alinha competências, diagnostica forças e fraquezas internas e estabelece um conjunto de medidas sistêmicas e integradas a serem executadas para assegurar o alcance dos resultados almejados. Mas somente atinge sua eficácia máxima quando aceito, entendido e realizado na prática por todos na organização, em um mutirão permanente e orquestrado de esforços sinérgicos e de inteligência coletiva.

Este livro apresenta as etapas do processo de planejamento estratégico – desde a intenção estratégica até o resultado final –, constituindo-se em um manual para a elaboração do plano estratégico para organizações com ou sem fins lucrativos, empresas públicas ou privadas, pequenas, médias ou grandes empresas, sejam familiares ou empreendimentos de qualquer porte ou propósito. Com tal amplitude, o texto é destinado tanto a estudantes de administração, ao atender aos programas dos cursos de graduação e pós-graduação, como também é destinado a consultores e profissionais envolvidos direta ou indiretamente com o processo decisório do planejamento do futuro das organizações.

O texto representa o resultado de um trabalho de pesquisa teórica associado ao resgate de vários anos de experiências práticas dos autores como consultores para organizações de diferentes setores e oferece a mais completa base conceitual no campo da estratégia corporativa, sem a qual a prática passa a ser um arriscado jogo de adivinhações e vitórias casuísticas. O texto alinha o foco da construção de valor no campo da ação e operação por meio do diagnóstico e da decisão. O valor decorre não apenas da operação, mas da exata localização do ponto onde ele pode ser criado. A ação vem sempre depois da decisão. E ela depende de uma visão estratégica eficaz.

Fazemos votos de que a leitura, o estudo e a aplicação do conteúdo das etapas do processo de planejamento estratégico aqui apresentados possam tornar-se uma ferramenta de aplicabilidade no sentido de alcançar o perene sucesso organizacional.

Idalberto Chiavenato
Arão Sapiro

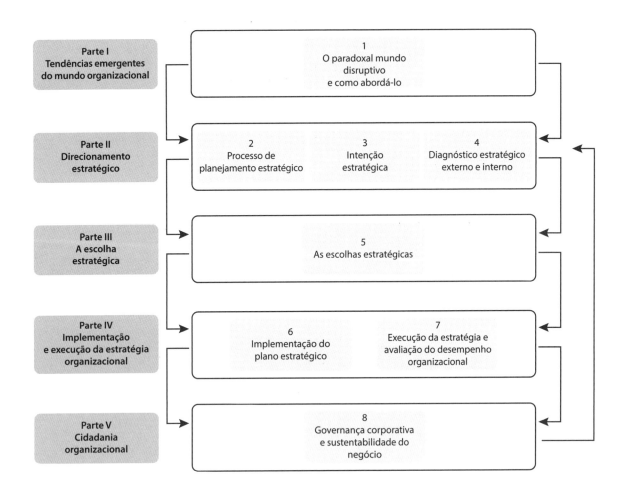

Figura 1 Estrutura do livro.

SUMÁRIO

PARTE I – TENDÊNCIAS EMERGENTES DO MUNDO ORGANIZACIONAL
Compreendendo as bases estratégicas da competição, 1

Capítulo 1
O PARADOXAL MUNDO DISRUPTIVO E COMO ABORDÁ-LO, 5

INTRODUÇÃO, 6

1.1 INCERTEZA RADICAL – A NOVA REALIDADE PARA AS EMPRESAS, 7
  1.1.1 Ambiente VUCA, 10
  1.1.2 Organizações ágeis, 13
  1.1.3 As cinco marcas registradas das organizações ágeis, 15
  1.1.4 Operando em um mundo incerto, 16

1.2 AS NOVAS PRESSUPOSIÇÕES SOBRE O PLANEJAMENTO ESTRATÉGICO, 18

1.3 ETAPAS-CHAVE DO PROCESSO ESTRATÉGICO, 20

1.4 O FATOR INOVAÇÃO, 25

1.5 A ERA PÓS-DIGITAL E ALÉM, 28
  1.5.1 A próxima onda de mudança digital, 28
  1.5.2 Empresas desenhadas para o digital, 30
  1.5.3 Papel da liderança, 31

CONCLUSÃO, 33

REFERÊNCIAS, 34

PARTE II – DIRECIONAMENTO ESTRATÉGICO
Raciocínio estratégico e busca do conhecimento competitivo, 37

Capítulo 2
PROCESSO DE PLANEJAMENTO ESTRATÉGICO
Aplicação dos fundamentos da estratégia, 41

INTRODUÇÃO, 42

2.1 NECESSIDADE DO PLANEJAMENTO ESTRATÉGICO, 42

2.2 DETERMINANTES DO SUCESSO DO PLANEJAMENTO ESTRATÉGICO, 44

2.3 CETICISMO COM RELAÇÃO AO PROCESSO DE PLANEJAMENTO ESTRATÉGICO, 46

2.4 INTEGRAÇÃO DO PLANEJAMENTO ESTRATÉGICO COM A GESTÃO ESTRATÉGICA, 47

2.5 ARMADILHAS TÍPICAS DE PLANEJAMENTO ESTRATÉGICO, 48

2.6 ESCOLAS DE PLANEJAMENTO ESTRATÉGICO, 50
  2.6.1 Escolas de caráter prescritivo e normativo, 50
  2.6.2 Escolas de caráter descritivo e explicativo, 52

2.7 NÍVEIS DE PLANEJAMENTO ESTRATÉGICO, 55

2.8 MODELO GERAL DO PROCESSO ESTRATÉGICO, 55

2.9 PLANEJAMENTO ESTRATÉGICO EM TEMPOS DE INCERTEZA, 60

CONCLUSÃO, 64

REFERÊNCIAS, 64

Capítulo 3
INTENÇÃO ESTRATÉGICA
Começando a pensar em estratégia, 67

INTRODUÇÃO, 68

3.1 MISSÃO ORGANIZACIONAL, 70

3.2 DEFINIÇÃO PRELIMINAR DO NEGÓCIO, 71

3.3 REDEFINIÇÃO DO NEGÓCIO, 72

3.4 VISÃO ORGANIZACIONAL, 72
  3.4.1 Premissas para a elaboração da visão de negócios, 73
  3.4.2 Poder de persuasão da visão de negócios, 73
  3.4.3 Elaboração da visão de negócios, 74

3.5 IDEOLOGIA CENTRAL DA ORGANIZAÇÃO, 74
  3.5.1 Princípios e valores organizacionais, 74
  3.5.2 Consolidação da ideologia central, 75

3.6 *STAKEHOLDERS* OU PARTES INTERESSADAS, 76

3.7 PROPOSTA DE VALOR, 77
  3.7.1 Processos de criação, desenvolvimento e difusão de valor, 77

3.8 OBJETIVOS ORGANIZACIONAIS, 78

3.9 PROPÓSITO ORGANIZACIONAL, 81

CONCLUSÃO, 82

REFERÊNCIAS, 83

Capítulo 4

DIAGNÓSTICO ESTRATÉGICO EXTERNO E INTERNO
Analisando o ambiente de negócios em perspectiva, 85

INTRODUÇÃO, 86

4.1 DIAGNÓSTICO ESTRATÉGICO EXTERNO, 87
  4.1.1 Elaboração do diagnóstico externo, 87
  4.1.2 Conhecimento do ambiente contextual ou macroambiente, 89
  4.1.3 Indicadores do macroambiente, 89

4.2 CONSTRUÇÃO DE CENÁRIOS, 93
  4.2.1 Processo de construção de cenários, 94

4.3 CONHECIMENTO DO TRANSACIONAL MICROAMBIENTE, 97

4.4 DIAGNÓSTICO ESTRATÉGICO INTERNO, 100

4.5 ARQUITETURA ORGANIZACIONAL, 105

4.6 NOVOS MODELOS DE NEGÓCIOS, 108

CONCLUSÃO, 111

REFERÊNCIAS, 112

PARTE III – A ESCOLHA ESTRATÉGICA
Compreendendo como as organizações buscam e empreendem alternativas estratégicas, 115

Capítulo 5

AS ESCOLHAS ESTRATÉGICAS
Estabelecimento de políticas de negócios, 119

INTRODUÇÃO, 120

5.1 FATORES CRÍTICOS DE SUCESSO, 120

5.2 DECISÕES ESTRATÉGICAS, 122
  5.2.1 Processo de tomada de decisão, 122

5.3 ESTRATÉGIA COMO MECANISMO DE APRENDIZAGEM ORGANIZACIONAL, 125

5.4 INTELIGÊNCIA DE NEGÓCIOS, 127
  5.4.1 Inteligência competitiva, 127

5.5 MODELOS DE APOIO À DECISÃO, 129
  5.5.1 Matriz SWOT, 129
  5.5.2 Matriz multifatorial ou matriz de portfólio da GE, 132
  5.5.3 Estratégias genéricas de Porter, 135
  5.5.4 Riscos das estratégias genéricas, 135

5.6 MATRIZ DE INTEGRAÇÃO ESTRATÉGICA, 136

xviii Planejamento Estratégico

5.7 POLÍTICAS DE CRESCIMENTO, 136

5.7.1 Liderança de custo total, 136

5.7.2 Diversificação, 137

5.7.3 Internacionalização, 139

5.7.4 Interiorização, 139

5.7.5 Verticalização, 140

5.7.6 Manutenção do *status quo*, 140

5.8 POLÍTICAS DE OPERAÇÕES, 140

5.8.1 Diferenciação, 140

5.8.2 Terceirização/*outsourcing*, 141

5.8.3 Seguimento, 141

5.8.4 Complementação, 142

5.9 POLÍTICAS DE RELACIONAMENTO, 143

5.9.1 Inovação, 143

5.9.2 Enfoque ou nicho, 144

5.9.3 Alianças estratégicas, 144

5.10 REESTRUTURAÇÃO ORGANIZACIONAL, 145

5.11 REDES DE NEGÓCIOS, 146

5.12 FRONTEIRAS HORIZONTAIS E VERTICAIS DAS EMPRESAS, 147

CONCLUSÃO, 151

REFERÊNCIAS, 152

PARTE IV – IMPLEMENTAÇÃO E EXECUÇÃO DA ESTRATÉGIA ORGANIZACIONAL

Entendendo como as empresas definem seus objetivos e escolhem as estratégias adequadas para alcançá-los, 153

Capítulo 6

IMPLEMENTAÇÃO DO PLANO ESTRATÉGICO
A arte de criar processos, sistemas de atividades e fluxos de trabalho práticos que asseguram a eficácia do plano, 157

INTRODUÇÃO, 158

6.1 ALINHAMENTO ORGANIZACIONAL, 161

6.1.1 Modelos de alinhamento organizacional, 163

6.2 RESISTÊNCIA ÀS MUDANÇAS, 169

6.3 PROCESSO DE DEFINIÇÃO DE OBJETIVOS, 171

6.3.1 Natureza dos objetivos, 172

6.3.2 Interações verticais dos objetivos, 173

6.3.3 Abordagens na definição dos objetivos, 174

6.3.4 Administração por objetivos (APO), 176

6.4 TEORIA DOS *STAKEHOLDERS*, 177

6.5 ELABORAÇÃO DE ESTRATÉGIAS, 182

6.6 MODELOS ESTRATÉGICOS, 183
6.6.1 Matriz Produto-Mercado de Ansoff, 183
6.6.2 Modelo de ciclo de vida do produto, 184
6.6.3 Matriz participação de mercado/crescimento do mercado – Matriz BCG, 190
6.6.4 Modelo de adoção e difusão de inovação de Rogers, 194

6.7 SISTEMA DE ATIVIDADES, 197

6.8 AVALIAÇÃO DA ESTRATÉGIA ORGANIZACIONAL, 198

6.9 EFICÁCIA ORGANIZACIONAL, 201

CONCLUSÃO, 203

REFERÊNCIAS, 205

Capítulo 7
EXECUÇÃO DA ESTRATÉGIA E AVALIAÇÃO DO DESEMPENHO ORGANIZACIONAL
Excelência na execução do plano estratégico, 207

INTRODUÇÃO, 208

7.1 EXECUÇÃO DA ESTRATÉGIA, 208
7.1.1 Aspectos fundamentais na execução da estratégia, 209
7.1.2 Passos para a execução da estratégia, 211

7.2 LIDERANÇA ESTRATÉGICA, 216
7.2.1 Características da liderança estratégica, 217
7.2.2 Critérios de liderança, 219

7.3 DESAFIOS DA EXECUÇÃO ESTRATÉGICA, 221
7.3.1 Dificuldades na execução da estratégia, 222
7.3.2 Causas do insucesso na execução, 223
7.3.3 Barreiras à execução da estratégia, 223

7.4 ESPÍRITO EMPREENDEDOR, 226

7.5 EMPREENDEDORISMO CORPORATIVO, 227

7.6 EMPREENDEDORISMO E INOVAÇÃO, 230

7.7 GESTÃO DO DESEMPENHO ORGANIZACIONAL, 232
7.7.1 Planejamento do desempenho organizacional, 232

7.8 *BALANCED SCORECARD* COMO FERRAMENTA DE GESTÃO ESTRATÉGICA, 233
7.8.1 Mapa estratégico, 238

7.9 CONTROLE ESTRATÉGICO, 239
7.9.1 Processo de controle, 240
7.9.2 Tipos de controle, 243
7.9.3 Balanço contábil e relatórios financeiros, 244
7.9.4 Demonstrativo de lucros e perdas, 245
7.9.5 Análise do retorno sobre o investimento (ROI), 246

xx Planejamento Estratégico

7.9.6 Hierarquia de objetivos a partir de determinado objetivo organizacional, 247

7.10 AUDITORIA DE RECURSOS E COMPETÊNCIAS, 247

CONCLUSÃO, 248

REFERÊNCIAS, 248

PARTE V – CIDADANIA ORGANIZACIONAL
Compreendendo como as organizações monitoram e avaliam os resultados estratégicos, 251

Capítulo 8
GOVERNANÇA CORPORATIVA E SUSTENTABILIDADE DO NEGÓCIO
Princípios de conduta além da maximização do lucro, 255

INTRODUÇÃO, 256

8.1 GOVERNANÇA CORPORATIVA, 256
8.1.1 Agenda positiva do IBGC, 260

8.2 PROPRIEDADE E GESTÃO, 261

8.3 TRANSPARÊNCIA ORGANIZACIONAL, 265
8.3.1 Transparência e informação, 265
8.3.2 Relatórios integrados de informações corporativas, 267

8.4 ÉTICA EMPRESARIAL, 268

8.5 RESPONSABILIDADE SOCIAL, 269

8.6 DESENVOLVIMENTO SUSTENTÁVEL, 273

8.7 OS 17 OBJETIVOS DE DESENVOLVIMENTO SUSTENTÁVEL (ODS), 275

CONCLUSÃO, 276

REFERÊNCIAS, 276

ÍNDICE ALFABÉTICO, 279

PARTE I
TENDÊNCIAS EMERGENTES DO MUNDO ORGANIZACIONAL

Compreendendo as bases estratégicas da competição

Assista aos vídeos dos autores na Sala de Aula Virtual

O mundo dos negócios é dinâmico, carregado de mudanças e transformações e sujeito a uma enorme multiplicidade de fatores imprevisíveis que dificultam ou bloqueiam uma visão aproximada de suas tendências futuras

É muito comum estarmos em uma situação crítica e duvidosa quando enfrentamos a necessidade de encontrar um ponto de contato e convergência entre um propósito ou objetivo e o sistema de criação de valor que temos pela frente e quais as hipóteses para fazer um bom casamento entre eles, de modo que ambos ganhem sinergia entre si. Em geral, fazemos uma única aposta, quando, na realidade, há várias e múltiplas opções disponíveis nem sempre aparentes para encontrar o melhor caminho. E elas não podem ser desprezadas. É o que acontece quando vivemos em um mundo exponencial que muda e se transforma a cada instante e a nossa organização precisa aproveitar as incríveis e nem sempre manifestas e visíveis oportunidades que vêm e vão subitamente e esquivar-se agilmente das ameaças e perigos que também se apresentam subitamente sem prévio aviso. Navegar em tal realidade incessantemente mutável impõe decisões rápidas e oportunas de curto, médio e longo prazos a todo instante.

Parece incrível, mas estamos falando de estratégia organizacional, ou seja, como uma organização pode competir, sobreviver e ser sustentável dos pontos de vista social, cultural, financeiro, econômico e até mesmo tecnológico ao longo dos tempos. Assim, trataremos nesta parte das tendências emergentes, que as organizações devem prever para conviver com esta nova cambiante realidade que as envolve. Trata-se de uma conversa íntima com estrategistas.

A estratégia organizacional surgiu como decorrência direta da intensa competição entre organizações e, ao mesmo tempo, da necessidade de estreita cooperação com outras organizações para o alcance de objetivos organizacionais. De um lado, lutar contra organizações concorrentes e, de outro, obter ajuda, colaboração e alianças estratégicas com outras organizações.

Assim, temos a luta pelo domínio na competição pelo mercado e, ao mesmo tempo, o alcance de interdependências para criar e entregar valor e inovação. Tudo isso para enfrentar os desafios de um ambiente de negócios intensamente dinâmico, complexo e mutável e alcançar competitividade e sustentabilidade ao longo do tempo.

É o mesmo que tentar se equilibrar em uma base de forte mobilidade, instabilidade, incerteza e imprevisibilidade em que a mudança é inesperada e exponencial. E que exige uma visão estratégica ampla e holística, não apenas uma visão focada e estreita. Todos esses aspectos nos levam a recomendar três exigências:[1]

1. Colocar a estratégia em primeiro plano na agenda corporativa.

2. Tornar o planejamento estratégico mais eficaz em tempos turbulentos.

3. Definir o papel e as prioridades básicas do planejamento estratégico.

Aqui estamos tratando do papel de estrategista do gestor – o mais importante deles –, pois administrar é muito mais do que mera função de gestão de pessoas, recursos, competências, informação ou de atividades organizacionais. Não se trata apenas de planejar, organizar, liderar e dirigir e controlar recursos e competências em direção a objetivos pretendidos ao longo do tempo de uma maneira focada e estreita, mas principalmente de preparar e conduzir uma organização inteira rumo ao seu destino futuro mediante a alavancagem de sua competitividade para garantir posição no mercado e sustentabilidade, permanência e perenidade no seu negócio.

Visão estratégica: aqui, o gestor veste a sua roupagem de estrategista, o que pressupõe a adoção ampla e definitiva de uma visão estratégica abrangente e decorrente de quatro maneiras de ver e entender o mundo organizacional:[2]

1. **Visão sistêmica:** no sentido de ver o todo e não apenas uma parte dele. Visualizar a totalidade para perceber o papel e as relações entre as partes que a compõem. Ver a floresta e não cada uma

de suas árvores. A visão sistêmica – ou visão holística – é a capacidade de ver como o todo está arranjado e como o resultado do sistema é maior do que a soma de suas partes.

2. **Visão periférica:** no sentido de ver e compreender o entorno dentro do qual o sistema está inserido. Ver o ambiente externo ao sistema e como são as interações entre o sistema e seu ambiente de tarefa. Olhar fora da caixa e o que existe lá fora.

3. **Visão antecipatória:** no sentido de perceber as consequências de suas decisões no futuro da organização. É a visão de futuro e das tendências ou decorrências de ações no presente.

4. *Insight* **e intuição:** imaginar, intuir e entender para onde o jogo está indo e como chegar lá, antes que outros o façam.

É preciso juntar todas essas visões em uma abordagem integrada para alcançar a visão estratégica, como mostra a Figura I.1.

Esta primeira parte do livro é composta por um capítulo introdutório, como mostrado pela Figura I.2.

Capítulo 1 – O Paradoxal Mundo Disruptivo e como Abordá-lo: o planejamento estratégico deixou de ser uma evitação da incerteza para se tornar a melhor convivência com ela, deixou de alongar o seu horizonte temporal para tornar o tempo um forte aliado, deixou de prever o futuro para se ajustar rapidamente a ele, deixou de ser um plano do tipo "empurrar sempre para a frente" para se tornar o tipo "puxar com retroação em tempo real", deixou de ser um plano definitivo para se tornar uma jornada permanente, deixou de ser do topo para a base para se tornar uma responsabilidade de todos em todos os seus aspectos. Há muita mudança estratégica no caminho, principalmente nos tempos atuais.

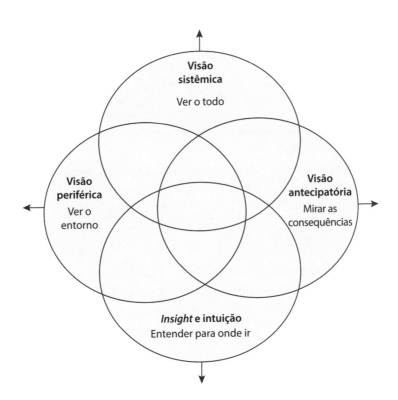

Figura I.1 Visão estratégica do estrategista.[3]

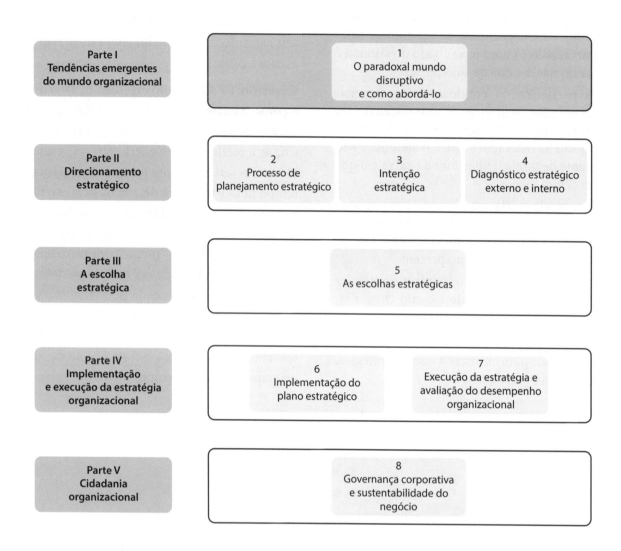

Figura I.2 Estrutura da Parte I: Tendências emergentes do mundo organizacional.

REFERÊNCIAS

1. LEINWAND, P.; NAUJOK, N.; ROTERING, J. Memo to the CEO: Is Your Chief Strategy Officer Set Up for Success!, *Strategy+Business*, jan. 2019. Disponível em: https://www.strategy-business.com/article/Memo-to-the-CEO-Is-Your-Chief-Strategy-Officer-Set-Up-for-Success. Acesso em: 27 out. 2022.

2. TALEB, N. N. *Fooled by Randomness*: The Hidden Role of Chance in the Markets and in Life. Nova York: Texere, 2001.

3. CHIAVENATO, I. *Gestão de Pessoas*. 5. ed. São Paulo: Atlas, 2020.

O PARADOXAL MUNDO DISRUPTIVO E COMO ABORDÁ-LO

OBJETIVOS DE APRENDIZAGEM

- Apresentar os novos fundamentos da estratégia organizacional.
- Mostrar a importância da estratégia no sucesso organizacional.
- Apresentar os fatores que impactam a gestão dos negócios na atualidade.

O QUE VOCÊ VERÁ NESTE CAPÍTULO

- Os novos tempos e os novos desafios.
- Etapas-chave do processo estratégico.
- Para que serve uma organização?
- A transformação digital.
- A Era Pós-Digital.

INTRODUÇÃO

Todas as organizações competem por recursos, dinheiro, mercados, clientes ou pessoas, imagem, prestígio e por vantagens competitivas para sobressair-se diante dos concorrentes. Elas atuam como agentes ativos em um dinâmico contexto de incertezas devido às rápidas mudanças que ocorrem nas sociedades, nos mercados, nas tecnologias, no mundo dos negócios e no meio ambiente.

Tudo isso exige dos seus gestores, de um lado, uma compreensão abrangente das dinâmicas e tendências em seus respectivos setores de atuação e, de outro lado, certamente a elaboração de estratégias criativas que inspirem os colaboradores e assegurem um desempenho superior capaz de garantir a competitividade e a sustentabilidade da organização em um mundo de negócios cambiante e exponencialmente mutável, conforme descrito por Prahalad e Ramaswamy.[1]

Segundo destacam Christensen e Raynor,[2] trata-se de uma corrida intensa e sem fim para que as organizações possam renovar-se e revitalizar-se, o que necessariamente implica mudar e inovar sempre. É uma questão de sobrevivência. Se todo o contexto ao seu redor muda – e muda para valer –, a organização precisa, pelo menos, acompanhar essas mudanças, para se manter atualizada e ajustada para poder competir. Melhor ainda seria se ela tomasse a iniciativa de correr na frente e que fosse proativa e se antecipasse aos desafios que surgem a cada instante. Ou, ainda, se ela criasse a mudança em uma conduta inovadora, em vez de adaptar-se reativamente ao contexto ambiental.

Não existe uma fórmula ou padrão para criar uma organização bem-sucedida e de elevado desempenho. Não há receita para o bolo. O processo de planejamento estratégico a ser criado e recriado é o que vai conduzi-la no desenvolvimento e formulação de estratégias que assegurem sua evolução continuada e sustentável.

O planejamento estratégico deixou de ser uma evitação da incerteza para se tornar a melhor convivência com ela, deixou de alongar o seu horizonte temporal para tornar o tempo um forte aliado, deixou de prever o futuro para se ajustar rapidamente a ele, deixou de ser um plano do tipo "empurrar sempre para a frente" para se tornar o tipo "puxar com retroação em tempo real", deixou de ser um plano definitivo para se tornar uma jornada permanente, deixou de ser do topo à base para se tornar uma responsabilidade de todos, em todos os seus aspectos. Há muita mudança estratégica no caminho, principalmente nos tempos atuais.

O planejamento estratégico deixou de prever o futuro para se ajustar rapidamente a ele no sentido de se autorreplicar e se autoajustar para se adaptar automaticamente e em tempo real às mudanças internas e externas, na medida em que se defronta com a realidade. Para tanto, ao empurrar adiante as suas etapas sequenciais, o processo estratégico precisa também puxar para trás, retroagindo de acordo com seus avanços para autocorrigir essas etapas e adequá-las às novas realidades que surgem.

Assim, o processo de planejamento estratégico é dotado da homeostasia[3] necessária, isto é, avança e retroage sempre quando se afasta da realidade. Quanto mais empurra para a frente, tanto mais o sistema empurra de volta como forma de autocorreção de rumos em direção aos seus objetivos, tendo em vista o ambiente mutável e variável que o envolve. Ponha *feedback* positivo ou negativo nisso a todo momento ao criar um processo altamente flexível e adaptável ao longo de todo o seu andamento.

Para Zook,[4] o processo de planejamento estratégico – ou simplesmente processo estratégico – representa o resultado cumulativo de um longo e penoso aprendizado organizacional. As organizações utilizaram durante décadas o processo estratégico para alcançar várias finalidades. Esse processo foi sofrendo alterações e sofisticações gradativas com o passar do tempo, conforme a evolução do pensamento estratégico.

A estratégia – fruto do processo estratégico – foi o caminho utilizado para alcançar de maneira bem-sucedida os objetivos previamente definidos pelas organizações. Ela é basicamente um poderoso curso de ação escolhido pela empresa a partir da premissa de que uma futura e diferente posição poderá oferecer ganhos e vantagens em relação à situação presente A estratégia é ao mesmo tempo arte e ciência, é reflexão e ação, ou simplesmente pensar para agir e não simplesmente pensar antes de agir. Ela deixou de ser estática e extremamente formalizada para se tornar ágil e dinâmica.

Essencialmente, a estratégia é uma complicada escolha (*trade off*) que envolve toda a organização e consiste em selecionar dentre várias hipóteses existentes qual deve ser escolhida a respeito dos aspectos internos e externos da organização e tomar as decisões com base nesta opção. E tudo isso simultaneamente às suas operações cotidianas.

O cálculo de perdas e ganhos está sempre presente nas considerações do estrategista. Embora utilize dados e análises preditivas, sentimentos, emoções e intuições para encontrar os caminhos mais adequados em ambiente de incerteza e acaso, o estrategista atua sempre com a convicção de que raciocina e que até pode decidir em um quadro de racionalidade de alguma maneira passível de previsão probabilística a partir da teoria dos jogos. Como escreve Montgomery,

> uma estratégia é mais do que uma aspiração, mais do que um sonho: ela é um sistema de criação de valor, um conjunto de partes que se reforçam mutuamente. Ancorando em um propósito forte, esse sistema é que dita em que campo a companhia vai atuar, como vai agir e o que vai conquistar.[5]

1.1 INCERTEZA RADICAL – A NOVA REALIDADE PARA AS EMPRESAS

Segundo Schoemaker e Day,[6] as empresas globais prosperaram por décadas graças a um ambiente de apoio à queda das barreiras comerciais, sistemas financeiros protegidos, estabilidade social e política adequada e rápidos avanços nas tecnologias digitais. Mas as suposições sobre o progresso econômico contínuo foram levantadas por uma série de choques geopolíticos e pela devastadora pandemia global.

Para os autores, a estabilidade enganosa foi substituída por crescente turbulência, descontentamento político, crescente incerteza e ansiedade de liderança. Para os líderes e suas organizações, não há retorno ao relativo conforto e segurança do passado não tão distante. As perspectivas para os cenários futuros deixam claro que muitas das velhas e confortáveis certezas sobre as quais os negócios dependiam não estão mais conosco. Daqui para frente, o sucesso pode, em última análise, depender de quão bem os líderes se adaptam às demandas desse novo ambiente desafiador.

Para muitas questões estratégicas, a incerteza radical é crucial. Para Roos,[7] sempre que houver um elemento de verdadeira novidade, e sempre que os comportamentos e instituições mudarem, será difícil ou impossível prever de forma confiável como a economia será afetada, se considerarmos horizontes de longo prazo.

Exemplos de temas que envolvem incerteza radical, segundo o autor, são a inovação e as novas tecnologias, produtos e mercados resultantes; grandes mudanças do sistema geopolítico, como as relações da antiga União Soviética e dos países do Leste Europeu, da União Europeia ou da evolução da China; o surgimento de pandemias e outros fatores provocados pela expansão demográfica e explosiva concentração, a resposta da economia global às mudanças climáticas; e os efeitos de grandes crises financeiras que têm impacto duradouro no sistema financeiro global.

Para Schwab e Malleret,[8] a crise mundial desencadeada pela pandemia do coronavírus não tem paralelo na história moderna. São os tempos mais desafiadores que enfrentamos em gerações. É nosso momento decisivo – estaremos lidando com suas consequências por anos, e muitas coisas mudarão para sempre. Ela trouxe uma ruptura econômica de proporções monumentais, criando um período perigoso e volátil em múltiplas frentes – politicamente, socialmente, geopoliticamente – levantando profundas preocupações sobre o meio ambiente e ampliando o alcance (pernicioso ou não) da tecnologia em nossas vidas. Nenhum setor ou negócio foi poupado do impacto dessas mudanças. Milhões de empresas desapareceram e muitos setores enfrentarão um futuro incerto; por outro lado, alguns vão prosperar.

Os autores identificam três características definidoras que moldaram o mundo, os negócios e nossos relacionamentos: interdependência, velocidade e complexidade.

Interdependência: Se apenas uma palavra tivesse que representar a essência do século 21, teria que ser "interdependência". Subproduto da globalização e do progresso tecnológico, trata-se da dinâmica da dependência recíproca entre os elementos que compõem um sistema. O fato de a globalização e o progresso tecnológico terem avançado tanto nas últimas décadas levou alguns especialistas a declararem que o mundo agora está "hiperconectado" – uma variante da interdependência.

> **PARA REFLEXÃO**
>
> No início dos anos 2010, Kishore Mahbubani,[9] um acadêmico e ex-diplomata de Cingapura, capturou essa realidade com uma metáfora de barco: "As 7 bilhões de pessoas que habitam o planeta Terra não vivem mais em mais de cem barcos separados [países]. Em vez disso, todos eles vivem em 193 cabines separadas no mesmo barco". Em suas próprias palavras, esta é uma das maiores transformações de todos os tempos. Em 2020, ele prosseguiu ainda mais essa metáfora no contexto da pandemia escrevendo: "Se nós, 7,5 bilhões de pessoas, estamos agora presos em um navio de cruzeiro infectado pelo vírus, faz sentido limpar e esfregar apenas nossas cabines pessoais enquanto ignoramos os corredores e poços de ar lá fora, através dos quais o vírus viaja? A resposta é claramente: não. No entanto, isso é o que temos feito.
> ... Como estamos agora no mesmo barco, a humanidade tem que cuidar do barco global como um todo".

A Figura 1.1 ilustra a natureza interconectada dos riscos que enfrentamos coletivamente; cada risco individual sempre se confunde com aqueles de sua própria categoria macro, mas também com os riscos individuais das outras categorias macro

Cada um deles, por sua vez, influenciará outros riscos individuais, o que significa que o risco individual a partir do qual a cadeia de efeitos começou (neste caso específico "doenças infecciosas") acaba ampliando muitos outros riscos não apenas em sua própria categoria macro (riscos sociais), mas também nas outras quatro categorias macro. Isso exibe o fenômeno do contágio pela conectividade sistêmica.

A tal conectividade sistêmica ficou muito evidente no caso da pandemia de Covid-19. Epidemiologistas, especialistas em saúde pública, economistas, cientistas sociais e todos os outros cientistas e especialistas, que estão no negócio de ajudar os tomadores de decisão a entender o que está por vir, tiveram que lidar com paradoxos complexos como conter a progressão da pandemia versus a reabertura da economia. Compreensivelmente, a maioria dos especialistas acaba sendo segregada em campos cada vez mais estreitos. Portanto, eles não têm a visão ampliada necessária para conectar os muitos pontos diferentes que fornecem a imagem mais completa, da qual os tomadores de decisão precisam desesperadamente.

 Aumente seus conhecimentos sobre **Paradoxos** na seção *Saiba mais* PE 1.1

Velocidade: O progresso tecnológico e a globalização criaram uma cultura de imediatismo. Não é exagero afirmar que, no mundo de hoje, tudo se move muito mais rápido do que antes, sendo o seu principal vetor a Internet.

Outra explicação para o aumento da velocidade é que à medida que as sociedades ficam mais ricas, o tempo se torna mais valioso, portanto é percebido como cada vez mais escasso.

Capítulo 1 | O Paradoxal Mundo Disruptivo e como Abordá-lo 9

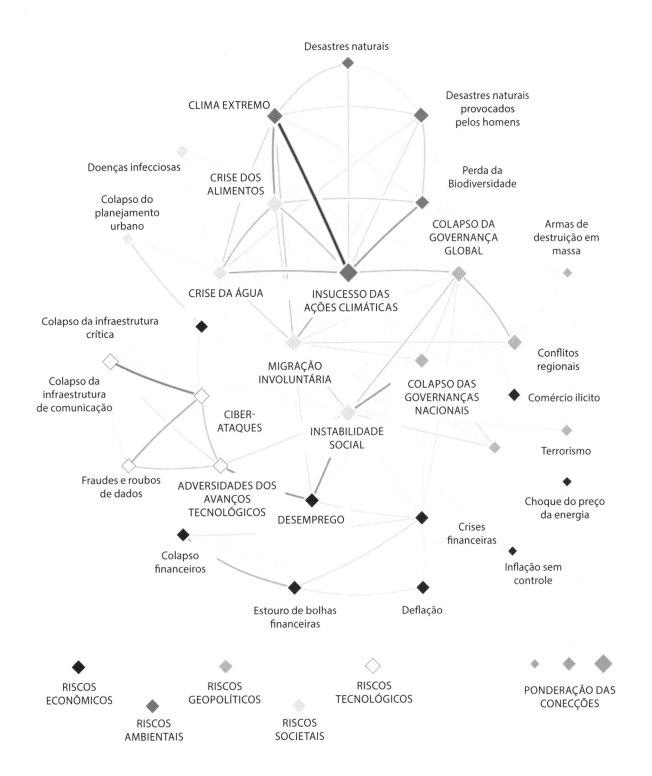

Figura 1.1 Riscos Globais 2020.

Fonte: World Economic Forum, The Global Risks Report 2020, Figure IV: The Global Risks Interconnections Map 2020, World Economic Forum Global Risks Perception Survey 2019-2020.

Nesse contexto, os tomadores de decisão têm mais informações e mais análises do que nunca, mas menos tempo para decidir. E a necessidade de ganhar uma perspectiva estratégica colide cada vez mais frequentemente com as pressões cotidianas de decisões imediatas.

Complexidade: A complexidade é frequentemente caracterizada pela ausência de ligações causais visíveis entre seus elementos, o que os torna virtualmente impossíveis de prever.

A complexidade pode ser medida, aproximadamente, por três fatores (Malleret, 2012):[10]

1. a quantidade de conteúdo informativo ou o número de componentes em um sistema;
2. a interconexão – definida como a dinâmica da responsividade recíproca – entre essas peças de informação ou componentes; e
3. o efeito da não linearidade (elementos não lineares são muitas vezes chamados de "pontos de inflexão"), quando uma mudança em apenas um componente de um sistema pode levar a um efeito surpreendente e desproporcional em outros lugares.

Schwab e Malleret[11] detalharam que a pandemia de Covid-19 (um evento de alta probabilidade e altas consequências de cisne branco) provocou muitos eventos de cisne negro por meio de efeitos de segunda, terceira, quarta e mais ordens. Para os autores, sempre será difícil, se não impossível, prever o que pode acontecer no final da cadeia quando efeitos de múltiplas ordens e suas cascatas de consequências ocorreram após o aumento do desemprego, as falências de empresas ou o colapso de alguns países. Nada disso é imprevisível em si, mas é sua propensão a criar tempestades perfeitas quando elas se confundem com outros riscos que nos pegarão de surpresa.

Resumindo, a pandemia não é um evento de cisne negro, mas algumas de suas consequências serão, sobrecarregando, nos próximos anos, as capacidades dos políticos em particular – e dos tomadores de decisão em geral – para tomar decisões bem informadas.

SAIBA MAIS

Ao contrário dos Eventos de Cisne Branco, que são certos, Eventos de Cisne Negro (Black Swan Events) são muito raros, difíceis de prever (não probabilísticos) e têm consequências superadas. Eles são chamados de **cisnes negros** em referência ao fato de que tais cisnes foram, presumidamente, inexistentes até que exploradores holandeses os descobriram na Austrália Ocidental, no final do século 17. Cunhada por Nassim Nicholas Taleb,[12] a expressão Eventos de Cisne Negro refere-se a um evento ou ocorrência inesperado(a), extremamente difícil de prever. Taleb argumentou que esses eventos discrepantes são quase impossíveis de prever, mas que acarretam consequências catastróficas.

1.1.1 Ambiente VUCA

O que determina o ambiente socioeconômico nesses tempos turbulentos é um conjunto de características chamado de VUCA, do inglês *Volatility* (Volatilidade), *Uncertainty* (Incerteza), *Complexity* (Complexidade) e *Ambiguity* (Ambiguidade). O acrônimo VUCA foi cunhado pelo tenente-coronel Wayne E. Whiteman em 1998.[13]

Segundo Bennett e Lemoine,[14] as condições da VUCA tornam inútil qualquer esforço para entender o futuro e planejar respostas. Quando os líderes são deixados com pouco para fazer além de torcer as mãos, o desempenho organizacional torna-se arriscado. Os autores esclarecem que ao negligenciar diferenças importantes nas condições em que a volatilidade, a incerteza, a complexidade e a ambiguidade são descritas, tira-se a capacidade dos gestores(as) de lidarem com os eventos emergentes. Por outro lado, os líderes podem apreciar as diferenças entre cada uma dessas situações desafiadoras, a fim de alocar adequadamente recursos escassos para preservar e aprimorar o desempenho organizacional.

TENDÊNCIAS EM PLANEJAMENTO ESTRATÉGICO

VUCA impõe quatro tipos distintos de desafios que exigem quatro tipos distintos de respostas. Bennett e Lemoine apresentam um quadro prático (Quadro 1.1), descrevendo cada fator VUCA, dando exemplos e apresentando as recomendações de como lidar com eles.

Quadro 1.1 Recomendações de como lidar com os fatores VUCA

Quão bem podem ser previstos os resultados	**Complexidade:** múltiplas variáveis interconectadas como mudanças ambientais e globalização. Algumas informações estão disponíveis ou podem ser previstas, mas a quantidade pode confundir. *Exemplo:* empresa atuando em vários países, com diferentes contextos de regulagens, leis e valores culturais. *Abordagem:* a reestruturação das operações internas da empresa para corresponder à complexidade externa é a maneira mais eficaz e eficiente de abordá-la.	**Volatilidade:** desafios desconhecidos, inesperados, arriscados, instáveis e de duração imprevisível. Mas é possível acompanhar os desdobramentos. *Exemplo:* flutuação de preços, quando um fornecimento é escasso. *Abordagem:* analisar os riscos com agilidade para assegurar recursos de reserva, como aumento de estoques, para criar o potencial de flexibilidade futura.
	Ambiguidade: não está clara a relação das variáveis, por se tratar de uma situação inusitada, demandando tomar riscos. *Exemplo:* lançamento de produtos de inovação. *Abordagem:* criar situações experimentais para obter padrões de generalização.	**Incerteza:** quantidade nunca imaginada de informações e dados, porém carregadas de incerteza para a tomada de decisões. Contudo, é possível acompanhar os desdobramentos. *Exemplo:* aguarda-se o lançamento do concorrente, em breve. *Abordagem:* investir em inteligência de mercado para reduzir a incerteza. As empresas devem ir além das fontes de informação existentes para reunir novos dados e considerá-los a partir de novas perspectivas.
	Quanto a situação é conhecida	

Fonte: adaptado pelos autores de Bennet e Lemoine.[14]

CLIPPING COMPETITIVO

Como resultado, gasta-se 26% do tempo dos(as) gestores(as) e de suas equipes na investigação de tendências emergentes. Mas toda quantidade de tempo ou dinheiro gasto nunca será suficiente: nenhum estrategista corporativo pode ler tudo e o volume de informações disponíveis cria um ambiente confuso com potencial desinformação. A maior parte do tempo em que uma empresa perde valor é devida à falta de respostas em tempo para implementar estratégias de mitigação dos eventos emergentes.

O perigo é que muitas das empresas de hoje tecem seus planos estratégicos de vários anos como sempre – estabelecendo pressupostos, definindo objetivos e alocando recursos ao longo de um horizonte temporal de três a cinco anos. No entanto, cada vez mais, elas estão percebendo que tais abordagens tradicionais não satisfazem os desafios. Além de lidar com uma mudança constante de negócios, tecnologia e paisagem social, os estrategistas de hoje devem enfrentar variáveis de planejamento mais complexas do que nunca, enquanto a diversidade e o escopo de suas decisões também cresceram. O esforço pode ser paralisante para os líderes.

Nesse contexto, a resposta pode estar na agilidade para aprender, que, na prática, pode se manifestar em se perguntar com frequência – "Se ao menos? E se? Por que não?", desafiando o jeito usual de se fazer as coisas. As empresas têm sido confrontadas com um "inovar-ou-morrer". Elas devem acelerar os lançamentos de produtos, criar operações mais ágeis e melhorar o atendimento de pedidos por meio de operações conectadas inteligentes.

Hagel e Brown,[15] do Deloitte Center for the Edge, rastrearam o desempenho de todas as empresas cotadas em bolsa dos EUA em 2018 e descobriram que o desempenho em média – medido em termos de retorno sobre os ativos – diminuiu mais de 75% desde 1965. Assim, segundo os autores, pode ser hora de reavaliar como se aborda a estratégia.

Por sua vez, Girzadas[16] alerta que, embora ninguém possa prever o futuro, os líderes de hoje podem ajudar a moldá-lo entendendo as longas trajetórias que o conectam ao passado. Em vez de serem indecisos diante da incerteza, os líderes podem considerar vários possíveis cenários futuros e planejar seus próximos passos em conformidade. Ao fazê-lo, eles podem ajudar a construir empresas mais duradouras que melhor servem seus acionistas, talentos, clientes, comunidades e a própria humanidade.

De acordo com o *National Intelligence Council*,[17] duas megatendências moldarão nosso mundo até 2030: padrões demográficos, especialmente o envelhecimento rápido; e demandas crescentes de recursos que, nos casos de comida e água, podem levar à escassez de recursos. Essas tendências, que são praticamente certas, existem hoje, mas durante os próximos 15 a 20 anos ganharão um impulso muito maior.

A base das megatendências são mudanças tectônicas – mudanças críticas para características-chave do nosso ambiente global que afetarão como o mundo "funciona" Acreditamos que seis mudanças de jogo

Quadro 1.2 Potenciais cisnes negros que causariam o maior impacto disruptivo

Pandemia	Um novo patógeno respiratório facilmente transmissível que mata ou incapacita mais de um por cento de suas vítimas está entre os eventos mais disruptivos possíveis e ninguém pode prever quando e qual patógeno.
Mudanças climáticas muito mais rápidas	Mudanças dramáticas e imprevistas já estão ocorrendo em um ritmo mais rápido do que o esperado, causando grandes prejuízos às regiões e à segurança das populações afetadas.
A China democrática ou em colapso	O crescimento da classe média e seu poder de compra na China pode ser um gatilho para a democratização desse país, o que desencadearia um contra movimento mais nacionalista, provocando agitação política, levando a um colapso econômico e conturbando o sistema econômico global.
Guerra Nuclear, WMD[18]	Potências nucleares como a Rússia e o Paquistão e potenciais aspirantes, como o Irã e a Coreia do Norte, veem as armas nucleares como compensação por outras fraquezas políticas e de segurança, aumentando o risco de seu uso. A chance de atores não estatais realizarem um ataque cibernético – ou usarem armas de destruição em massa (ADMs) – também está aumentando.[19]
Ataques cibernéticos	O efeito potencial de ataques cibernéticos, usados contra uma rede é diretamente proporcional ao quanto uma determinada população depende dessa rede. A negação generalizada de serviços essenciais causados por um ataque de rede pode levar indiretamente a danos e caos social.
Tempestades Geomagnéticas Solares	Tempestades geomagnéticas solares podem derrubar satélites, a rede elétrica e muitos dispositivos eletrônicos sensíveis. Os intervalos de recorrência de tempestades geomagnéticas solares incapacitantes, que podem ocorrer em algum momento neste século, agora representam uma ameaça substancial devido à dependência mundial da eletricidade.

Fonte: adaptado pelos autores de National Intelligence Council (US), *op. cit.*

importantes – questões sobre potenciais pandemias futuras, mudanças climáticas, instabilidades regionais, fatores geopolíticos afetando a economia global, conflitos, segurança cibernética e dependência tecnológica – determinarão, em grande parte, que tipo de mundo transformado habitaremos em 2030.

Segundo o relatório do *National Intelligence Council* vários potenciais cisnes negros causariam interrupções em larga escala, como mostrado no Quadro 1.2.

> **PARA REFLEXÃO**
>
> Para algumas organizações, a sobrevivência em curto prazo é o único item da agenda. Outros estão olhando através da névoa da incerteza, pensando em como se posicionar uma vez que a crise passe e as coisas voltem ao normal. A questão é: 'Como será o normal?' Embora ninguém possa dizer quanto tempo a crise vai durar, o que encontramos do outro lado não será o normal dos últimos anos." Estas palavras foram escritas em 2009, em meio à última crise financeira global, por um sócios-gerentes da McKinsey & Company, Ian Davis.[20] Elas soam verdadeiras hoje, mas subestimam a realidade que o mundo está enfrentando atualmente.

1.1.2 Organizações ágeis

Segundo Schoemaker e Day,[21] algumas empresas estão mais bem equipadas para absorver as turbulências inesperadas e podem emergir mais fortes à medida que as ondas de choque escorrem. São organizações mais vigilantes e melhores em antecipar e responder ao que está vindo do horizonte, evitando as armadilhas do pensamento enviesado, da cegueira intencional e da miopia de curto prazo.

Organizações vigilantes compartilham uma capacidade de vigilância coletiva com a vontade de desafiar suposições superficiais e sabedoria convencional ultrapassada, explorando ameaças iminentes e oportunidades embrionárias mais cedo do que seus rivais, o que a prepara para agir mais rápido no momento certo, sem os bloqueios à curiosidade ou à exploração de novos parceiros, tecnologias ou mercado.

Segundo os autores em sua pesquisa com líderes seniores de 118 empresas de todo o mundo apresentada no livro de 2019, *See Sooner, Act Faster: How Vigilant Leaders Thrive in an Era of Digital Disruption*,[22] quatro condutores (*drivers*, em inglês) da vigilância organizacional destacam as organizações vigilantes das organizações vulneráveis, por ordem de sua influência relativa no estudo, como se segue:

1. **Compromisso da liderança com a vigilância**, demonstrado pela abertura a sinais fracos de diversas fontes, ao mesmo tempo em que encoraja outros da organização a explorar questões além de seu domínio imediato e pensar fora da caixa.

2. **Unidades de previsão centralizadas** para monitorar contextos estratégicos e cenários futuros relevantes. Os líderes insistem em uma busca disciplinada por oportunidades de investimento.

3. **Processos de criação de estratégias flexíveis e adaptativos**, adotando abordagens de fora para dentro e vice-versa e futuro passado e vice-versa. O pensamento externo começa com como o mundo exterior está mudando. O pensamento futuro pergunta o que é preciso para ganhar no longo prazo a partir do presente.

4. **Coordenação e responsabilização para recebimento e interpretação de sinais fracos**, apoiados por uma prática organizacional de compartilhamento de informações facilmente entre silos. Este último condutor representa o que é preciso para que os outros três condutores floresçam.

A Figura 1.2 apresenta conceitualmente o exposto.

A dimensão horizontal reflete se uma questão emergente é vista como uma ameaça iminente ou uma oportunidade potencial, enquanto a dimensão vertical aborda se a origem do problema reside

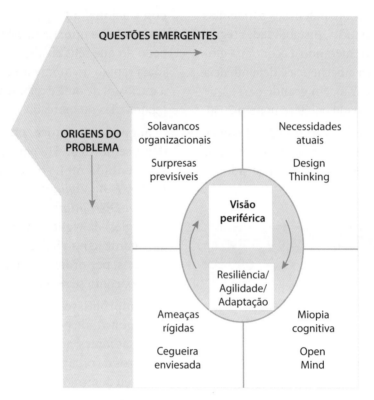

Figura 1.2 Os quatro condutores da vigilância organizacional.
Fonte: adaptada de Schoemaker e Day (p. 17).[21]

principalmente dentro da empresa ou externamente. A célula no canto superior esquerdo, por exemplo, cobre recessões econômicas, tecnologias disruptivas, novos entrantes, interrupções no fornecimento, cobertura de mídia ruim, mudanças regulatórias, disputas de patentes ou mudanças adversas dos consumidores.

O canto superior direito inclui novos canais de distribuição, tecnologias emergentes, melhorias nos ecossistemas, menores custos de capital, necessidades latentes do consumidor, novas opções de aquisição e mercados emergentes. O canto inferior direito abrange talentos recém-descobertos internamente, melhorias nas operações, melhores práticas de RH, desenvolvimento de novas conexões, melhorias culturais, jornadas de inovação, melhor governança e novos planos de compensação. Por último, a célula inferior esquerda inclui abuso de poder, discriminação, fraude, espionagem, propinas, riscos cibernéticos, violações de segurança, operadores desonestos ou quaisquer outros problemas internos.

O círculo interno da matriz destaca abordagens relevantes para todas as quatro células. Os limites das quatro células não são herméticos, no entanto, e a lista de abordagens acima não é exaustiva. Um benefício da vigilância superior é que sempre que uma ameaça é vista mais cedo ela pode se tornar uma oportunidade potencial se agir melhor do que os rivais. Além disso, uma ameaça ou oportunidade que toma forma externamente pode, se detectada precocemente, passar da linha superior da matriz para uma das células abaixo.

Segundo os autores, há uma estreita afinidade entre a vigilância e a estrutura de capacidades dinâmicas segundo o entendimento de Teece, Peteraf e Leih,[23] pois ambos abordam como uma empresa pode construir e adaptar competências organizacionais especiais que apoiam a inovação estratégica e a adaptação oportuna à turbulência.

O fato é que, segundo Brosseau et al.,[24] as organizações tradicionais são construídas em torno de uma hierarquia estática, isolada e estrutural,

Capítulo 1 | O Paradoxal Mundo Disruptivo e como Abordá-lo **15**

enquanto as organizações ágeis são caracterizadas como uma rede de equipes que operam em ciclos de aprendizado rápido e de tomada de decisão. As organizações tradicionais colocam seus órgãos de governança em seu ápice, e os direitos de decisão fluem para baixo da hierarquia; inversamente, as organizações ágeis incutem um propósito comum e usam novos dados para conceder direitos de decisão às equipes mais próximas das informações.

1.1.3 As cinco marcas registradas das organizações ágeis

Para Aghina *et al.*,[25] a agilidade organizacional tem sido uma das mais altas aspirações das empresas ligadas a alta tecnologia, telecomunicações, serviços financeiros e mídia e entretenimento. As organizações ágeis reúnem cinco marcas fundamentais, mostradas pelo Quadro 1.3.

Segundo Bellamy,[26] a tendência futura para a gestão estratégica será a relevância dada à agilidade no acesso aos mercados (*time to market*). Tempo de acesso aos mercados é uma questão complexa que afeta a satisfação do cliente e sua fidelização, a imagem da empresa e seu *branding* (gestão da marca). De Almeida[27] argumenta que é mais provável que uma empresa líder que acelera o desenvolvimento de estratégias de mercado se mantenha na liderança em seu setor e sustente retornos superiores. Estratégias de mercado representam uma vantagem competitiva porque integram o oferecimento de produtos e serviços e atividades da cadeia de suprimentos.

Segundo Aghina *et al.*,[25] uma organização ágil pode, idealmente, combinar velocidade e adaptabilidade com estabilidade e eficiência. Para os autores, organizações verdadeiramente ágeis, paradoxalmente, aprendem a ser estáveis (resilientes, confiáveis e eficientes) e dinâmicas (rápidas, ágeis e adaptativas). Para dominar esse paradoxo, essas empresas projetam estruturas, arranjos de governança e processos com um conjunto relativamente imutável de elementos principais, formando uma

Quadro 1.3 As organizações ágeis reúnem cinco marcas fundamentais

	Marca registrada	Práticas da organização ágil
Estratégia	Estrela do norte ao longo de toda a organização	▪ Propósito e visão compartilhados ▪ Sensibilidade e adequação às oportunidades ▪ Alocação flexível de recursos ▪ Orientação acionável da estratégia
Estrutura	Rede de equipes empoderadas	▪ Estrutura horizontal e clara ▪ Papéis claros e responsáveis ▪ Governança mãos na massa ▪ Comunidades de prática robustas ▪ Parcerias e ecossistemas ativos ▪ Ambiente físico e virtual aberto ▪ Células para propósitos responsáveis
Processos	Ciclos rápidos de decisão e aprendizagem	▪ Iteração e experimentação rápidas ▪ Meios de trabalho estandartizados ▪ Orientação para o desempenho ▪ Transparência na informação ▪ Aprendizado contínuo ▪ Tomada de decisão orientada para a ação
Pessoas	Modelo dinâmico de pessoas que impulsiona a paixão	▪ Comunidade coesiva ▪ Liderança servidora e compartilhada ▪ Impulso empreendedor ▪ Mobilidade de papéis
Tecnologia	Tecnologia habilitada para a próxima geração	▪ Arquitetura tecnológica, sistemas e ferramentas envolventes ▪ Desenvolvimento tecnológico e práticas de entrega de última geração

Fonte: adaptado de Aghina *et al.*[25]

espinha dorsal fixa. E ao mesmo tempo, elas criam elementos mais leves e mais dinâmicos, que podem ser adaptados rapidamente aos novos desafios e oportunidades que surgem intempestivamente pela frente. Assim, conseguem construir uma base sólida e firme para, sobre ela, garantirem a sua flexibilidade e agilidade. Com isso, evitam trabalhar com pés de barro.

1.1.4 Operando em um mundo incerto

Diante de desafios tão imprevistos, muitos líderes buscam fortalecer a resiliência de suas organizações, priorizando a adaptabilidade. Segundo os consultores da Accenture plc – *public limited company* (Brueckner *et al.*),[28] o prêmio pela agilidade intensificará o foco na transformação compactada. Independentemente de como a situação evolui, as empresas podem considerar tomar uma série de ações simultâneas em torno de (1) estratégia, (2) sistemas, (3) cadeias de suprimentos, (4) pessoas e (5) ecossistemas, como se segue.

1. **ESTRATÉGIA**: Algumas organizações analisam, modelam e testam sua estratégia e, com base nesta análise, podem reativar ferramentas comprovadas da pandemia e de outras crises passadas. Entre elas está a inteligência de dados sobre incertezas críticas para identificar riscos precocemente.

   O valor das estratégias flexíveis é influenciado pela qualidade dos *insights* utilizados no desenvolvimento e alteração dessas estratégias. Para encontrar novos padrões em dados e antecipar melhor as decisões futuras, as organizações devem capturar dados em tempo real de dentro e de fora da organização e em toda a cadeia de valor, e processá-los com ferramentas analíticas.

2. **SISTEMAS**: No curto prazo, as organizações podem adotar mitigações de alta prioridade sugeridas que incluem:

   - Corrigir toda a infraestrutura voltada para o exterior, como dispositivos VPN, *firewalls*, servidores *web* e balanceadores de carga.

   - Monitorar eventos para atividades suspeitas, com *backup* de dados que possam impedir que o *malware* se espalhe.

- Implementar programas de treinamento e conscientização de segurança que mostrem aos funcionários como identificar e relatar ataques de *phishing*. Tais programas poderiam ser estendidos a parceiros do ecossistema cuja segurança cibernética afeta aqueles com quem interagem.

- Manter práticas padrão de higiene de segurança cibernética, como atualizar regularmente *software* e *firmware*. A resiliência de longo prazo ocorre quando os líderes de segurança e de negócios se alinham como parceiros na redução de riscos.

As ações incluem:

- Revisão dos recursos de resposta a alertas, como tratar a detecção de *malware* com a mais alta prioridade em toda a organização.

- Segmentação de redes de TI e OT (tecnologia operacional), quando apropriado, como dentro de setores responsáveis por infraestruturas críticas.

- Revisão de planos de resposta a incidentes e continuidade de negócios.

3. **CADEIA DE SUPRIMENTOS**: Uma prioridade premente para as organizações é entender seu nível de exposição à cadeia de suprimentos. Isso pode começar com uma revisão tática de risco por equipes internas e externas de gestão de fornecedores. Os testes de estresse de resiliência podem, então, quantificar a resiliência de uma organização a longo prazo e simular como a cadeia de suprimentos responderia a uma série de condições. Esse conhecimento pode ajudar as empresas a entender sua exposição ao risco, quanto tempo elas levariam para se recuperar da interrupção e como o desempenho pode ser afetado.

   Com o tempo, as organizações devem procurar se afastar de modelos centralizados e lineares de fornecimento para redes descentralizadas mais flexíveis. Essas redes são muitas vezes mais globais, não menos. Elas usam fábricas de tecnologia mais alta, menores, mais numerosas, mais locais e mais próximas dos clientes – assim, mais capazes de produzir rapidamente bens que refletem as necessidades em mudança.

4. PESSOAS: A pressão elevada contínua sobre a vida pessoal dos colaboradores significa que as organizações continuarão a fornecer empregos significativos. Algumas organizações estão começando a implementar novas formas de trabalhar, indo além de espaços e lugares para criar experiências onipresentes, as quais se concentrarão em conectar os trabalhadores de maneiras diferenciadas que criem um ambiente solidário e energizador, estimulando o espírito empreendedor da força de trabalho para aumentar a flexibilidade organizacional, permitindo que as empresas encontrem novas abordagens para resolver problemas, ler e responder melhor às necessidades de mercados complexos e em evolução.

5. ECOSSISTEMA: Ao desenvolver mais conexões por meio das fronteiras das empresas, ao mesmo tempo em que contabilizam o risco geopolítico, as organizações estarão mais bem posicionadas para fortalecer sua resiliência coletiva. O conhecimento e a experiência incorporados na rede podem apoiar as organizações na avaliação e gerenciamento de riscos de forma mais eficaz. Em uma rede, o grande número de fontes de informação disponíveis hoje pode ser ainda mais amplificado, criando um sistema de alerta antecipado do que será encontrado ao virar da esquina.

Indivíduos e organizações respondem a situações de crise de diferentes maneiras e em diferentes fases. Os analistas da McKinsey & Company, em seu artigo, resumem o processo de recuperação em cinco etapas: (1) resolução, (2) resiliência, (3) retorno, (4) reimaginação e (5) reforma,[29] as quais variam de acordo com o contexto geográfico e do setor. As organizações podem operar em mais de uma etapa simultaneamente, como se segue.

1. RESOLUÇÃO: Uma combinação tóxica de inação e paralisia ainda permanece para escolhas que devem ser feitas. É por isso que esta primeira etapa se chama etapa de **resolução**: a necessidade de determinar a escala, o ritmo e a profundidade da ação necessária nos níveis estadual e empresarial. Saber o que fazer não é suficiente. Sempre será necessária a determinação em fazê-lo.

2. RESILIÊNCIA: Diante desses desafios, a resiliência é uma necessidade vital. Questões de curto prazo de gestão de caixa para liquidez e solvência são claramente primordiais. Mas, logo depois, as empresas precisarão agir em planos de resiliência mais amplos à medida que o choque começa a aumentar as estruturas estabelecidas do setor, redefinindo posições competitivas para sempre. Os gestores precisarão tomar decisões que equilibrem a sustentabilidade ambiental, econômica e social.

3. RETORNO: Após as crises, os gestores devem reavaliar todo o seu sistema de negócios e planejar ações contingentes a fim de devolver seus negócios à produção efetiva em ritmo e em escala. Retornar à saúde operacional após uma severa paralisação é extremamente desafiador para reativar toda a sua cadeia de suprimentos, após interrupções em múltiplas geografias. O ponto mais fraco da cadeia determinará o sucesso ou não de um retorno à recontratação, treinamento e atingindo níveis anteriores de produtividade da força de trabalho.

4. REIMAGINAÇÃO: A crise revela não apenas vulnerabilidades, mas oportunidades para melhorar o desempenho das empresas. As decisões sobre até onde as operações de flexibilização sem perda de eficiência também são apreendidas pela experiência de fechar grande parte da produção global. As oportunidades de adoção da tecnologia serão sempre aceleradas pelo rápido aprendizado sobre o que é preciso para impulsionar a produtividade quando o trabalho não está disponível. O resultado: uma noção mais forte do que torna o negócio mais resiliente a choques, mais produtivo e mais capaz de entregar aos clientes.

5. REFORMA: O mundo agora tem uma definição muito mais nítida do que constitui um Evento de cisne negro. Os gestores do sistema financeiro e da economia, tendo aprendido com as falhas economicamente induzidas das últimas crises globais, devem, agora, enfrentar o fortalecimento do sistema para suportar impactos exógenos agudos e globais.

Para os autores do estudo McKinsey & Company apresentado anteriormente, as crises também proporcionam uma oportunidade de aprender e compreender quais inovações, se adotadas permanentemente, podem proporcionar um aumento substancial para o bem-estar econômico e social e que, em última análise, inibiria a melhoria mais ampla da sociedade.

1.2 AS NOVAS PRESSUPOSIÇÕES SOBRE O PLANEJAMENTO ESTRATÉGICO

1. **A primeira pressuposição é que o planejamento estratégico atual não tem mais condições de enxergar um futuro distante e longínquo. A baixa visibilidade tornou sua visão míope e encurtou o panorama visível pela frente**. No decorrer da Era Industrial – no apogeu do planejamento estratégico – quando o mundo dos negócios era relativamente mutável, mas perfeitamente previsível, permitia um horizonte estratégico alongado em termos de projeção do futuro organizacional. Algo como 5, 10 ou mais anos pela frente, permitindo relativa permanência no alcance dos objetivos organizacionais de longo prazo. A Era do Conhecimento trouxe um avanço nas mudanças e transformações e um forte encurtamento temporal dessa longa visão estratégica. Contudo, quando ingressamos na Era Digital, tudo se precipitou de repente: as mudanças radicais na economia, na saúde, na sociedade, na política, na cultura, na demografia, na ecologia e principalmente no campo das modernas tecnologias disruptivas trouxeram um novo mundo com diferentes características, transformações radicais e extrema mutabilidade.

Tanta mudança, complexidade e incerteza tornaram difícil, senão impossível, perceber com segurança o que virá mais adiante, seja dentro de um ano ou um mês pela frente. A incerteza e volatilidade aumentaram e o cenário tornou-se nebuloso demais forçando as empresas a descobrir somente o imediato e apenas tentar adivinhar o médio prazo, deixando o futuro restante em termos de uma ampla e larga faixa de cenários alternativos, vagos e imprecisos.

2. **A segunda pressuposição é que quando o paradigma muda, não é mais o passado que modela o presente. E muito menos o futuro**. As mudanças e transformações correntes são tão profundas, rápidas e imprevisíveis que o passado e o presente não mais configuram os modelos de negócios a serem mantidos ou preservados com razoável sucesso para o futuro. Torna-se necessário acompanhar, senão antecipar-se, a tantas mudanças e modelar com base às tendências que vão surgindo pela frente.

E criar cada vez mais o novo valor para se manter na crista das ondas das transformações que surgem. Se possível, ficar no primeiro lugar na mente dos públicos estratégicos do negócio. O passado e o presente ficam para trás e as tendências futuras – quase sempre voláteis e até imprevisíveis – tornam-se guias importantes para os novos rumos a assumir. Assim, o futuro organizacional precisa ser adivinhado e criado a cada instante que passa em uma atividade permanente e intensiva. Haja imaginação e criatividade. E *insights* orientadores.

3. **A terceira pressuposição é que o planejamento estratégico – que sempre evitou a incerteza e privilegiou a certeza e previsibilidade a respeito do futuro organizacional – agora procura aprender a conviver com a incerteza**, a fim de buscar intensivamente nela as oportunidades possíveis e evitar a todo custo as ameaças possíveis que possam surgir a qualquer hora ou intempestivamente. É a eterna preparação para o imprevisível, o intempestivo e o imponderável que poderá surgir de repente, sem aviso prévio e sem apitar na curva. Ou um cisne negro. Isso exige uma busca frenética de novos e diferentes arranjos organizacionais como soluções passageiras e provisórias para o que der e vier, seja de onde vier.

4. **A quarta pressuposição é que o planejamento estratégico deixou de ser um posicionamento organizacional definitivo e permanente no mercado. Ele agora é um plano global provisório,**

construído e reconstruído a todo instante, enfrentando todo e qualquer grande desafio pela frente e sempre sujeito a chuvas e trovoadas. O que requer intensa flexibilidade, jogo de cintura, descentralização e agilidade organizacional, ou, em outras palavras, requer uma reformatação típica de organização ágil, flexível, adaptável em tempo real para poder conviver com uma era acelerada e exponencial ao seu redor. Traços do velho modelo burocrático são totalmente eliminados para libertar a organização de suas amarras e limitações tradicionais, desde fronteiras verticais (cadeia hierárquica), horizontais (departamentos e silos internos) e externas (excluindo fornecedores nas entradas e clientes e consumidores nas saídas), na busca imperiosa de sinergias internas e externas para criar e gerar valor. A tendência agora é juntar, agregar, integrar e não mais separar, isolar ou compartimentalizar.

5. **A quinta pressuposição é que o planejamento estratégico deixou de ser uma única orientação unívoca e unidirecional para buscar múltiplas opções possíveis em uma estratégia diversificada e de várias pontas alternativas.** Ficou difícil saber para onde direcionar o caminho futuro e focar a organização em um mundo complexo, instável, incerto e imprevisível. Não dá mais para assumir uma única orientação futura e reduzir o futuro organizacional em uma única aposta fixa e fechada. Trata-se de um enorme risco a assumir face a tantas opções pela frente que possam surgir. E todas elas altamente imprevisíveis ou improváveis. A estratégia organizacional deixou de ser uma única e exclusiva via para o futuro a longo prazo para se transformar em várias alternativas estratégicas diversificadas em diferentes opções de caminhos e destinos. Além da construção de vários cenários futuros e escolher dentre eles o mais provável, trata-se agora de elaborar vários planos estratégicos e, ao longo do tempo, optar por qual adotar na medida em que os desdobramentos e resultados aconteçam e forneçam o *feedback* necessário para novas decisões e ações em termos de adequação e ajustamentos às novas realidades que surgem pela frente.

6. **A sexta pressuposição é que aquilo que a organização sempre decidiu produzir – seja produto ou serviço ou qualquer valor que ofereça ao mercado – agora precisa urgente e constantemente ser validado em tempo real pelo consumidor, cliente ou usuário e aceito como prioridade entre suas escolhas.** Em outras palavras, a empresa precisa receber de seus tomadores o seu *feedback* em tempo real a respeito de sua satisfação com o uso do produto ou serviço para saber sempre e rapidamente fazer neles as melhorias ou alterações para adequá-los às suas necessidades e expectativas. O ótimo e estreito relacionamento com o consumidor ou cliente depende dessa interação continuada como uma espécie de pós-venda, adequação e gratidão pela sua escolha. A fidelização do consumidor precisa ser constantemente garantida ao longo do tempo e seguindo a orientação deste em termos de usabilidade e satisfação. E na medida em que as necessidades e aspirações dos clientes e consumidores mudam, a empresa precisa imediata ou antecipadamente oferecer as devidas mudanças no produto ou serviço que lhes oferece.

7. **A sétima pressuposição é que tudo o que a organização faz, opera ou busca alcançar, como metas e objetivos, sistemas, processos e estratégias, está passando por uma completa revisão, provisoriedade e substituição por meio da permanente e constante busca do novo ou do inusitado.** Isso envolve uma mentalidade focada intensamente na imaginação, criatividade e inovação. Inovar não é preciso; tornou-se simplesmente obrigatório em um mundo de negócios imprevisível e exponencial. Essa inovação organizacional atua em três áreas básicas de atividade: a primeira é a inovação aberta e colaborativa com parceiros externos – como clientes, fornecedores, institutos de pesquisa, órgãos públicos, startups e outras organizações – de forma descentralizada e colaborativa. A segunda é a inovação tecnológica que ocorre mediante a aplicação das modernas tecnologias emergentes que requerem o acesso imediato à Era Digital. E a terceira, e mais importante, é a inovação na gestão por meio de novos modelos de negócio na busca de novas fontes de valor e de receita.

8. **A oitava pressuposição é que o planejamento estratégico está ingressando na quarta**

Revolução Industrial ao introduzir novas e emergentes tecnologias disruptivas a caminho da Era Digital. Tudo o que a organização cria, produz e entrega ao mercado está passando por uma radical transformação seja em mentalidade e sistemas, em pessoas e máquinas e *softwares* inteligentes trabalhando juntos, interativos e em elevada sinergia. Um novo sistema produtivo altamente automatizado e digitalizado está mudando toda a organização, trazendo produtividade, rapidez e eficiência incríveis. Organizações e talentos devidamente preparados e capacitados alcançarão vantagens competitivas e oportunidades de sucesso exponenciais.

9. **A nona pressuposição é que o planejamento estratégico deixou de ser restrito ao alcance dos objetivos organizacionais da empresa tão somente. Agora ele está preocupado também com a entrega de valor a todos os públicos estratégicos (*stakeholders*) do negócio da empresa**. Para garantir sua sobrevivência, sustentabilidade e competitividade, toda organização necessita dos investimentos de um complexo e diversificado ecossistema de públicos estratégicos de interesses. Cada público faz investimentos no negócio da empresa e em contrapartida busca obter um razoável retorno dos seus investimentos. E sua fidelização à empresa depende do valor desse retorno que dela recebe. Para tanto, a organização precisa encantar seus acionistas, a governança corporativa e os investidores ao receberem retornos como dividendos, lucros ou reinvestimentos no próprio negócio; também os clientes e consumidores querem obter satisfação, qualidade, preço e valor ao adquirir seus produtos ou serviços; do mesmo modo, os intermediários como atacadistas e varejistas com bons negócios; e ainda os administradores e colaboradores com remuneração, benefícios, oportunidades e vantagens; e os fornecedores com bons negócios; também as agências reguladoras com coerência, transparência e compliance nos seus negócios; igualmente a sociedade em geral com a sua honradez, propósito social, imagem e reputação. Tudo isso significa um complexo composto de reciprocidade, solidariedade, interação e intercâmbio íntimo de interesses mútuos entre a empresa e seus públicos. Sobretudo, uma formidável geração de valor e de criação de riqueza para todos os envolvidos direta e indiretamente, interna e externamente nesse complexo ecossistema organizacional.

Complicado? Claro! Tantas são as variáveis envolvidas e tanta a rapidez e mutabilidade na sua dinâmica transformacional que o resultado não poderia ser outro: uma estratégia altamente flexível, maleável, reativa e, sobretudo, ágil, descentralizada, criativa e inovadora. E sempre focada no futuro organizacional na medida dos seus desdobramentos e consequências à medida em que surgem ou acontecem. Esse provavelmente deverá ser o futuro protocolo da estratégia organizacional. Navegar em mares tempestuosos não tem sido fácil e nem será. Precisamos cada vez mais de estrategistas navegadores capazes de surfar em mares revoltos, turbulentos e encapelados para conseguir chegar ao porto final. E qual é a sua opinião a respeito dele? Como e onde deveremos chegar a ele?

A Figura 1.3 contrasta as velhas com as novas pressuposições do Planejamento Estratégico.

1.3 ETAPAS-CHAVE DO PROCESSO ESTRATÉGICO

A beleza de um sistema, uma vez construído, é fácil de reconhecer. Mas sua elaboração nunca é uma tarefa simples ou divertida. As decisões nessa tarefa são, quase sempre, repletas de dúvidas ou incertezas pela frente. Isso porque estamos tratando do futuro e do direcionamento do lançamento de um foguete chamado empresa em um alvo que nem sempre conseguimos enxergar claramente.

O processo estratégico consiste em pelo menos cinco etapas-chave:

1. Compreender o ambiente (mediante monitoramento e análise preditiva).

2. Definir metas organizacionais amplas.

3. Identificar opções possíveis de rotas de ação.

4. Fazer e implementar decisões abrangentes.

5. Avaliar o desempenho real e ajustar.

Velhas proposições estratégicas:	Novas proposições estratégicas:
1. Foco exclusivo no longo prazo	1. Foco no curto prazo e extensão paulatina no médio e longo prazo
2. Base no passado ou no presente	2. Base no que será o futuro
3. Evitação da incerteza e busca da previsibilidade no futuro	3. Convivência com a incerteza
4. Posicionamento definitivo e permanente	4. Posicionamento provisório, flexível, ágil, construído e reconstruído
5. Orientação estratégica única, unívoca e unidirecional	5. Estratégia diversificada com múltiplas opções e caminhos
6. Definição interna do produto, serviço e do valor a entregar	6. Produto, serviço ou valor validado pela satisfação do consumidor
7. Objetivos, estratégia e sistemas definitivos e permanentes	7. Provisoriedade em busca da constante mudança e inovação
8. Abordagem típica da Era Industrial e da Era da Informação	8. Abordagem radical da Era Digital e da 4ª Revolução Industrial
9. Foco exclusivo no alcance de objetivos estratégicos	9. Envolvendo também entrega da valor e reciprocidade aos *stakeholders*

Figura 1.3 A velhas e as novas pressuposições do Planejamento Estratégico.

O propósito do processo estratégico é responder às seguintes perguntas:

1. Onde está a organização agora?
2. Para onde ela está indo?
3. Aonde ela quer chegar?
4. O que deve ser feito para mudar para a direção certa e desejada?

Para tanto, é preciso um propósito integrado cujas escolhas devem ter um compromisso que confere identidade àquilo que uma organização representa.

Assim, o planejamento estratégico visa explorar as novas e diferentes oportunidades no horizonte visível, otimizando para amanhã as tendências do hoje. O fato é que o estado presente da organização nunca pode ser descartado. Ele é sempre o ponto de partida para o processo estratégico.

Renfro e Morrison[30] elaboraram figuras representativas dos ciclos de planejamento (Figuras 1.4, 1.5 e 1.6). Percorrer esses ciclos é um processo contínuo de elaboração para um plano operacional de um a dois anos e para um plano de longo alcance de três a dez anos, revisado periodicamente, de acordo com a característica exponencial dos acontecimentos.

O **ciclo de planejamento de longo alcance** (Figura 1.4) começa pelo monitoramento de tendências selecionadas de interesse para a organização, descrevendo o futuro esperado dessas tendências (geralmente com base na extrapolação de dados históricos usando a **análise de regressão**).

Aumente seus conhecimentos sobre **Análise de regressão** na seção *Saiba mais* PE 1.2

O **ciclo de monitoramento (*scanning*) do ambiente**, conforme a Figura 1.5, começa com o acompanhamento do ambiente externo para reconhecer tendências emergentes que colocam ameaças ou oportunidades estratégicas para a organização, focando nas questões e tendências mais importantes. Uma vez que as previsões são feitas, cada questão e tendência passam a ser monitoradas continuamente conforme a evolução da relevância e eventuais desvios das previsões.

A Figura 1.6 apresenta os dois ciclos mesclados, segundo os quais o processo de planejamento estratégico é constituído por seis estágios: monitoramento

22 Planejamento Estratégico

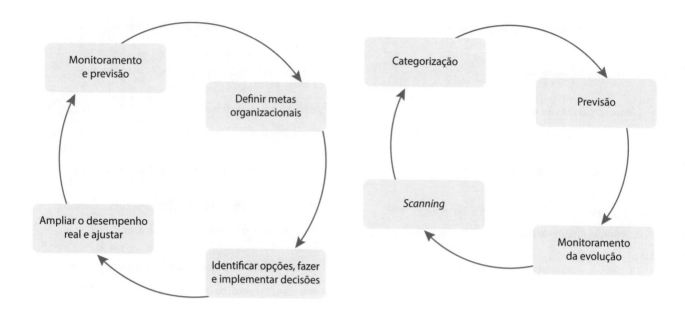

Figura 1.4 Ciclo de planejamento de longo alcance: monitoramento.
Fonte: adaptada de Renfro e Morrison (p. 25).[30]

Figura 1.5 Ciclo de monitoramento (*scanning*) do ambiente e previsão.
Fonte: adaptada de Renfro e Morrison (p. 25).[30]

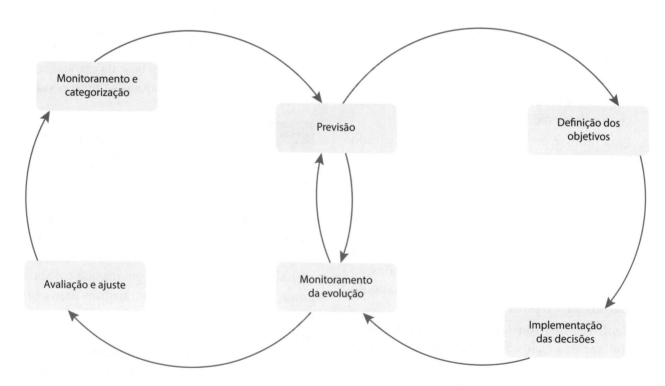

Figura 1.6 Ciclo de planejamento mesclado.
Fonte: adaptada de Renfro e Morrison (p. 25).[30]

e categorização, previsão, definição dos objetivos, implementação das decisões, monitoramento da evolução e avaliação e ajuste. O modelo mesclado, então, permite que as informações do ambiente externo sejam usadas para modificar as questões internas derivadas durante o monitoramento.

Conforme explicado por Renfro e Morrison, o argumento para combinar esses dois modelos torna-se evidente quando o futuro que acontece **à e para a** organização é contrastado. No futuro, o que acontece à organização (o "planejado" futuro), novos desenvolvimentos não são antecipados, fazendo com que eventos provoquem crises inesperadas. Por outro lado, no futuro que acontece para a organização, em contraste (o futuro "estratégico"), a liderança é focada mais na prevenção de incêndios e menos em combate a incêndios. Assim, pode exercer um julgamento mais cuidadoso na alocação ordenada e eficiente de recursos. Certamente os líderes ainda terão que lidar com desenvolvimentos imprevistos, porém cada vez menos traumáticos.

Por outro lado, para Hagel e Brown,[15] há uma alternativa à estratégia reativa e etapas incrementais. É uma abordagem chamada de *Zoom Out/ Zoom In*. Essa abordagem centra-se em dois horizontes temporais muito diferentes em paralelo, mas inter-relacionados. Um é de 10 a 20 anos: o horizonte de *Zoom Out*. O outro é de seis a 12 meses: o horizonte de *Zoom In*. Trata-se de uma abordagem com implicações claras para o que a empresa estará fazendo no curto prazo para construir as capacidades críticas no longo prazo, a partir do vislumbre de uma gama de futuros alternativos e focando naqueles que parecem mais propensos a se materializar.

Com essa abordagem, os gestores podem se libertar do pensamento impulsionado por ganhos trimestrais e combater uma tendência de pulverizar recursos em iniciativas que não se pagarão, reduzindo o risco de considerar uma iniciativa atual como trivial, mas que, na verdade, poderia fundamentalmente redefinir o mercado à frente. Conforme representado pela Figura 1.7, essa abordagem alternativa direciona os gestores para fora de sua zona de conforto, exigindo raciocínio de horizonte expandido e ao mesmo tempo focado.

Para Hagel,[31] a abordagem *Zoom Out/Zoom In* pode fazer mais do que ajudar uma empresa a criar uma visão estratégica para o futuro; também pode ajudar a moldar uma narrativa convincente que explicita a visão e atrai clientes e parceiros. Para o autor, uma forte narrativa corporativa pode diferenciar uma empresa de seus concorrentes, atrair e inspirar outros a participar de sua visão e promover a lealdade a longo prazo. Fortes narrativas corporativas podem ter extraordinária capacidade de atrair e mobilizar clientes, parceiros e outros terceiros. As narrativas mais poderosas são aquelas em que ações relativamente modestas no curto prazo podem levar as partes envolvidas em direção às oportunidades de longo prazo. Essas podem ser muito mais motivantes do que as estratégias que exigem milhões de dólares de investimento e anos de desenvolvimento. Ao perseguir iniciativas de curta duração e demonstrar resultados, as empresas podem começar a construir credibilidade para a narrativa mais ampla e aproveitar as oportunidades mais imediatas.

A abordagem *Zoom Out/Zoom In* começa com um conjunto de questões, dando a base para todo o raciocínio estratégico que se seguirá, como apresentados no Quadro 1.4.

O próximo passo consiste em ampliar os horizontes da equipe de liderança (*Zoom Out*). Em parte, isso envolve a construção de uma maior conscientização sobre o ritmo acelerado da mudança, em sua maioria moldada por avanços exponenciais no desempenho da tecnologia digital.

Segue-se a etapa que quase sempre é a mais difícil (*Zoom In*): identificar e concordar com as poucas iniciativas de curta duração que podem ajudar a acelerar a organização para a futura posição. A etapa *Zoom In* cobre três frentes:

- Identificar e escalar o "limite" (*edge*) da empresa que poderia impulsionar a transformação necessária para se tornar o *Zoom Out*.

- Determinar a iniciativa de curto prazo que teria a maior capacidade de fortalecer o núcleo existente do negócio – o núcleo que está gerando os lucros correntes necessários para acelerar a jornada.

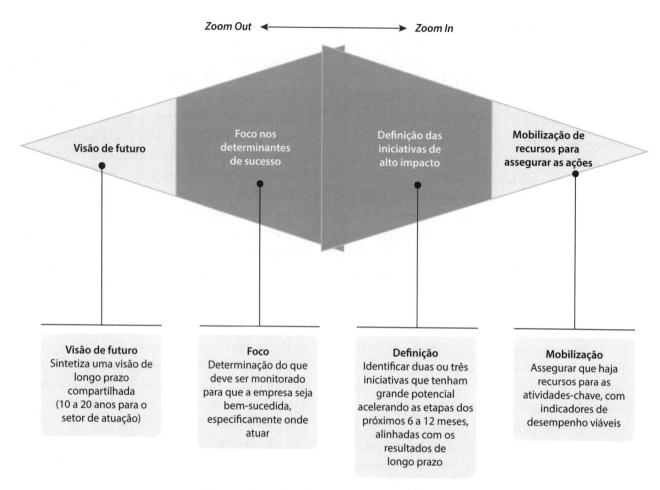

Figura 1.7 Abordagem *Zoom Out/Zoom In*.
Fonte: adaptada de Hagel e Brown (p. 5).[15]

Quadro 1.4 Perguntas-chave em dois horizontes temporais

Zoom Out	Zoom In
■ Como será nosso mercado ou setor em 10 a 20 anos a partir de agora? ■ Que tipo de empresa precisaremos ser de 10 a 20 anos a partir de agora para sermos bem-sucedidos nesse mercado ou setor? ■ Temos uma visão compartilhada de quais necessidades mais significativas não atendidas de clientes relevantes serão observadas de 10 a 20 anos a partir de agora? ■ Temos moldado uma narrativa corporativa que é um poderoso apelo à ação para outros fora de nossa empresa para aproveitar uma oportunidade de longo prazo?	■ Estamos a perseguir um pequeno número de iniciativas a curto prazo de forma agressiva o suficiente para demonstrar um impacto significativo? ■ Quais são as duas ou três iniciativas que poderíamos perseguir nos próximos seis a 12 meses que teriam o maior impacto em acelerar nosso movimento em direção a esse destino de longo prazo? ■ Essas duas ou três iniciativas têm uma massa crítica de recursos para garantir alto impacto? ■ Estamos refletindo regularmente sobre as questões acima para garantir que estamos evoluindo e refinando essas abordagens para gerar ainda mais impacto? ■ Quais métricas poderíamos usar no final de seis a 12 meses para melhor determinar se atingimos o impacto que pretendíamos?

Fonte: Hagel e Brown (p. 3).[15]

- Determinar quais atividades a empresa poderia parar nos próximos seis a 12 meses que liberariam recursos para financiar iniciativas nas outras duas frentes.

É importante resistir à tendência de prever o futuro concentrando-se primeiro em como a empresa pode mudar. Em vez disso, os(as) gestores(as) devem assumir a perspectiva oposta, observando como os clientes e as principais partes interessadas externas podem evoluir. Ao compreender as necessidades de desenvolvimento não satisfeitas, os líderes podem trabalhar para identificar oportunidades que podem criar valor à frente.[32]

1.4 O FATOR INOVAÇÃO

Muitas empresas, com suporte tecnológico e se tornando cada vez mais digitais, estão se movendo em direção a uma abordagem de manufatura ágil para se manter responsivas às demandas de clientes em evolução e atender à necessidade de maior personalização do produto. Mas a tecnologia também criou demandas de clientes e expectativas de personalização e velocidade, tanto na entrega quanto na taxa de inovação. Os ciclos de lançamento do produto estão diminuindo em muitos setores. Como resultado, a manufatura ágil tornou-se uma tendência de rápido crescimento.

Em um relatório interno da Microsoft de 2016,[33] é apontado o fator inovação como determinantes de sucesso em uma era de transformações, que são: introdução mais rápida de produtos com maior rapidez, maior colaboração, inovação, pequeno é o novo grande e redução de riscos, da seguinte maneira:

a) **Introdução mais rápida de produtos:** à medida que a taxa de inovação aumenta, o desejo de ficar à frente leva muitas empresas a acelerar seus ciclos de lançamento de produtos, que costumavam ser de 18-24 meses, já comprimiram seus ciclos de produto para 12 meses ou menos. Esses novos ciclos de produtos têm um impacto óbvio na P&D, mas também afetam muitas outras áreas de negócios, como precificação e fornecimento de materiais. Empresas de vestuário, por exemplo, estão adaptando seus modelos de negócios para atender a ciclos de produtos mais rápidos ainda. A cadeia de roupas Zara relatou que ela "é tão rápida que pode projetar, fabricar e entregar roupas em prateleiras de lojas em um mês".

b) **Maior colaboração:** em sua busca para ser mais ágil, muitas empresas estão buscando estratégias colaborativas. Segundo relatório da KPMG,[34] os fabricantes relataram que sua principal motivação para colaborar na inovação era a velocidade de comercialização (25%). Nesse sentido, conforme esse relatório, a tecnologia está desempenhando um papel importante na atenuação da fricção de colaborar com equipes remotas. A nuvem permitiu uma série de novas ferramentas de colaboração e produtividade que estão facilitando as pessoas ao redor do mundo trabalharem juntas. Graças à impressão 3D, as equipes agora podem compartilhar *designs* com colegas em todo o mundo, que podem ter os projetos impressos imediatamente.

Ainda segundo o relatório da KPMG,[34] o foco na agilidade também está redefinindo o que se quer dizer com resiliência. No passado, as organizações procuraram defender suas posições e usar a escala para manter a vantagem competitva. Os ventos sociais, econômicos e tecnológicos que se veem emergir nos últimos anos já não são de curto prazo. Embora haja muitas oportunidades de crescimento, elas são identificadas contra um ambiente complexo, volátil e cada vez mais incerto.

Ou seja, segundo o relatório da KPMG,[34] para construir uma empresa resiliente que capitaliza na ruptura, as organizações devem ser pressionadas para mudar e adaptar-se continuamente, impulsionando a agilidade empresarial, criando um modelo operacional simplificado, focado no cliente, e avaliar se sua equipe de liderança atual tem a mentalidade e as capacidades para cumprir as prioridades exigidas. Por fim, muito importante, criando, patrocinando e sustentando uma cultura de inovação.

Acesse conteúdo sobre **Sistemas de planejamento colaborativo** na seção *Clipping competitivo* PE 1.1

c) Cultura de inovação: segundo o relatório da KPMG, as organizações devem criar uma cultura que nutre a inovação e a criatividade para prosperar em uma era de mudança imprevisível e de alto impacto. Sem isso, elas terão de batalhar sem garantias de sucesso, para se adaptarem rapidamente à disrupção tecnológica, às novas demandas dos clientes e às mudanças nas perspectivas internas sobre como a organização cria valor (KPMG[34]).

Há um mito de que a inovação só é fruto de lampejos de criatividade, de um acaso produtivo ou do exercício do ócio. Na verdade, a inovação deve ser provocada com base em estruturas e processos organizacionais. Parece um paradoxo, mas é o contrário. A inovação, cada vez mais, precisa estar no centro da estratégia e ser o coração do negócio. Ela pode ser implantada e alavancada. Mas é preciso compreender o que significa estimular com seriedade a inovação e isso envolve principalmente mirar no longo prazo.

Ainda segundo o relatório da KPMG, *Agile or irrelevant: redefining resilience*, o caminho obrigatório é construir uma área focada em inovação e transformação digital, com dedicação exclusiva. Reunir pessoas com perfis adequados e entregar a elas o papel de pensar no futuro da empresa, sob a ótica da Era da Transformação. O papel delas é discutir estratégias, agir como evangelizadoras e contaminar os projetos futuros e dos demais profissionais com ações e ideias voltadas à transformação. Assim, a cultura de inovação não pode simplesmente ser uma palavra vazia, mas sim integrada em todos os níveis de sua organização, de cima para baixo e de baixo para cima. Isso significa traduzir metas de inovação e estratégia em métricas de desempenho pessoal para todos os líderes. A outra área crítica é ter diversidade na liderança, tanto a diversidade de pensamento quanto a estrutura da equipe – para incentivar uma variedade de estilos inovadores de pensamento e execução (KPMG[34]).

d) Pequeno é o novo grande: a necessidade de velocidade associada com avanços na tecnologia de fabricação, menor custo de entrada e a demanda por produtos mais personalizados está levando ao crescimento de empresas de menor escala e mais bem localizadas. Desde a Revolução Industrial, a manufatura tem focado a eficiência, mas o *"lean"* levou à otimização de processos dentro de instalações menores e centralizadas. Pela primeira vez em 250 anos, isso está mudando. Melhorias na tecnologia de fabricação e transporte ajudaram a reduzir custos de fabricação, diminuindo o valor de grandes centrais de fabricação centralizada. Também reduziu o custo de entrada, oferecendo mais espaço para pequenas e médias *startups*.

e) Redução de riscos: outra razão pela qual muitas empresas estão se movendo em direção a instalações menores e mais localizadas é a redução do risco. Muitos fabricantes estão descentralizando e desagregando conhecimento, especialmente no que se refere a processos proprietários ou informações confidenciais. Nesse sentido, Papaoikonomou *et al.*[35] sugerem estratégias de agilidadede no acesso aos mercados como um ajuste fino da oferta, adoção de novos modelos de precificação, prototipagem rápida e parcerias com concorrentes. Os gestores deverão considerá-las quando definirem os objetivos de negócios organizacionais de longo prazo, vinculando os resultados de desempenho nos mercados às novas tecnologias, à integração da cadeia de suprimentos e aos controles ambientais.

Kalinowski[36] assevera que alcançar sucesso em um mercado dinamicamente em mudança, a organização precisa olhar continuamente para ideias novas e inovativas. Várias ações coordenadas podem tornar possível a introdução da cultura pró-inovação no DNA da organização. A criação de soluções inovadoras, seu desenvolvimento e implementação podem ser realizados com base em diferentes estratégias. Muitas empresas preferem naturalmente um modelo onde elas criam conceitos inovadores e gerenciam desde o início até o fim do ciclo de inovação por conta própria. No entanto, na prática, mesmo os líderes "inovadores" adquirem soluções criativas em estágios muito diferentes de seu desenvolvimento, desde o conceito até a aquisição ou incorporação de soluções ou licenças.

As estratégias de inovação alinham-se aos objetivos de negócios que devem ser alcançados. Elas também definem os recursos financeiros que são alocados para aquisição, desenvolvimento e implementação de inovações. E devem identificar a natureza das inovações necessárias, como inovações de produtos, tecnologias, soluções ou melhorias de processos de negócios. Kalinowski[36] lembra que, do ponto de vista da empresa, é necessário determinar quais inovações devem ser encontradas fora da organização, tendo em conta a avaliação objetiva do potencial de inovação interna e principalmente a competência das pessoas e experiência no domínio da inovação. O Quadro 1.5 apresenta as diferentes estratégias de desenvolvimento e aquisição de inovações.

Para Kalinowski,[36] mesmo o melhor sistema de gestão da inovação não traz os resultados esperados, se a empresa não implementar uma **Cultura Pró-Inovadora** adequada. A cultura típica de uma grande organização é a principal barreira para a inovação, porque usualmente ela tem uma estrutura hierárquica, que amplia o tempo de tomada de decisão, embasa toda a operação em procedimentos padrão, muito formalizados e focado de forma natural na gestão de riscos.

Na verdade, as empresas deveriam dedicar muito mais atenção à concepção e implementação de um programa de transformação cultural de longo prazo focado na pró-inovação. O objetivo desse programa de transformação é criar uma cultura interna de empreendedorismo, estimular o pensamento criativo e a tomada de decisão independente, combinada com a aceitação do risco inerente à inovação, e em particular a transformação pela inovação digital.

Arkan[37] desenvolve um raciocínio estratégico voltado para a inovação como a oportunidade para que as empresas pensem e operem como empresas digitais na forma como envolvem seus clientes, capacitam seus funcionários, otimizam suas operações e transformam seus produtos.

Para o autor, a inovação de hoje é toda sobre a experimentação em ciclos mensais, senão semanais. É a era do "falhar e aprender rápido". Se falhar, segue-se para o próximo ciclo. Se funcionar, entenda como expandi-lo ou repeti-lo. O ponto fundamental aqui é que as organizações precisam começar em algum lugar, começar imediatamente, e alavancar os dados disponíveis para elas.

Conforme Arkan,[37] não há dúvida de que o impacto da transformação digital é inédito para os processos de inovação em termos de poder computacional ilimitado, que é uma realidade hoje, bem como em termos das possibilidades,

Quadro 1.5 Diferentes estratégias de desenvolvimento e aquisição de inovações

Aquisição de inovação	Produtos, soluções, licenças etc. de um prestador externo
Inovações internas	Criação de inovações a partir do zero dentro de uma organização
Incubação interna	Criação de um ambiente e uma infraestrutura especiais (da incubadora) dentro da organização em que as idéias inovativas são criadas e desenvolvidas
Cooperação com parceiros externos	Por exemplo, centros de P&D, incubadoras externas etc., para criar e desenvolver conjuntamente soluções inovadoras
Crowdsourcing	Para procurar ideias inovadoras e soluções entre a comunidade praticamente criada (pode incluir os funcionários da organização e as partes externas)
Criação de um capital de risco corporativo próprio	Como um veículo de investimento especial nas empresas em desenvolvimento, criando ou tendo soluções inovadoras
Financiamento por um fundo externo de Venture Capital (VC)	Para investir em empresas que criam ou têm soluções inovadoras

Fonte: elaborado pelos autores com base em Kalinowski.[36]

atuais e futuras, oferecidas por tecnologias disruptivas como *Analytics* e *Big Data*, *Ledgers* (livros-razão) Distribuídos, dos quais o *Blockchain* é uma aplicação, Robótica, Internet das Coisas (*Internet of Things* – IoT), Inteligência Artificial (*Artificial Intelligence* – AI), Aprendizagem Profunda (*Deep Learning*), Realidade Mista (*Mixed Reality*) e Tecnologia Quântica vai inaugurando novas maneiras de abordar e resolver os problemas.

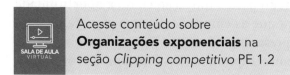

Acesse conteúdo sobre **Organizações exponenciais** na seção *Clipping competitivo* PE 1.2

1.5 A ERA PÓS-DIGITAL E ALÉM

A pesquisa da Accenture *The post-digital era is upon us – are you ready for what's next?* (2019),[38] é desenvolvido o conceito de Era Pós-Digital. Ela abre as portas para enormes oportunidades e valor para os negócios.

Segundo a pesquisa, a velocidade relâmpago da mudança, impulsionada pela tecnologia, está nos levando da Era Digital para uma nova realidade, chamada de Mundo Pós-Digital. As empresas estão em um ponto de virada crucial. Digital é realmente importante, mas agora é simplesmente o preço da admissão para fazer negócios. A Era Pós-Digital oferece enormes oportunidades e valor para os negócios. A pesquisa identificou que as empresas digitais aplicam a personalização em massa através de uma abordagem de cima para baixo: vendendo duas opções diferentes, então 10 opções diferentes, então 100 opções diferentes. O sucesso das empresas com esta abordagem tem promovido a ilusão da personalização radical.

Agora, para atender às expectativas no mundo pós-digital, eles precisam transformar essa ilusão em realidade. Isso significa compreender as pessoas a um nível holístico e reconhecer que seus perspectivas e necessidades mudam de um momento para o outro. O estudo aponta que as empresas não estão sozinhas em sua jornada para a transformação digital. As pessoas estão em um caminho paralelo, incorporando novas tecnologias a um ritmo cada vez mais rápido. Elas são mais conhecedoras sobre a tecnologia em si e estão se tornando seletivas e exigentes naquilo que adotam, desafiando as empresas a trabalhar com elas ou se adaptarem a elas de diferentes maneiras.

Conforme artigo MultiChoice South Afric,[39] em um mundo de escolha de tecnologia sem precedentes, as pessoas têm fortes sentimentos sobre quais tecnologias eles vão ou não adotar para obter as experiências que desejam. As empresas devem prestar muita atenção não só às próprias escolhas, mas também aos novos *insights* poderosos que essas escolhas podem fornecer a seus clientes. Respostas rápidas e efetivas é um ingrediente chave para o atendimento ao cliente de alta qualidade. Assim como as pessoas já não dizem que vivem na "idade da electricidade", os dias de chamar algo de digital para insinuar que é novo e inovador estão contados. A palavra já é *passé* no espaço do consumidor. Em breve, será o mesmo para a empresa. Não há necessidade de dizer que seu negócio é um "negócio digital".

1.5.1 A próxima onda de mudança digital

Conforme descrito em matéria produzida pela Accenture plc (2022), para Daugherty, Carrel-Billiard e Biltz (2022)[40] o mundo físico está ganhando vida com novas capacidades digitais, proporcionando às empresas com visão de futuro uma oportunidade de agir hoje para estarem prontas para o futuro. Na medida em que esses desenvolvimentos desafiam as premissas básicas sobre tecnologia e negócios, estamos entrando em um novo cenário sem regras ou expectativas. É hora de construir e moldar os mundos do amanhã.

Assim como nos primeiros anos da internet, as empresas estão correndo em direção a um futuro totalmente diferente. Durante a próxima década, testemunharemos uma transformação completa de quase todos os ambientes em que as empresas fazem negócios.

O metaverso revoluciona quase todos os aspectos da vida e dos negócios, permitindo a colaboração em espaços virtuais, realidade aumentada e uma mistura de ambos, criando linhas de negócios, e transformará interações entre clientes e empresas.

Para os autores, grandes empresas terão seus próprios metaversos internos para permitir que os funcionários trabalhem e interajam de qualquer lugar. No nosso tempo livre, novos metaversos de consumo nos transportarão para quase qualquer tipo de mundo que possamos imaginar, para jogar jogos, socializar ou relaxar.

Vejamos quatro tendências tecnológicas: WebMe – minha rede, Programmable World – mundo programável, The Unreal – O irreal e Computing the Impossible –Processando o impossível.[40]

WebMe: A próxima geração da internet não terá as restrições que os sistemas mantiveram desde sempre. As inovações do metaverso, como uma plataforma de experiências digitais, e a Web3, reinventando como os dados se movem através desse sistema, estão transformando os fundamentos e o funcionamento do mundo virtual. Enquanto as soluções do metaverso tentam criar uma experiência mais unificada, o Web3 muda a maneira como tratamos os dados estabelecendo procedência, veracidade e valor, que criam uma camada de confiança em toda a web, dando às pessoas o controle de seus próprios dados.

Programmable World: O **Mundo Programável** projeta como a convergência de novas tecnologias, como o 5G, estão mudando a maneira pela qual as empresas interagem com o mundo físico. Em breve viveremos em ambientes que podem se transformar fisicamente no comando, que podem ser personalizados e controlados, e que podem mudar mais rápido e com mais frequência do que jamais vimos antes.

The Unreal: Estamos vivenciando o surgimento de dados e imagens não reais, *chatbots*[41] e realidade aumentada (*augmented reality* – AR, em inglês) estão nos forçando a considerar o que é real, o que não é, e, mais importante, quando devemos nos

importar? Quando vemos as notícias, queremos saber se o vídeo do presidente é real.

Qualidades "irreais" estão se tornando intrínsecas à Inteligência Artificial (IA), e até mesmo aos dados que as empresas estão usando. Mas, também, os mal-intencionados estão usando essas tecnologias para produzir realidades e dados falsos (*fake*, em inglês) como *deepfakes*,[42] a *bots*[43] e muito mais. Gostem ou não, as empresas foram empurradas para a vanguarda de um mundo questionando o que é real, o que não é, e se a linha entre estes dois realmente importa.

Ao corrigir o viés de dados e proteger a privacidade destes, os conteúdos sintéticos tornam a IA mais justa e segura, o que permitirá experiências mais perfeitas e novas interações, economizando tempo e energia.

Computing the Impossible: Finalmente, devido aos limites de setores tradicionais, à medida que o que é computacionalmente possível está em disrupção, uma nova classe de máquinas emerge.

Computadores quânticos, biologicamente inspirados e de alto desempenho, os *High-Performance Computing* (HPC)[44] ou supercomputadores paralelos maciços, estão permitindo que as empresas enfrentem os maiores desafios em seus setores. Esses três conjuntos de máquinas reduzem drasticamente a dificuldade de resolver alguns dos desafios mais profundos do mundo e ajudam as empresas a fazer uso de enormes volumes de dados que são muito caros ou ineficientes para a computação tradicional.

A HPC refere-se à prática de agregar poder de computação oferecendo potência muito maior do que os computadores e servidores tradicionais. HPC ou supercomputação, é como a computação cotidiana, só que mais poderosa. É uma forma de processar grandes volumes de dados em velocidades muito altas usando vários computadores e dispositivos de armazenamento como uma estrutura coesa. A HPC torna possível explorar e encontrar respostas para alguns dos maiores problemas mundiais em ciência, engenharia e negócios.

Hoje, a HPC é usada para resolver problemas complexos e que exigem alto desempenho, e as organizações estão cada vez mais migrando cargas de trabalho de HPC para a nuvem, o que está mudando a economia de desenvolvimento e pesquisa de produtos porque requer menos protótipos, acelera os testes e reduz o tempo de comercialização.

1.5.2 Empresas desenhadas para o digital

O fato é que muitas empresas tradicionais já estabelecidas têm adotado tecnologias digitais, como apps móveis, nuvem, inteligência artificial, internet das coisas etc. Contudo, conforme Ross *et al.*,[45] muito poucas delas foram originalmente desenhadas para o digital. E na economia digital, o rápido ciclo das mudanças nas tecnologias e nas expectativas do consumidor significa que a estratégia de negócios deve ser extremamente fluida e ágil. Pouca coisa foi e é feita na estrutura organizacional para implementar a estratégia em empresas tradicionais, e habilitá-las para agilidade significa redesenhá-las para o digital.

O desenho digital do negócio se assenta em pessoas, processos, dados e tecnologias que devem ser sincronizados para identificar e entregar soluções inovadoras. E redefinir a estratégia. Os autores salientam que é o desenho digital – e não a estratégia – é que separa os vencedores dos perdedores na economia digital. E incluem exemplos como Amazon, LEGO, Philips Schneider Electric. Para eles, o desenho digital do negócio é a configuração organizacional holística de pessoas (papéis, responsabilidade, estruturas, habilidades), processos (fluxo de trabalho, rotinas, procedimentos) e tecnologia (infraestrutura, aplicações) para definir propostas de valor e entregar ofertas que tornam possível pela enorme capacidade das tecnologias digitais.

O desenho do negócio sempre foi referido a arquiteturas do negócio. Mas os autores do MIT ficam relutantes a usar o termo, porque em muitas empresas com negócios digitais, a arquitetura é vista como uma responsabilidade da unidade de TI. Comumente, o desenho digital do negócio é ainda uma responsabilidade do executivo sênior em uma companhia. É como o líder assegura que a companhia pode executar sua estratégia de negócio em uma economia digital.

Apesar disso, Lovelock[46] destaca que o desenho do negócio – configurando pessoas, processos e tecnologia para a execução da estratégia – não é algo novo, pois desde que a tecnologia veio a ser um habilitador da estratégia do negócio, os líderes se viram na necessidade de criar sinergia entre esses três elementos do desenho organizacional. Muitas companhias redesenharam seus negócios nos anos 1990 e implementaram sistemas como ERP e CRM. Talvez seja por isso que Lovelock parta da Teoria de Gaia para mostrar uma visão futura em que humanos e inteligência artificial juntos se ajudam mutuamente na sobrevivência em nosso planeta.

Aumente seus conhecimentos sobre a **Teoria de Gaia** na seção *Saiba mais* PE 1.3

PARA REFLEXÃO

Arkan,[37] em seu trabalho, polemiza destacando que as empresas devem perguntar-se "Quem é o seu Uber?". Para o autor, elas devem entender que a ameaça competitiva não será limitada aos jogadores existentes em seu setor. Nesta nova era, as organizações sabem que serão interrompidas se não mudarem e operarem de forma diferente, mas nem sempre necessariamente sabem de onde a ameaça virá. Ela poderá vir diretamente de dentro do setor, ou setores adjacentes devido à convergência que está acontecendo em todo o mercado. Ou a ameaça poderia até mesmo vir de uma nova empresa, como ocorreu com Uber e Airbnb quando ambas trouxeram ruptura às empresas estabelecidas.

1.5.3 Papel da liderança

Mas quem liderará as transformações demandadas? Esta é a pergunta formulada por Anthony e Schwartz.[47] Os autores destacam que enquanto é usual, ainda analisar as empresas por meio de métricas tradicionais, como receitas ou avaliações subjetivas, como "inovação", uma nova métrica se relaciona à capacidade dos líderes de reposicionar estrategicamente a empresa. A transformação é sobre líderes e pessoas. A tecnologia é um meio, não um fim, tanto que, hoje, tecnologia é acessível a todos, de modo que não é onde a diferenciação acontece.

Em sua pesquisa, Anthony e Schwartz[47] identificaram 57 empresas que fizeram progressos substanciais em direção à transformação digital. Em seguida, estreitaram a lista para 18 finalistas usando três conjuntos de métricas:

1. **Novo crescimento:** como a empresa tem sido bem-sucedida na criação de novos produtos, serviços e modelos de negócios? Isso foi medido avaliando a porcentagem de receita fora do núcleo que pode ser atribuída a um novo crescimento.

2. **Reposicionamento do negócio:** com que eficácia a empresa adaptou o legado de seu negócio às mudanças e disrupções, dando-lhe uma nova vida?

3. **Desempenho financeiro:** como o crescimento, os lucros e o desempenho das ações da empresa se comparam a um *benchmark* relevante (NASDAQ para uma empresa de tecnologia, por exemplo) durante o período de transformação?

O que a pesquisa revelou foi que o sucesso organizacional exige reposicionar o negócio principal ao investir ativamente em novos negócios de crescimento. E isso depende de uma liderança estratégica. Muitas empresas que tentaram transformar falharam. Uma razão comum por que isso acontece é que os líderes abordam a mudança como um processo monolítico, durante o qual a antiga empresa se torna uma nova. Isso não funciona por uma série de razões práticas. A transformação começa com a visão da liderança para a mudança e uma estratégia de execução clara sobre como trazer o resto da organização acompanhando o líder.

A responsabilidade dos líderes organizacionais é criar uma realidade do que o futuro detém e, em seguida, construir planos para a organização afim de atender a essas novas realidades. Os líderes desenvolvem um roteiro antes da disrupção – mas as transformações disruptivas tipicamente levam meses ou anos, e de fato, elas muitas vezes não podem ser concluídas durante o mandato médio de um CEO. Esses horizontes de longo prazo significam que não há tempo a perder para começar. Muitas das empresas disruptivas notáveis como Blockbuster ou Kodak começaram com problemas profundos de uma década ou mais depois que os primeiros sinais de aviso apareceram. E nenhum de seus líderes conseguiu desenvolver planos de transformação eficazes a tempo de travar o declínio.

O importante é buscar e reforçar um novo *mindset* para ajustamento aos novos paradigmas que estão surgindo rapidamente. Como destacado por Chesbrough,[48] a transformação digital não consiste apenas em possuir um aplicativo ou tecnologia com ferramentas e plataformas avançadas. É preciso saber como utilizar toda essa parafernália de um modo consistente e eficaz para alcançar integração, segurança, rapidez, agilidade, inovação aberta (*open innovation*) para novos produtos e serviços e oferecer uma experiência realmente maravilhosa e única para o cliente.

E isso requer uma nova mentalidade dentro e ao redor da organização, o que exige envolver a cultura organizacional em um novo significado do trabalho. Novas habilidades e competências exclusivas estão se tornando críticas para o sucesso, até mesmo para a sobrevivência das organizações na Era Pós-Digital, com a forte competição por talentos cada vez mais feroz para atrair e engajar os melhores e atender às necessidades de uma força de trabalho multigeracional. Os recursos de análise e dados são extraordinariamente importantes para o planejamento estratégico, inclusive para o planejamento da força de trabalho destinada a executá-lo com sucesso.

Em muitas indústrias e países, as ocupações ou as especialidades mais demandadas não existiam dez ou mesmo cinco anos atrás, e o ritmo de

> **PARA REFLEXÃO**
>
> A mudança climática está aqui. Seu impacto econômico é real e crescente, e a ação agora é essencial. Há séculos, a economia global tem dado como certo a estabilidade climática. Investir, comprar, vender, emprestar e emprestar tudo requer um grau de confiança de que amanhã será como hoje. Mas a mudança climática está introduzindo novas incertezas, ameaçando acabar com nossas suposições sobre crescimento futuro e prosperidade. A próxima década é decisiva. Agir agora para preparar sua empresa para as mudanças climáticas tem um duplo pagamento. Não só ajudará a construir uma vantagem comercial duradoura, como também ajudará a aumentar as chances de evitar mudanças climáticas potencialmente catastróficas na segunda metade do século.
>
> Os líderes empresariais não podem mais ignorar os efeitos físicos das mudanças climáticas, pelo menos não sem perigo. Infraestrutura global, cadeias de suprimentos, sistemas alimentares, preços de ativos, produtividade da terra e do trabalho e crescimento econômico em si estão cada vez mais em risco de deterioração devido a uma mudança climática em rápida mudança. E uma economia global mais conectada significa que o risco em uma parte do mundo muitas vezes irá muito além do lugar de impacto imediato. Navegar na transição que o mundo precisa exigirá especialmente o engajamento dos produtores de energia renováveis e tradicionais (petróleo, gás natural e carvão). Acertar o equilíbrio entre sustentar o desenvolvimento e reduzir as emissões será particularmente complexo nas economias emergentes, onde a ligação entre o aumento do crescimento e o aumento do dióxido de carbono está mais entrincheirada do que no mundo desenvolvido.

mudança vai acelerar. Empregos e processos de trabalho serão redefinidos e os funcionários serão liberados para se concentrar em tarefas que proporcionam maior valor para o negócio.

Novas habilidades exclusivas estão se tornando críticas para o sucesso, até mesmo a sobrevivência das organizações, na Era Pós-Digital, que, com a competição por um bom talento cada vez mais feroz, projetam processos para atrair e reter os melhores e os mais brilhantes, e atender às necessidades da força de trabalho multigeracional. Os recursos de análise e dados são extraordinariamente importantes para o planejamento estratégico da força de trabalho, nas considerações sobre onde e como recrutar e para quais funções ou atividades serão recrutados.

Segundo McLeod, Scott e Fisch,[49] 65% das crianças que entram na escola primária hoje acabarão por trabalhar em tipos de emprego completamente novos que ainda não existem. Em um cenário de emprego em tão rápida evolução, a capacidade de antecipar e preparar-se para as competências futuras demandadas é cada vez mais crítico para as empresas, governos e indivíduos. É preciso aproveitar plenamente as oportunidades apresentadas por essas tendências, para mitigar os resultados indesejáveis.

 Aumente seus conhecimentos sobre **Futuro do trabalho e do emprego** na seção *Saiba mais* PE 1.4

Segundo Bessant e Tidd,[50] o desenvolvimento de competências pessoais não é uma atividade individual, mas um jogo de múltiplos participantes. Isso significa que será preciso desenvolver habilidades com redes, particularmente no tocante a três tarefas principais:

- **Achar:** como estabeleceremos um relacionamento de trabalho sustentável? Como podemos reter e desenvolver relacionamento de longo prazo?
- **Formar:** como se pode construir confiança e gerenciar processos essenciais de tomada de decisão, resolução de conflitos e compartilhamento de riscos?

> **PARA REFLEXÃO**
>
> **Futuro do trabalho e do emprego**
>
> Qual será o impacto da Era Pós-Digital em relação às profissões e o trabalho, e que tipo de antecipação os gestores(as) envolvidos na elaboração dos planos estratégicos de suas empresas deverão fazer em termos das novas habilidades críticas necessárias para lidar com o contexto?
>
> De acordo com o relatório *The future of jobs*, do Fórum Econômico Mundial,[39] mais de um terço das habilidades e competências consideradas importantes hoje mudarão dentro de poucos anos em meio à proliferação de processos digitais e à integração do trabalho digital e humano. E as mudanças disruptivas para modelos de negócios terão um impacto profundo no cenário do emprego nos próximos anos. Espera-se que muitos dos principais impulsionadores da transformação que afetam atualmente as empresas globais tenham um impacto significativo nos empregos, desde a criação de emprego até o deslocamento do trabalho e da produtividade do trabalho. E esse ritmo e velocidade de mudança vai aumentar. A estratégia organizacional precisa levar isso em conta.

- **Desempenhar:** como se pode sustentar após o projeto inicial? Há um ponto em que precisamos terminar o relacionamento e partir para outra coisa?

Bessen indica que, para além das competências e qualificações formais, os empregadores estão igualmente preocupados com as competências ou habilidades práticas relacionadas com o trabalho que os atuais colaboradores (ou potenciais novos contratados) podem utilizar para realizar várias tarefas de trabalho com sucesso.

 Acesse conteúdo sobre **Taxonomia de habilidades e capacidades** na seção *Tendências em planejamento estratégico* 1.1

CONCLUSÃO

A evolução do pensamento estratégico não para, mas está se desdobrando a cada dia que passa. Mirar o futuro que vai chegar e projetar ações de longo prazo pela frente em um complexo contexto de milhões de agentes atuando cada qual de maneira competitiva, dinâmica e mutável em um planeta de recursos e condições finitas será sempre um enorme desafio para o estrategista.

Complexidade, dinamismo, mudanças e incerteza são os componentes principais desse complicado jogo na busca de resultados excepcionais com os recursos e competências que se tem à mão, levando-se em conta que toda empresa é um sistema social, igualmente complexo para ser planejado, organizado e dirigido para objetivos distantes no tempo e em cenários que certamente estarão mudando a cada instante, tal como um caleidoscópio.

O risco se torna cada vez maior. Mas o espírito empreendedor e a liderança, aliados a uma inteligência competitiva capaz de proporcionar visão e ação estratégica, constituem os meios que podemos utilizar como armas e ferramentas. É pouco? Não podemos ignorar o poder criador e empreendedor da capacidade humana.

Precisamos de aceleradores da mudança organizacional para enfrentar os futuros desafios e aproveitar positiva e rapidamente as oportunidades que a 4ª Revolução Industrial está trazendo a todo vapor. Isso deve fazer parte integrante da estratégia de competitividade e sustentabilidade das organizações. E o planejamento estratégico precisa levar em conta a necessidade imperiosa dessa adaptabilidade organizacional contínua, ágil e integrada a um mundo em disparada mudança e transformação, como mostrado na Figura 1.8, os meios adequados para enfrentar tanta volatilidade, complexidade, ambiguidade e incerteza que dominam os tempos atuais.

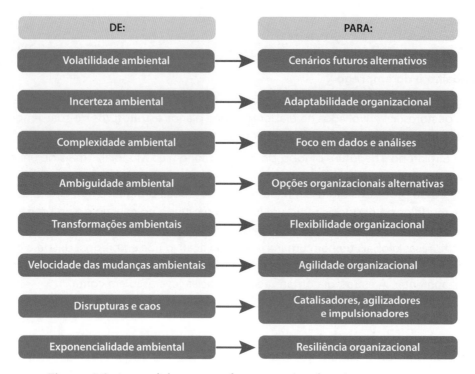

Figura 1.8 As medidas para enfrentar os desafios dos tempos atuais.

REFERÊNCIAS

1. PRAHALAD, C. K.; RAMASWAMY, V. *The future of competition*: co-creating unique value with customers. Harvard Business School Press, 2003.
2. CHRISTENSEN, C. M.; RAYNOR, M. E. *The innovator's solution*: creating and sustaining succesfull growth. Harvard Business School Press, 2003.
3. Homeostasia: todo sistema aberto se caracteriza por um intercâmbio de transações com seu ambiente externo: ele é influenciado pelo ambiente e influi sobre ele, alcançando um estado de equilíbrio dinâmico de autorregulação (CHIAVENATO, I. *Introdução à Teoria Geral da Administração*. 10. ed. São Paulo: Atlas, 2020. p. 227).
4. ZOOK, C. *Beyond the core*: expand your market without abandoning your roots. Harvard Business School Press, 2002.
5. MONTGOMERY, C. A. *O estrategista*: seja o líder de que sua empresa precisa. Sextante, 2012. p. 86.
6. SCHOEMAKER, P. J. H.; DAY, G. Preparing Organizations for Greater Turbulence. *California Management Review*, v. 63, n. 4, p. 1-23, 2021.
7. ROOS, M. W. M. The macroeconomics of radical uncertainty. *Ruhr Economic Papers*, n. 592, Rheinisch-Westfälisches Institut für Wirtschaftsforschung (RWI), Essen, 2015.
8. SCHWAB, K.; MALLERET, T. *Covid-19*: the great reset. Geneva: Forum publishing, 2020.
9. MAHBUBANI, K. *The Great Convergence*: Asia, the West, and the Logic of One World. Public Affairs, Perseus Books Group, 2013.
10. MALLERET, T. *Disequilibrium*: A World Out of Kilter. New Jersey, BookBaby, 2012.
11. SCHWAB, K.; MALLERET, T., *op. cit*. 2020.
12. TALEB, N.N. The black swan: *The impact of the highly improbable*. Londres: Penguin Books, 2008.
13. WHITEMAN, W. E. Training and educating army officers for the 21st century: Implications for the United States Military Academy. Fort Belvoir, VA: Defense Technical Information Center, p. 15, 1998. Disponível em: https://apps.dtic.mil/dtic/tr/fulltext/u2/a345812.pdf. Acesso em: 18 ago. 2019.
14. BENNETT, N.; LEMOINE, G. James. What a difference a word makes: understanding threats to performance in a VUCA world. Business Horizons, v. 57, n. 3, p. 311-317, maio/junho, 2014. Disponível em: http://dx.doi.org/10.1016/j.bushor.2014.01.001. Acesso em: 18 ago. 2019.

15. HAGEL, J.; BROWN, J. S. *Zoom out/Zoom in*: alternative approach to strategy in a world thatdefies prediction. Deloitte Insights, a report from theDeloitte Center for the Edge, 2018. Disponível em: https://www2.deloitte.com/content/dam/insights/us/articles/4615_Zoom-out-zoom-inDI_Zoom-outzoom-in.pdf. Acesso em: 13 ago. 2019.

16. GIRZADAS, J. 3 Enduring trends inform strategicplanning efforts. Deloitte Insights for CIOs, 2019. Disponível em: https://deloitte.wsj.com/cio/2019/04/25/3-enduring-trends-inform-strategicplanning-efforts/. Acesso em: 29 ago. 2019.

17. NATIONAL INTELLIGENCE COUNCIL (US) (ed.). *Global Trends 2030: Alternative Worlds: a Publication of the National Intelligence Council.* US Government Printing Office, 2012.

18. Armas de Destruição em Massa – ADM (em inglês, *Weapon of Mass Destruction* – WMDs) como armas químicas, biológicas, radiológicas e nucleares capazes de uma alta ordem de destruição ou causando baixas em massa.

19. Conforme descrito em https://www.nato.int/cps/en/natohq/topics_50325.htm. Acesso em: 14 nov. 2022.

20. DAVIS, I. The new normal. *McKinsey Quarterly*, v. 3, p. 26-8, 2009.

21. SCHOEMAKER, P. J. H.; DAY, G. Preparing Organizations for Greater Turbulence. *op. cit.* 2021.

22. SCHOEMAKER, P. J. H.; DAY, G. *See Sooner, Act Faster*: How Vigilant Leaders Thrive in an Era of Digital Turbulence (Management on the Cutting Edge). The MIT Press; Illustrated edition, 2019.

23. TEECE, D.; PETERAF, M.; LEIH, S. Dynamic Capabilities and Organizations Agility: Risk, Uncertainty, and Strategy in the Innovation Economy. *California Management Review*, 58 (verão), p. 13-35, 2016.

24. BROSSEAU, D. *et al. The journey to an agile organization.* 2019. Disponível em: https://www.mckinsey.com/business-functions/organization/our-insights/the-journey-to-an-agile-organization. Acesso em: 14 nov. 2022.

25. AGHINA, W.; DE SMET, A.; WEERDA K. *Agility it rhymes with stability*. 2015. Disponível em: https://www.mckinsey.com/business-functions/organization/our-insights/agility-it-rhymes-with-stability. Acesso em: 18 ago. 2022.

26. BELLAMY, C. D. *Future trends in strategic management*. 2012. Disponível em: https://works.bepress.com/dr_chris_d_bellamy/3/. Acesso em: 14 nov. 2022.

27. DE ALMEIDA, G. P. Erosion, time compression, and self-displacement of leaders in hypercompetitive environments. *Strategic Management Journal*, n. 31, p. 1498-1526, 2010.

28. BRUECKNER, M. *et al. The war in Ukraine: Addressing the crisis and preparing for its impact.* Disponível em: https://www.accenture.com/us-en/insights/strategy/ukraine-addressing-crisis-preparing-impact. Acesso em: 14 nov. 2022.

29. SNEADER, K.; SINGHAL, S. *Beyond coronavirus: The path to the next normal.* McKinsey & Company, v. 5, 2020. Disponível em: https://www.mckinsey.com/industries/healthcare-systems-and-services/our-insights/beyond-coronavirus-the-path-to-the-next-normal. Acesso em: 14 nov. 2022.

30. RENFRO, W. L.; MORRISON, J. L. Scanning the external environment: organizational issues. *In*: WILLIAM, J. L. M.; WAYNE, L. R. I. B. (eds.). Applying methods and techniques of futures research. *New Directions for Institutional Research*. n. 39. Jossey-Bass, ago. 1983.

31. HAGEL, J. *Crafting corporate narratives*: Zoom Out, Zoom In. Deloitte Insights, a report from the Deloitte Center for the Edge, 2017. Disponível em: https://deloitte.wsj.com/cmo/2017/11/06/crafting-corporatenarratives-zoom-out-zoom-in-approach/?mod= Deloitte_cmo_related. Acesso em: 13 ago. 2019.

32. HAGEL, J.; BROWN, J. S. *op. cit.*

33. MICROSOFT INTERN REPORT. *Emerging trends that are changing manufacturing.* Disponível em: https://www.sikich.com/insight/7-emerging-trends-changing-manufacturing. Acesso em: 18 ago. 2019.

34. 2019 GLOBAL CEO OUTLOOK. *Agile or irrelevant*: redefining resilience. Disponível em: https://assets.kpmg/content/dam/kpmg/xx/pdf/2019/05/kpmg-global-ceo-outlook-2019.pdf. Acesso em: 8 set. 2019.

35. PAPAOIKONOMOU, E.; SEGARRA, P.; LI, X. Entrepreneurship in the context of crisis: identifying barriers and proposing strategies. *International Atlantic Economic Research*, p. 111-119, 2012.

36. KALINOWSKI, J. Innovations for success, 2016. Disponível em: https://home.kpmg/pl/en/home/insights/2016/07/innovations-for-success-jerzy-kalinowski.html. Acesso em: 16 ago. 2019.

37. ARKAN, Ç. *Digital transformation – seven steps to success*: how businesses can stay relevant and competitive in today's new digital era, 2016. Disponível em:

https://info.microsoft.com/rs/157-GQE-382/images/Digital%20transformation-%20seven%20steps%20to%20success.v2.pdf?aliId=860635945. Acesso em: 27 jul. 2019.

38. The post-digital Era is upon us: are you ready for what's next? 2019. Disponível em: https://www.accenture.com/_acnmedia/pdf-97/accenture-technology-vision-2019-executive-final-brochure.pdf. Acesso em: 20 ago. 2019.

39. *MultiChoice South Africa Answers customer enquiries faster than ever with an AI-powered virtual assistant.* Disponível em: https://www.ibm.com/case-studies/multichoice-south-africa-ai-watsonbroadcast-cloud. Acesso em: 1º set. 2019.

40. DAUGHERTY, P.; CARREL-BILLIARD, M.; BILTZ, M. *Meet me in the metaverse – The continuum of technology and experience, reshaping business.* Disponível em: https://www.accenture.com/us-en/insights/technology/technology-trends-2022?c=acn_glb_curateddailyconeloqua_13197453&n=emc_0822&sfd=&sfg=00Q0d00001VMOmSEAX&sfe=7011T-000001cyzIQAQ&emc=Corporate-NFA-Technology-08042022-Technology%20Vision%202022%20-%20A. Acesso em: 14 nov. 2022.

41. *Software* capaz de manter uma conversa com um usuário humano em linguagem natural, por meio de aplicativos de mensagens.

42. Técnica que utiliza recursos de inteligência artificial para substituir rostos em vídeos e imagens.

43. Um *bot* – abreviatura de robô – é um programa de *software* que executa tarefas automatizadas, repetitivas e pré-definidas. Os *bots* normalmente imitam ou substituem o comportamento do usuário humano.

44. Oracle Brasil. *O que é HPC (Computação de Alto Desempenho)?* Disponível em: https://www.oracle.com/br/cloud/hpc/what-is-hpc/. Acesso em: 14 nov. 2022.

45. ROSS, J.; BEATH, C. M.; MOCKER, M. *Designed for digital*: how to architect your business for sustained success. The MIT Press, 2019.

46. LOVELOCK, J. *Novacene*: the coming age of hiperintelligence. The MIT Press, 2019.

47. ANTHONY, S. D.; SCHWARTZ, E. I. What the best transformational leaders do. *Harvard Business Review*, 2017. Disponível em: https://hbr.org/2017/05/what-the-best-transformational-leaders-do. Acesso em: 2 set. 2019.

48. CHESBROUGH, H. W. *Open innovation*: the new imperative for creating and profiting from technology. Harvard Business School Press 2003.

49. FISCH, K.; MCLEOD, S. *Shift happens*. 2007. Disponível em: https://www.youtube.com/watch?v=F9WDtQ4Ujn8. Acesso em: 4 set. 2019.

50. BESSANT, J.; TIDD, J. *Inovação e empreendedorismo*. 3. ed. Porto Alegre: Bookman, 2019.

PARTE II
DIRECIONAMENTO ESTRATÉGICO

Raciocínio estratégico e busca do conhecimento competitivo

Assista aos vídeos dos autores
na Sala de Aula Virtual

O direcionamento estratégico cuida das escolhas estratégicas a serem definidas pela organização quanto ao seu futuro. Para Glueck, essas escolhas estratégicas dependem de:[1]

1. Reuniões formais envolvendo vários gestores de alto nível. E quase sempre são tomadas à luz dos seguintes aspectos:

    a) Percepções gerenciais a respeito das dependências externas.

    b) Atitudes gerenciais em relação aos riscos atuais e futuros.

    c) Atenção gerencial às estratégias empresariais anteriores.

    d) Poder gerencial nos relacionamentos e na estrutura organizacional.

2. As escolhas estratégicas são limitadas pela dependência e sobrevivência da empresa em relação aos seus acionistas, clientes, concorrentes, governo e comunidade.

3. Quanto mais dependente é a empresa tanto menos flexibilidade nas escolhas, exceto em condições de crise.

    a) Quanto maior a dependência em relação a alguns acionistas, tanto menos flexível será sua escolha estratégica.

    b) Quanto maior a dependência em relação aos concorrentes, tanto menor sua habilidade de escolher uma estratégia agressiva. Essa dependência é definida em relação à sua fraqueza em uma luta competitiva.

    c) Quanto maior a dependência da empresa para o seu sucesso e sobrevivência com poucos clientes, tanto mais responsiva será a eficácia em alcançar seus objetivos.

    d) Quanto maior a dependência da empresa em sua governança e comunidade, tanto menos responsiva será nas condições de mercado e nos desejos de seus acionistas.

Tudo isso leva a três condições com relação aos riscos em sua concepção:

a) Risco é necessário ao sucesso.

b) Risco é um fato da vida e sempre algum risco é desejável.

c) Alto risco pode destruir empresas e necessidades a serem minimizadas.

As atitudes dos estrategistas quanto ao risco determina se será inovadora ou arriscada a escolha estratégica. O risco elimina algumas alternativas e ilumina outras.

4. A escolha estratégica é afetada profundamente pela extrema volatilidade e imprevisibilidade quanto ao futuro. Quanto mais volátil o mundo lá fora, tanto mais flexível e ágil deverá ser a resposta estratégica.

Trata-se de olhar para a frente em cenários turbulentos e exponenciais, e se preparar adequadamente para enfrentá-los de maneira estratégica e inteligente. Para tanto, o conhecimento competitivo e holístico é extremamente importante para a mudança de operacionalmente reativo para estrategicamente proativo.

Esta parte é constituída por três capítulos sobre qual o caminho a tomar, ou seja, quais são os aspectos externos (ambientais) e internos (organizacionais) que podem transformar uma intenção estratégica em resultados concretos no futuro, como mostrado pela Figura II.1.

Capítulo 2 – Processo de Planejamento Estratégico: proporciona uma visão abrangente das etapas críticas do processo de planejamento estratégico e a aplicação dos fundamentos da estratégia organizacional.

Capítulo 3 – Intenção Estratégica: compreendendo a proposta de valor da organização, aqui discutimos a importância da construção de valor e o fundamento essencial da razão da organização existir. Ou seja, o significado do propósito da organização e da missão organizacional embasada nas competências centrais da empresa. Além dos elementos formadores da visão do futuro dos negócios e a importância dos valores organizacionais, bem como os processos de criação, desenvolvimento e difusão de valor.

Capítulo 4 – Diagnóstico Estratégico Externo e Interno: de um lado, compreendendo o mutável e dinâmico ambiente competitivo de negócios carregado de oportunidades e ameaças, a análise de variáveis ambientais (econômicas, políticas, sociais, culturais, tecnológicas, legais, demográficas e ecológicas), além de variáveis mais próximas, como clientes, concorrentes, fornecedores, agências reguladoras. E de outro lado, compreendendo o ambiente organizacional interno por meio de uma avaliação dos recursos tangíveis e intangíveis da organização, com a definição dos pontos fortes (forças internas) e pontos fracos (fragilidades internas), considerando suas diferentes unidades de negócios e áreas de ação (marketing, finanças, gestão humana, produção/operações/logística, tecnologia). Como o planejamento estratégico está orientado para o futuro, torna-se necessária a construção de cenários a respeito dos desdobramentos futuros sobre os quais a formulação da estratégia será formulada.

REFERÊNCIA

1. GLUECK, W. E. *Business Policy and Strategic Management.* Nova York: McGraw-Hill Book, 1980, p. 291-292.

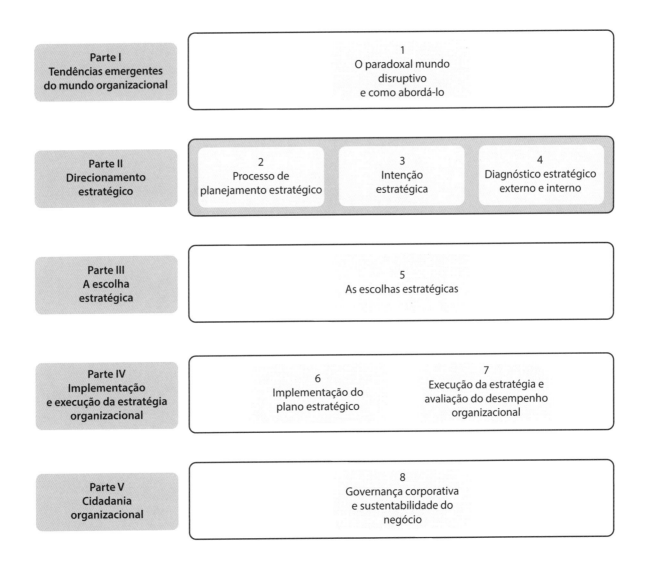

Figura II.1 Estrutura da Parte II: Direcionamento estratégico.

PROCESSO DE PLANEJAMENTO ESTRATÉGICO
Aplicação dos fundamentos da estratégia

OBJETIVOS DE APRENDIZAGEM

- Desenvolvimento do planejamento estratégico.
- Escolas de planejamento estratégico.
- Modelo geral de planejamento estratégico.
- Diferentes abordagens do planejamento estratégico.
- Indicar os fatores críticos de sucesso organizacional.

O QUE VOCÊ VERÁ NESTE CAPÍTULO

- Necessidade do planejamento estratégico.
- Determinantes do sucesso do planejamento estratégico.
- Ceticismo com relação ao processo de planejamento estratégico.
- Integração entre planejamento estratégico e gestão estratégica.
- Armadilhas típicas de planejamento estratégico.
- Escolas de planejamento estratégico.
- Níveis de planejamento estratégico.
- Modelo geral do processo estratégico.

INTRODUÇÃO

Planejamento estratégico é um processo de formulação e execução de estratégias organizacionais para buscar a competição bem-sucedida e sustentável da organização, e de sua missão e visão no ambiente em que ela atua. Para Drucker:[1]

> o planejamento estratégico é o processo contínuo de, com o maior conhecimento possível do futuro considerado, tomar decisões atuais que envolvem riscos futuros aos resultados esperados; organizar as atividades necessárias à execução das decisões e, através de uma reavaliação sistemática, medir os resultados face às expectativas alimentadas.

Trata-se de planejar o foco e a direção estratégica para onde a organização pretende ir e, assim, garantir sua competitividade e sustentabilidade no alcance de seus objetivos globais.

Essencialmente, planejamento estratégico é um esforço disciplinado para produzir decisões e ações fundamentais que moldam e orientam o que é uma organização, o que ela faz e por que ela faz isso, inserindo-a no ambiente onde atua, com foco no futuro.

Segundo Wheelen e Hunger,[2] para ser eficaz, o processo de planejamento estratégico não deve ser um processo simplesmente formal e burocratizado. Ele deve começar com algumas questões simples, mas amplas e vitais, como:

- O que fazemos hoje que devemos continuar fazendo o futuro?
- O que fazemos hoje que não devemos mais fazer no futuro?
- O que não fazemos hoje e que devemos começar a fazer para criarmos nosso futuro?
- Como está a organização hoje?
- Como ela está se desempenhando em relação aos clientes e à concorrência?
- Se nenhuma mudança for feita, como será a organização dentro de um ano? Ou dois? Cinco? Ou dez?
- Se essas respostas não forem aceitáveis, quais decisões os gestores deverão tomar?
- Quais são os riscos envolvidos?

2.1 NECESSIDADE DO PLANEJAMENTO ESTRATÉGICO

Para diferentes trabalhos,[4,5] as evidências mostram que as organizações que planejam estrategicamente, em geral, alcançam desempenho superior às demais.

 SAIBA MAIS — **Sobre eficiência × eficácia × efetividade**

Para Oliveira,[3] o planejamento deve procurar maximizar os resultados e minimizar as deficiências respeitando os princípios da maior eficiência, eficácia e efetividade, conforme mostrado no Quadro 2.1.

Quadro 2.1 Evolução do processo de planejamento estratégico

Eficiência é:	Eficácia é:	Efetividade é:
- Fazer as coisas da maneira adequada - Resolver problemas - Salvaguardar os recursos aplicados - Cumprir o dever - Reduzir custos	- Fazer as coisas certas - Produzir alternativas criativas - Maximizar a utilização dos recursos - Obter resultados - Aumentar o lucro	- Manter-se sustentável no ambiente - Apresentar resultados globais positivos ao longo do tempo - Coordenar esforços e energias, sistematicamente

Fonte: adaptado de Oliveira (p. 38).[3]

Para Zajac, Kratz e Bresser,[6] as organizações bem-sucedidas buscam adequação apropriada entre as condições do ambiente externo e a sua estratégia. Por sua vez, a estratégia define a arquitetura organizacional e os processos internos no sentido de alcançar efeitos altamente positivos sobre o desempenho organizacional

O planejamento estratégico enfatiza o desempenho a longo prazo. Muitas empresas podem gerenciar emergências de alto desempenho de curto prazo, mas apenas algumas podem sustentá-las por um longo período de tempo. Por exemplo, das 100 empresas originais da revista *Forbes* listadas em 1917, apenas 13 sobreviveram até os dias atuais. Segundo Beinhocker,[7] para serem bem-sucedidas no longo prazo, as empresas não só devem ser capazes de executar atividades atuais para satisfazer um mercado

CLIPPING COMPETITIVO

Sobre benefícios do planejamento estratégico

Uma pesquisa[5] envolvendo 50 organizações em uma variedade de países e setores mostra que os principais benefícios do processo de planejamento estratégico são:

- Claro sentido de visão estratégica para a organização.
- Compreensão aprimorada de um ambiente altamente mutável, dinâmico e competitivo.
- Foco sobre aquilo que é estrategicamente importante para a organização no futuro, com objetivos de longo prazo.
- Comportamento proativo em relação aos elementos do ambiente externo, de modo interdependente com os elementos do ambiente interno.
- Comportamento sistêmico e holístico envolvendo toda a organização.
- Interdependência/interatividade com o ambiente externo.

existente, mas também e principalmente devem adaptar essas atividades para satisfazer mercados novos e em constante mudança e transformação.

Para Lyles *et al.*,[8] o valor real do planejamento estratégico reside muito mais na orientação futura do processo de planejamento em si do que em um belo plano estratégico escrito e detalhado no papel. As pequenas empresas costumam planejar de maneira informal e irregular. Elas até podem porque o formalismo exagerado no planejamento estratégico provoca apenas um pequeno impacto na sua lucratividade. Porém, o planejamento estratégico das grandes organizações é algo complexo e que consome tempo, competências e recursos, até que se chegue a um acordo final, devido ao grande número de pessoas envolvidas e afetadas pelas decisões estratégicas e, dependendo do caso, exigirá graus diferenciados de formalização.

Para Pidun,[9] o processo de planejamento estratégico pode servir a vários propósitos importantes: revisão regular da estratégia, dos objetivos e das prioridades; priorização de atividades estratégicas, com foco na atenção dos gestores; coordenação de ações estratégicas das diferentes unidades empresariais e funcionais; planejamento da alocação de recursos (incluindo investimentos, orçamentos e talentos); delineamento das iniciativas estratégicas com responsabilidades e marcos claros; definição de compromissos de recursos e estabelecimento das metas financeiras. Enfim, trata da organização toda e do seu destino a cumprir.

O processo de planejamento estratégico, segundo o autor, ainda pode criar e agregar valor porque obriga os gerentes a pensar sistematicamente sobre o futuro da organização e a estratégia adequada. Os responsáveis pela gestão desenvolvem uma compreensão sólida e atualizada da empresa e do seu futuro em um ambiente mutável, dinâmico e exponencial, permitindo-lhes reagir rapidamente aos novos e inesperados desafios e oportunidades à medida que ocorrem. Dependendo do rigor com que as atividades se desenvolvam, o processo de planejamento estratégico garante que todos os fatores relevantes sejam levados em conta e as decisões terão uma ampla base de fatos acordada conjuntamente pelos tomadores de decisão.

Dessa forma, de acordo com Pidun,[9] o processo de planejamento estratégico também pode desempenhar papel importante para a implementação da estratégia corporativa, porque ele pode ser usado para anunciar e explicar uma estratégia corporativa recém-desenvolvida a partir das atividades que envolvem todas as pessoas da organização que estão preocupadas com o seu futuro. Além disso, as estratégias podem ser convertidas em programas e iniciativas concretas e implementáveis durante o processo de planejamento estratégico, vinculando estratégia à ação conjugada, que podem ser rastreadas e controladas durante a implementação do plano estratégico.

SAIBA MAIS

Por que o pensamento de longo prazo pode ser a sua melhor estratégia de curto prazo? Muitos líderes de todo o mundo resistiram às pressões de curto prazo para gerir suas empresas em longo prazo e foram bem sucedidos, criaram mais empregos, clientes mais satisfeitos e mais riqueza para seus acionistas, preservando a natureza e respeitando a sociedade. A melhor maneira de lidar com o imediato é ter uma visão do futuro que se pretende alcançar.[10]

O pensamento estratégico sempre foi assim: focado no futuro. Mas, recentemente, passou por mudanças radicais, pois o futuro agora se tornou tão incerto, complexo e ambíguo que precisa ser alcançado aos poucos e sempre. Contudo, é preciso também desenvolver a habilidade de compreender o papel que o futuro desempenha no presente. Isso é importante não somente para tentar antecipar o futuro, mas também para transformá-lo.

2.2 DETERMINANTES DO SUCESSO DO PLANEJAMENTO ESTRATÉGICO

Ao apresentar a consistência dos aspectos mais relevantes do processo de planejamento estratégico, Chiavenato[11] identifica os determinantes de sucesso:

1. **O conceito básico do processo de planejamento estratégico é a visão organizacional**, uma representação mental da estratégia que existe na cabeça do líder e que serve como inspiração ou ideia-guia daquilo que precisa ser feito por toda a organização. A compreensão e o compartilhamento da visão são essenciais para o sucesso de todo planejamento. As pessoas são levadas a se envolverem no processo, concentrando-se, assim, na estratégia e no plano de um modo criativo, inovador e comprometido.

2. **Deve haver uma liderança do principal gestor da organização** no processo de elaboração das estratégias, que é um processo visionário. Ele deve atuar como um verdadeiro empreendedor interno trabalhando com aspectos subjetivos como intuição, julgamento, experiência e critérios pessoais.

3. **O ambiente externo deve ser considerado mais como um ator dinâmico e mutável** e não um simples fator no jogo estratégico. A formação da estratégia funciona como um processo reativo ou proativo às forças ambientais, ou seja, a organização precisa responder às forças ambientais, se pretende sobreviver ou antecipar-se competitivamente a elas.

4. **Os gestores na organização precisam saber ler e interpretar o ambiente,** criar cenários futuros e garantir uma adaptação adequada, a chamada resposta estratégica. Isso indica a necessidade do diagnóstico externo para verificar as oportunidades ambientais (que devem ser rapidamente exploradas) e as ameaças ambientais (que devem ser neutralizadas ou minimizadas).

5. **O diagnóstico interno para verificar os pontos fortes (que devem ser ampliados) e**

os pontos fracos (que devem ser corrigidos ou melhorados) da organização deve ser compatibilizado com o diagnóstico externo, ou seja, deve haver uma abordagem de adequação ou de correção entre os aspectos internos da organização em termos de recursos, competências, potencialidades que oferecem vantagem competitiva e os aspectos externos do ambiente.

6. **Feito esse duplo diagnóstico – externo e interno –, passa-se à prescrição,** ou seja, a organização elabora o modo de adequar sua estrutura organizacional, cultura corporativa, estilo de gestão, processos internos, produtos e serviços etc. e que devem convergir de modo sinérgico para apoiar e suportar a estratégia que proporciona os rumos que ela deverá seguir no longo prazo.

7. **Planejamento estratégico é um processo emergente e incremental de aprendizado,** tanto individual como coletivo: agir primeiro – fazer algo –, depois descobrir e selecionar aquilo que realmente funciona – compreender as ações – e finalmente reter apenas aqueles comportamentos que parecem desejáveis ou bem-sucedidos. As organizações precisam se transformar em sistemas de aprendizagem organizacional onde o trabalho de equipe seja incentivado e as pessoas possam conquistar autonomia, engajamento e autorrealização.

8. **O planejamento estratégico depende fortemente de uma liderança integrada e baseada na criação de valor,** orientada para relações colaborativas, alinhamento estratégico, melhoria de processos e autogestão baseada na responsabilidade e no compartilhamento do processo de planejamento estratégico entre todas as pessoas que dele participam ativamente e proativamente.

Outro fator de sucesso importante, segundo Pidun,[9] é a integração das perspectivas estratégicas e financeiras no planejamento corporativo. Embora o planeamento estratégico e o orçamento financeiro devam ser mantidos como processos separados para evitar a armadilha orçamental, eles devem estar fortemente interligados para garantir a coerência. O planejamento estratégico deve converter a estratégia corporativa em metas e iniciativas concretas e o planejamento financeiro deve detalhar ainda mais as iniciativas em orçamentos. Isso requer estreita colaboração entre a estratégia e a função de controle financeiro durante todo o processo de planejamento. Os controladores financeiros já devem estar envolvidos durante o planejamento estratégico, e os estrategistas devem participar do processo de planejamento financeiro subsequente.

Conforme Grünig e Kühn,[12] o processo de planejamento estratégico não está primariamente ocupado com a otimização do sucesso durante o período de planejamento em si.

O seu foco, na verdade, envolve uma alongada projeção do futuro (Figura 2.1) e deve estar nos investimentos para manter os potenciais de sucesso existentes no negócio, construir novos ou, ainda, construir novas alternativas de ação no mercado, a saber:

1. **Posicionamento de mercado:** os potenciais de sucesso incluem aumento da participação de mercado ou posições de liderança em mercados promissores em crescimento.

2. **Diferencial competitivo:** alcançando melhor qualidade do produto ou serviço ao cliente, com comunicação de marketing mais atraente ou intensiva, estruturas de custos competitivas de longo prazo, serviço ao cliente mais apurado, envolvendo outros fatores, como cultura corporativa, imagem de marca e inovação.

3. **Recursos:** este nível inclui ampla gama de possíveis potenciais de sucesso. Meios tecnológicos superiores, recursos humanos, sistemas de informação e recursos financeiros, mas também fatores como capacidades de inovação, capacidades de cooperação etc. podem ser mencionados.

 Aumente seus conhecimentos sobre **Metanoia** na seção *Saiba mais* PE 2.1

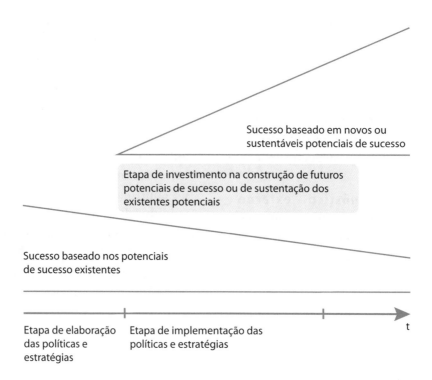

Figura 2.1 Construção de futuros potencias de sucesso ou de sustentação dos existentes potenciais.
Fonte: adaptada de Grünig e Kühn (p. 11).[12]

2.3 CETICISMO COM RELAÇÃO AO PROCESSO DE PLANEJAMENTO ESTRATÉGICO

Interessante notar que a maioria das empresas revisa em profundidade a sua estratégia a cada três a cinco anos; outras nem isso. No entanto, muitos eventos desencadeiam a todo momento a necessidade de revisar rapidamente os planos estratégicos, como alterações radicais do cenário externo, deterioração do desempenho da empresa, mudanças na direção da organização, pressão da governança corporativa ou dos investidores ou a observação geral de que a estratégia corporativa não está atendendo às demandas competitivas de mercado. Ou seja, apesar de sua enorme relevância, o processo de planejamento estratégico está longe de ser uma atividade importante ou costumeira das organizações. Essa é uma das causas pelas quais o processo não funciona como deveria. Faltam atenção, seguimento, monitoração, *feedback*, adequação, tudo. E em um mundo repleto de mudanças e transformações rápidas e imprevisíveis, muitas delas funcionam como barcos sem rumo em um oceano revolto.

Um estudo recente de Porter e Nohria,[13] da *Harvard Business School*, mostrou que os CEOs gastam apenas uma média de 21% de seu tempo de trabalho em estratégia, menos do que em revisões funcionais e de unidades de negócios ou no desenvolvimento de talentos e relacionamentos.

Por outro lado, Mankins e Steele[14] indicam que o processo de planejamento estratégico é controverso entre praticantes e estudiosos. Embora seja amplamente praticado, apenas 11% dos gestores que responderam a uma grande pesquisa expressaram insatisfação com os resultados do planejamento estratégico.

Essa frustração, conforme Wolf e Floyd,[15] é confirmada por uma infinidade de estudos acadêmicos que não conseguiram encontrar evidências empíricas conclusivas para uma relação positiva entre o planejamento e o desempenho organizacional.

Anteriormente, Mintzberg[16] questionou fundamentalmente o valor do planejamento estratégico ao identificar várias falácias na sua prática desvirtuada. Ele criticou que os planejadores tentam prever o futuro e parecem assumir que o mundo ao redor fica parado, enquanto as estratégias são implementadas e ativadas. O ambiente mutável, incerto, dinâmico e atual é visto como se tivesse se mantido a longo prazo sem qualquer alteração, quando vivemos em uma era extremamente mutável e exponencial. Tem que dar errado! Mintzberg apontou o forte descolamento entre as estratégias e a sua execução imperfeita. Essas questões mostram que o planejamento estratégico na prática é formalizado sobre bases insustentáveis. E tem tudo para dar errado. O problema não está no conceito em si, mas na forma como é tratado.

PARA REFLEXÃO

"Quando você é inspirado por algum grande propósito, algum projeto extraordinário, todos os seus pensamentos se rompem; sua mente transcende as limitações, sua consciência se expande em todas as direções e você se encontra em um mundo novo, grande e maravilhoso. Forças, faculdades e talentos adormecidos tornam-se vivos e você descobre que é uma pessoa muito melhor do que jamais sonhou ser".
É o que disse Patanjali em 220 a.C. (Pátañjali mítico codificador do Yoga Clássico, autor do Yoga Sutra. Tudo sobre essa figura histórica é um verdadeiro mistério).

2.4 INTEGRAÇÃO DO PLANEJAMENTO ESTRATÉGICO COM A GESTÃO ESTRATÉGICA

Dwight Eisenhower foi o 34º Presidente dos Estados Unidos e, antes disso, foi um general de cinco estrelas do exército norte-americano que, durante a Segunda Guerra Mundial, serviu como comandante supremo das forças aliadas na Europa. Em 1951, ele se tornou o primeiro comandante supremo da OTAN. É dele a frase "Na preparação para a batalha eu sempre achei que os planos não são nada; mas planejamento é tudo." E o que dizer então da frase reputada a Abraham Lincoln, 16º presidente dos Estados Unidos: "Dê-me seis horas para derrubar uma árvore e eu vou passar as quatro primeiras afiando o machado."

Esses enunciados destacam que no processo de planejamento estratégico a edição do plano estratégico não é um fim em si mesmo, pois o planejamento estratégico não existe de forma independente. Segundo Coulter,[17] se for considerado todo o ciclo da gestão estratégica, além do processo de planejamento, deve-se levar em conta as tarefas de implementação, execução e controle estratégico. Segundo o autor, as quatro tarefas de gestão estratégica podem ser entendidas como formando partes de um único processo. O planejamento estratégico define diretrizes para o desenvolvimento no longo prazo da empresa e, assim, fornece a base para a implementação e execução das estratégias. Durante o controle estratégico, desvios atuais na implementação e execução do plano são monitorados, identificando se as premissas estabelecidas durante o planejamento continuam válidas.

Hoje é patente que mesmo as estratégias mais bem formuladas não asseguram sua implementação com sucesso. Muitas empresas, grandes e pequenas, lutam com a lacuna entre objetivos e resultados. Muitas boas ideias e com planos consistentes nunca se realizam. Por que isso acontece?

Bossidy, Charan e Burck[18] afirmam que o principal trabalho dos líderes das organizações é a seleção e a avaliação das pessoas, atividade que nunca deveria ser delegada. Larry Bossidy, aclamado executivo (depois de uma célebre carreira na General Electric, transformou a AlliedSignal em uma das mais admiradas empresas e foi escolhido executivo do ano em 1998 pela *Chief Executive Magazine*), pessoalmente entende que colocar as pessoas certas nos lugares certos é o que vai permitir ao gestor executar as estratégias formuladas, dada a excelência nos processos operacionais e a disciplina na execução.

Empresas consideradas grandes implementadoras e executoras de estratégias desenvolvem uma cultura na qual todos questionam, analisam e sem descanso perseguem resultados. Os líderes dessas organizações são profundamente envolvidos e não fogem das questões difíceis quando as coisas se complicam, premiando a honestidade o senso de realidade e confiabilidade das pessoas.

O avanço vertiginoso da tecnologia de informação altera completamente o modo de se planejar estrategicamente as organizações. A internet reduziu drasticamente os custos de comunicação e acesso aos mercados, o que vem permitindo às organizações atender a demandas de produtos de baixa procura, mas que coletivamente representam uma grande porção de uma curva de distribuição de vendas, criando um efeito chamado de A Cauda Longa (*The Long Tail*).

A expressão *The Long Tail* foi cunhada por Chris Anderson em um artigo na revista *Wired*, de outubro de 2004,[19] descrevendo a estratégia de atendimento da Amazon (www.amazon.com), que, devido aos seus baixos custos de estoques, obtém lucros representativos vendendo mínimas quantidades de itens não procurados ou difíceis de serem encontrados. Anderson argumenta que produtos de baixa demanda ou baixo volume de vendas podem, coletivamente, garantir uma participação de mercado que supera as participações em mercados de produtos campeões de venda.

A ênfase dada à execução e aos resultados do plano estratégico que caracterizaram esses anos do século 21 criaram uma ansiedade sobre o próprio processo de formulação da estratégia. A verdade, segundo Ghemawat,[20] é que muitas organizações e profissionais não veem o planejamento estratégico como algo distinto do pensamento estratégico e não dedicam um tempo para pensar estrategicamente. Mas, num futuro próximo que se avizinha, cada vez mais metodologias simples e um claro entendimento do processo de formulação das estratégias marcarão a evolução sustentável das organizações e da sociedade, graças a melhor qualidade e cuidado na tomada de decisão sobre o uso dos recursos disponíveis, maior criatividade na soluções de problemas e conflitos e, principalmente, um mais profundo senso de propósito sobre o trabalho de cada um e sobre a missão organizacional.

Aumente seus conhecimentos sobre **As prioridades do moderno estrategista** na seção *Saiba mais* PE 2.2

Mintzberg[15] destaca que o planejamento é sobre análise, enquanto o pensamento estratégico é sobre síntese. E conclui que o papel adequado do planejamento estratégico é a elaboração de estratégias criativas e sua rápida conversão em planos que podem servir como ferramentas úteis para comunicar estratégias e controlar adequadamente a sua implementação e execução.

Mintzberg[15] oferece um modelo básico de planejamento estratégico na Figura 2.2, no qual o eixo vertical-central representado pelo processo de formulação das estratégias compreende as etapas de criação, avaliação e escolha e implementação. Esse eixo é alimentado por quatro fluxos de informação e conhecimento. Os dois fluxos superiores representam o diagnóstico estratégico, com a análise externa à esquerda e a análise interna à direita e os dois fluxos inferiores embasam as considerações sobre os valores da organização.

Aumente seus conhecimentos sobre **Os maiores desafios do moderno estrategista** na seção *Saiba mais* PE 2.3

2.5 ARMADILHAS TÍPICAS DE PLANEJAMENTO ESTRATÉGICO

Pidun[9] observa que na percepção de muitos gestores o planejamento estratégico não agrega valor e continua sendo uma fonte de frustração. As queixas típicas são que os processos estabelecidos produzem somente uma qualidade pobre do pensamento estratégico, não têm nenhum impacto real e apresentam somente um dreno enorme de recursos.

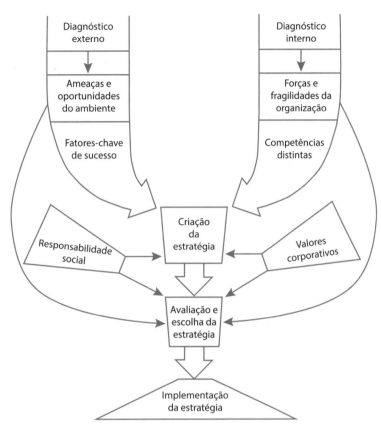

Figura 2.2 Modelo básico de Mintzberg do sistema planejamento estratégico.

Fonte: adaptada de Mintzberg (p. 37).[15]

 **SAIBA MAIS** **Sobre estratégia emergente**

Estratégia emergente é um conceito criado por Mintzberg[15] que designa um tipo específico de estratégia de constante e ininterrupta avaliação e reação, que foca na ação ágil e rápida às mudanças observadas na área, diferindo da estratégia deliberada, que tem foco no planejamento formal e fixo a longo prazo e baseado em distantes previsões futuras. A estratégia efetivamente realizada é fruto de estratégias pretendidas (intencionais), deliberadas, emergentes e não realizadas, conforme se apresenta na Figura 2.3.

Figura 2.3 Estratégias deliberadas e emergentes.

Fonte: Edwards *et al.* (p. 12).[21]

Essa situação, segundo ele, pode ser explicada por seis armadilhas típicas em que as empresas podem cair quando projetam seu processo de planejamento estratégico, conforme indicado pelo Quadro 2.2.

O fato é que a literatura sobre o planejamento estratégico se tornou rapidamente obsoleta e ultrapassada. Ela mudou radicalmente em relação ao que era há pouco tempo. É que as perspectivas quanto ao futuro mudaram radicalmente, e as pressuposições básicas que sempre embasaram o planejamento estratégico tradicional desapareceram subitamente. De repente, o chão desabou sob nossos pés e ficou difícil caminhar sobre ele. Tudo isso nos conduz a novas conclusões a respeito do planejamento estratégico frente a um mundo totalmente novo.

Aumente seus conhecimentos sobre **As armadilhas do planejamento estratégico** na seção *Saiba mais* PE 2.4

2.6 ESCOLAS DE PLANEJAMENTO ESTRATÉGICO

O processo de planejamento estratégico tem variado ao longo dos tempos em um *continuum* que vai desde o forte e rígido caráter prescritivo e normativo – em uma ponta – até o maleável caráter descritivo e explicativo – na outra ponta. Em um extremo, a prescrição – um receituário de como se deve elaborar a estratégia – e no outro, a descrição – a explicação das maneiras como as organizações elaboram a estratégia, como exemplo a ser aprendido ou seguido.[22]

Em seu livro seminal *Strategy safari*, Mintzberg, Ahlstrand e Lampel[23] descrevem dez diferentes dimensões, ou, como conceituam os autores, escolas de planejamento estratégico que fornecem respostas diferentes para a pergunta: Como as estratégias são desenvolvidas? Três escolas são de caráter prescritivo e normativo e sete de caráter descritivo e explicativo.

2.6.1 Escolas de caráter prescritivo e normativo

Envolvem três abordagens: escola do planejamento, escola do *design* e escola do posicionamento. A estratégia é definida como um planejamento focado no longo prazo da organização por meio de características prescritivas e normativas com elevado grau de formalização.

Escola do planejamento: a formulação estratégica funciona como um processo formalizado e

Quadro 2.2 Seis armadilhas típicas do planejamento estratégico

Interna	Ocorre se o planejamento estratégico é dominado por fortes opiniões e posições internas e carece de uma perspectiva imparcial.
Orçamentária	Os participantes apenas se concentram no que parece viável. Isto incentivará o pensamento a curto prazo porque o ato principal é o orçamento; a discussão estratégica é apenas um pano de fundo.
Extrapolação	A armadilha de extrapolação ocorre se o planejamento estratégico se limitar à continuidade dos desenvolvimentos e tendências passadas, ignorando possíveis disrupções no ambiente de negócio.
Armadilha do ppt	Armadilha do PowerPoint, pode ser observada se o planejamento estratégico for falsamente entendido como um concurso de beleza, semelhante às apresentações a investidores externos. Slides extravagantes substituem análises de conteúdos.
Armadilha do final feliz	Um indicador típico desta armadilha é quando uma reunião de planejamento é considerada uma reunião de bom planejamento se funcionou lisamente e não havia nenhuma discussão crítica.
Rotina	O processo anual de planejamento estratégico degenera em uma tarefa de rotina que parece muito semelhante ano após ano. As análises não são mais realizadas em profundidade, mas simplesmente atualizadas em caso do ano anterior.

Fonte: adaptado de Pidun (posição 5867).[9]

documentado de desdobrar o planejamento estratégico em planos táticos e cada um destes em planos operacionais, compondo uma hierarquia de planos conjugados entre si.

Steiner[24] oferece um modelo integrado do planejamento estratégico segundo a abordagem neoclássica, visto na Figura 2.4.

A escola do planejamento representou uma poderosa contribuição da teoria neoclássica da administração e desenvolveu-se paralelamente à escola do *design*. Teve seu apogeu nos anos 1970. Sua forte influência se mantém até hoje, principalmente nos aspectos de desdobramento dos objetivos estratégicos em objetivos táticos e operacionais em uma cascata ou hierarquia de objetivos.[25]

Escola do *design*: uma premissa fundamental da escola de *design* é que o desenvolvimento da estratégia deve ser um processo deliberado de pensamento consciente. Trata a estratégia como um processo de adequação, isto é, parte do pressuposto de que o processo de formação estratégica funciona como ajustamento e compatibilização entre os aspectos internos da organização (seus pontos fortes e fracos) e os aspectos externos do ambiente (como ameaças e oportunidades).

Escola do posicionamento: a escola do posicionamento é uma variação da escola de planejamento. Os analistas desempenham papel importante nesse processo, alimentando os resultados de seus cálculos aos gestores que controlam oficialmente as escolhas. Segundo essa escola, o planejamento estratégico busca a definição de um posicionamento estratégico da organização frente ao ambiente externo que deve ser previamente analisado e conhecido. As posições genéricas da organização devem ser identificadas mediante a análise da situação competitiva setorial. Essa escola predominou nos anos 1980 a partir dos trabalhos de Michael Porter

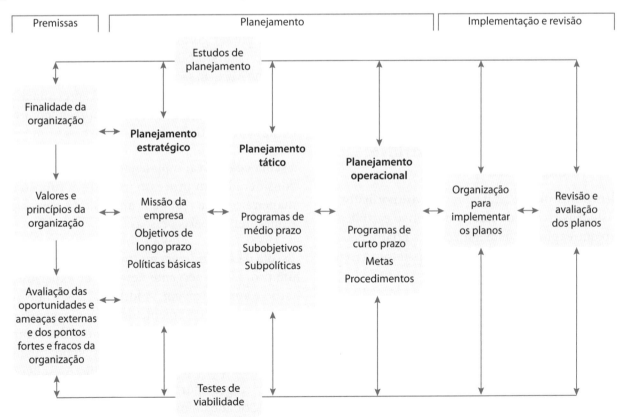

Figura 2.4 Modelo de planejamento estratégico de Steiner.

Fonte: adaptada de Steiner (p. 33).[24]

52 Planejamento Estratégico

e tem sua inspiração nas ideias de estratégia militar de Sun Tzu, segundo as quais o estrategista é basicamente um analista da situação ambiental e um construtor de hipóteses de ação a respeito dela.[26]

Segundo Levy,[27] as decisões estratégicas dessa escola se resumem a duas e apenas duas: a decisão de portfólio e a decisão de posicionamento:

1. **Decisão de portfólio:** é a decisão sobre a carteira de produtos ou serviços – consiste em determinar de quais negócios a organização vai investir e desenvolver ou desinvestir e retirar-se e definirá o nível de rentabilidade e o nível de risco do negócio.

2. **Decisão de posicionamento:** consiste em compatibilizar o produto ou serviço com aquele mercado ou segmento de mercado que assegura a melhor conquista dos objetivos organizacionais. Envolve as possibilidades de diferenciação do produto ou serviço, de um lado, e as possibilidades de segmentação do mercado, de outro lado, para aproximar do nível de aspiração de rentabilidade e risco do negócio.

Essas duas decisões conduzem ao objetivo máximo da empresa, que deve ser sempre a criação do valor econômico (CVE) para torná-la cada vez mais valiosa e oferecer valor ao cliente, em vez de simples produtos ou serviços.

2.6.2 Escolas de caráter descritivo e explicativo

Além das escolas de caráter prescritivo e normativo, existem as escolas de caráter descritivo e explicativo que exploram a imaginação e a criatividade. Mintzberg, Ahlstrand e Lampel[23] classificam as sete seguintes escolas:

Escola do empreendedorismo: essa escola focaliza o processo estratégico como um processo visionário, pelo qual a visão é uma representação mental da estratégia que existe na cabeça do líder. Essa visão serve como inspiração e também como senso ou ideia-guia do que precisa ser feito pela organização. A visão é mais uma imagem mental do que propriamente um plano articulado em palavras e em números.

Em vez dos critérios de adequação propostos pela escola do *design*, a escola do empreendedorismo focaliza aspectos subjetivos como **intuição, julgamento, experiência e sabedoria do líder visionário e sua liderança estratégica no sentido de criar condições para implementar e executar** suas ideias. Seu espírito empreendedor é cultuado, pois ele focaliza oportunidades a serem aproveitadas enquanto os problemas se tornam aspectos secundários.[28]

O paradoxo é que raramente o empreendedor define sua estratégia com precisão antes de agir. Ele aposta em uma ideia e vai conciliando seu plano com as circunstâncias que se sucedem. Algo como balancear as estratégias deliberadas e as emergentes. A Walmart foi construída assim, com a decisão (tática) inicial de construir enormes lojas em lugarejos pouco populosos, de maneira a desestimular a concorrência. As circunstâncias ajudaram e a empresa passou a planejar estrategicamente baseada em análises do ambiente, da concorrência, dos desejos dos clientes, das tecnologias para reduzir custos até ser guindada à posição de maior empresa do mundo. Silvio Santos, no Brasil, e Carlos Slim, no México, são exemplos típicos da escola do empreendedorismo. O Quadro 2.3 apresenta duas abordagens diferentes entre o empreendedor e o administrador típico.

Escola cognitiva: o planejamento estratégico é considerado um processo mental em função da maneira como a realidade ambiental é percebida e interpretada pelas pessoas.[29]

Escola da aprendizagem: trata a estratégia como um processo emergente iterativo de experimentação e aprendizagem. A formulação estratégica é um processo emergente de aprendizagem e de construção incremental, tanto individual como coletivo. Seu foco principal é a gestão progressiva das mudanças e não da estratégia. A escola de aprendizagem parte da premissa de que a alta complexidade do mercado e a situação competitiva de uma empresa tornam praticamente impossível planejar deliberadamente estratégias de forma controlada. Esse processo de aprendizagem

Quadro 2.3 Duas diferentes orientações estratégicas

O administrador típico pergunta	O empreendedor tende a perguntar
■ Quais são os recursos que eu controlo? ■ Qual estrutura determina o relacionamento de nossa empresa com o seu mercado? ■ Como posso minimizar o impacto das outras empresas no meu desempenho? ■ Qual oportunidade é apropriada?	■ Onde está a oportunidade? ■ Como posso aproveitá-la? ■ De quais recursos organizacionais necessito? ■ Como consigo controle sobre eles? ■ Qual estrutura organizacional é a melhor? ■ Qual a cultura organizacional mais adequada?

Fonte: Chiavenato.[30]

PARA REFLEXÃO

Empresa como instituição empreendedora

Drucker ajuda a compreender a escola do empreendedorismo ao assinalar que cada um dos grandes construtores de empresas que conhecemos – desde os Médici e os fundadores do Banco da Inglaterra até Thomas Watson da IBM – tinha uma ideia definida e uma clara "teoria do negócio" que instruía todas as suas decisões e ações.[31] Foram os empreendedores que construíram o mundo dos negócios. Para Drucker, a própria empresa é uma instituição empreendedora.

envolve não só a alta administração, mas toda a organização. Dessa forma, as estratégias surgem primeiro como padrões em um fluxo de decisões e só lentamente se desenvolvem em planos e visões para o futuro.[32]

Para Weick,[33] o comportamento de aprendizado funciona da seguinte maneira:

1. Agir primeiro, fazendo algo.
2. Depois, descobrir e selecionar o que realmente funciona, ou seja, compreender em retrospecto o resultado dessas ações.
3. Finalmente, reter apenas aqueles comportamentos que parecem desejáveis, adequados ou que trazem resultados.

Assim, toda compreensão e aprendizado resultam da reflexão e do exame do passado. A realidade emerge da interpretação e atualização constantes de nossa experiência passada. Aprender não é possível sem agir.

Escola do poder: trata a estratégia como um processo de negociação. Segundo a escola do poder, o processo de planejamento estratégico é um processo de natureza política, com o poder sendo disputado internamente na organização, envolvendo persuasão, negociação e barganha (perspectiva micro e intraorganizacional).[34]

Para lidar com seu ambiente e alcançar seus objetivos, cada organização desenvolve diferentes estratégias de modo proativo para tentar alterar o ambiente de forma que este fique adequado às suas capacidades, mediante um processo político de influenciar ou negociar com o ambiente externo ao invés de simplesmente reagir ao mesmo, ou ainda de modo reativo ao ambiente, adaptando-se e mudando para cumprir requisitos ambientais.

Escola da cultura: trata a estratégia como um processo coletivo e social. Segundo essa escola, o planejamento estratégico é um processo social que se baseia na cultura organizacional para tratar dos interesses comuns e da integração do sistema. Quase sempre, a formulação e reformulação estratégica constituem uma espécie de revolução cultural. Trata-se de uma escola que considera

54 Planejamento Estratégico

a cultura mais como inibidora de mudanças estratégicas mais significativas.[35]

Para essa escola, a ideologia é importante e as empresas são dominadas por valores essenciais, como atendimento ao cliente, qualidade e inovação, os quais são utilizados como vantagens competitivas. Essa singularidade constitui o seu ponto forte.

Os valores dominantes na cultura afetam profundamente a formulação da estratégia. Para Biorkman,[36] para que haja mudanças radicais na estratégia, é necessário que antes haja mudanças fundamentais na cultura organizacional. O segredo das organizações bem-sucedidas está em utilizar suas vantagens competitivas para sustentar perspectivas estratégicas relativamente estáveis. E isso depende basicamente da sua cultura organizacional.

Escola do ambiente: trata a estratégia como um processo reativo às circunstâncias externas. Em primeiro lugar, o planejamento estratégico deixa de ser entendido como um processo formal, rígido e sequencial que segue etapas preestabelecidas. Em segundo lugar, ele deixa de ser uma ação organizacional unilateral pura e simples para tentar compatibilizar alternativas de comportamento da organização no sentido de tirar vantagens das circunstâncias e evitar possíveis ameaças ambientais.[37]

A escola do ambiente surgiu com a teoria da contingência, que trata das respostas esperadas das organizações em determinadas condições ambientais. Segundo a teoria da contingência, a organização é entendida como o elemento passivo e que reage a um ambiente que estabelece todas as condições e regras do jogo. A organização está condicionada ao ambiente externo e a elaboração da estratégia funciona como um processo reativo às forças ambientais. A organização deve localizar seu nicho ecológico no qual ela possa competir com entidades como ela mesma.

Escola da configuração: trata a estratégia como um processo de transformação. Segundo a escola da configuração, o planejamento estratégico é um processo de configuração da organização para cada tipo de situação ambiental no sentido de integrar e articular as suas diferentes partes. À medida que a situação ambiental sofre mudanças, ocorre uma transformação organizacional dramática no sentido de configurar novamente a empresa para a nova situação ambiental.[38]

Um resumo consolidando todas as escolas de pensamento estratégico descritas por Mintzberg e Lampel é apresentado na Quadro 2.4.

Quadro 2.4 Resumo consolidando todas as escolas de pensamento estratégico

	Processos de	Mensagem pretendida	Mensagem realizada	Contribuição
Prescritiva e normativas				
Design	Concepção	Ajustar	Pensar	Olhar para o futuro
Planejamento	Formal	Formalizar	Programar	Olhar para o futuro
Posicionamento	Analítico	Analisar	Calcular	Olhar para o passado
Descritivas e explicativas				
Empreendedorismo	Visionário	Vislumbrar	Centralizar	
Cognitiva	Mental	Criar	Preocupar	
Aprendizado	Emergente	Aprender	Jogar	
Poder	Negociação	Promover	Entesourar	
Cultural	Social	Combinar	Perpetuar	
Ambiental	Reativo	Reagir	Capitular	
Configuração	Transformação	Integrar	Acumular	

Fonte: adaptado de Mintzberg (p. 107-114).[15]

Aumente seus conhecimentos sobre
A estratégia não é mais um destino
na seção *Saiba mais* PE 2.5

2.7 NÍVEIS DE PLANEJAMENTO ESTRATÉGICO

Chiavenato[30] descreve três níveis distintos de planejamento: estratégico, tático e operacional.

- **Planejamento estratégico:** é o planejamento mais amplo e abrange toda a organização. Suas características são:
  - Horizonte temporal: projetado para o longo prazo, tendo seus efeitos e consequências estendidos por vários anos.
  - Abrangência: envolve a organização como um todo, todos os seus recursos e áreas de atividade e preocupa-se em atingir os objetivos em nível organizacional.
  - Conteúdo: genérico, sintético e abrangente.
  - Definição: é definido pela cúpula da organização (em nível institucional) e corresponde ao plano maior ao qual todos os demais planos estão subordinados.
- **Planejamento tático:** é o planejamento que abrange cada departamento ou unidade da organização. Suas características são:
  - Horizonte temporal: projetado para o médio prazo, geralmente para exercício anual.
  - Abrangência: envolve cada departamento, com seus recursos específicos e preocupa-se em atingir os objetivos departamentais.
  - Conteúdo: é menos genérico e mais detalhado que o planejamento estratégico.
  - Definição: é definido em nível intermediário, em cada departamento da organização.
- **Planejamento operacional:** é o planejamento que abrange cada tarefa ou atividade específica. Suas principais características são:
  - Horizonte temporal: é projetado para o curto prazo, para o imediato.
  - Abrangência: envolve cada tarefa ou atividade isoladamente e preocupa-se com o alcance de metas específicas.
  - Conteúdo: é detalhado, específico e analítico.
  - Definição: é definido no nível operacional e focado em cada tarefa ou atividade.

Nesses termos, o planejamento estratégico deve ser elaborado de maneira integrada e articulada como mostrado na Figura 2.5.

PARA REFLEXÃO

A vida das organizações está se tornando cada vez mais curta

O ciclo de vida das organizações está encurtando a cada dia que passa. Por que a vida das organizações está se tornando cada vez mais curta? Qual a razão? Há quase dois séculos, o biólogo inglês Charles Darwin já explicava que "não são os organismos vivos mais fortes e nem mais inteligentes que sobrevivem às mudanças ambientais; são aqueles que conseguem se adaptar a elas". O darwinismo organizacional acentua que, da mesma forma, não são as organizações mais fortes e nem as mais inteligentes que sobrevivem às mudanças rápidas, imprevistas, voláteis, complexas e ambíguas que surgem a cada momento, mas aquelas que aprendem a se flexibilizar e adaptar-se a elas. Daí, a necessidade das organizações se prepararem previamente para o futuro instável que deverá vir por meio da estratégia organizacional. Ela é o melhor caminho para o futuro.

2.8 MODELO GERAL DO PROCESSO ESTRATÉGICO

O planejamento estratégico está relacionado com os objetivos organizacionais que afetam a viabilidade e a evolução da organização. Mas, se aplicado isoladamente, se mostrará insuficiente, pois não se pode trabalhar apenas com as ações mais imediatas e operacionais.

56 Planejamento Estratégico

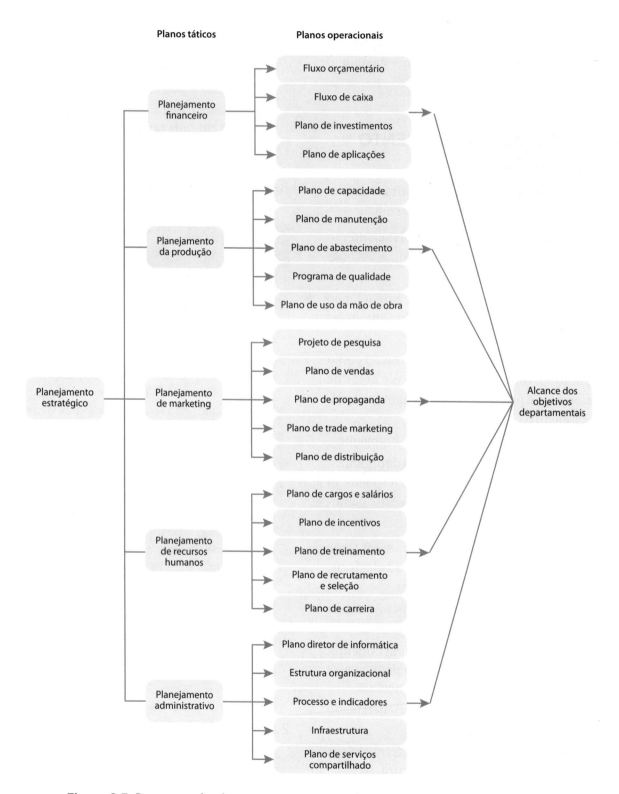

Figura 2.5 Processos de planejamento por nível hierárquico e por tipo de atividade.
Fonte: adaptada de Oliveira (p. 46).[3]

O propósito do processo de planejamento estratégico é a formulação de estratégias e sua implementação por meio de planos táticos e operacionais (também chamados de programas táticos), considerando algumas premissas:

- **Preparação:** o planejamento estratégico não é um exercício de futurologia. O futuro é incerto. O que conta é estar preparado para todas as possibilidades, quando elas se manifestarem.
- **Sistemático:** o planejamento estratégico tem muito a ver com o comportamento sistêmico e holístico e pouco com o comportamento de cada uma de suas partes. Ele envolve a organização como um todo e se refere ao comportamento molar da organização.
- **Foco no futuro:** o planejamento estratégico tem muito a ver com o futuro da organização. Ele está orientado para o longo prazo. A visão organizacional é importante para definir os objetivos estratégicos pretendidos ao longo do tempo. O planejamento estratégico é a ponte para o futuro.
- **Criação de valor:** o planejamento estratégico tem a ver com o comportamento orientado para objetivos estratégicos. Mas a estratégia não serve apenas a alguns dos públicos de interesse (*stakeholders*) da organização, mas deve criar valor a todos eles, sejam acionistas, clientes, fornecedores, executivos, funcionários, entre outros.
- **Participação:** o planejamento estratégico precisa ser formulado e entendido por todos os membros da organização. Como os caminhos para o futuro são incontáveis, o planejamento estratégico é um conjunto alinhado de decisões que molda o caminho escolhido para chegar lá.
- **Continuidade:** o planejamento estratégico é a maneira pela qual a estratégia é articulada e preparada. Contudo, o planejamento estratégico não é algo que se faz uma vez a cada ano. Ele não é descontínuo. Quanto maior for a mudança ambiental, tanto mais o planejamento estratégico é feito e refeito continuamente.
- **Implementação:** o planejamento estratégico precisa ser implementado. Esse é o desafio principal. Para ser bem-sucedido, o planejamento estratégico precisa ser colocado em ação por todas as pessoas da organização em todos os dias e em todas as suas ações.
- **Monitoramento:** o planejamento estratégico precisa ser avaliado quanto ao seu desempenho e resultados. Para tanto, a estratégia precisa ter indicadores e demonstrações financeiras que permitam a monitoração constante e ininterrupta de suas consequências para que se possam aplicar medidas corretivas que garantam seu sucesso.

Acesse conteúdo sobre **Taxonomia aplicada ao planejamento estratégico** na seção *Clipping competitivo* PE 2.1

O modelo do processo de planejamento estratégico que é elaborado e adotado neste livro recebeu uma série de influências apresentadas ao longo do texto, entre elas os modelos de Steiner, o modelo de Mintzberg apresentado anteriormente e os modelos de Glueck[39] (Figura 2.6) e de Pidun[9] (Quadro 2.5), entre outros, no sentido de consistir as diferentes perspectivas e escolas do planejamento estratégico em suas etapas, englobando tanto a etapa de formulação como a de implementação.

Assim, o modelo do processo de planejamento estratégico elaborado e adotado neste livro é

PARA REFLEXÃO

Todo líder ou executivo deve perguntar a si mesmo se é um estrategista pois a estratégia constitui o sustentáculo de qualquer empresa. Se você não tem uma boa estratégia, todo o restante estará em risco nos dias atuais. Navegar à deriva não leva a nenhum porto seguro. Nosso objetivo é ajudá-lo a desenvolver a sensibilidade e a habilidades que tal trabalho tão difícil exige. O importante é que o pouco que fizer já terá um enorme valor.

58 Planejamento Estratégico

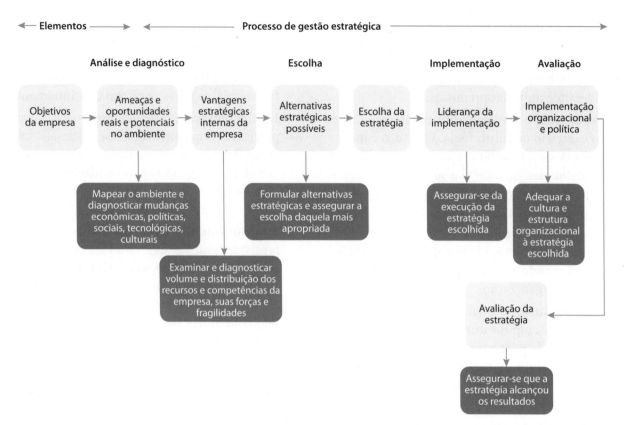

Figura 2.6 Modelo de processo de gestão estratégica de Glueck.

Fonte: Glueck (p. 349).[39]

Quadro 2.5 Modelo para o desenvolvimento da estratégia corporativa

1	2	3	4	5	6
Intenção e capacidade corporativa	Tendências externas e disrupção	Revisão corrente do portfólio	Oportunidades adicionais de crescimento	Opções de desenvolvimento de portfólio	Síntese da estratégia corporativa
Entenda a posição inicial	Identifique tendências relevantes de longo prazo e disruptivas e seu impacto sobre a empresa	Analise sistematicamente o portfólio existente das empresas	Identifique e avalie oportunidades de crescimento inexploradas do negócio e além	Aplique análise do portfólio e opções de crescimento para obter opções alternativas de desenvolvimento de portfólio	Formule uma visão e missão atualizada para a empresa
Defina a intenção, as metas e salvaguardas para as estratégias corporativas	Desenvolva hipóteses preliminares sobre potenciais oportunidades de crescimento	Entenda o *status* financeiros do portfólio	Priorize as opções de crescimento baseadas na atratividade, adequação e viabilidade	Holisticamente, avalie as opções e derive o portfólio-alvo e os passos de transformação	Obtenha conclusões para as estratégias corporativas e financeira
Identifique capacidades essenciais para construir sobre		Derive conclusões iniciais para o portfólio e as prioridades de investimento			Desenvolva a agenda da estratégia corporativa e o roteiro para transformação

Fonte: elaborado pelos autores com base em Pidun (posição 5491).[9]

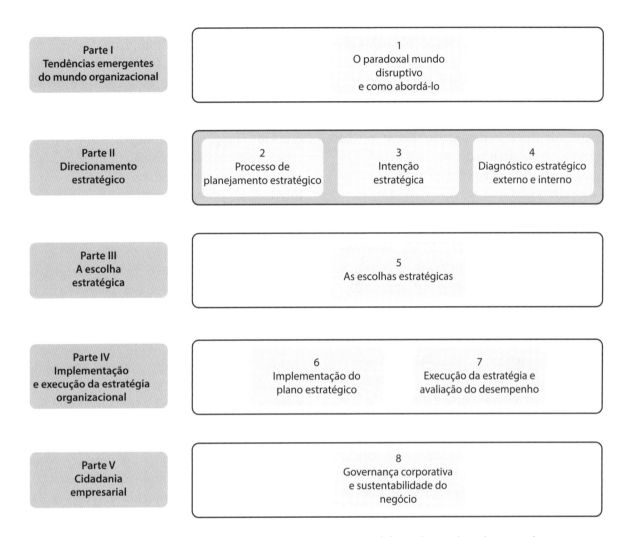

Figura 2.7 Modelo geral do processo estratégico elaborado e adotado neste livro.

apresentado pela Figura 2.7, retratando as cinco partes que estruturam o conteúdo, indicando a sequência dos capítulos, para facilitar o acompanhamento da lógica de construção do texto e que serão detalhados ao longo do livro.

O planejamento estratégico é constituído pelos seguintes elementos:

Visão de negócios: mostra uma imagem da organização quando da realização de seus propósitos no futuro. Trata-se não de predizer o futuro, mas, sim, de assegurá-lo no presente. A visão de negócios cria um "estado de tensão" positivo entre o mundo como ele é e o que gostaríamos que fosse (sonho). Pode servir também como uma fonte inspiradora, um "chamamento", que estimule e motive as pessoas ao ver realizada com sucesso a missão declarada. A visão de negócios, associada a uma declaração de missão balizada pelos valores organizacionais, compõe a **Intenção estratégica da organização** (Capítulo 3).

Declaração da missão: é o elemento que traduz as responsabilidades e pretensões da organização junto ao ambiente e definem o "negócio", delimitando o seu ambiente de atuação. A missão da organização representa a razão de ser da organização, o seu papel na sociedade. Ela é, claramente, uma definição que antecede o diagnóstico estratégico.

Diagnóstico estratégico externo: procura antecipar oportunidades e ameaças para a concretização da visão, da missão e dos objetivos organizacionais. Corresponde à análise de diferentes dimensões do ambiente que influenciam as organizações. Estuda também as dimensões setoriais e competitivas.

Diagnóstico estratégico interno: corresponde ao diagnóstico da situação da organização frente às dinâmicas ambientais, relacionando às suas forças e fraquezas, criando as condições para a formulação de estratégias que representam o melhor ajustamento da organização no ambiente em que ela atua. O alinhamento dos diagnósticos externos e internos compõe o chamado Mapeamento Ambiental (*Scanning*) e produz as premissas que alicerçam a construção de cenários (Capítulo 4).

Determinantes de sucesso: a inclusão da avaliação dos determinantes de sucesso no processo de planejamento estratégico foi proposta por Ansoff[40] em 1980. Esse recurso metodológico é uma etapa do processo, inserindo-se entre o diagnóstico e a definição de objetivos e a formulação das estratégias inseridas nas dinâmicas competitivas. Elas procuram evidenciar questões realmente críticas para a organização, emergindo dos elementos apontados na análise realizada com a aplicação do modelo SWOT. Os determinantes de sucesso são também denominados fatores críticos de sucesso (*Key Success Factors*) e embasam as políticas de negócios, que depois embasaram a elaboração do Mapa Estratégico (Capítulo 7), conforme indicado por Kaplan e Norton[41] (Capítulo 5).

Definição dos objetivos: há autores que inserem os objetivos no processo de formulação das estratégias, como os seguidores do modelo Harvard, e há aqueles que trabalham a definição dos objetivos como parte separada da formulação das estratégias, como os seguidores do modelo Ansoff.[40] De qualquer maneira, a organização persegue simultaneamente diferentes objetivos em uma hierarquia de importância, de prioridades ou de urgência.

Formulação de estratégias: duas concepções sobre a formulação de estratégias direcionam este livro. Há a concepção segundo a qual a formulação de estratégias se dá a partir da análise competitiva proposta por Porter,[25] composta de cinco forças atuantes sobre a organização: o poder de barganha dos clientes e fornecedores; a ameaça de substitutos e novos concorrentes e a rivalidade dos atuais concorrentes. Por seu turno, Freeman[42] considera que a formulação das estratégias traduz o modo de relacionamento e construção de "pontes" entre a organização e seus grupos de influências ou partes interessadas (*stakeholders*) e que somente quando se atende às necessidades desses grupos é que se tem sucesso nas estratégias formuladas (Capítulo 6).

Execução da estratégia: o plano estratégico é um plano para a ação. Mas não basta apenas a formulação das estratégias dessa ação. É necessário executá-las por meio de programas e projetos específicos. Isso exige uma abrangência completa de todas as áreas de tomadas de decisão da organização; uma racionalidade formal no processo de tomada de decisão e um firme controle sobre o trabalho (Capítulo 7).

Auditoria de desempenho e resultados (reavaliação estratégica): requer um grande esforço de pessoal e emprego de modelos analíticos para a avaliação, alocação e controle de recursos. Trata-se de rever o que foi implementado para decidir os novos rumos do processo, mantendo as estratégias de sucesso e revendo as estratégias fracassadas. A reavaliação de estratégias aparece como resultado de um processo de mediação dos diversos grupos de interesse e pela análise de indicadores de desempenho para cada estratégia implementada.

Cidadania empresarial: traduzida pela governança corporativa, que oferecerá a transparência necessária no relacionamento com os diferentes grupos de interesse. Será preciso considerar o impacto das decisões no contexto maior e suas implicações quanto a responsabilidade social da organização (Capítulo 8).

2.9 PLANEJAMENTO ESTRATÉGICO EM TEMPOS DE INCERTEZA

Há um debate em curso sobre o valor do desenvolvimento de estratégias e planejamento em tempos de incerteza. Para Reeves, Haanaes e Sinha,[43] o ambiente de negócios está mudando mais rápido e ficando mais incerto do que nunca por causa, entre outros fatores, da rápida mudança tecnológica, da conectividade econômica global e de um cenário geopolítico em mudança, como foi abordado no Capítulo 1.

Diferentes ambientes exigem diferentes abordagens para o desenvolvimento e planejamento de estratégia. A pesquisa de Reeves, Haanaes e Sinha,[44] *BCG Strategy Palette Research*, revelou que os ambientes podem ser distinguidos com base em sua previsibilidade, maleabilidade e dureza:

- **Clássico:** eu posso prever isso, mas eu não posso mudá-lo.
- **Adaptativo:** eu não posso prever isso, e eu não posso mudá-lo.
- **Visionário:** eu posso prever isso, e eu posso mudá-lo.
- **Resiliente:** eu não posso prever isso, mas eu posso mudá-lo.
- **Renovação:** meus recursos são severamente limitados.

Os autores mostram que cada ambiente corresponde a uma abordagem arquetípica distinta para o desenvolvimento de estratégias. Por exemplo, ambientes clássicos previsíveis se prestam a estratégias de posição, que são baseadas na vantagem alcançada por meio de escala, diferenciação ou capacidades.

Ambientes adaptativos, por outro lado, exigem experimentação contínua, porque o planejamento não funciona em condições de mudança rápida e imprevisibilidade. Em um ambiente visionário, as empresas ganham sendo as primeiras a criar um novo mercado ou a interromper um ambiente existente.

Em ambientes resilientes, maleáveis, as empresas têm a extraordinária oportunidade de liderar a formação ou remodelação de todo um setor. A formação de estratégias diz respeito aos ecossistemas e não às empresas individuais e depende tanto da colaboração como da concorrência. Finalmente, diante das duras condições de um ambiente de renovação, uma empresa precisa primeiro conservar e liberar recursos para garantir sua viabilidade e,

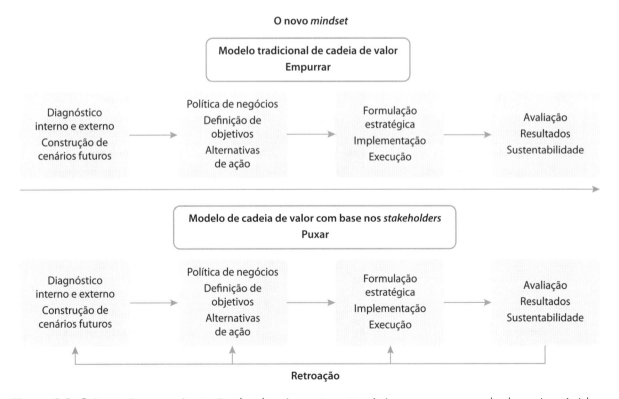

Figura 2.8 Orientação × reorientação do planejamento estratégico: um processo de duas vias rápidas.

em seguida, optar por uma das outras quatro abordagens para rejuvenescer o crescimento e garantir a prosperidade a longo prazo.

Pidun[9] observa que planejar estrategicamente é uma capacidade corporativa crítica, e à medida que a turbulência expõe as empresas a desconhecidas ameaças e oportunidades, ela se torna cada vez mais importante. As metodologias de planejamento estratégico ainda estão em desenvolvimento, sendo um campo emergente. À medida que a incerteza econômica, a crescente complexidade e a mudança tecnológica desafiam os gestores, será preciso ser resiliente e adaptar-se constantemente, ampliando e elaborando novas abordagens para o planejamento estratégico.

Há, todavia, um importante lembrete: o planejamento estratégico de hoje se diferencia muito do planejamento estratégico tradicional, conforme se pode perceber pelo Quadro 2.6.

Desde a Era Industrial, nos acostumamos a planejar e a tocar planos e projetos até o alcance de seus objetivos finais, quase sempre em uma mão única de direção e tão somente para a frente. Claro, o mundo era relativamente estável e previsível, era possível definir metas e objetivos de longo prazo tranquilamente e empurrar o processo para frente

Quadro 2.6 Diferenças básicas entre o planejamento estratégico tradicional e o novo modelo de *design* flexível e ágil

Planejamento estratégico tradicional		*Design* estratégico ágil
Utilização Pequenas melhorias no *status quo*, partindo do conhecido	**Escopo**	**Exploração** Desenhando o futuro: algo que não existe ainda
Top down Do nível mais alto para os mais baixos	**Direção**	**Bottom up** Muitos em um exercício de cocriação coletiva
Análise Análise rigorosa com foco quantitativo	**Pensamento**	**Intuição** Compreensão e empatia com foco qualitativo
Uniforme e estruturado Baseado na adequação de todos os níveis hierárquicos	**Tipo**	**Adaptável e ágil** Abordagem flexível com etapas adaptadas ao longo
Linear Processo linear de desdobramento e em etapas sequenciais	**Processo**	**Iterativo** Processo com etapas simultâneas que podem se repetir
Apresentações Para convencer as pessoas por meio de apresentações	**Decisão**	**Prototipagem** Mostrando soluções possíveis e gerando *feedback*
Uma solução melhor Buscando a confiança e certeza para buscar a melhor solução	**Julgamento**	**Muitas soluções possíveis** Buscando novas soluções que funcionem
Passiva Reuniões constantes com discussões a respeito	**Energia**	**Ativa** Reuniões criativas buscando a construção de soluções
Verbal Processo baseado em discussões com equipes	**Comunicação**	**Visual** Abordagens visuais, verbais e cinestésicas durante as reuniões
Após Aprendizagem apenas quando o ciclo total foi cumprido	**Aprendizagem**	**Durante** Continuamente e intensamente desenvolvida desde o início

PARA REFLEXÃO

Uma viagem e não um destino

No seu tradicional modelo, que vigorou no decorrer do século passado, a estratégia seguia um processo sequencial e progressivo direcionado por objetivos situados em longo prazo em um mundo de negócios estável e relativamente previsível. Esse modelo não tem condições de funcionar mais no mundo volátil e imprevisível de hoje. Tudo mudou. A estratégia se transformou em uma viagem e não mais em um destino. Viagem por que é uma longa jornada focada mais no imediato e alinhada com uma visão de futuro que muda a cada instante. Contudo, qual seria a denominação a ser dada a todo o seu atual programa de diagnóstico prévio, formulação, implementação e execução? Preferimos ainda manter a denominação de processo por falta de uma denominação melhor.

até alcançá-los. Era o padrão industrial de uma época. O velho estilo de somente empurrar (*push*) na sequência do plano ou processo funcionou bem enquanto o mundo era estável e previsível, mas tropeça em ambientes dinâmicos e subitamente instáveis. É que o mundo mudou. Agora, às vésperas de mudanças rápidas e disruptivas, não dá mais para encarar esse modelo com segurança.

O momento não somente nos obriga a encolher esse espaço temporal, como torna-se mister agora puxar (*pull*), e não apenas empurrá-lo (*push*) para a frente. Puxar significa ligar cada etapa sequencial de um plano à sua saída (resultados) para obter *feedback* contínuo – seja positivo ou negativo – e reajustá-lo no sentido de responder em tempo real às mudanças inesperadas que surgem a cada instante. Isso permite ligar cada etapa do plano aos resultados alcançados e possibilita um rápido ajuste ou reajuste.[45] Foi o que a Toyota fez em meados do século passado com um sistema em que o volume de produção era reajustado em pequenos intervalos – diários, se necessário – como retroação do mercado para replicar na reprogramação de materiais, componentes e na cadeia de suprimentos. E foi esse sistema de puxar que permitiu o surgimento da produção enxuta e do *just-in-time*. Certamente, puxar traz como consequências mais flexibilidade e complexidade para o planejamento, mas traz em seu bojo uma adaptabilidade gradativa e realinhamentos constantes do plano às mudanças e transformações que ocorrem no ambiente de negócios. E em tempo real.[46]

Outro aspecto importante é que o planejamento estratégico tradicional sempre foi apresentado como um processo iterativo, sem dúvida, mas sempre orientado para a frente, isto é, empurrado em direção à sua etapa final que encerra o ciclo. Isso foi bom enquanto o ambiente externo era plácido, tranquilo, estável, previsível e calmo. Isso já se foi, mas talvez menos para o planejamento estratégico de longo prazo de empresas como hidrelétricas, cimenteiras e siderúrgicas cujos vultosos investimentos são de retorno lento e distante no tempo.

Hoje, as organizações estão frente a um mundo exponencial, complexo, veloz, mutável, incerto e ambíguo que muda a cada instante de maneira imprevisível e que não dá tempo suficiente para se ajustar rapidamente às ondas que surgem de repente. O modelo de hoje requer extrema flexibilidade e agilidade na reação e resposta, um novo *mindset* (modelo mental). O que determina retroação em tempo real, exemplificado pela Figura 2.9, é um encadeamento de empurrar, sem dúvida e como antes, mas acompanhado de um puxar a cada instante para reajustar, realinhar, redesenhar ou até replanejar incessantemente todo o processo estratégico ou parte dele às oportunidades e ameaças que surgem intempestivamente pela frente, exigindo um modo de manobrar rápido e ligeiro.

PARA REFLEXÃO

Nunca julgue o resultado sem levar em consideração o processo

Todo o valor que um processo tem é produzir um determinado resultado final. Quando se constrói um processo, a primeira questão a ser levantada é o objetivo a ser alcançado como resultante lá no seu ponto final. Se o resultado não foi alcançado ou foi insatisfatório é porque o processo não foi adequado ou não cuidou de fatores internos ou externos – previsíveis ou imprevisíveis – que o prejudicaram. Ou, ainda, por que o processo não foi suficientemente flexível e adaptável às mutáveis e rápidas circunstâncias externas que o envolveram. Ter uma rota bem definida é vital para o navegador, desde que ele chegue aonde pretende chegar. Mesmo que esteja em águas totalmente desconhecidas.

CONCLUSÃO

O planejamento estratégico tem como produto básico o plano para a ação. Mas não basta apenas a formulação das estratégias dessa ação. É necessário saber implementá-las por meio de programas e projetos específicos. Isso requer grande esforço de todas as pessoas envolvidas e a utilização de modelos analíticos para alocação, avaliação e controle de recursos e competências. Em suma, o plano estratégico, por si só, nada faz. Ele é o elemento orientador e aglutinador que resulta da combinação do processo de planejamento com o raciocínio estratégico e que deve ser apoiado pela atitude estratégica: um padrão que assegura a plena disposição da organização e de seus colaboradores de se engajar totalmente nessa maravilhosa e complexa empreitada, sejam quais forem os desafios e as dificuldades pela frente.

REFERÊNCIAS

1. DRUCKER, P. F. *Introdução à administração*. São Paulo: Pioneira, 1984. p. 133-136.
2. WHEELEN, T. L.; HUNGER, J. D. *Strategic management and business policy*. Englewood Cliffs: Prentice Hall, 2012. p. 4.
3. OLIVEIRA, D. P. R. *Planejamento estratégico*: conceitos, metodologia, práticas. São Paulo: Atlas, 2001.
4. MILLER, C. C.; CARDINAL, L. B. Strategic planning and firm performance: a synthesis of more than two decades of research. *Academy of Management Journal*, p. 1649-1665, 1994. PEKAR JR., P.; ABRAHAM, S. Is strategic management living up to its promise. *Long Range Planning*, p. 32-44, out. 1995. ANDERSEN, T. J. Strategic planning, autonomous actions and corporate performance. *Long Range Planning*, p. 184-200, abr. 2000.
5. WILSON, I. Strategic planning isn't dead – it changed. *Long Range Planning*, ago. 1994, p. 20.
6. ZAJAC, E. J.; KRATZ, M. S.; BRESSER, R. F. Modeling the dynamics of strategic fit: a normative approach to strategic change. *Strategic Management Journal*, abr. 2000, p. 429-453.
7. BEINHOCKER, E. D. The adaptable corporation. *McKinsey Quarterly*, n. 2, p. 77-87, 2006. Disponível em: https://www.researchgate.net/publication/235790228_The_Adaptable_Corporation. Acesso em: 23 jan. 2020.
8. LYLES, M. A.; BAIRD, I. S.; ORRIS, J. B.; KURATKO, D. F. Formalized planning in small business increasing strategic choices. *Journal of Small Business Management*, p. 38-50, abr. 1993. Disponível em: https://www.researchgate.net/publication/43294809_Formalized_Planning_in_Small_Business_Increasing_Strategic_Choices. Acesso em: 23 jan. 2020.
9. PIDUN, U. Corporate strategy process. *In*: Corporate strategy: theory and practice, posição 5739.
10. CAREY, D., DUMAINE, B., USEEM, M.; ZEMMEL, R., Go Long: Why Long-Term Thinking is Your Best Short-Term Strategy, *Wharton School Press*, june 2019. Disponível em: https://executiveeducation.wharton.upenn.edu/thought-leadership/wharton-at-work/2018/06/go-long/. Acesso em: 2 nov. 2022.
11. CHIAVENATO, I. *Comportamento organizacional*: a dinâmica do sucesso das organizações. 4. ed. São Paulo: Atlas, p. 425-437, 2021.

12. GRÜNIG, R.; KUHN, R. *The strategy planning process*: analyses, options, projects. Springer-Verlag Heidelberg, 2015.

13. PORTER, M. E.; NOHRIA, N. How CEOs manage time. *Harvard Business Review*, v. 96, n. 4, p. 42-51, 2018.

14. MANKINS, M. C.; STEELE, R. Stop making plans: start making decisions. *Harvard Business Review*, v. 84, n. 1, p. 76-84, 2006.

15. WOLF, C.; FLOYD, S. W. Strategic planning research: toward a theory-driven agenda. *Journal of Management*, v. 43, n. 6, p. 1754-1788, 2017.

16. MINTZBERG, H. The fall and rise of strategic planning. *Harvard Business Review*, v. 72, n. 1, p. 107-114, 1994.

17. COULTER, M. *Strategic management in action*. 6. ed. São Paulo: Pearson, 2012.

18. BOSSIDY, L.; CHARAN, R.; BURCK, C. Execution: the discipline of getting things done. *Random House Business*; revised edition, 2011.

19. ANDERSON, C. The long tail. *Wired*, abr. 2004.

20. GHEMAWAT, P. How business strategy tamed the "invisible hand". HBS WORKING KNOWLEDGE FORUM, jul. 2002.

21. EDWARDS, J.; KETCHEN, D.; SHORT, J.; TRY, D. *Mastering strategic management-evaluation and execution*. 2012, p. 12. Disponível em: https://openlibrary-repo.ecampusontario.ca/jspui/handle/123456789/266. Acesso em: 18 dez. 2019.

22. HURST, D. K. *Best business books*. Strategy+Business (s+b), 25, 4th quarter, 2001. Disponível em: https://www.strategy-business.com/article/14556?pg=0. Acesso em: 12 nov. 2019.

23. MINTZBERG, H.; AHLSTRAND, B.; LAMPEL, J. *Strategy safari*. New York: Free Press, 1998.

24. STEINER, G. A. *Top management planning*. New York: Macmillan, 1969. p. 33.

25. As principais contribuições da escola do planejamento são: ANSOFF, H. I. *Corporate strategy*. New York: McGraw-Hill, 1965. STEINER, G. A. *Top management planning*. New York: Macmillan, 1969. NEWMAN, W. H. *Ação administrativa*: as técnicas de organização e gerência. São Paulo: Atlas, 1972.

26. As principais contribuições da escola do posicionamento são: HENDERSON, B. D. *Henderson on corporate strategy*. ABT Books, 1979. PORTER, M. E. *Estratégia competitiva*: técnicas para análise de indústrias e da concorrência. Rio de Janeiro: Campus, 1986.

SCHENDEL, D. E.; HODER, C. H. (eds.). *Strategic management*: a view of business policy and planning, Boston: Little, Brown, 1979.

27. LEVY, A. R. *Estratégia em ação*. São Paulo: Atlas, 1986.

28. As principais contribuições da escola do empreendedorismo são: COLE, A. H. *Business enterprise in its social setting*. Boston: Harvard University Press, 1959. SCHUMPETER, A. *The theory of economic development*. Oxford: Oxford University Press, 1934.

29. Os principais conceitos da escola cognitiva estão presentes nos livros: SIMON, H. A. *The new science of management decision*. Englewood Cliffs: Prentice Hall, 1977. MARCH, J. G.; SIMON, A. *Organizations*. New York: John Willey, 1958.

30. CHIAVENATO, I. *Introdução à Teoria Geral da Administração*. 10. ed. São Paulo: Atlas, 2020.

31. DRUCKER, P. F. *Uma era de descontinuidade*. Rio de Janeiro: Zahar, 1978.

32. Os principais conceitos da escola de aprendizagem estão presentes nos seguintes livros: LINDBLOM, C. E. *The policy-making process*. Englewood Cliffs: Prentice Hall, 1968. CYERT, R. M.; MARCH, J. G. *A behavioral theory of the firm*. Englewood Cliffs: Prentice Hall, 1963. QUINN, J. B. *Intelligent enterprise*. New York: Free Press, 1992. QUINN, J. B. *Strategies for change*: logical incrementalism. Homewood: Irwin, 1980. WEICK, K. E. *Sensemaking in organizations*. Londres: Sage Publishing, 1995. WEICK, K. E. *The social psychology of organizations*. Cambridge: Addison-Wesley, 1979. PRAHALAD, C. K.; HAMEL, G. The core competence of the corporation. *Harvard Business Review*, n. 68, maio/jun. 1990, p. 79-91. HAMEL, G. Strategy as revolution. *Harvard Business Review*, jul./ago. 1996, p. 69-92. PRAHALAD, C. K.; HAMEL, G. *Competing for the future*. Harvard Business School Press, 1994.

33. WEICK, K. E. *Sensemaking in organizations*. Londres: Sage Publishing, 1995. p. 54.

34. A escola do poder recebeu suas principais contribuições de autores da linha estruturalista da Teoria Geral da Administração: THOMPSON, J. D. *Dinâmica organizacional*: fundamentos sociológicos da teoria administrativa. São Paulo: Makron Books, 1976. THOMPSON, J. D.; McEWEM, W. J. Objetivos organizacionais e ambiente. *In*: ETZIONI, A. *Organizações complexas*. São Paulo: Atlas, p. 177-187, 1967. THOMPSON, J. D.; McEWEM, W. J. Objetivos de

organização e ambiente: estabelecimento do objetivo como um processo de interação. *In*: CARTWRIGHT, D.; ZANDER A. *Dinâmica de grupo*: pesquisa e teoria. EPU/Editora USP, p. 590-597, 1975. EVAN, W. M. The organization-set: toward a theory of interorganizational relations. *In*: THOMPSON, J. D. (org.). *Approaches to organizational design*. Pittsburg: University of Pittsburg Press, p. 177-180, 1966. PFEFFER, J.; SALANICK, G. R. *The external control of organizations*: a resource dependence perspective. New York: Harper & Row, 1978. ASTLEY, W. G.; FOMBRUN, C. J. Collective strategy: social ecology of organizational environments. *Academy of Management Review*, v. 8, n. 4, p. 576-587, 1983.

35. Os principais conceitos da escola da cultura estão presentes nos livros e artigos: PETTIGREW, A. M. Strategy formulation as a political process. *International Studies of Management and Organization*, verão p. 78-87, 1977. RHENMAN, E. *Organization theory for long-range planning*. New York: John Wiley, 1973. NORMANN, R. *Management for growth*. New York: John Wiley, 1977.

36. BIORKMAN, I. Factors influencing processes of radical change in organizational belief systems. *Scandinavian Journal of Management*, v. 5, n. 4, p. 251-271, 1989. *Apud* MINTZBERG, H.; AHLSTRAND, B.; LAMPEL, J. *Strategy safari*. New York: Free Press, 1998.

37. Os principais conceitos da escola do ambiente estão presentes nos seguintes livros e artigos: LAWRENCE, P. R.; LORSCH, J. *As empresas e o ambiente*: diferenciação e integração. São Paulo: Edgard Blücher, 1972. LAWRENCE, P. R.; LORSCH, J. *Studies in organization*. Homewood: The Dorsey Press, 1970. LORSCH, J.; ALLEN, S. A. *Managing diversity and interdependence*. Boston: Harvard University Press, 1973. HANNAN, M. T.; FREEMAN, J. The population ecology of organizations. *American Journal of Sociology*, v. 82, n. 5, p. 929-964, 1977. PUGH, D. S.; HICKSON, D. J.; HINNINGS, C. R. An empirical taxonomy of structures of work organizations. *Administrative Science Quarterly*, p. 115-126, 1969.

38. Os principais conceitos da escola da configuração estão presentes nos seguintes livros: CHANDLER, A. D. *Strategy and structure*: chapter in the history of the industrial enterprise. MIT Press, 1962. MILES, R. E.; SNOW C. C. *Organizational strategy, structure, and process*. New York: McGraw-Hill, 1978. MINTZBERG, H. *The structuring of organizations*: a synthesis of the research. Englewood Cliffs: Prentice Hall, 1979. MINTZBERG, H. *The rise and fall of strategic planning*. New York: Free Press, 1994. MILLER, D.; FRIESEN, P. H. *Organizations*: a quantum view. Englewood Cliffs: Prentice Hall, 1984. MILLER, D.; MINTZBERG, H. The case for configuration. *In*: MORGAN G. (ed.). *Beyond method*. Londres: Sage, 1983.

39. GLUECK, W. F. *Business policy and strategic management*. New York: McGraw-Hill, 1980.

40. ANSOFF, I. Strategic issue management. *Strategic Management Journal*, v. 1, n. 2, 1980, p.131.

41. KAPLAN, R.; NORTON, D. *Execução premium*. Rio de Janeiro: Campus, 2008.

42. FREEMAN, R. E. *Strategic management*: a stakeholder approach. Londres: Pitman, 1995.

43. REEVES, M.; HAANAES, K.; SINHA, J. *Your strategy needs a strategy*. Brighton: Harvard Business Review Press, 2015.

44. REEVES, M.; DEIMLER, M. Adaptability: the new competitive advantage. *Harvard Business Review* v. 89, n. 7, p. 135-141, 2011.

45. CUSUMANO, M. A. *Staying power*: six enduring principles for managing strategy and innovation in an uncertain world. Oxford: Oxford University Press, 2010.

46. CHIAVENATO, I. *Gestão de pessoas*: o novo papel da Gestão do Talento Humano. 5. ed. São Paulo: Atlas, 2020.

INTENÇÃO ESTRATÉGICA
Começando a pensar em estratégia

OBJETIVOS DE APRENDIZAGEM

- Discutir a intenção estratégica.
- Conceituar o propósito da organização, sua missão e sua visão de futuro.
- Conceituar o negócio da organização.
- Indicar a formação da ideologia central da organização.
- Mostrar o caminho da criação, desenvolvimento e difusão do valor.

O QUE VOCÊ VERÁ NESTE CAPÍTULO

- Missão organizacional.
- Definição preliminar do negócio.
- Redefinição do negócio.
- Visão organizacional.
- Ideologia central da organização.
- *Stakeholders* ou partes interessadas.
- Proposta de valor.
- Objetivos organizacionais.

INTRODUÇÃO

Cada organização nasce do sonho ou da vontade de seus fundadores e de suas crenças pessoais quanto a alguma necessidade do mercado a ser satisfeita e da existência de compradores que saberão valorizar aquilo que a organização faz. Em torno dessas vontades e crenças há uma intenção estratégica, que é a energia fundamental, o impulso inicial e o compromisso dos fundadores ou dirigentes de tornar a organização bem-sucedida no cumprimento de seus propósitos.

Toda organização tem alguma intenção estratégica – seja abertamente comunicada ou velada e oculta. Embora vaga, difusa e superficial, segundo Collins,[1] a intenção estratégica permite que todas as pessoas da organização passem a acreditar firmemente em seu produto ou serviço e na sua habilidade de desempenhar competitivamente, transformando-a em um elemento catalisador da ação em direção do sucesso organizacional.

Conforme Hamel e Prahalad,[2] a palavra **intenção** vem do latim (*intentione*) e significa o próprio fim a que se destina, mas reflete também uma vontade ou desejo em um pensamento reservado. A intenção é sempre o início de uma jornada. A intenção estratégica é o conhecimento da essência da organização e representa a alavancagem de competências, capacidades e recursos internos de uma organização com a finalidade de cumprir suas metas no ambiente competitivo.

É essa intenção estratégica que proporciona aos membros da organização, em todos os níveis e áreas, a justificativa para a entrega e dedicação na busca de um desempenho organizacional que seja único, significativo e superior com relação aos concorrentes. Contudo, isso somente será alcançado quando todas as pessoas da organização tiverem a crença fervorosa em seu produto ou serviço e forem lastreadas pela explícita ideologia organizacional, que é o conjunto de princípios, valores, políticas, regras de decisão e incentivos ao mérito que delimitarão os limites das ações da organização.

É o chamado DNA Organizacional, semelhante ao DNA biológico. Ambos determinam as características futuras de seus organismos, as motivações, comportamentos e competências. Ambos são difíceis de sequenciar, observar diretamente, mas são muito poderosos. Há também diferenças. O DNA biológico é herdado no nascimento e não pode ser mudado. O DNA organizacional é criado no início da vida de um empreendimento e – com esforço – pode ser mudado em tempos de mudanças e transformações no seu ambiente.

Aumente seus conhecimentos sobre **O DNA de uma organização** na seção *Saiba mais* PE 3.1

Em uma palestra no DLC 2016 – Design Leadership Conference – *Smart, Fast, and Connected*, em Boston, Vijay Govindarajan e Martin Bower, *Fellow* em Harvard,[3] destacaram que a intenção estratégica é definida por direção, motivação e desafio, a saber:

- **Direção:** é necessária uma bússola para estabelecer o norte. Quando a Tata, *holding* de um dos maiores conglomerados da Índia declara que "o nosso objetivo é um carro de US$ 2.000", essa direção fica clara.
- **Motivação:** é preciso despertar paixão das pessoas. Dizer que a missão da empresa é maximizar a riqueza do acionista não faz ninguém levantar da cama feliz para trabalhar. É preciso que cada pessoa sinta que está fazendo algo no qual acredita e que tenha valor pessoal para ela.
- **Desafio:** a intenção deve ser desafiadora, pois bons funcionários não gostam de trabalhos medíocres ou rotineiros. Govindarajan recorda de quando o ex-presidente dos Estados Unidos, Robert Kennedy, anunciou "Vamos colocar o homem na Lua antes do final desta década". O impacto dessa afirmação foi enorme, inclusive porque carrega uma imagem muito poderosa e, com isso, cria paixão.

Segundo Ungerer,[4] a intenção estratégica é aspiracional. Trata-se de definir o futuro que se quer ver com plena convicção e confiança e, em seguida, descobrir como construí-lo ao longo dos próximos anos. E isso é um desafio para muitas empresas. Diz respeito a objetivos ambiciosos e até não realistas. A intenção estratégica precisa caber em uma folha de papel, e ser clara e acionável para toda a organização. Caso contrário, seus objetivos agressivos não serão o futuro.

> **PARA REFLEXÃO**
>
> **Intenção estratégica como ponto de partida**
>
> Conforme Pidun,[5] de início deveriam ser respondidas questões-chave para reconhecer os propósitos, a motivação, os objetivos e as condições do ambiente que vão fundamentar a intenção estratégica:
>
> - Por que existiremos como uma empresa?
> - Em que direção queremos ir?
> - Como definimos o sucesso?

Por trás da intenção estratégica sempre existe uma ambição estratégica. E esta sempre exige que todos os membros da organização estejam envolvidos no desafio organizacional. Envolver todas as pessoas faz parte do papel do presidente da organização e de todos os seus líderes e executivos.

 Acesse conteúdo sobre **As boas intenções estratégicas do Grupo Virgin** na seção *Clipping competitivo* PE 3.1

Um fato que ninguém gosta de admitir: a maioria dos gestores é incapaz de sintetizar de forma simples e clara o objetivo, o escopo e a vantagem da empresa. E se o líder não consegue, ninguém mais o conseguirá. É preciso transformar a estratégia em conceitos simples para que todos possam entender com facilidade. Collis e Rukstad[6] afirmam que as empresas cuja estratégia é enunciada de modo claro e conciso – e facilmente internalizada e usada como bússola pelo pessoal – costumam ser as estrelas do setor.

Lastreadas por suas intenções estratégicas claramente reconhecidas, a primeira atividade do processo de planejamento estratégico consiste em refletir em torno de algumas questões centrais e básicas, a saber:

- **Missão organizacional:** Qual é o negócio da organização? Por que nós existimos.
- **Visão organizacional:** Como o negócio da organização será no futuro? O que desejamos ser.
- **Valores organizacionais:** O que é importante para a organização? Em que acreditamos e como nos comportamos.
- *Stakeholders* **ou partes interessadas:** A quem interessa chegar a esses resultados? Quais são os públicos estratégicos da organização que se relacionam direta ou indiretamente com ela e intercambiam suas entradas e saídas.
- **Proposta de valor:** Quais são os clientes e demais *stakeholders* e o que eles consideram valioso na organização, em seus produtos e serviços? E em seus investimentos e retornos?
- **Objetivos organizacionais:** Quais serão os resultados esperados da organização? Quais são os fins desejados.
- **Estratégia**: Qual é o nosso plano de jogo competitivo? E os elementos básicos de nossa estratégia?

Para fins práticos, de acordo com Pidun,[7] a intenção estratégica pode ser dividida em dois elementos: as prioridades corporativas específicas, expressas na missão, visão e valores da organização, e os objetivos estratégicos, que traduzem o que a empresa define e mede o sucesso, por meio de sua proposta de valor, considerando os interesses de seus *stakeholders*. Todavia, em um ambiente extremamente mutável e volátil de negócios, as prioridades corporativas e os objetivos estratégicos precisam constantemente se ajustar e levar em conta tais mudanças e transformações. Isso exige criatividade organizacional.

SAIBA MAIS — **Como promover a criatividade organizacional**

Toda estratégia é um processo de gestão da mudança organizacional. Conforme Chiavenato,[8] o desafio de muitas empresas é tornar as pessoas – todas elas a partir da cúpula – mais criativas, a fim de proporcionar o desenvolvimento de uma organização também criativa, com mentes abertas e capazes de participarem ativamente de um constante processo de mudança e transformação organizacional. E proporcionando curiosidade, independência e originalidade. A capacidade mais importante das pessoas é a de mudar a si mesmas; a medida mais urgente é que toda pessoa seja bem-sucedida em aprender a dar boas-vindas à inovação e passar a exigi-la de onde quer que ela venha. É o prerrequisito indispensável para toda capacidade de melhoria. Indivíduos criativos fazem as organizações criativas. É um movimento contínuo e incessante.

3.1 MISSÃO ORGANIZACIONAL

Missão organizacional é a declaração do alcance da organização em termos de produto e de mercado e responde à questão: "Qual é o negócio da organização?".

Ela se refere ao papel da organização dentro da sociedade em que está envolvida e indica a sua razão de ser e de existir. A missão da organização deve ser definida em termos de satisfazer a alguma necessidade do ambiente externo e não em termos de oferecer algum produto ou serviço. Como observa Drucker,[9] a pergunta sobre qual é o negócio da organização é tão raramente feita – pelo menos de maneira clara e direta – e tão raramente os executivos dedicam um estudo e reflexão adequados sobre o assunto, que talvez seja esta a mais importante causa do fracasso dos negócios.

A missão organizacional deve contemplar os seguintes aspectos:

1. A razão de ser da organização.
2. O papel da organização na sociedade.
3. A natureza do negócio da organização.
4. O valor que a organização constrói para seus *stakeholders*.
5. Os tipos de atividades em que a organização deve concentrar seus esforços no futuro.

Formulação da declaração da missão da organização: a declaração de missão (*mission statement*) da organização é um chamamento genérico para a ação e deve partir do pressuposto que a organização como um todo se compromete com essa missão. Ela se extingue na medida em que a Intenção Estratégica se concretiza, e quando isso acontece, suas lideranças devem conceber um novo sonho, uma espécie de reinvenção dos negócios, assegurando a evolução organizacional sustentável.

A declaração da missão de uma organização deve fazer referência às demandas genéricas da sociedade por energia, abrigo, comunicação, alimentação, transporte, entretenimento, saúde etc. Porém, para responder adequadamente e com segurança qual a demanda genérica da sociedade que será atendida, será preciso ter um entendimento geral, ainda que não pontual, das competências centrais que serão exercidas para o cumprimento da missão proposta. As competências centrais da organização evidenciam o que a distingue das outras do mesmo gênero, ou seja, aquilo que lhe é essencialmente peculiar (Hamel e Prahalad).[2]

Será necessário também manter uma coerência entre o passado, o presente e o futuro da organização. A formulação da missão é eficaz quando consegue definir uma individualidade da organização ou uma personalidade própria para o negócio e quando energiza, inspira e envolve todos os seus *stakeholders*, como será detalhado mais adiante.

Todas as considerações do escopo da missão organizacional dependem do nível do conhecimento do macroambiente e do microambiente, por isso ela deve ser atualizada conforme novos conhecimentos sejam desenvolvidos a respeito dos negócios, da concorrência e da própria organização com suas competências e recursos.[10]

Acesse conteúdo sobre **A reinvenção da NASA** na seção *Clipping competitivo* PE 3.2

Por que a declaração da missão é importante?
A declaração formal da missão traz muitas consequências importantes:

1. Ajuda a concentrar o esforço das pessoas para uma direção, ao explicitar os principais compromissos da organização.
2. Afasta o risco de se buscar propósitos conflitantes, evitando desgastes e falta de foco durante a execução do plano estratégico.
3. Fundamenta a alocação dos recursos segundo o escopo dado pela missão.
4. Estabelece uma atitude de responsabilidades para a execução do plano estratégico ao definir as categorias de tarefas a serem cumpridas.
5. Alinha a formulação das políticas à definição dos objetivos organizacionais.

Declarações curtas, porém impactantes: missão organizacional, às vezes, pode ser resumida em pequenas frases ou *slogans* que acompanham a marca da organização, tais como:

- *Nike:* prover a emoção de competir e vencer.
- *Sony:* aplicar a tecnologia em benefício da população.
- *3M:* resolver problemas não solucionados de forma inovadora.
- *Natura:* ajudar as pessoas a encontrar a beleza interior dentro delas.
- *Walt Disney:* tornar as pessoas felizes.
- *Amazon:* construir um lugar onde as pessoas podem vir para encontrar e descobrir qualquer coisa que queiram comprar *on-line*.

3.2 DEFINIÇÃO PRELIMINAR DO NEGÓCIO

Ao consolidar o primeiro grande conjunto de conhecimentos sobre a organização, a declaração da missão organizacional representa o primeiro esboço da definição de negócio. Para Thompson e Strickland III,[11] saber apenas quais produtos ou serviços uma organização oferece não é suficiente para definir o seu negócio. Um produto ou serviço se converte em um negócio quando satisfaz uma necessidade ou desejo. Sem a demanda do produto ou serviço, não há negócio.

Para Abell,[12] ao definir o negócio, é necessário entender o produto ou o serviço total que o cliente está comprando e evitar a armadilha de olhar apenas para o produto físico oferecido. A definição do negócio da organização implica três elementos:

1. As necessidades do cliente: o que se está tratando de satisfazer.
2. Os grupos de clientes ou a quem se está tratando de satisfazer.
3. Como as atividades, tecnologias e as competências da organização criam, entregam valor aos clientes e os satisfazem.

Abell[12] idealiza seu modelo tridimensional, pelo qual o negócio se define conforme as necessidades que está tratando de satisfazer, os segmentos de mercado (grupos de clientes) que se tem como objetivo, bem como pelas tecnologias e competências que se utilizam e as atividades que se desenvolvem. As tecnologias, recursos, competências e atividades são importantes para definir o negócio, pois assinalam as fronteiras de suas operações.

Reflita sobre **As dimensões de um negócio** na seção *Para reflexão* PE 3.1

As três dimensões da definição de negócios devem ser plotadas em um gráfico tridimensional revelando as inúmeras opções para o negócio na medida em que se buscam novas posições no gráfico. Cada ponto plotado indica um posicionamento estratégico possível, como mostrado na Figura 3.1.

Aumente seus conhecimentos sobre **Miopia estratégica** na seção *Saiba mais* PE 3.2

3.3 REDEFINIÇÃO DO NEGÓCIO

Quando mudam as condições de mercado – e elas mudam para valer – ou quando durante longo tempo não se observou o direcionamento apontado pela missão organizacional, é chegada a hora de mudá-la, isto é, repensar os mercados de atuação e os produtos e serviços oferecidos e propor alteração. Na verdade, deve-se questionar se ainda é válida a definição do negócio conforme declarado atualmente, quais são os clientes atendidos, quais são os *stakeholders* que se relacionam com a organização e, principalmente, como deveria ser o negócio.

A constante atualização da missão se dá pela redefinição do negócio. Quando o ambiente contextual e o ambiente relacional exigirem, faz-se uma releitura da declaração da missão organizacional de modo a adequá-la às novas exigências e para assegurar à organização sua condição de atuar sobre aqueles ambientes considerados, uma abordagem que amplia potencialmente o escopo de suas operações ao longo do tempo, embasando sua perpetuação.

Acesse conteúdo sobre **Cirque du Soleil – Redefinição do negócio** na seção *Tendências em planejamento estratégico* 3.1

3.4 VISÃO ORGANIZACIONAL

Visão de negócios ou visão organizacional é o sonho acalentado pela organização. É a imagem com a qual ela se vê no futuro. É a explicação do porquê, diariamente, todos se levantam e dedicam a maior parte de seus dias para o sucesso da organização onde trabalham, onde investem ou fazem negócios. A visão de negócios proporciona um estado futuro ideal da organização e representa o ápice de seu desenvolvimento naquele período viabilizado pela contribuição de todos os seus *stakeholders*.

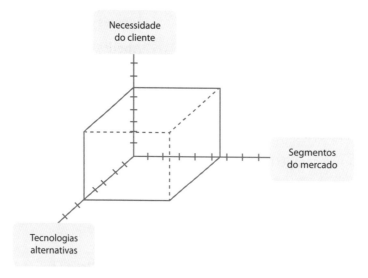

Figura 3.1 Modelo Abell de negócio em três dimensões.
Fonte: Abell (p. 28).[12]

3.4.1 Premissas para a elaboração da visão de negócios

A visão de negócios deve ser consistente com o padrão de comportamento organizacional no presente e merecer total credibilidade. Assim, a visão de negócios deve atender às seguintes premissas:

1. **Aderência aos fatos:** situações sonhadas precisam ser possíveis. Descrições como serviços encantadores, liderança em tecnologia ou construção de uma nova sociedade devem ser descartadas. Sonhar não é proibido, mas sem conhecer a organização e seus anseios é um grave equívoco que leva à elaboração de visões de negócios sem nenhuma aderência. Dessa maneira, o processo de planejamento estratégico corre o risco de se tornar uma atividade burocrática e sem paixão.
2. **Descrição concisa, porém poderosa:** a visão de negócios precisa ter um foco definido. Propor uma lista de várias dimensões, como preservar o ambiente, atender demandas dos clientes, propiciar um ambiente de trabalho único não será de muita valia, pois dilui esforços e perde o foco.
3. **Equilíbrio para todos os *stakeholders*:** a visão de negócios deve favorecer a todos os grupos de interesse. Ser líder no setor é um bom foco para executivos e funcionários, mas pouco interessa aos clientes. Só se essa liderança trouxer melhor tecnologia ou economias de escala. Sonhar em ser o melhor em produtos farmacêuticos do mundo deve ser substituído por ser melhor em produtos farmacêuticos para o mundo.

3.4.2 Poder de persuasão da visão de negócios

A visão de negócios, embora seja somente uma imagem, tem uma força sociológica muito real e influem nas opções e reações atuais de todos os *stakeholders*. Contudo, comprometer-se com uma nova direção não é tarefa fácil para as pessoas. Toda transformação começa pela compreensão das dimensões da mudança. Muitas pessoas não entendem qual o seu papel na transformação ou temem que o impacto da mudança provocado pela nova visão de negócio possa prejudicá-las ou no mínimo favorecer a outros grupos diferentes.

Nessas condições, os requisitos para o envolvimento das pessoas no sentido de comprometê-las na consecução da visão de negócios proposta são:

1. **Repertório utilizado:** deve-se evitar que a informação sobre a visão de negócios corra o risco de ser mais uma informação dentro da enxurrada de informações, ordens, regulamentos, estatísticas que as pessoas utilizam. Assim, quanto mais inteligível e concisa for a visão de negócios, melhor será sua compreensão e retenção.
2. **Metáforas e analogias:** a visão de negócios é uma projeção de futuro. Neste caso, uma imagem vale mais do que mil palavras. A visão de negócios da Natura, uma das mais importantes e criativas empresas de cosméticos do Brasil, apresenta uma visão de negócios descrita a seguir:

CLIPPING COMPETITIVO

Bem-estar ou estar bem?

A visão de negócios da Natura é **Bem Estar Bem**, que significa que bem-estar é a relação harmoniosa agradável do indivíduo consigo próprio, com seu corpo, enquanto que estar bem é a relação empática, bem-sucedida, prazerosa de um indivíduo com outro, com seu mundo. A metáfora proposta decorre da dinâmica da interação dessas duas perspectivas. Na Natura, a prática do Bem Estar Bem é explícita em todos os níveis de seus relacionamentos, a partir da liderança de seus proprietários.

3. **Não perder oportunidade de comunicar a visão de negócios:** a visão de negócios deve ser divulgada em todos os veículos de comunicação da organização (*newsletters*, revista corporativa, material de divulgação, materiais dos programas de qualidade, portais). Todas as pessoas devem ser comprometidas para difundir o

conceito de um modo quase exagerado, mas penetrante, aproveitando qualquer desculpa para voltar a tocar no ponto.

4. **Processo de negociação:** é preciso definir em todos os níveis da organização um programa de interação no qual as inconsistências da visão de negócios sejam esclarecidas e por onde manifestações de baixo para cima possam ser acolhidas, discutidas e afetar novas versões para a visão de negócios.

Aumente seus conhecimentos sobre **Visões inspiradoras** na seção *Saiba mais* PE 3.3

3.4.3 Elaboração da visão de negócios

A elaboração da visão de negócios é um processo carregado de emoção, pois o que se procura reconhecer é o propósito de ser da organização. A visão constitui um fator de agregação dos esforços ao proporcionar consistência e convergência de esforços.

O desafio na formulação da visão de negócios é que não se trata de um simples exercício de rastreamento e escolha de oportunidades estratégicas no futuro. O processo exige claro autoconhecimento (quem somos, o que valorizamos, quais são nossos anseios). Isso exige a ação de uma liderança aberta e decidida para que possa estimular a emergência desses sentimentos em todas as pessoas da organização.

Segundo Kotter,[13] as etapas do processo de elaboração da visão de negócios são:

1. **Primeiro esboço:** o processo começa com a declaração inicial de um único indivíduo ou seu grupo fundador, refletindo seus sonhos e as demandas do mercado.
2. **Etapa de coalizão:** o primeiro esboço é modelado no decorrer do tempo pela coalizão dos responsáveis pela organização ou por um grupo maior, envolvendo gerentes e outros *stakeholders*.
3. **Dinâmica de grupo (conversação estratégica):** a elaboração descritiva da visão de negócios demanda uma condução profissional do trabalho em equipe, muitas vezes, sendo necessário o isolamento, fora do local de trabalho para que as emoções e ansiedades a respeito dos impactos da formulação da visão de negócios sejam explicitadas e trabalhadas.
4. **Desalinhamento do processo:** não se pode esperar um avanço linear no processo de elaboração da visão de negócios. O avanço acontecerá, mas sempre dando dois passos para frente, um para trás, e às vezes caminhando de lado.
5. **Duração:** o assunto não acaba em uma reunião; espera-se num processo disciplinado e prioritário a duração de meses, a partir da idealização do primeiro esboço.
6. **Produto final:** o processo resulta em uma direção para o futuro, viável, focalizada, flexível e de fácil entendimento e comunicação.

3.5 IDEOLOGIA CENTRAL DA ORGANIZAÇÃO

Ideologia central da organização é uma construção idealizada de dentro para fora da organização independentemente do ambiente externo, sendo constituída pelos princípios e valores organizacionais e seus objetivos missionários. **Ideologia** (do grego *Idea*, ideia + *logos*, tratado) significa a maneira de pensar que caracteriza um indivíduo, grupo de pessoas ou organização. A ideologia constitui um sistema de ideias gerais que se acha na base do comportamento individual ou coletivo. A ideologia central de uma organização envolve princípios e valores organizacionais.

3.5.1 Princípios e valores organizacionais

É o conjunto de conceitos, filosofias e crenças gerais que a organização respeita e pratica, e está acima das práticas cotidianas para a busca de ganhos de curto prazo. São os ideais eternos, servindo de orientação e inspiração para todas as gerações futuras de pessoas dentro organização. Os princípios dizem respeito a tudo de que não se está disposto a abrir mão, como ética e honestidade. Os valores organizacionais correspondem aos atributos e às virtudes prezados pela organização como prática da transparência, respeito à diversidade, cultura para a qualidade ou respeito ao meio ambiente.

A importância da ideologia organizacional é clara na medida em que as organizações que embasam suas atividades nela têm sua evolução orientada por políticas e processos que atendem os princípios e valores preservados. Para tais organizações, a questão não é perguntar qual produto ou serviço oferecer, ou a qual mercado servir, mas é como desenvolver excelentes produtos e serviços criando valor para mercados e sociedade.

3.5.2 Consolidação da ideologia central

De nada vale elaborar uma ideologia central constituída de princípios, valores nobres e objetivos missionários audaciosos se a organização não tiver a competência de implementá-la. Assim, é preciso definir mecanismos práticos de consolidação da ideologia central. Alguns desses mecanismos são:

- Programas de doutrinação que ensinam os valores, as normas, a história, as tradições, a visão de negócios e os critérios de decisão aos funcionários e fornecedores.
- Atividades de liderança promovendo e inspirando os subordinados.

PARA REFLEXÃO

O modo HP

A HP foi fundada em 1938 por dois engenheiros recém-formados, que se não tinham uma ideia muito clara do que viria a se constituir a empresa no futuro, ao menos valorizavam o trabalho duro e a criatividade e estavam dispostos a se esforçarem ao máximo para não abrir mão do sonho de serem bem-sucedidos naquilo em que se graduaram, engenharia eletrônica. Recentemente, a HP editou um pequeno texto chamado "As Regras da Garagem", que resume a filosofia criada por Hewlett e Parckard para gerir o seu empreendimento, reunindo o conjunto de valores que tacitamente estavam presentes naqueles tempos de trabalho apaixonado e que se procura, agora, resgatar para trazer de volta o ambiente que permitiu à HP superar os primeiros grandes desafios de sua existência e que, com certeza, terá um importante impacto na superação dos seus desafios presentes. As Regras da Garagem foram compiladas por Carly Fiorina, então CEO da HP em 1999, e o mais interessante é que esse conjunto de valores e práticas continua atual:

- Acredite que você pode mudar o mundo.
- Trabalhe rápido, mantenha as ferramentas à mão, trabalhe a qualquer hora, em qualquer lugar.
- Saiba quando trabalhar sozinho e quando trabalhar em grupo.
- Compartilhe ferramentas e ideias. Confie nos colegas.
- Sem política. Sem burocracia (coisas ridículas em uma garagem).
- É o cliente quem define se um trabalho foi bem feito.
- Ideias radicais não são más ideias.
- Invente diferentes maneiras de trabalhar.
- Faça uma contribuição todo dia. O que não adiciona valor (não tem qualidade) não sai da garagem.
- Acredite que juntos podemos fazer qualquer coisa.
- Invente.

- Divulgação da mitologia organizacional relatando os feitos heroicos dos fundadores, de como superaram os desafios e trouxeram a organização aonde ela está agora (comprovações a partir de testemunhos de clientes, fornecedores). Na rede de lanchonetes McDonald's existe a lenda sobre seu falecido, porém inesquecível, idealizador Ray Croc, que, em visita a qualquer de suas lanchonetes, vendo algo fora de lugar ou não perfeitamente limpo, não hesitava e logo punha a mão na massa, pegava o esfregão e limpava, ele mesmo, o que não estava limpo. Esse costume vem inspirando gerações de funcionários que se espelham nos exemplos de seu imortal líder.
- Implementação do repertório próprio com termos que trazem a sensação de pertencimento e identidade.
- Cerimoniais e simbologia ideológica com materiais de divulgação, quadros dos líderes espalhados pela organização, encontros multifuncionais e entre gerações para promover as vitórias obtidas.
- Recompensas, premiações, concursos, reconhecimento público para aqueles que explicitamente a apoiam e praticam a ideologia central. Penalidades e desligamentos nos casos contrários.
- Preparação do cenário simbólico executado, por exemplo, nos projetos das instalações da organização, lembrando continuamente e reforçando os compromissos assumidos com a missão organizacional.

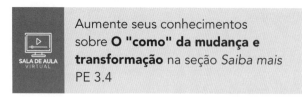

Aumente seus conhecimentos sobre **O "como" da mudança e transformação** na seção *Saiba mais* PE 3.4

3.6 *STAKEHOLDERS* OU PARTES INTERESSADAS

Nos negócios, *stakeholders* ou partes interessadas ou ainda públicos estratégicos são indivíduos, grupos ou organizações que tenham interesse em uma organização e nos resultados de suas ações. Referem-se a todos os envolvidos direta ou indiretamente em um processo, como acionistas, clientes, funcionários, colaboradores, investidores, fornecedores, agências reguladoras, sindicatos, comunidade e sociedade em torno, entre outros. Conforme Frooman,[14] tal processo pode ser de caráter temporário (como em um projeto) ou duradouro (como o negócio de uma empresa). Diferentes *stakeholders* têm interesses diferentes, e as empresas muitas vezes precisam tomar decisões difíceis ao tentar agradar a todos eles.

Para Hitt *et al.*,[15] a organização precisa identificar a intenção estratégica dos clientes, fornecedores, parceiros e concorrentes. Trata-se de olhar ao redor e avaliar o que as demais organizações estão fazendo e pretendendo.

A organização deve ter ideias claras sobre o que os vários grupos de interesse esperam dela pela execução do plano estratégico e é um equívoco centrar a criação de valor para o acionista a expensas de outros *stakeholders*, pois a consequência é provocar o conflito entre diferentes grupos e a organização perde, com isso, todo o comprometimento até então costurado e alinhado.

Para se desenvolver uma consistência de como a missão organizacional atende aos diferentes *stakeholders* (Figura 3.2), a melhor recomendação é que se examinem as possíveis consequências para todos eles, respondendo a algumas questões:

- A missão organizacional assegurará a produção de produtos e serviços que de fato serão de valor para os clientes atuais. E serão atraídos novos clientes?
- Como os clientes atuais se beneficiarão na medida em que a missão organizacional vai se concretizando em direção ao futuro?
- Qual será o benefício para os acionistas caso a missão organizacional realmente se concretizar? Serão obtidas sua confiança e paciência e efetivamente trará aumento do retorno sobre o capital investido?
- A organização conseguirá reter seus funcionários que se sintam comprometidos com a missão

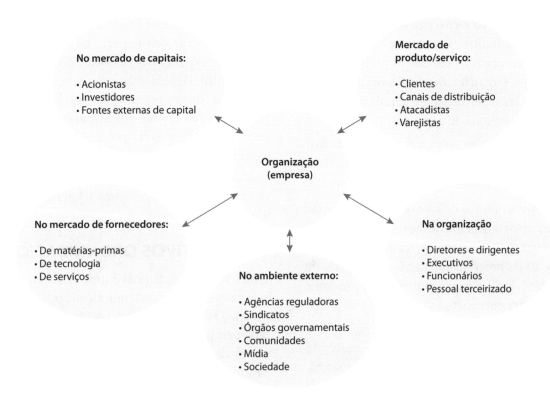

Figura 3.2 Os vários grupos de *stakeholders*.

organizacional. Conseguirá construir parcerias sólidas com fornecedores dedicados? Atrairá a simpatia e a boa vontade da opinião pública?

E como a organização está preparada para tantas mudanças e transformações?

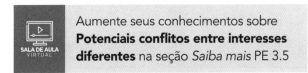

Aumente seus conhecimentos sobre **Potenciais conflitos entre interesses diferentes** na seção *Saiba mais* PE 3.5

3.7 PROPOSTA DE VALOR

Para explorar oportunidades de criar e agregar valor, a organização deve arregimentar suas competências entre suas várias unidades, áreas ou departamentos e trabalhar de maneira sistematicamente integrada com novos processos. Na sociedade moderna, oferecer valor implica reunir e harmonizar tecnologias, estabelecer redes de negócios congregando investidores, fornecedores, agências de serviços, mídia e muitas vezes até os concorrentes.

Nesses novos segmentos, será possível encontrar áreas de oportunidades para a efetivação de todo o processo de criação, entrega e alinhamento de valores. As organizações que desejam atuar focadas nessas áreas inexploradas da estratégia devem assumir competências que as condicionem para o reconhecimento e o aproveitamento daquelas oportunidades antes de seus concorrentes. A construção de valor por meio das redes de valor será abordada no Capítulo 5, a respeito da escolha estratégica.

3.7.1 Processos de criação, desenvolvimento e difusão de valor

Segundo Prahalad e Hamel,[16] o processo de construção de valor para os diferentes *stakeholders* de uma organização é composto de três etapas:

1. **Criação ou identificação do valor:** produzindo inovações estratégicas em produtos, processos e modelagem de negócios (a partir do desenvolvimento de um profundo conhecimento do perfil e das demandas dos mais diferentes segmentos e mercados).

2. Desenvolvimento e entrega do valor: capturando os resultados estratégicos esperados (a partir da execução do processo de planejamento estratégico). Organizações fortes desenvolvem competências superiores para gerenciarem seus processos essenciais de negócios.

3. Alinhamento das pessoas aos valores criados: liderando e motivando colaboradores e parceiros na mudança e incentivando o alto desempenho.

Em geral, o valor não é desenvolvido dentro das fronteiras setoriais já existentes. Com as regras competitivas dentro de um mercado já existente, a percepção de preço justo, a ação dos canais de distribuição, os diferenciais possíveis de produtos e serviços, entre outras situações resta muito pouco a ser feito como criação de valor.

Em outras palavras, a liderança de mercado hoje não significa a liderança de mercado amanhã. Quando se avalia a capacidade da organização de aproveitar as oportunidades de valor que aparecem, é interessante percorrer a lista de checagem (*check-list*) do Quadro 3.1 e considerar o conhecimento disponível do momento:

Como Slywotzky[17] já previa, o importante é perceber que em um ambiente dinâmico e mutável o valor vem e vai. Ele tem um ciclo de vida cada vez mais curto, com início e fim. Pode até durar ou pode migrar de uma área para outra quando menos se espera. No passado, o valor migrava lentamente. Hoje, a migração está ocorrendo na velocidade da luz, porque é nessa velocidade que as prioridades do cliente estão mudando. A empresa precisa manter, inovar e prever a migração do valor que está oferecendo.

Mas onde está o valor? Como criar um sistema de criação de valor? A Figura 3.3 permite localizar algumas opções.

3.8 OBJETIVOS ORGANIZACIONAIS

Objetivo organizacional é uma situação desejada que a organização pretende alcançar. Quando um objetivo é atingido, ele deixa de ser o resultado desejado pela organização e é assimilado à organização como algo real e atual. Torna-se realidade. Nesse sentido, um objetivo organizacional nunca existe como algo tangível; ele é um estado que se procura e não um estado que se possui.

Em muitas organizações, os objetivos organizacionais são formalmente estabelecidos por votos de seus em termos de governança corporativa, em outras pelos votos dos membros da diretoria, em alinhamento com seus conselhos da administração ou por um pequeno número de gestores e

Quadro 3.1 Criação de valor, hoje e amanhã

Hoje	Próximos cinco anos
Quais clientes são atendidos hoje?	Quais clientes estarão sendo atendidos amanhã?
Quais são os canais utilizados hoje?	Por quais canais os clientes serão atendidos amanhã?
Quais são os concorrentes hoje?	Quais serão os concorrentes amanhã?
Qual a base da vantagem competitiva hoje?	Qual será a base da vantagem competitiva amanhã?
De onde vêm os lucros hoje?	De onde virão os lucros amanhã?
Quais são as habilidades que tornam única a organização hoje?	Quais são as habilidades que tornarão única a organização amanhã?
De quais mercados de produtos finais a organização participa hoje?	De quais mercados de produtos finais a organização participará amanhã?

Fonte: extraído de Prahalad e Hamel.[16]

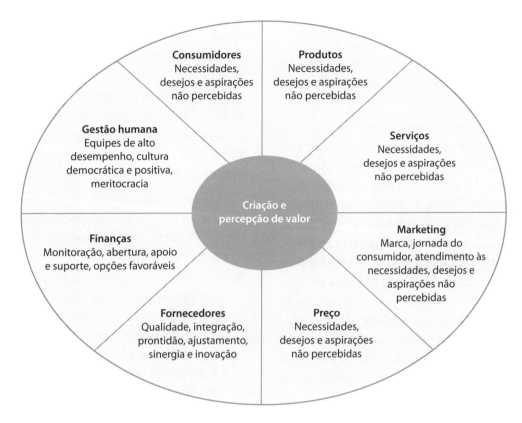

Figura 3.3 Algumas opções de criação de valor.

em outras ainda por um indivíduo que possui ou dirige toda a organização.

A eficiência da organização é alcançada na medida em que esta atinge seus objetivos simultâneos. Contudo, existem organizações que, simultânea e legitimamente, têm vários objetivos. Algumas acrescentam novos objetivos aos seus objetivos originais e outras modificam seus objetivos com o passar do tempo.

Para Etzioni,[18] os objetivos organizacionais têm várias funções, a saber:

- **Servem como padrões:** por meio dos quais os *stakeholders* da organização podem avaliar o êxito da organização, sua eficiência e seu rendimento em relação aos objetivos pretendidos.
- **Servem como unidade de medida:** para que os grupos de interesses possam medir e comparar a produtividade e o sucesso da organização, tanto no tempo como também em relação aos concorrentes.
- **Funcionam como aglutinadores de esforços:** isto é, como elementos de convergência de atividades e de direcionamento de esforços para que os vários grupos de interesse possam se integrar de maneira coordenada.

Os objetivos organizacionais são unidades simbólicas e ideais que a organização pretende atingir e transformar em realidade. A definição dos objetivos organizacionais é sempre intencional, mas não necessariamente racional, pois é um processo de interação entre a organização e seu ambiente.

O processo de estabelecer objetivos é complexo e dinâmico. As organizações não buscam um só objetivo, pois necessitam satisfazer uma quantidade enorme de requisitos impostos a ela pelo meio ambiente e pelos diferentes grupos de interesse. Os objetivos organizacionais também não são estáticos, pois estão em contínua evolução, modificando as relações da organização com seu meio ambiente.

Acesse conteúdo sobre **Unilever – Plano de vida sustentável** na seção *Tendências em planejamento estratégico* 3.2

Porter e Kramer[19] observam que os negócios são vistos cada vez mais como a causa principal de problemas sociais, ambientais e econômicos. Eles sugeriram o conceito de valor compartilhado para superar esse dilema. O valor compartilhado é definido como políticas e práticas operacionais que melhoram a competitividade de uma empresa, ao mesmo tempo em que promovem as condições econômicas e sociais nas comunidades em que atua. Dessa forma, a criação de valor compartilhado centra-se na identificação e ampliação das conexões entre o progresso social e econômico. Os autores descrevem diferentes maneiras como as empresas podem criar oportunidades de valor compartilhado.

Criar valor compartilhado corresponde a executar estratégias que aumentam a competitividade da empresa ao mesmo tempo que melhoram as condições socioeconômicas e ambientais das comunidades em torno de suas operações.

Os autores esclarecem que valor compartilhado é diferente de responsabilidade social corporativa ou de filantropia corporativa. Não se trata de redistribuir o valor existente, mas de ampliar o conjunto total de valor econômico e social. As empresas que atuam como empresas, não como doadores de caridade, são a força mais poderosa para abordar muitos dos problemas mais urgentes do mundo.

Segundo Porter e Kramer,[19] há três maneiras básicas de como as empresas podem criar valor compartilhado.

1. Criando novos conceitos de produtos e serviços, para identificar novas oportunidades de negócios de servir comunidades desfavorecidas ou países em desenvolvimento.

2. Ao redefinir a produtividade no canal de valor, as empresas podem reduzir substancialmente os custos internos e criar vantagem competitiva, reduzindo o consumo de recursos naturais e desenvolvendo economias locais. Um exemplo é o programa de aquisições da Nespresso, que se concentra fortemente no desenvolvimento dos produtores locais, prestando aconselhamento sobre práticas agrícolas, garantindo empréstimos bancários e ajudando a garantir insumos como estoque de plantas e fertilizantes. Dessa forma, a empresa poderia aumentar o rendimento por hectare e a qualidade do café no ponto de compra, o que lhe permitiu pagar um prêmio para

---

PARA REFLEXÃO

Criação de valor, hoje e amanhã

O Boston Consulting Group (BCG) aprimorou a ideia de valor compartilhado e introduziu o conceito de Impacto Total na Sociedade (*Total Societal Impact* – TSI), como um contraponto do conceito tradicional de Retorno Total aos Acionistas (*Total Shareholder Return* – TSR) e corresponde a um conjunto de medidas e avaliações que capturam o impacto econômico, social e ambiental das atividades de negócios de uma empresa.

O indicador TSI inclui o impacto dos produtos e serviços de uma empresa, suas operações e suas iniciativas de responsabilidade social corporativa. Ele também inclui o resultado de decisões explícitas que a empresa faz para ajustar seu negócio principal para criar benefícios sociais positivos.

Em uma análise quantitativa de mais de 300 empresas, Beal *et al.*,[20] autores do relatório, encontraram vínculos claros entre desempenho não financeiro e financeiro e poderia demonstrar que o desempenho em determinados tópicos ambientais, sociais e de governança específicos do setor tinha impacto significativo nas avaliações e margens da empresa.

melhores grãos diretamente para os agricultores, reduzindo o impacto ambiental das fazendas.

3. Ao possibilitar o desenvolvimento de *clusters* locais, as empresas podem criar um círculo virtuoso de melhor educação e infraestrutura, maior produtividade, atrair mais empresas e investidores, aumentar a demanda e assim por diante.

3.9 PROPÓSITO ORGANIZACIONAL

O propósito organizacional tem a ver com as pessoas da organização. É hora de perguntar se toda a construção passada e presente, desde a fundação da organização, faz ainda algum sentido. Por mais que seja conhecida a intenção estratégica de seus fundadores, passando pela revisão das visões, missões e planos estratégicos pelas quais a organização passou, esse processo tem algum significado, hoje, para suas pessoas, gestores e colaboradores?

Segundo Van Ingen *et al.*,[21] o propósito organizacional floresceu na literatura de gestão, bem como conceitos relacionados, tais quais liderança orientada para o propósito, integração das crenças e motivações pessoais das pessoas com o propósito da organização, propósito pessoal baseado em valores, objetivos de vida e seu significado para o indivíduo, propósito definido em termos do trabalho de cada um e propósito social relacionado aos níveis de coletivismo e colaboração com metas compartilhadas por governos, instituições, organizações e indivíduos.

Contudo, apesar do aumento desse interesse, há omissões, incluindo a falta de uma conceituação clara e interpretações erradas que dificultam o desenvolvimento e a compreensão do propósito organizacional.

O paradigma do capitalismo dos acionistas e o crescimento ilimitado que equivale ao propósito de lucro ou de maximizar o valor dos acionistas apresentado por Friedman[22] impulsionou a humanidade com grande progresso e prosperidade. Porém, agora se entende que ele levou a externalidades econômicas, ambientais e sociais indesejáveis, como desigualdade de riqueza, crises financeiras, escândalos contábeis, esgotamento dos recursos planetários e mudanças climáticas, o que leva à questão inicial: faz sentido o que fazemos na e para a organização? Ao longo do século passado, o conceito de propósito organizacional tem sido sujeito a significados e interpretações, até opostas, pendulando de instrumental, objetivo, funcional e voltado para fora, (sendo em alguma medida sinônimo de palavras como fim, objetivo ou meta) até espiritual, télico, subjetivo, moral, ideal, emocional e interior.

Na década de 1990, foram feitas várias tentativas para reviver o significado de uma perspectiva funcional para uma perspectiva mais moral e ética, espiritual. Nos últimos anos, no entanto, o propósito organizacional é definido como a razão fundamental para a existência que impulsiona a estratégia. Há um debate em curso envolvendo a primazia dos acionistas, o interesse das partes interessadas, mas também a conflação e até confusão com a responsabilidade social corporativa e a construção do valor compartilhado.

Hollensbe *et al.*[23] observam que o entendimento do propósito organizacional muda da organização para o papel da organização na sociedade. Surgiram temas como significado, transcendência e contribuição para a sociedade, em termos de resolução de problemas sociais, que podem ser vistos como aspiracionais.

Nesse sentido, duas definições parecem representar bem o contexto em discussão. A primeira é de Keller,[24] segundo o qual o propósito organizacional é razão aspiracional para ser o que inspira e fornece um chamado à ação, para uma organização, seus parceiros e partes interessadas, e proporciona benefícios à sociedade local e global.

Hurth, Ebert e Prabhu[25] definiram o propósito organizacional como "a razão significativa e duradoura de uma organização para existir que se alinha com o desempenho financeiro de longo prazo, fornece um contexto claro para a tomada de decisões diárias e unifica e motiva as partes interessadas relevantes".

O que justifica a procura constante por um entendimento do que representa a importância do propósito organizacional é que, independente de sua definição, é certo que o propósito organizacional caracteriza-se por aspectos multidimensionais.

Para Van Ingen *et al.*,[21] cinco dimensões caracterizam o propósito organizacional, o significado, a aspiração, a direção, a unidade e a motivação:

1. **Significado:** um impacto positivo ou contribuição na vida de colaboradores e pessoas fora da organização, relacionadas à resolução de problemas das pessoas ou ao atendimento às suas necessidades. Como tal, os autores indicam que o propósito organizacional pode ser percebido como um importante papel contribuinte, que cada organização tem na sociedade, e esse propósito tem um aspecto imanente e transcendente.

2. **Aspiração**: a esperança ou ambição de alcançar "algo", no futuro, que vale a pena e que as pessoas busquem para seu próprio bem. Esse "algo" é significativo pois está relacionado à necessidade de realização. É fortemente desejado, mas difícil ou talvez impossível de alcançar, segundo os autores. Como tal, envolve uma conexão entre presente e futuro.

3. **Direção**: a estrela-guia. O caminho ou curso para atender às necessidades ou resolver os problemas descritos nos aspectos significativos e aspiracionais do propósito. Essa dimensão do propósito orienta a tomada de decisão promovendo a orientação de metas com ordem e coerência das ações. O propósito cria e organiza a base para o desenvolvimento de objetivos estratégicos e metas organizacionais, tanto de maior como de baixa ordem, em muitos aspectos diferentes.

4. **Unidade**: o propósito é necessário para reconectar e fornecer compreensão e significado compartilhados. Como tal, o aspecto de unificação do propósito pode desempenhar um papel importante na construção de conexões entre pessoas com um propósito compartilhado. Compartilhar propósitos unifica, vincula e conecta pessoas dentro e fora dos limites organizacionais. Os autores explicam que, por meio dos aspectos significativos, aspiracionais e direcionais, o propósito organizacional tem o potencial de promover a colaboração e, como tal, pode proporcionar uma sensação de pertencimento ou relação no nível emocional.

5. **Motivação**: o propósito organizacional é uma força motivacional que é energizante, inspiradora e orientada à ação, literalmente como uma fonte de energia valorizada, uma força que coloca as pessoas dentro e fora da organização em todos os níveis em movimento, que impulsiona a ação e que puxa para o futuro. Mesmo o colaborador com um trabalho no qual a adequação da organização à sociedade não pode ser diretamente experimentada (por exemplo, uma função de equipe ou de apoio da organização) pode ser motivado mediante o propósito da organização, o que vai tornar o trabalho "chato" um pouco mais inspirador.

A motivação pode ser caracterizada por altos níveis de energia, inspiração, intensidade (esforço) e persistência (duração) de ação voluntária (volicional) e se aplica a pessoas de dentro e de fora da organização.

CONCLUSÃO

A intenção estratégica constitui o ponto de partida para uma visão e ação estratégica da organização. Contudo, apesar de mobilizar as pessoas e impulsionar a organização, ela é insuficiente para os dias atuais. É preciso que ela seja convertida em um planejamento estratégico mediante o exame das condições ambientais (diagnóstico externo da organização) e das condições organizacionais (diagnóstico interno da organização) e de suas decorrências futuras (construção de cenários) para que sejam estabelecidos os objetivos pretendidos pela organização e definidas as estratégias no sentido de alcançá-los adequadamente. Este é o caminho do planejamento estratégico. Ele envolve visão estratégica e espírito altamente empreendedor. A estratégia deve envolver foco no futuro, mudança, inovação, competitividade e sustentabilidade por parte da organização. E o ponto de partida é fazer o melhor do melhor e sempre.

REFERÊNCIAS

1. COLLINS, J. Turning goals into results: the power of catalyticm mechanisms. *Harvard Business Review*, v. 77, n. 4, p. 70-82, 1999.

2. HAMEL, G.; PRAHALAD, C. K. Strategic intent. *Harvard Business Review*, v. 67, n. 3, 1989, p. 64.

3. DMI 2016: Three big ideas. *In: ThoughtForm*. Disponível em: https://thoughtform.com/conversations/blog/dmi-2016-three-big-ideas. Acesso em: 3 nov. 2022.

4. UNGERER, M. Conceptualising strategy-making through a strategic architecture perspective. *Management*, v. 7, n. 3, p. 169-190, 2019. Disponível em: https://www.semanticscholar.org/paper/Conceptualising-Strategy-Making-Through-a-Strategic-Ungerer/93daf38ea2366e17c97f231d43ea89540111b971. Acesso em: 3 nov. 2022.

5. PIDUN, U. Corporate ambition. In: *Corporate strategy: theory and practice*. Wiesbaden: Springer Gabler, 2019, posição 398.

6. COLLIS, D.; RUKSTAD, M. G. Can you say what your strategy is? *Harvard Business Review*, abr. 2008.

7. PIDUN, U. Corporate ambition. *In: Corporate strategy*: theory and practice. Wiesbaden: Springer Gabler, 2019, posição 5739.

8. CHIAVENATO, I. *Fundamentos de Administração*. 2. ed. São Paulo: Atlas, 2021.

9. DRUCKER, P. *The practice of management*. Londres: Collins, 2006.

10. KOTLER, P. *Marketing management*. São Paulo: Pearson Education, 2018. p. 88.

11. THOMPSON, A. A. Jr.; STRICKLAND III, A. J. *Administración estratégica*: textos y casos. McGraw-Hill, 2003. p. 36.

12. ABELL, D. F. *Defining the business*: the starting point of strategic planning. New Jersey: Prentice Hall, 1980.

13. KOTTER, J. *Liderando mudanças*: transformando empresas com a força das emoções. Rio de Janeiro: Alta Books, 2017.

14. FROOMAN, J. Stakeholder influence strategies. *Academy of Management Review*, v. 24, p. 191-205, 1999.

15. HITT, M. A.; TYLER, B. B.; HARDEE, C.; PARK, D. Understanding strategic intent in the global marketplace. *The Academy of Management Executive (1993-2005)*, v. 9, n. 2, p. 12-19, Careers in the 21ˢᵗ Century, 1995.

16. PRAHALAD, C. K.; HAMEL, G. *Competindo pelo futuro*. Rio de Janeiro: Campus, 1995. p. 19.

17. SLYWOTZKY, A. J. Value migration: how to think several moves ahead of the competition. *Harvard Business Review Press*, 1996.

18. ETZIONI, A. *Modern organizations*. Englewood Cliffs: Prentice-Hall, p. 13-15, 1964.

19. PORTER, M. E.; KRAMER, M. R. Creating shared value. *Harvard Business Review*, v. 89, n. 1-2, p. 62-77, 2011.

20. BEAL, D.; ECCLES, R.; HANSELL, G.; LESSER, R.; UNNIKRISHNAN, S.; WOODS, W.; YOUNG, D. Total societal impact: a new lens for strategy, 2017. Disponível em: https://www.bcg.com/en-br/publications/2017/total-societal-impact-new-lens-strategy.aspx. Acesso em: 3 abr. 2020.

21. VAN INGEN, R. et al. Exploring the meaning of organizational purpose at a new dawn: the development of a conceptual model through expert interviews. *Frontiers in Psychology*, v. 12, 2021.

22. FRIEDMAN, M. *The social responsibility of business is to increase its profits*. 1970. Disponível em: http://websites.umich.edu/~thecore/doc/Friedman.pdf. Acesso em: 3 nov. 2022.

23. HOLLENSBE, E. *et al*. Organizations with purpose. *Academy of Management Journal*, v. 57, n. 5, p. 1227-1234, 2014.

24. KELLER, V. The Business case for purpose. *Harvard Business Review*, 2015. Disponível em: https://assets.ey.com/content/dam/ey-sites/ey-com/en_gl/topics/digital/ey-the-business-case-for-purpose.pdf. Acesso em: 3 nov. 2022.

25. HURTH, V.; EBERT, C., PRABHU, J. Organisational purpose: the construct and its antecedents and consequences. *Cambridge Judge Business School*, University of Cambridge, Cambridge, Working Paper, n. 2, 2018. p. 4.

4

DIAGNÓSTICO ESTRATÉGICO EXTERNO E INTERNO
Analisando o ambiente de negócios em perspectiva

OBJETIVOS DE APRENDIZAGEM

- Entender e analisar o macroambiente.
- Identificar as forças competitivas e como elas influenciam a organização.
- Entender e analisar o microambiente e o relacionamento com ele.

O QUE VOCÊ VERÁ NESTE CAPÍTULO

- Diagnóstico estratégico externo.
- Construção de cenários.
- Conhecimento do ambiente relacional ou microambiente.
- Diagnóstico estratégico interno.
- Arquitetura organizacional.
- Novos modelos de negócios.

INTRODUÇÃO

Toda organização opera continuamente em um ambiente que a circunda e envolve. O ambiente constitui o conjunto de todas as demais organizações e de todos os fatores externos que provocam influências sobre a organização. Como o ambiente é dinâmico e intensamente mutável, qualquer alteração nos fatores ambientais pode impactar a organização. O intercâmbio constante entre organização e ambiente faz com que ela tenha de funcionar como um sistema aberto em constantes transações com o seu mutável ambiente.

Assim, os gestores das organizações precisam conhecer e selecionar, dentro de uma infinidade de dados e informações, aqueles fatores que são potencialmente significativos e relevantes – e perceber como eles impactam e impactarão os negócios e os empreendimentos e tomar as decisões estratégicas apropriadas a partir desse conhecimento estratégico alcançado.

Esse conhecimento estratégico deve ser construído a partir de duas vertentes. Na primeira vertente, a organização deve olhar o mundo ao seu redor, conhecer o contexto ambiental – o macroambiente em geral e o setor de negócios em particular –, para fazer o **diagnóstico estratégico externo** e conhecer a arena dos negócios atuais da organização, além de antever os cenários futuros desse mutável contexto externo, para se preparar para os mares onde a organização irá navegar no futuro. Na outra vertente, a tarefa é fazer o **diagnóstico estratégico interno**. Trata-se agora de olhar para dentro da organização no sentido de analisar suas potencialidades e fortalezas, de um lado, e suas fragilidades e fraquezas, de outro. Ou, em outros termos, o que a organização tem condições de fazer acontecer no ambiente que a envolve.

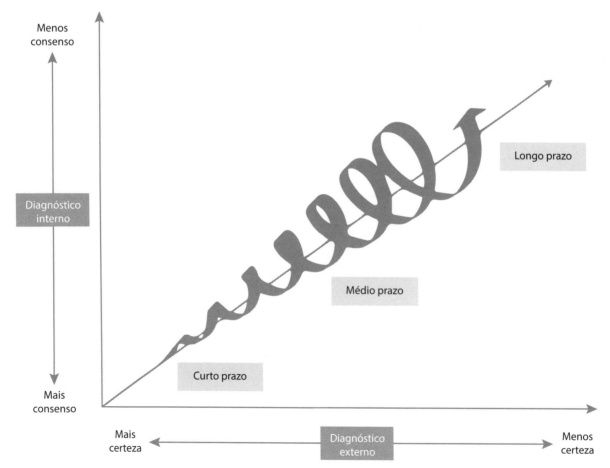

Figura 4.1 Conhecimento estratégico construído a partir de duas vertentes, no curto, médio e longo prazo.

Acesse conteúdo sobre **Dez maneiras de avaliar um mercado** na seção *Clipping competitivo* PE 4.1

4.1 DIAGNÓSTICO ESTRATÉGICO EXTERNO

Começamos pelo ambiente, o patrocinador de múltiplas mudanças e transformações. O diagnóstico estratégico externo – também denominado análise ambiental ou auditoria de posição – é a maneira como a organização faz o mapeamento do ambiente externo e das forças competitivas atuantes nele, por meio da obtenção de informações a respeito do contexto dos negócios, e verifica as possíveis ameaças e oportunidades para a organização e a melhor maneira de evitar ou usufruir essas situações.

4.1.1 Elaboração do diagnóstico externo

Heijden[1] distingue duas dimensões do ambiente externo: o ambiente contextual, correspondente ao macroambiente, e o ambiente transacional ou relacional, correspondente ao microambiente competitivo.

1. **Macroambiente**: é a dimensão do ambiente sobre a qual a organização tem limitada influência. Para Emery e Trist,[2] é o ambiente mais amplo, genérico e abrangente que influencia de maneira semelhante todas as organizações. Os fatores do ambiente contextual definem os limites daquilo que a organização pode fazer. Embora seus gestores não tenham poder para influenciar o ambiente contextual, sua tarefa principal é gerir as atividades organizacionais de forma a permanecer como participante efetivo do contexto, aconteça o que acontecer.

2. **Microambiente**: é o ambiente mais próximo e imediato da organização. É dimensão do ambiente na qual a organização é um participante efetivo, influenciando resultados e sendo ao mesmo tempo influenciada por eles. É o setor específico de negócios da organização, constituído pelos clientes ou consumidores, fornecedores, concorrentes e agências reguladoras, onde obtém seus recursos e coloca seus produtos e serviços. Este é campo onde a organização elabora e aplica sua estratégia.

Na prática, o diagnóstico estratégico externo corresponde ao estudo dos diversos fatores e forças do ambiente externo, das relações entre eles ao longo do tempo e de seus efeitos reais e potenciais sobre a organização, focando-se principalmente em:

1. **Identificar oportunidades ou ameaças reais**: que exijam alguma decisão estratégica da organização. Nesse caso, a interação entre organização e ambiente deve também ser pronta e imediata feita em tempo real.

 SAIBA MAIS — Sobre seleção e percepção ambiental

Como as organizações interpretam o ambiente que as envolve? Para Chiavenato,[3] os gestores, dirigentes e executivos é que mapeiam e analisam o ambiente externo, vendedores e compradores inclusive e até seus funcionários. Eles precisam apenas selecionar aqueles componentes do ambiente que são relevantes e significativos para o processo estratégico dado que o ambiente é extremamente vasto, complexo, dinâmico e intangível e a organização não pode absorvê-lo, conhecê-lo e compreendê-lo em sua totalidade e complexidade, o que seria inimaginável. E como fazem isso? Por meio de suas percepções pessoais e acompanhando com indicadores. No entanto, é preciso enfatizar, não é a organização quem seleciona e percebe seus ambientes, e sim seus gestores que o fazem segundo suas próprias percepções e convicções pessoais. Essa subjetividade faz com que os mesmos ambientes sejam percebidos de maneiras diferentes pelas várias organizações. Isto é, pelos seus estrategistas.

2. Localizar futuras oportunidades ou ameaças potenciais: que ainda não foram claramente percebidas pela organização. Nesse caso, a interação entre organização e ambiente precisa ser submetida a um planejamento estratégico.

| SAIBA MAIS | **Sobre os pioneiros em desenvolvimento organizacional** |

Fred Emery foi um dos pioneiros na área de desenvolvimento organizacional, particularmente no desenvolvimento da teoria em torno de estruturas de *design* de trabalho participativo, como equipes de autogestão. Ele foi amplamente considerado como um dos melhores cientistas sociais de sua geração. Sua contribuição, ao lado de seu mais próximo colaborador **Eric Trist**, para a teoria e a prática da vida organizacional permanecerá importante no século 21, particularmente entre aqueles que se sentem desconfortáveis com a burocracia hierárquica e querem substituí-la por organizações mais humanas e democráticas.

A Figura 4.2 apresenta as diferentes dimensões e fatores do ambiente externo de análise da organização.

De acordo com Christensen,[4] o diagnóstico estratégico externo começa pelos aspectos mais contextuais e abrangentes que podem abalar todos os setores com maior ou menor intensidade. A partir daí, identificam-se os fatores do ambiente de tarefa referentes aos grupos estratégicos e as forças competitivas que atuam dentro dos setores específicos, para que haja perfeito entendimento das oportunidades e ameaças que se apresentam às organizações. A análise setorial permite o conhecimento do setor de negócios e deve ser complementada com o levantamento dos índices de desempenho real e potencial, quantitativos e qualitativos do mercado no setor analisado. Em função das informações a respeito desse ambiente, a organização pode elaborar poderosos *insights* sobre os futuros desdobramentos do seu setor de atividade.

Acesse conteúdo sobre **Conhecimento: a essência da vantagem competitiva** na seção *Clipping competitivo* PE 4.2

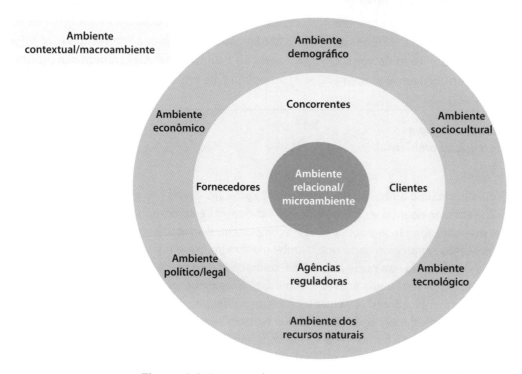

Figura 4.2 Macroambiente e microambiente da organização.

4.1.2 Conhecimento do ambiente contextual ou macroambiente

O macroambiente é a situação dentro da qual uma organização está inserida. Como a organização é um sistema aberto, ela mantém transações e intercâmbios com o ambiente que a rodeia. Por decorrência, tudo o que acontece externamente no ambiente influencia o que ocorre na organização, impactando genericamente todas as organizações, algumas mais, outras menos, mas de maneira ampla e intensiva.

O macroambiente deve estar sempre sendo acompanhado ativamente por meio do processo de identificação, previsão e avaliação de seus prováveis impactos ambientais, socioeconômicos, culturais e outros de um projeto ou desenvolvimento proposto para definir ações de mitigação – não apenas para reduzir os impactos negativos, mas também fornecer contribuições positivas.

É necessário que o esse processo se dê em uma base contínua e em constante evolução por meio de cinco etapas bem identificadas:

1. **Rastreamento e triagem** (*screening*): identifica sinais de mudanças do ambiente contextual e suas tendências e determina os potenciais impactos positivos ou negativos para um projeto proposto preparando um relatório de avaliação de impacto.
2. **Monitoramento** (*scoping*): estabelece o escopo das análises sistemáticas, seguido de avaliações das observações feitas, considerando os indicadores monitorados; descreve as alternativas do projeto e a busca consultar os *stakeholders*.
3. **Previsão** (*forecast*): avaliação dos impactos futuros ao projeto planejado e suas alternativas e, em seguida, identifica as medidas de promoção ou mitigação para aproveitar ou reduzir aqueles impactos.
4. **Gestão de impactos**: elaboração do plano necessário para abordar medidas de promoção ou mitigação dos riscos (áreas de incerteza) do projeto. Esse plano deve reunir toda a pesquisa e trabalho feito durante as etapas anteriores em um documento abrangente e estruturado.
5. **Implementação** (*follow-up*): assegura-se de que as medidas de prioridades listadas e os planos de contingência sejam adequadamente implementados e efetivamente lidem com os impactos ao projeto.

O propósito desse processo é assegurar a evolução da organização por meio da identificação das oportunidades e ameaças que emergem do ambiente analisado.

Aumente seus conhecimentos sobre **Oportunidades e ameaças ambientais** na seção *Saiba mais* PE 4.1

4.1.3 Indicadores do macroambiente

O macroambiente deve ser analisado considerando seus diferentes aspectos, que são os ambientes sociocultural, econômico, político/legal, sociocultural, tecnológico, demográfico e de recursos naturais (meio ambiente). Para cada aspecto do ambiente geral devem ser escolhidos indicadores sensíveis que possam detectar as mudanças e tendências que devem chegar. Toda organização acompanha certos indicadores deixando de lado outros de acordo com sua experiência ou prioridades. Essa escolha é crítica porque, às vezes, deixa-se de acompanhar um indicador importante, mas que a organização e seus executivos não avaliaram como tal, levando-os a serem surpreendidos por acontecimentos provocados por aquele indicador esquecido.

A escolha dos indicadores do macroambiente representa uma vantagem competitiva porque o volume de dados e informações disponíveis é muito grande e está disperso em várias fontes, o que torna impraticável em termos econômicos e tecnológicos o acompanhamento de todas as possíveis informações. Além disso, nem toda informação tem a devida relevância e assim seria desnecessário seu acompanhamento. Apesar dessa dificuldade e do risco inerente à escolha equivocada dos indicadores, é possível destacar genericamente alguns indicadores que impactam em maior ou menor grau todas as organizações.

Ambiente demográfico: o estudo estatístico da população humana e de sua distribuição é chamado de demografia. Já que pessoas constituem mercados, as condições demográficas são de interesse especial das organizações. Os principais indicadores utilizados no processo informacional do ambiente demográfico são:

- Tamanho, densidade e distribuição geográfica populacional.
- Taxa de mobilidade da população e processo migratório.
- Taxa de crescimento e de envelhecimento da população.
- Taxa de casamentos, de natalidade e mortalidade.
- Estruturas etária, familiar e residencial.
- Nível de escolaridade.
- Composição étnica e religiosa.

Aumente seus conhecimentos sobre **O envelhecimento da população mundial** na seção *Saiba mais* PE 4.2

Ambiente econômico: a análise de tendências das variáveis econômicas que afetam a demanda e a oferta de produtos e serviços nos mercados utiliza indicadores como:

- Renda real da população.
- Taxa de distribuição da renda.
- Taxa de crescimento da renda.
- Padrão de consumo e poupança.
- Nível de emprego.
- Taxas de juros, inflação e câmbio.
- Mercado de capitais.
- Nível do Produto Interno Bruto (PIB).
- Reservas cambiais.

Muitos mercados estão se tornando cada vez mais globais em sua natureza. Nenhum negócio – seja ele grande ou pequeno – está a salvo da concorrência internacional, devido às facilidades da tecnologia sobre as pessoas em todo o mundo. Atualmente, há um movimento em direção a gigantescos mercados mundiais, onde as economias de escala na produção, marketing e distribuição poderão ser perseguidos. O resultado é uma redução significativa de custos, que cria problemas para os concorrentes que não operarem em escala mundial. A indústria britânica de motos é um exemplo de um país que já dominou o mercado e hoje em dia praticamente não existe mais, dada a sua incapacidade de reconhecer e reagir à ameaça das motos baratas e de boa qualidade fabricadas no Japão e agora China e Índia.

Aumente seus conhecimentos sobre **Estágios dos ciclos de negócios** na seção *Saiba mais* PE 4.3

A economia latina apresenta problemas de crescimento econômico e distribuição de renda, cujas causas estruturais transcendem a política macroeconômica de curto prazo. Cerca de um quarto da população nos países latinos vive com menos de US$ 2 ao dia. Os sintomas desses problemas são bem conhecidos. A atual desigualdade de renda é praticamente a mesma desde meados dos anos 1980, depois dos mais diversos regimes monetários e cambiais e fases do ciclo econômico.

Acesse conteúdo sobre **O índice Big Mac** na seção *Clipping competitivo* PE 4.3

Ambiente político-legal: análise das tendências relativas a leis, códigos, instituições públicas e privadas e correntes ideológicas. A conduta das organizações é influenciada cada vez mais pelo processo político-legal das sociedades que envolve indicadores como:

- Política monetária, tributária, fiscal e previdenciária.
- Legislação tributária, comercial, trabalhista e criminalista.

- Política de relações internacionais.
- Legislação sobre proteção ambiental.
- Políticas de regulamentação, desregulamentação e privatização.
- Legislação federal, estadual e municipal.
- Estrutura de poder.

Genericamente, as principais políticas de governo do Estado moderno e que afetam mais diretamente as sociedades e empresas são:

1. **Políticas monetárias e fiscais:** como nível dos gastos governamentais, estoque de dinheiro em circulação e legislação tributária.

2. **Legislação social e regulamentos:** como legislação afetando o ambiente (leis antipoluição), ou o conjunto de regulamentos estabelecidos para a inclusão social ou étnica. Uma área de grande indefinição legal é a área do comércio eletrônico (*e-commerce*) e seu relacionamento com a defesa do consumidor, associados com questões de privacidade e segurança nas operações. Há, também, fortes influências políticas legais no âmbito estadual e municipal. O planejamento estratégico das organizações é afetado em maior ou menor intensidade por leis de saneamento, taxas estaduais e municipais e leis sobre o uso do espaço público ou transporte, por exemplo.

3. **Relacionamento do governo com os setores produtivos:** como subsídios à agricultura, programas para a construção da infraestrutura, impostos e taxas do comércio exterior e plano de aumento da disponibilidade de energia (política energética). Ainda orientações sobre desregulamentação dos setores produtivos ou centralização das atividades governamentais representam preocupações crescentes para os gestores. O estado é o maior comprador isolado de bens e serviços em vários países.

4. **Leis de defesa econômica:** correspondem às leis idealizadas ou para regular a concorrência ou para proteger o consumidor.

Outro tema que deve ser analisado no escopo do ambiente político-legal é a questão da corrupção, das fraudes e de atividades ilícitas, como pirataria, contrabando e tráfico. A corrupção, por exemplo, atinge tanto países pobres como ricos e incentiva a lavagem de dinheiro.

Ambiente sociocultural: análise das tendências relativas às crenças básicas, valores, normas e costumes nas sociedades. Atrelados às mudanças do ambiente econômico, as atitudes e os valores sociais também têm sofrido mudanças (pelo menos nos setores desenvolvidos do Ocidente). Os principais indicadores utilizados no processo informacional do ambiente sociocultural são:

- Hábitos das pessoas em relação a atitudes e suposições.
- Crenças e aspirações pessoais.
- Relacionamentos interpessoais e estrutura social.
- Mobilidade entre classes.
- Origem urbana ou rural e os determinantes de *status.*
- Atitudes com as preocupações individuais *versus* coletivas.
- Composição da força de trabalho.
- Estrutura educacional.
- Veículos de comunicação de massa.
- Preocupação com o meio ambiente.
- Preocupação com saúde e preparo físico.

A tarefa colocada à frente das organizações torna-se mais complexa, porque os padrões culturais – estilo de vida, valores sociais, crenças, expectativas – estão mudando cada vez mais rapidamente. A tendência verde, o papel do homem e da mulher e a preocupação com o meio ambiente estão ganhando destaque.

Os valores sociais também têm sofrido mudanças com relação às questões sobre o lucro das empresas, o meio ambiente e a inclusão de desfavorecidos e minorias. Os grupos ambientalistas de pressão começam a exercer um profundo impacto sobre as empresas, a tal ponto que as grandes multinacionais do setor de petróleo e outros se veem obrigados a gastar grandes somas em propaganda institucional anualmente, para provar sua preocupação e cuidado com o meio ambiente.

Segundo Stanton, Etzel e Walker,[5] aliada a uma maior preocupação com o meio ambiente, surge uma crescente preocupação pela saúde individual. Tem-se verificado na indústria de alimentos, por exemplo, grande preocupação com produtos alimentícios mais saudáveis, tais como pães integrais e cereais à base de farelo. Essa tendência, desprezada inicialmente por muitas indústrias alimentícias que a tacharam de modismo restrito a uma minoria da população, aumentou no passado recente com o marketing de produtos com baixos teores de açúcar, sem aditivos, conservantes nem corantes. Produtos para o condicionamento físico em geral, tais como roupas e aparelhos para ginástica, têm desfrutado ultimamente de mercados bastante atraentes.

Acesse o conteúdo **O crescimento econômico na América Latina está ligado à redução dos níveis de pobreza** na seção *Clipping competitivo* PE 4.4

Ambiente tecnológico: análise das tendências relativas ao conhecimento humano que possam influenciar o uso das matérias-primas e insumos ou a aplicação de processos operacionais ou gerenciais. Os principais indicadores utilizados no processo informacional do ambiente tecnológico são:

- Processo de destruição criativa.
- Aplicação em novos campos da ciência.
- Manifestações reacionárias em relação aos avanços tecnológicos.
- Aquisição, desenvolvimento e transferência de tecnologia.
- Velocidade das mudanças tecnológicas e atualização do país.
- Proteção de marcas e patentes.
- Nível de pesquisa e desenvolvimento do país.
- Incentivos governamentais ao desenvolvimento tecnológico.

A tecnologia é uma bênção confusa que afeta também o mercado de várias maneiras. Ela sempre mostra duas faces: uma nova tecnologia pode melhorar nossas vidas numa área, criando problemas ambientais e sociais em outras áreas. O automóvel faz a vida ser melhor para muitos, mas também cria desafios em grandes cidades.

Acesse o conteúdo **Carros elétricos são mais verdes do que carros a combustão fóssil** na seção *Tendências em planejamento estratégico* 4.1

Ambiente dos recursos naturais: a questão que parece ser recorrente em relação à capacidade da Terra em prover alimento, água e energia para a população humana é se há limites para o tamanho da população que a Terra possa alimentar. Nos anos 1990, proliferaram agências, ONGs e congressos procurando conclusões, mas sem muitos resultados concretos. Mesmo assim, a atual população do mundo parece ser demasiada. Embora a humanidade tenha enfrentado com sucesso o desafio de produzir comida suficiente para todos nos últimos 30 anos, há graves desequilíbrios na distribuição e no acesso aos alimentos.

Outro problema emergente é a escassez de água. A água limpa do planeta está se tornando uma *commodity* em crise, como foi o petróleo na década de 1970. Nos últimos 30 anos, a quantidade de água disponível para cada habitante caiu 37%, tendendo para o esgotamento, mantidos os atuais padrões de utilização e desperdício. Aliada à falta de água, há ainda a má distribuição e a contaminação do recurso.

Os principais indicadores utilizados no processo informacional do ambiente dos recursos naturais são:

- Escassez das matérias-primas.
- Custo da energia.
- Aquecimento global.
- Poluição ambiental.
- Novas ameaças de doenças.
- Catástrofes naturais.
- Sustentabilidade.

4.2 CONSTRUÇÃO DE CENÁRIOS

Planejamento estratégico se refere ao futuro. E o amanhã jamais será como hoje, ainda mais em um mundo exponencial que se modifica a cada instante. Planejar a partir da idealização de cenários é definir premissas, ponderar eventuais desdobramentos e visualizar possíveis consequências futuras, procurando minimizar os riscos inerentes à tomada de decisão. É que o planejamento estratégico se baseia em decisões de hoje que deverão impactar o amanhã. É o que permite à organização desenvolver atitudes proativas em relação ao futuro projetado.

SAIBA MAIS — **Cenários**

Não se trata de prever o futuro, mas de preparar-se antecipadamente para ele, apontando as direções e possíveis posicionamentos e oportunidades para reconhecer e vislumbrar caminhos alternativos. É como se você fosse viajar para longe e começasse a imaginar quais os caminhos alternativos para chegar lá, o que poderia acontecer na viagem, como estaria o tempo na ocasião e que movimentação estaria acontecendo. Não se trata de adivinhar nada, mas de preparar-se para eventuais situações prováveis de acontecer.

Segundo Georgantzas e Acar (1995),[6] cenários são estudos para se construir diferentes imagens e visões alternativas favoráveis ou desfavoráveis do ambiente futuro de negócios e suas interligações.[7] Na prática, os cenários são derivados de modelos mentais compartilhados e consensuais a respeito do ambiente e externo e são criados de maneira a serem internamente consistentes ao propor descrições de possíveis futuros. Contudo, o que acontece no ambiente está totalmente fora do entendimento e controle das organizações. Além disso, não se trata de fazer simples previsões, pois não é possível prever o futuro com razoável grau de certeza. Mais importante do que prever o futuro é criar o próprio futuro.

De forma resumida, Schwartz[8] define os cenários como "histórias de futuro". As organizações constroem cenários alternativos que servem para avaliar premissas, explorar potenciais futuros e idealizar novos caminhos. Em vez de enfrentar o futuro às cegas e improvisar soluções de emergência em cima da hora, o melhor é dispor de várias opções na mente para poder responder melhor e mais rapidamente às oportunidades e ameaças que surgem intempestivamente pela frente.

A competência de perceber o futuro é função de uma cultura organizacional que valoriza o diálogo e o compartilhamento das informações. Outra competência necessária ao se lidar com o futuro é a de se conviver com as incertezas e ambiguidades. Quando se avança nas considerações sobre o futuro, a previsibilidade declina, enquanto a incerteza aumenta, conforme mostrado pela Figura 4.3.

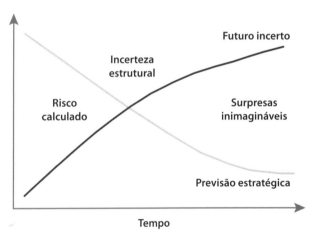

Figura 4.3 Graus de incerteza ao passar do tempo.

Fonte: adaptada de Heijden (p. 82).[1]

Aumente seus conhecimentos sobre **Construindo um compromisso com o aprendizado de todos** na seção *Saiba mais* PE 4.4

Por outro lado, como esclarece Heijden,[1] sempre haverá elementos predeterminados, ou seja, eventos que com certeza ocorrerão, muito embora não se saiba de antemão nem quando nem de que forma, pois a todo elemento predeterminado associa-se um padrão de incerteza estrutural. Por exemplo, a evolução da sociedade apresenta elementos predeterminados que acontecerão com relativa certeza, como o tamanho da população e sua futura distribuição etária. Na economia, sempre haverá um determinado poder de compra do consumidor, certo índice de desemprego, uma taxa de juros e assim por diante. No entanto, o futuro pode reservar surpresas inimagináveis e completamente imprevisíveis, como a morte súbita de um alto dirigente ou o desenvolvimento de uma nova metodologia cirúrgica, ou ainda uma tecnologia de ruptura.

O planejamento por cenários se distingue das outras abordagens tradicionais de planejamento estratégico pelo seu foco na mudança e na incerteza. As abordagens tradicionais procuram eliminar a incerteza da equação estratégica ao creditar aos pesquisadores e estrategistas o conhecimento suficiente sobre o "futuro mais provável" e associar probabilidades a resultados específicos esperados. Acontece que a estratégia trata do futuro e, portanto, envolve necessariamente mudança, incerteza e aprendizado contínuo. Assim, o planejamento por cenários não se baseia apenas em probabilidades, mas é resultado de um raciocínio de causa e efeito e depende, portanto, de uma compreensão abrangente das estruturas subjacentes às mudanças do ambiente. É preciso desenvolver uma visão proativa e antecipatória para se chegar a uma visão estratégica mais ampla.

4.2.1 Processo de construção de cenários

A construção de cenários é um processo que se move em etapas, como um sistema circular para detalhar e procurar responder a perguntas, fazendo pesquisa após pesquisa, procurando indicadores, tentando novos enredos e especulando sobre futuras implicações e decorrências. Pode ocorrer em encontros, chamados de *workshops*, com a duração de dois a três dias seguidos de encontros temáticos mais curtos, sempre reunindo a equipe de planejamento estratégico da organização.

Para Schoemaker,[9] o planejamento de cenários simplifica enormemente a avalanche de dados,

concentrando-os em um limitado número de opções possíveis (cenários alternativos). Segundo o autor, cada cenário conta uma história de como vários elementos podem interagir sob determinadas condições que ajudam a compensar os usuais erros na tomada de decisões: como o excesso de confiança, de um lado, até a visão de túnel. Embora os limites de um cenário possam ser confusos, uma narrativa detalhada e realista pode direcionar a atenção para aspectos que se poderiam até ignorar. Assim, para Schoemaker, os cenários são imprescindíveis quando:

- A incerteza é alta em relação à capacidade dos gestores de prever ou ajustar.

- Muitas surpresas grandes ocorreram no passado da empresa.

- A empresa não percebe ou gera novas oportunidades.

- A qualidade do pensamento estratégico é baixa (rotineira ou burocrática).

- O setor passou por mudanças significativas ou está prestes a fazê-lo.

- A empresa quer uma linguagem e estrutura que sejam comuns, sem sufocar a diversidade.

- Existem fortes diferenças de opinião, com múltiplas opiniões tendo mérito.

- Seus concorrentes estão usando o planejamento de cenários.

Os cenários devem ser concebidos simultaneamente, para desenvolver a percepção de diferentes possibilidades. É comum elaborar um plano A e um plano B, caso ocorra algo inesperado, mas essa abordagem não é eficaz, porque no mundo real A e B se sobrepõem e se recombinam de diversas maneiras. Não se trata apenas de uma possível bifurcação, mas de ampla variedade de opções possíveis. É preciso refletir sobre as possibilidades que normalmente são descartadas, mas que podem vir a acontecer. Na verdade, a metodologia para trabalhar com cenários pressupõe preparar-se para responder à pergunta: O que acontecerá se...?

CLIPPING COMPETITIVO

Para que sua equipe esteja sempre preparada, o líder precisa:

1. Cultivar empatia e mentes abertas.
2. Cuidar do aprendizado constante e frequente do tipo *lifelong learning*.
3. Construir conexões e relacionamentos na equipe.
4. Demonstrar o valor da união, da solidariedade e do companheirismo.
5. Descobrir sempre novas oportunidades e possibilidades.

Como os cenários descrevem futuros possíveis, mas não estratégias específicas para lidar com eles, faz sentido convidar pessoas de fora para o processo, como grandes clientes, principais fornecedores, reguladores, consultores e acadêmicos. O objetivo é ver o futuro de forma ampla em termos de tendências e incertezas fundamentais. Trata-se de construir uma estrutura compartilhada para o pensamento estratégico que incentive a diversidade e percepções mais nítidas sobre mudanças e oportunidades externas.

Segundo Sapiro,[10] as etapas para a construção de cenários são as seguintes:

1. **Identificação e focalização do tema:** essa etapa corresponde à definição do tema central que justificará o processo. Quais eventos estão ocorrendo, quais tendências estão surgindo que terão impacto sobre os negócios? Em torno do tema identificado, serão focalizadas as atenções dos planejadores sobre o futuro, uma vez que elas se relacionam com as intenções estratégicas da organização, traduzidas por sua visão de negócios. Os cenários são construídos para dar indicações plausíveis sobre questões que envolvam possibilidades de sucesso em novos mercados, inovação tecnológica, crescimento econômico, suprimento de energia e assim por diante.

2. **Identificação das forças motrizes:** a etapa seguinte consiste em trabalhar com os eventos identificados com base dos diagnósticos estratégicos externos e internos, e que estejam relacionados aos temas focais do processo de planejamento estratégico. A equipe de planejamento estratégico deve reconhecer quais eventos escolhidos dentre todo material apresentado ajudarão a responder às questões elaboradas na etapa anterior. Esses eventos – que são bem poucos se comparados com a enorme massa de dados iniciais – representam as forças motrizes ou de mudança. Constituem as variáveis que têm o poder de explicar os futuros desdobramentos dos acontecimentos. Geralmente, as forças motrizes são encontradas dentro de quatro contextos predeterminados:

   a) **Contexto social:** são eventos demográficos, tanto quantitativos (como porcentagem de adolescentes na população em 10 anos) como qualitativos (como valores compartilhados, estilo de vida ou participação política no mesmo período).

   b) **Contexto econômico:** são eventos macroeconômicos (como o impacto da taxa de câmbio no comércio de bens agrícolas); microeconômicos (como a participação de mercado da concorrência estrangeira); setoriais (mão de obra especializada para lidar com as novas tecnologias).

   c) **Contexto político:** são eventos relacionados a assuntos eleitorais (resultado das próximas eleições), regulatórios e legais (desenvolvimento das políticas de inclusão social).

   d) **Contexto tecnológico:** são eventos como desenvolvimentos na tecnologia de informação, na biotecnologia na geração e distribuição de energia.

3. **Categorização das forças motrizes:** esta etapa procura analisar os elementos predeterminados, porque os eventos reais contemplam todos os contextos em diferentes graus, para criar diferentes categorias de eventos. Para escolher as forças motrizes, é necessário identificar os eventos

que parecem ser os mais impactantes sobre o tema trabalhado e os mais imprevisíveis quanto aos seus desdobramentos futuros. Essa escolha se faz a partir de muita conversação estratégica entre os participantes do processo. Em princípio, tudo é importante, mas algumas coisas parecem mais impactantes, outras incertas. Mas tudo parece imprevisível. É necessária muita sensibilidade para desenvolver mecanismos maduros de previsibilidade. Estar preparado não significa necessariamente evitar o risco ou impedir o impacto, mas reconhecer sua possibilidade e buscar procedimentos alternativos capazes de minimizar sua severidade e garantir as condições mínimas de sobrevivência e continuidade.

4. **Consistência das forças motrizes:** na etapa seguinte, vem a tarefa de dar consistência (agrupar) as forças motrizes selecionadas em torno de seus elementos predeterminados mais relevantes. No início, os agrupamentos são desestruturados, cobrindo um grande espectro de eventos. Não há regras para os critérios de agrupamentos, mas é preciso perceber as conexões entre os eventos e procurar reconhecer as variáveis que definem padrões de causa e efeito ou outras associações. É importante chegar aos agrupamentos mais relevantes e aos mais imprevisíveis para as questões centrais definidas na primeira etapa do processo.

5. **Alinhamento das incertezas críticas:** a seguir, as incertezas críticas referentes aos agrupamentos encontrados na etapa anterior devem ser avaliadas. Mais uma vez, procede-se a uma consistência das incertezas críticas avaliadas, procurando o que há de comum entre elas para obter as linhas de incertezas. O ideal é consistir em duas ou três linhas de incertezas realmente críticas. Ao se cruzar essas linhas de modo ortogonal, pode-se obter uma matriz tridimensional (chegando a três linhas de incerteza), que produz oito cenários possíveis ou uma matriz bidimensional (chegando a duas linhas de incerteza) que produzem quatro cenários. Isso torna mais fácil a tarefa de descrevê-los, na etapa seguinte. Cada célula da matriz trabalhada corresponde a um futuro lógico e plausível a ser explorado.

6. **Criação de roteiros plausíveis:** para explicar o futuro, os cenários usam uma lógica intrínseca das forças motrizes. Proporcionar uma ideia de como essas forças vão se comportar com base na forma como tais forças se comportaram no passado. O mesmo conjunto de forças motrizes pode naturalmente se comportar de várias maneiras diferentes, conforme os diferentes enredos possíveis. Os cenários exploram duas ou três dessas possibilidades. O construtor de cenário observa as forças convergentes e tem de entender como e por que elas podem se cruzar. Então, amplia a imaginação para formar imagens coerentes de futuros alternativos. Isso é que vai dar a textura dos cenários. A finalidade dos cenários é ajudar a evitar a descrença em futuros possíveis. Para essa finalidade, se constroem enredos tão cuidadosos quanto uma peça teatral.

7. **Avaliação das implicações:** como será um negócio ou empreendimento de acordo com cada cenário construído? Esta é a parte mais interessante do processo de construção de cenários. E é a que mais apresenta surpresas. Nesse estágio, surgem interligações que não apareciam antes. Emergem outros aspectos a serem considerados para a decisão e que por alguma razão não haviam sido observados anteriormente. É importante saber qual dos vários cenários está mais próximo do curso da história quando ela for revelada. Às vezes, a direção da história é óbvia em relação a alguns fatores como saúde ou economia geral, mas às vezes os principais indicadores para determinado cenário podem ser sutis (como, por exemplo, a velocidade da reestruturação de uma economia primitiva para uma economia desenvolvida). A Figura 4.4 resume as etapas indicadas.

8. **Aplicação da metodologia:** nesta aplicação, é necessário tomar alguns cuidados. Um deles é não terminar o trabalho com três cenários, pois pessoas não familiarizadas com cenários serão tentadas a identificar o cenário do meio como mais provável e o tratarão como uma previsão de objetivo único. Outro cuidado é evitar cenários demais. Também é necessário não atribuir

1. Identificação e focalização do tema.

2. Identificação das forças motrizes.

3. Categorização das forças motrizes.

4. Consistência das forças motrizes.

5. Alinhamento das incertezas críticas.

6. Criação de roteiros plausíveis.

7. Avaliação das implicações.

Figura 4.4 Processo de construção de cenários.

Fonte: Sapiro.[10]

probabilidades a diferentes cenários pela tentação de se considerar apenas o cenário com maior probabilidade. Pode fazer sentido desenvolver um par de cenários igualmente prováveis e um par de alto potencial de impacto, porém de probabilidade relativamente baixa. Não faz sentido comparar probabilidades de um evento em um cenário com a probabilidade de outro evento em outro cenário. Outro cuidado especial deve ser tomado ao dar nomes aos cenários. Os nomes devem conseguir passar a lógica do cenário. Se os nomes são vivos e de fácil memória, os cenários terão maior chance de se impor no processo de tomada de decisão e implementação por toda a empresa.

4.3 CONHECIMENTO DO TRANSACIONAL MICROAMBIENTE

O diagnóstico estratégico externo precisa também mapear o ambiente relacional da organização, o mais próximo e imediato de cada organização e com o qual ela mantém uma intensa e íntima interação. É o segmento ambiental do qual a organização retira seus insumos e coloca seus produtos e serviços, colabora com outras organizações, enfrentando concorrentes e agências reguladoras, como mostrado na Figura 4.5.

> Aumente seus conhecimentos sobre **Setores e mercados** na seção *Saiba mais* PE 4.5

Análise setorial: a análise setorial se refere a investigação, monitoramento e previsões a respeito do setor de negócio da organização. Ao analisar seu setor de atuação, a organização precisa ter uma percepção mais definida das oportunidades e ameaças ambientais que podem influenciar seu desempenho competitivo. A análise setorial deve ser elaborada com base em três dimensões:

1. Extensão das fronteiras de atuação das empresas do setor.

2. A dimensão dos grupos estratégicos que pode permitir que uma organização direcione os seus esforços contra concorrentes específicos e não genéricos.

3. A dimensão da composição de forças competitivas atuantes no setor.

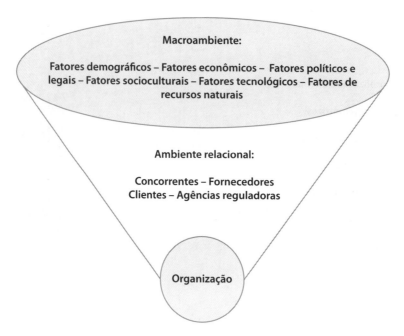

Figura 4.5 Macro e microambiente.

Extensão das fronteiras de atuação das empresas do setor: as fronteiras horizontais de uma empresa identificam as quantidades e variedades de seus bens e serviços. As fronteiras horizontais diferem muito de um setor para outro, assim como entre empresas de um mesmo setor.

Conforme análise de Besanko *et al.*,[11] em alguns setores, como o de microprocessadores, alumínio e aviões, algumas grandes empresas (por exemplo, Intel, Alcoa e Airbus) detêm enormes participações nas vendas do setor, e praticamente não há pequenas empresas viáveis. Em outros setores, como desenho de moda e consultoria gerencial, predominam as pequenas empresas. Mesmo as maiores empresas desses setores (por exemplo, Gucci, Accenture) são consideradas pequenas com base nos indicadores usuais do tamanho de um negócio, como receita de vendas e número de funcionários. Ainda em outros setores, como o de cerveja e de *software*, as pequenas empresas e as gigantes corporativas (Inbev, Microsoft) coexistem de forma bem-sucedida.

Ainda segundo Besanko *et al.*,[11] as fronteiras horizontais ótimas das empresas dependem enormemente das economias de escala e de escopo. As economias de escala e de escopo estão presentes sempre que os processos de produção, distribuição ou varejo em larga escala apresentam uma vantagem em termos de custos sobre os processos menores. No entanto, as economias de escala e de escopo nem sempre estão disponíveis. Muitas atividades, como paisagismo, costura e gastronomia especializada, não parecem desfrutar significativamente de economias de escala. Essas atividades normalmente são realizadas por pessoas ou empresas relativamente pequenas.

Grupos estratégicos: um grupo estratégico compõe-se de organizações dentro de um setor que seguem opções estratégicas semelhantes e orientadas para grupos de clientes similares. A Heineken e a AB Imbev formam um grupo estratégico no setor de cervejas. Essa identificação é fundamental para a análise setorial, uma vez que, assim como os setores podem ascender e cair apesar das condições do ambiente geral, também os grupos estratégicos podem desafiar as instabilidades setoriais com suas competências distintivas.

Os grupos estratégicos em um setor podem ser identificados pelas barreiras que afetam a mobilidade do setor. Por exemplo, no caso de organizações que competem na base de investimentos em propaganda massiva, em imagem e em eventos para posicionarem-se uma contra a outra, pode se entender a dificuldade delas quando expostas à ação de pequenas organizações do setor. Nos últimos anos, pequenos fabricantes de cervejas artesanais vêm conquistando parcelas de mercado com diferenciais críticos de qualidade em relação às marcas consagradas.

Outra situação em que a barreira de mobilidade naturalmente estrutura grupos estratégicos acontece entre os laboratórios farmacêuticos que hoje se agrupam em pelo menos dois grupos estratégicos característicos: os fabricantes de medicamentos genéricos e os fabricantes de medicamentos de alto valor de inovação e avanço tecnológico.

Composição de forças competitivas: segundo Porter,[12] a capacidade de geração de margem de uma organização dentro de um setor depende da configuração das forças competitivas daquele setor. A concorrência – tomada no sentido mais abrangente – empurra sistematicamente a taxa de retorno sobre o capital investido num setor para uma taxa competitiva básica próxima à remuneração dos títulos de longo prazo do governo. A taxa competitiva mais elevada incentiva o surgimento de entrantes ou a ampliação da capacidade das organizações já atuantes no setor, enquanto uma taxa abaixo da média esperada afasta os investidores que procurarão taxas melhores em outros setores. Assim, a concorrência é dada, não pela procura de novos clientes, mas pelo retorno esperado do setor, fazendo com que todas as cinco forças competitivas em conjunto determinem a intensidade da competitividade no setor e consequentemente sua atratividade. Forças diferentes lutam por predominância e hegemonia, pois assim podem partilhar do bolo do retorno de modo preferencial.

Porter propõe um modelo de cinco forças competitivas considerando a rivalidade entre concorrentes, e a ameaça representada por novos entrantes, pela possibilidade de emergência de produtos substitutos e pelo poder de barganha ou de fornecedores ou de compradores. O modelo de análise das cinco forças competitivas amplia a base analítica setorial, na medida em que essas forças mostram que a concorrência em um setor envolve todas as organizações dele. Fornecedores, compradores, entrantes potenciais, sem falar nos concorrentes, são todos concorrentes entre si pela margem potencialmente a ser gerada pelo setor, conforme representado pela Figura 4.5.

A seguir, são apresentadas as situações que determinam a rivalidade ampliada dos setores considerando cada força competitiva:

1. **Ameaça de novos entrantes:** uma organização que ingressa no setor de negócios – o novo entrante – traz ameaças às organizações existentes, por ter capacidade de produção adicional, forçando as demais a serem mais eficazes e aprenderem a concorrer em novas dimensões.

   Exemplos dessa situação são a entrada de uma organização do setor têxtil, a Vicunha, que, sob liderança de um de seus proprietários, formou um consórcio de organizações para participar do programa de privatização das siderúrgicas, adquirindo a Companhia Siderúrgica Nacional (CSN), nos anos 1990. Também a constituição da GOL entrante na aviação civil que desestruturou o modelo de operação das organizações já existentes, obrigando-as a promover grandes alterações estratégicas.

   Para barrar o ingresso de novos entrantes, as organizações utilizam barreiras de entradas, a saber:

   a) **Economias de escala:** as economias de escala aumentam à medida que a quantidade de um produto fabricado aumenta e os custos de fabricação de cada unidade diminuem. Assim, o novo entrante enfrenta o desafio frente às economias de escala dos concorrentes existentes.

   b) **Diferenciação de produto:** as organizações existentes diferenciam o produto para torná-lo único e exclusivo para que o cliente o valorize mais. O novo entrante precisa alocar muitos recursos para superar a fidelidade do cliente.

   c) **Requisitos de capital:** para que um novo entrante ingresse no setor, ele precisa dispor de capital e recursos.

d) Custos de mudança: como custos de aquisição de equipamentos auxiliares, treinamento de pessoal etc. envolvem custos adicionais, como a mudança da fita cassete para o CD. Quando os custos de mudança são elevados, o novo entrante enfrenta desafios.

e) Acesso aos canais de distribuição: com meios eficazes de distribuição dos produtos e um forte relacionamento com distribuidores com a finalidade de gerar custos de mudanças para estes.

2. Poder de barganha dos fornecedores: um grupo de fornecedores é considerado poderoso quando:

a) É constituído por um pequeno número de grandes fornecedoras altamente concentradas.

b) Não há produtos substitutos satisfatórios para o setor.

c) As organizações não são consideradas clientes importantes para o grupo fornecedor.

d) Os artigos do fornecedor são essenciais ao êxito do comprador no mercado.

e) Os fornecedores representam uma ameaça de integrar-se para a frente no setor dos compradores (um produtor de roupas pode optar por operar seus próprios canais de varejo).

3. Poder de barganha dos compradores: o cliente (grupo de compradores) tem poder quando:

a) Está adquirindo grande parte do total da produção do setor.

b) O produto adquirido responde por uma parcela significativa dos custos do comprador.

c) Os produtos da indústria não são diferenciados ou padronizados.

d) O comprador pode apresentar uma ameaça concreta de integração para trás. A indústria automobilística está oferecendo um serviço de vendas nacionais *on-line* para oferecer serviços adicionais ao cliente.

4. Ameaça de produtos substitutos: produtos substitutos são os diferentes bens ou serviços que vêm de fora do setor e que desempenham as mesmas funções de um produto fabricado no setor. É o caso de recipientes plásticos no lugar de potes de vidro, sacos de papel em vez de sacos plásticos, chá substituindo café etc.

5. Intensidade da rivalidade entre os concorrentes: em cada setor, há organizações que concorrem ativa e vigorosamente para alcançar competitividade estratégica. Os fatores que influenciam a intensidade da rivalidade entre as organizações são:

a) Concorrentes numerosos ou igualmente equilibrados.

b) Crescimento lento do setor.

c) Custos fixos elevados.

d) Capacidade aumentada em grandes incrementos.

e) Concorrentes divergentes em termos de metas e estratégias.

f) Apostas estratégicas elevadas.

g) Barreiras de saída elevadas envolvendo ativos especializados (vinculados a um negócio específico), custos fixos de saída (como custos trabalhistas), inter-relacionamentos estratégicos (relações de dependência recíproca entre um negócio e outras partes das operações, como operações compartilhadas), barreiras emocionais (como lealdade aos funcionários) e limitações sociais e governamentais (preocupação com demissões).

Conforme esse modelo, compradores, produtos substitutivos, fornecedores, concorrentes e entrantes potenciais dentro de um setor são forças que contribuem para o nível de competitividade setorial. O modelo proposto por Porter permite ampliar a visão periférica do negócio e analisar com mais profundidade a situação de cada setor industrial.

4.4 DIAGNÓSTICO ESTRATÉGICO INTERNO

O diagnóstico estratégico interno da organização – também denominado análise organizacional ou auditoria interna da organização – corresponde

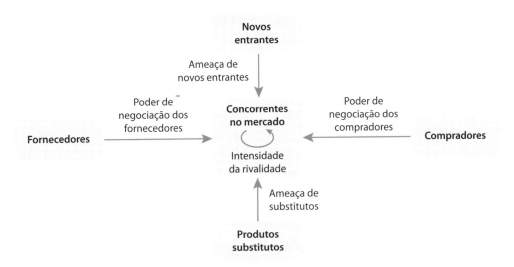

Figura 4.6 Modelo das cinco forças competitivas de Porter.
Fonte: extraída de Porter (p. 23).[12]

a uma avaliação de suas vantagens competitivas e potencialidades – pontos fortes que precisam ser intensamente explorados e aproveitados – e de suas fragilidades – pontos fracos que precisam ser corrigidos e aprimorados.

Trata-se de um processo de buscar ou construir vantagens competitivas a partir da localização dos recursos e capacidades que criam valor. Os recursos organizacionais devem servir de base para as habilidades que serão desenvolvidas como competências distintas e essenciais. É essa dinâmica que permite a uma organização superar-se por meio de desempenho superior e de atributos oferecidos por seus produtos e serviços, e que os clientes estarão dispostos e até ansiosos para pagar por eles.

Recursos e competências organizacionais: o diagnóstico estratégico organizacional deve começar pela parte mais simples, concreta e visível: os recursos organizacionais. Para realizar os processos e as atividades, toda organização necessita de recursos – humanos, materiais, máquinas, informações, energia e assim por diante. Recursos são os insumos (*inputs*) dos processos da organização. Capital, equipamentos, competências individuais dos funcionários e patentes constituem alguns tipos de recursos. A vantagem competitiva será alcançada a partir da aplicação conjunta e integrada dos vários recursos da organização.

Os recursos organizacionais são os ativos produtivos de propriedade da empresa, bens que uma organização acumulou como resultado de investimento em escala, plantas, localização e *brand equity* (valor patrimonial de marca). Pode ser considerado recurso da organização também o *know-how* das pessoas, conjunto complexo de aprendizado coletivo que assegura a execução de atividades funcionais por meio dos processos organizacionais e das atividades gerenciais de planejar, organizar, coordenar ou empreender um conjunto específico de atividades.

As competências organizacionais são o que a empresa pode fazer com seus recursos. Os recursos individuais não conferem vantagem competitiva; eles devem trabalhar juntos para criar capacidades organizacionais. Segundo Pidun,[13] as competências organizacionais podem ser estreitas (uma tecnologia de produção específica) ou amplas (experiência em manufatura enxuta), com base em ativos (um forte portfólio de patentes) ou processos (desenvolvimento de novos produtos) e se relacionam com atividades de negócios primários (marketing e vendas) ou atividades de gestão geral (integração de empresas adquiridas). O desafio é que as competências de uma empresa são muito difíceis de identificar e avaliar de forma objetiva. Não é suficiente ser bom em fazer algo, a atividade deve traduzir-se em valor relevante para o cliente, a empresa deve ser melhor do que seus concorrentes e deve ser capaz de defender essa vantagem, a fim de capturar o valor. E, é claro, a organização também deve ser capaz de construir novas competências ao longo do tempo, a fim de se adaptar a um ambiente em constante mudança.

Há três tipos de recursos: tangíveis, intangíveis e humanos. Os recursos tangíveis são os que podem ser vistos e quantificados, como equipamentos, instalações ou plantas industriais, mas também reservas de terra ou minerais. Eles são fáceis de identificar porque podem ser encontrados no balanço da empresa (embora os valores contábeis possam obscurecer o valor estratégico real desses ativos devido a convenções contábeis). Os recursos financeiros compreendem caixa, títulos e capacidade de empréstimo da empresa.

Os recursos intangíveis são as competências desenvolvidas ao longo da história da organização e difíceis para os concorrentes entenderem e imitarem, como o conhecimento corporativo, cultura organizacional, confiabilidade, reputação ou histórico de inovação. As competências aglutinam sinergia entre os recursos, o que permite a construção de vantagens competitivas. Elas constituem conjuntos complexos de aprendizado coletivo envolvendo conhecimentos e habilidades que asseguram a execução de atividades funcionais por meio dos processos organizacionais. A gestão do conhecimento corporativo é a capacidade determinante da organização para a obtenção de vantagem competitiva.

Para muitas empresas, os recursos intangíveis são mais valiosos do que os recursos tangíveis, embora possam não ser visíveis ou em grande parte desvalorizados no balanço. Os recursos intangíveis estão principalmente relacionados a reputação (marcas, relacionamentos) ou a tecnologia (patentes, direitos autorais, segredos comerciais). Os recursos humanos são os mais difíceis de identificar e avaliar. Eles incluem suas habilidades, motivação, atitudes, valores e capacidade de colaboração. Uma cultura corporativa forte com crenças e valores compartilhados pode ser um recurso e uma base importantes para a vantagem competitiva.

Visão baseada em recursos: segundo Pidun,[13] no início da década de 1990, o foco dos estudiosos de gestão estratégica passou cada vez mais de uma perspectiva predominantemente baseada no mercado para a ideia de que os recursos e competências organizacionais são as principais fontes de vantagem competitiva. Essa teoria ficou conhecida como visão baseada em recursos (*Resource-Based View of the Firm*), com base nos trabalhos de Barney e Peteraf.[14]

A nova ênfase nos recursos e competências como base da estratégia se justifica pelo aumento percebido na volatilidade e incerteza no contexto dos negócios. Em um mundo onde as preferências dos clientes, tecnologias e limites da indústria mudam rapidamente, uma visão baseada no mercado pode não ser a melhor (ou a única) perspectiva para orientar a estratégia corporativa a longo prazo. A visão baseada em recursos reconhece que cada empresa possui um conjunto único de recursos e competências que é a sua própria fonte de criação de valor.

Análise da história da organização: Pidun[13] identifica uma metodologia para se proceder o diagnóstico interno que corresponde a uma abordagem complementar, que é a revisão de eventos e decisões importantes na história corporativa, como grandes investimentos, projetos de pesquisa e desenvolvimento, lançamentos de novos produtos, nomeações de gestão-chave ou aquisições. Idealmente, a lista também inclui reações a interrupções ou crises externas e decisões de não dar um passo importante. Para todos esses eventos, as seguintes perguntas devem ser respondidas: Foi um sucesso ou um fracasso? Por que foi um sucesso ou um fracasso? Por que e como foi tomada a decisão? O que isso nos diz sobre nossas capacidades? De que outra forma essas capacidades poderiam ser usadas?

Conceito de competências essenciais: competência é o conjunto de habilidades e tecnologias associado aos recursos e processos organizacionais aplicados de maneira integrada e convergente na atividade organizacional. Assim, a competência para uma organização produzir em tempo de ciclo rápido está baseada no conjunto de habilidades que se integram, entre elas a capacidade de maximizar processos comuns numa linha de produção, flexibilidade para alterações no planejamento e execução da produção, execução de sistemas sofisticados de informação, gestão dos estoques e desenvolvimento do compromisso de qualidade pelos fornecedores.

Quando uma competência impacta diretamente o atendimento às demandas dos diferentes *stakeholders*, se diz que ela é uma Competência Essencial ou central (*core competence*). As competências essenciais são conjuntos complexos de recursos e capacidades intangíveis que ligam os diferentes negócios de uma empresa diversificada por meio de *know-how* e experiência gerenciais e técnicos. Eles são o denominador comum que constitui a base para o sucesso nos diferentes negócios da empresa e fornece orientação para a diversificação da empresa.

Falar em competências essenciais passa obrigatoriamente pelos conceitos elaborados por Prahalad e Hamel.[15] Os autores postulam que uma empresa diversificada deve conceber-se como um portfólio de competências e não como um portfólio de negócios.

Eles propõem três testes para identificar as competências essenciais em uma organização:

1. **Em relação aos concorrentes**: são difíceis de ser imitadas ou copiadas. Isso porque há uma complexa harmonização de tecnologias individuais, habilidades de produção e um profundo compromisso com a colaboração por toda organização.

2. **Em relação a mercados e clientes**: uma competência central provê acesso potencial a uma ampla variedade de mercados para produtos/serviços diferenciados. A competência em sistemas de monitores de vídeo permitiu à Casio participar de negócios tão diversos como calculadoras, aparelhos de TV miniaturizados, monitores para computador *laptop* e painéis para carros.

3. **Em relação ao processo de mudança e evolução da própria empresa**: é o fator fundamental da maior flexibilidade que permite a exploração de novos e diferentes mercados. Uma competência central deve representar uma contribuição significativa para os benefícios percebidos dos clientes do produto final. A competência da Honda em motores preenche essas condições.

Para Barney,[16] as competências essenciais de uma organização são formuladas a partir de quatro critérios de escolha:

1. **Recursos e habilidades valiosas**: são aqueles que geram valor para a empresa e para os clientes pois exploram oportunidades ou neutralizam ameaças externas. A Sony utiliza suas capacidades valiosas para projetar, fabricar e comercializar sua tecnologia eletrônica miniaturizada para explorar uma gama variada de oportunidades de mercado para aparelhos de música e câmeras de vídeo de fácil manuseio.

2. **Recursos e habilidades raras**: são aqueles que nenhum outro ou poucos concorrentes atuais ou em potencial possuem. Se uma capacidade for comum a muitas empresas, é improvável que ela venha a constituir em fonte de vantagem competitiva para qualquer uma delas. A vantagem competitiva ocorre quando a empresa desenvolve e explora capacidades diferentes daquelas existentes na concorrência. O modelo comercial por meio do qual a Dell vende diretamente a seus clientes dá-lhe maior eficiência do que seus concorrentes.

3. **Recursos e habilidades difíceis de imitar**: são aqueles que outras empresas não conseguem desenvolver com facilidade ou rapidez, por três motivos isolados ou pela combinação deles:

   a) **Condições históricas únicas**: como é o caso da cultura organizacional. A cultura da McKinsey é fonte de vantagem competitiva que mantém forte coesão entre os funcionários que nela acreditam e conduz a uma incansável e positiva insatisfação que os desafia a criar novas formas de desempenho que possam gerar níveis superiores de valor aos clientes.

b) **Imitação cara e dispendiosa**: como é o caso de concorrentes que não conseguem entender claramente como a empresa utiliza suas competências como base da vantagem competitiva.

c) **Complexidade social**: implica a conjunção de várias habilidades socialmente complexas, como relações interpessoais, confiança e amizade entre funcionários e executivos e a reputação da empresa junto a seus fornecedores e clientes.

4. **Recursos e habilidades insubstituíveis**: são aqueles que não possuem equivalentes estratégicos e não podem ser facilmente substituídas. Quanto mais difícil de serem substituídas, tanto maior seu valor estratégico. Quanto menos visíveis, tanto mais difícil será para encontrar substitutos e maior será o desafio para os concorrentes que tentam imitá-las. O conhecimento corporativo e as relações de trabalho baseadas na confiança são capacidades de difícil identificação e imitação.

Canal de valor e sistemas de valor: segundo Hitt *et al.*,[17] muitos conceitos novos surgem para tentar descrever as novas estruturas e processos com os quais as organizações procuram se preparar estrategicamente.

Um desses conceitos é o de **Canal de valor**, criado por Porter,[12] que é o conjunto de atividades que constituem um processo de uma organização que agrega valor desde a entrada de matérias-primas até a distribuição de produtos acabados. Para o autor, toda organização desempenha um ciclo de atividades para projetar, produzir, comercializar, entregar e apoiar seus produtos ou serviços. O canal de valor descreve esse ciclo mapeando como um produto se movimenta desde a etapa da matéria-prima até o consumidor final, por meio de nove atividades estrategicamente relevantes e criadoras de valor que consistem em cinco atividades primárias e quatro atividades de apoio, como mostrado na Figura 4.7.

As cinco atividades primárias representam a sequência:

1. Trazer materiais para dentro da organização (logística de entrada).
2. Convertê-los em produtos finais (operações).
3. Expedir os produtos finais (logística de saída).
4. Comercializá-los (marketing e vendas).
5. Prestar assistência técnica (serviços).

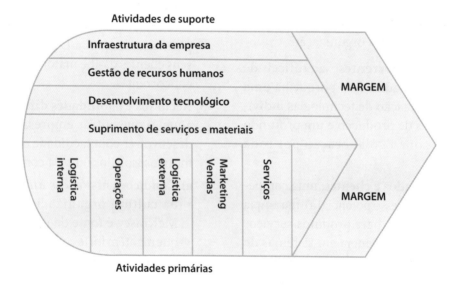

Figura 4.7 Cadeia básica de valor.

Fonte: Porter.[12]

As quatro atividades de apoio envolvem suprimentos, desenvolvimento de tecnologia, gestão de recursos humanos e a infraestrutura da organização. A infraestrutura da organização abrange os custos da administração geral, planejamento, finanças, contabilidade, jurídico e assuntos governamentais que são alocados a todas as atividades primárias e de apoio.

A ideia é estudar essas nove atividades criadoras de valor para reconhecer os elos mais valiosos da cadeia e como um produto se movimenta desde a matéria-prima até o consumidor final, para adicionar o tanto quanto possível de valor da maneira menos dispendiosa possível e – o mais importante – capturar esse valor. Os elos mais valiosos da cadeia tendem a pertencer àqueles que detêm o conhecimento. A organização precisa examinar seus custos e seu desempenho em cada atividade do canal de valor, buscar todos os meios para melhorá-los e compará-los com os custos e desempenho de seus concorrentes, como *benchmarks*. Ela terá uma vantagem competitiva na medida em que consiga desempenhar certas atividades melhor e mais barato do que seus concorrentes.

Sistema de valor: o conceito de canal de valor pode ser considerado de forma mais ampla como um sistema de valor que inclui os fornecedores da organização, fornecedores dos fornecedores, os vários elos da cadeia de distribuição, parceiros, subcontratados etc., abrangendo toda a cadeia de suprimentos do setor (*supply chain management*). As cadeias de valor combinam-se para formar o sistema de valor: uma corrente maior de atividades que envolve fornecedores de matérias-primas e insumos, fabricantes, atacadistas, varejistas etc. O sistema de valor nasce da orquestração das várias atividades que o compõem.

A resposta eficiente ao consumidor (*efficient consumer response* – ECR) visa essencialmente quebrar as barreiras entre os parceiros comerciais, barreiras que costumam resultar em ineficiências com impacto em custos e tempo de resposta. Envolve a criação de um consórcio de organizações industriais e comerciais que buscam realizar otimizações sistêmicas mediante a análise do sistema de valor e das cadeias de valor de cada membro do sistema.

Não basta a uma organização otimizar seu canal de valor. É preciso que ela esteja inserida em um sistema de valor eficiente e eficaz. A simples soma de ótimos individuais pode ser insuficiente para garantir o sucesso de um sistema de valor. É necessário que haja cooperação e coordenação dentro do sistema para obter efeitos sinérgicos. As cadeias de valor de várias organizações podem combinar-se para formar o sistema de valor: uma corrente maior de atividades. Todo canal de valor deve estar inserido em um sistema de valor mais amplo que seja eficiente e eficaz. Daí a necessidade de uma visão estratégica para alavancar e incrementar continuamente o valor oferecido. Um caminho sem fim.

4.5 ARQUITETURA ORGANIZACIONAL

Para funcionarem adequadamente, as empresas necessitam de um modelo confiável e estável que proporcione um arcabouço ou plataforma para coordenar e integrar todos os recursos, capacidades, competências, incluindo as pessoas com seus cargos e hierarquias e as equipes com suas tarefas e relacionamentos.

Plataformas, sejam físicas ou virtuais, devem substituir os tradicionais processos complexos, separados e dispersos que conduzem à tomada de decisão dividida e isolada. É preciso organizar, reunir e integrar para interpretar e agir por meio de dados e análises como um enorme diferencial competitivo. O termo **plataforma** significa um conjunto de componentes por meio dos quais a empresa cria um conjunto de produtos ou componentes (ou serviços) ou uma base de tecnologia *core*. É uma mistura de trocas e tecnologia interoperável que permite uma ampla gama de fornecedores e clientes interagindo diretamente entre si, como Amazon, Apple, Facebook, Google, Microsoft e outras.

TENDÊNCIAS EM PLANEJAMENTO ESTRATÉGICO

Mudanças revolucionárias no modelo burocrático das organizações

São apresentados os problemas enfrentados pelas organizações burocráticas, suas causas e os princípios que os estão substituindo.

Quadro 4.1 Mudanças revolucionárias no modelo burocrático das organizações

Princípios burocráticos	Por que ele teve sucesso no passado	Por que ele não funciona mais	O que substitui hoje este princípio
Cadeia hierárquica de comando	▪ Trouxe ordem em larga escala ▪ Chefes mantinham a ordem, dominando os subordinados	▪ Não consegue lidar com a complexidade ▪ Dominação não é a melhor maneira de organizar inteligência	▪ Visões e valores ▪ Equipes autônomas ▪ Coordenação lateral ▪ Redes informais ▪ Escolha
Organização por funções especialistas	▪ Produziu eficiência por meio da divisão do trabalho ▪ Focou a inteligência	▪ Não permite intensa comunicação intrafuncional e contínua coordenação no nível dos pares	▪ Especialistas com múltiplas habilidades ▪ Organizações intraempreendedoras dirigidas ao mercado
Procedimentos e regras uniformes e padronizados	▪ Permitiu a criação de uma memória organizacional com trabalhadores menos qualificados ▪ Estabeleceu claramente o poder dos chefes	▪ Responde lentamente à mudança ▪ Não permite lidar muito bem com complexidade ▪ Não estimula a intercomunicação	▪ Autonomia e autogestão ▪ Força do mercado e os princípios éticos da comunidade
Carreira vertical	▪ Comprava a lealdade ▪ Permitia a continuidade para uma elite de gerentes e profissionais	▪ Menos gerentes são necessários e mais trabalhadores educados anseiam por promoções ▪ Menos possibilidades de avanço	▪ Carreiras baseadas no crescimento da competência ▪ Crescimento do pagamento por competência e habilidades
Relações impessoais	▪ Reduziu a força do nepotismo ▪ Ajudava os líderes a manter a disciplina e a tomar decisões duras	▪ Trabalhos intensivos em conhecimento requerem relacionamentos mais profundos	▪ Relacionamentos mais amplos ▪ Opções e alternativas; direcionamento para resultados
Coordenação superior pela hierarquia	▪ Fornecia direcionamento para trabalhadores não qualificados em trabalhos enfadonhos com rápido *turnover*	▪ Empregados educados estão mais bem preparados para autodirecionamento	▪ Equipes autogeridas ▪ Comunicação lateral ▪ Colaboração

Fonte: adaptado de Pinchot e Pinchot.[19]

Também denominada desenho ou estrutura organizacional, a arquitetura organizacional representa o modelo de coordenação ou integração de todos os elementos vitais para a organização. Ela permite definir, descrever os processos, e constitui a maneira pela qual se realizam as atividades em um dado ambiente para alcançar os objetivos organizacionais.

Teece[18] apresentou um conceito convergente como definição de modelo de negócios como o "projeto ou arquitetura dos mecanismos de criação, entrega e captura de valor" de uma empresa.

Durante todo o decorrer da Era Industrial – e ainda perdurando em muitas empresas até os dias de hoje –, predominou o conceito de desenho organizacional baseado na departamentalização. A departamentalização é uma especialização horizontal decorrente da divisão do trabalho organizacional – ao contrário da hierarquia, que é uma especialização vertical – no sentido de criar departamentos especializados em diferentes áreas de atividade. Nesse enfoque cartesiano, a organização era departamentalizada por funções, por produtos/serviços, por clientes ou por áreas geográficas.

Todos esses tipos de departamentalização se baseavam no critério da divisão do trabalho e na fragmentação de atividades, para que, no conjunto, pudessem se somar e se integrar adequadamente por meio da hierarquia. O desenho organizacional decorrente tinha as características de um sistema fechado e mecanicista. Todavia, hoje em dia, somar é necessário, mas não suficiente. Trata-se de criar arquiteturas organizacionais que, além de juntar, possam se ajudar mutuamente para que, no conjunto, provoquem sinergia ou efeito multiplicador. E isso a velha departamentalização não consegue fazer.

Assim, a arquitetura organizacional é um conceito abrangente, incluindo a estrutura formal, o projeto das práticas de trabalho, a natureza da organização informal ou estilo operacional e os processos de seleção, socialização e desenvolvimento de pessoas, embasado nos modelos de negócios.

SAIBA MAIS — **Arquitetura organizacional como variável dependente da estratégia**

Se o mundo dos negócios é estável e conservador, também a estratégia e, consequentemente, a arquitetura organizacional, devem ajustar-se a ele, adquirindo características estáveis e conservadoras. Isso ocorreu com o modelo burocrático de organização que predominou nas empresas durante a maior parte do século 20. Contudo, quando o mundo dos negócios passa por mudanças e transformações rápidas e intensas e a estratégia muda continuamente, a arquitetura organizacional precisa também mudar para acompanhar toda essa mutabilidade e funcionar como plataforma para garantir a inovação. Para tanto, ela precisa ser ágil, flexível, adaptável, maleável e dinâmica. Ela deve ser a plataforma adequada para alcançar os fins desejados. Se o mundo dos negócios é instável, mutável e dinâmico, também a estratégia e, consequentemente, a arquitetura organizacional, devem ajustar-se a ele, adquirindo características instáveis, mutáveis e dinâmicas. A arquitetura organizacional precisa ser um meio adequado para alcançar os fins desejados. Ela deve servir à estratégia empresarial.

Lindgardt et al.[20] conceituam o modelo de negócios como consistindo de dois elementos essenciais – a proposta de valor e o modelo operacional –, cada um dos quais com três subcomponentes.

Como mostrado na Figura 4.8, a proposta de valor responde à pergunta: O que estamos oferecendo a quem? O que reflete escolhas explícitas ao longo das seguintes três dimensões:

- **Segmento(s)-alvo:** Quais clientes e necessidades específicas são abordados?
- **Oferta de produtos ou serviços:** O que oferecemos aos clientes para satisfazer suas necessidades?

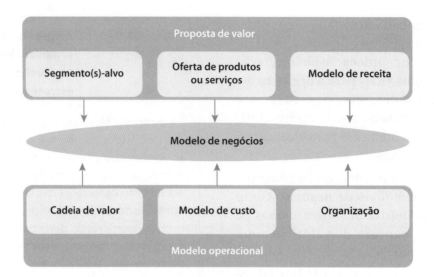

Figura 4.8 Elementos do modelo de negócios.
Fonte: adaptada de Lindgardt et al. (p. 2).[20]

- **Modelo de receita:** Como somos compensados por nossa oferta?

O modelo operacional responde à pergunta: Como podemos entregar a oferta de forma rentável? Ele captura escolhas em três áreas críticas:

- **Canal de valor:** Como configuramos nossas operações e o que fazemos internamente *versus* terceirizamos?

- **Modelo de custo:** Como podemos configurar nossos ativos e custos para cumprir nossa proposta de valor de forma lucrativa?

- **Organização:** Como implantar e desenvolver as nossas pessoas para sustentar e aumentar a nossa vantagem competitiva?

Organização por processos: processos são meios pelos quais se podem alcançar resultados (fins). É qualquer atividade ou conjunto de atividades que utiliza recursos para transformar insumos (entradas) em produtos (saídas). Uma organização deve ser descrita pelo conjunto de processos que ela executa. Essa abordagem facilita a integração das áreas, minimizando as descontinuidades do fluxo de trabalho. Não há como falar em resultados sem falar em processos.

As organizações de desempenho superior estão compreendendo a necessidade de gerenciar processos fundamentais de negócios, como o desenvolvimento de novos produtos, atração e retenção de clientes ou implementação de programas de logística integrada. Elas utilizam a reengenharia dos fluxos de trabalho e desenvolvem equipes matriciais responsáveis pelos processos. Os consultores da McKinsey, Anthony Athos, Richard Pascale, Tom Peters, Robert Waterman e Julien Philips, no final da década de 1970, desenvolveram o modelo 7S como uma estrutura analítica, um modelo de 360 graus vinculando a estratégia com a eficácia organizacional. O estudo da McKinsey,[21] a partir do qual foi apresentado o modelo 7S, relata que organizações de alto desempenho enfatizam um conjunto diferenciado de recursos, competências, arquitetura organizacional e processos para melhorar a sua competitividade, como mostrado pela Figura 4.9.

É possível mapear o perfil organizacional desenhando um gráfico de radar que caracteriza o nível de equilíbrio dinâmico entre os fatores 7S, como na Figura 4.10.

4.6 NOVOS MODELOS DE NEGÓCIOS

Com o recente impulso da cultura do empreendedorismo, surgem inovações nos modelos de negócios, que têm a pretensão de acelerar a criação de valor pelos adotantes desses modelos. Dois desses modelos vêm recebendo grande aceitação, como o

Capítulo 4 | Diagnóstico Estratégico Externo e Interno

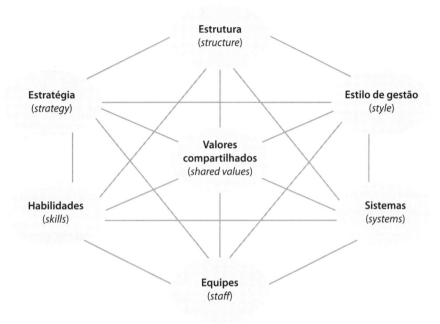

Figura 4.9 Modelo 7S da McKinsey.

Fonte: Pascale e Athos.[22]

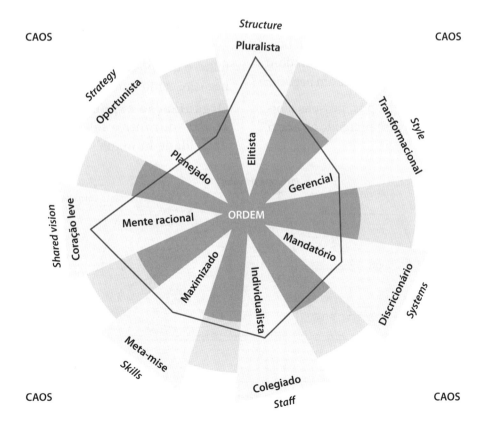

Figura 4.10 Gráfico de radar que caracteriza o nível de equilíbrio dinâmico entre os fatores 7S.

Fonte: elaborada pelos autores com base em Pascale.[23]

modelo desenvolvido por Alexander Osterwalder et al.,[24] *Business Model Canvas* e o outro modelo conceituado como Organização Exponencial, desenvolvido por Ismail et al.[25]

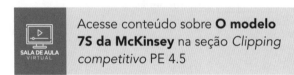

Acesse conteúdo sobre **O modelo 7S da McKinsey** na seção *Clipping competitivo* PE 4.5

Business Model Canvas: o modelo *Business Model Canvas* (BMC) foi desenvolvido por Alexander Osterwalder. A ferramenta é baseada no seu trabalho anterior, *Business Model Ontology*, mas foi apresentada com mais detalhes em seu livro *Business Model Generation* (op cit.), em coautoria. A obra, acompanhando as recomendações dos autores, foi elaborada por 470 colaboradores de 45 países, trabalhando de modo cooperado. Os desenhos foram feitos por Alan Smith. O BMC pode ajudar tanto as empresas recém-nascidas quanto as já estabelecidas no mercado. A ferramenta pode ser considerada um mapa visual, que realmente mostra o caminho para o empreendedor, facilitando a compreensão do modelo de negócio de um empreendimento, dividindo-o em nove blocos para o detalhamento de um negócio:

- **Segmentos de clientes:** grupos, pessoas e organizações que sua empresa pretende alcançar e atender.
- **Proposta de valor:** produtos e serviços que criam valor para determinado segmento de clientes. A proposta de valor fideliza o cliente, resolve seus problemas e satisfaz suas necessidades.
- **Canais:** comunicação, distribuição, canais de venda e pós-venda.
- **Relacionamento com clientes:** tipo de relacionamento que se terá com seus segmentos de clientes.
- **Fluxo de receitas:** renda gerada por cada segmento de cliente.
- **Recursos-chave:** itens tangíveis e intangíveis necessários para a entrega da proposta de valor.
- **Atividades-chave:** as atividades mais importantes que uma empresa deve realizar para o sucesso seu negócio.
- **Parceiros-chave:** rede de fornecedores e parceiros que fazem o modelo de negócio da empresa funcionar.
- **Estrutura de custos:** custos mais importantes para que o modelo de negócio seja eficiente.

Todos estes elementos são colocados em uma só folha, o que possibilitará uma visão bem clara do negócio, como mostrado na Figura 4.11.

Organização exponencial: segundo Ismail et al.,[25] durante a fase mais recente da produtividade humana, o fator limitante para o

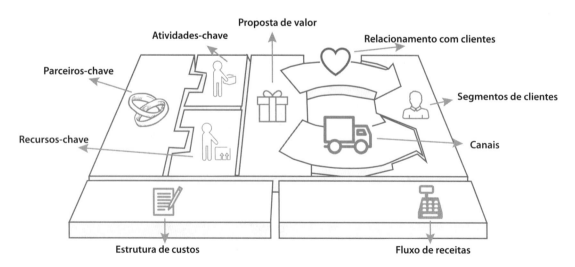

Figura 4.11 *Business Model Canvas* (BMC).

Fonte: Osterwalder et al.[24]

crescimento deslocou-se do número de indivíduos (humanos ou animais) para o número de máquinas e a despesa de capital empregada. Dobrar o número de fábricas significa dobrar a produção. As empresas cresceram ainda mais e agora abrangem o mundo inteiro. O tamanho permitiu um maior alcance global, o potencial para dominar o setor e, eventualmente, o sucesso extremamente lucrativo e duradouro. Mas esse crescimento leva tempo e geralmente exige um enorme investimento de capital.

Para os autores, essa não é uma situação defensável nem aceitável, especialmente quando os desafios enfrentados pela humanidade no século 21 consumirão toda a imaginação e inovação que pudermos reunir. Deve haver uma maneira melhor de nos organizar. Essa nova era exige uma solução diferente para a construção de novos negócios, para melhorar o nível de sucesso e para a resolução dos desafios pela frente. A solução é a Organização Exponencial.

Organização Exponencial (ExO) é aquela cujo impacto (ou resultado) é desproporcionalmente grande – pelo menos dez vezes maior – comparado ao de seus pares, devido ao uso de novas técnicas organizacionais que alavancam as tecnologias aceleradas. Em vez de usar exércitos de colaboradores ou grandes instalações físicas, as Organizações Exponenciais são construídas com base nas tecnologias da informação, que desmaterializam o que antes era de natureza física e o transfere ao mundo digital sob demanda.[25]

CONCLUSÃO

Em resumo, toda organização opera continuamente em um ambiente que a circunda e envolve. O ambiente constitui o conjunto de todas as demais organizações e de todos os fatores externos que provocam influências sobre a organização. Como o ambiente é dinâmico e intensamente mutável, qualquer alteração nos fatores ambientais pode impactar a organização.

O conhecimento estratégico deve ser construído a partir de duas vertentes. Na primeira vertente, a organização deve olhar o mundo ao seu redor, conhecer o contexto ambiental – o macroambiente em geral e o setor de negócios em particular –, para fazer o **diagnóstico estratégico externo** e conhecer a arena dos negócios atuais da organização. E antever os cenários futuros desse mutável contexto externo para se preparar para os mares onde a organização irá navegar no futuro. Na outra vertente, a tarefa é fazer o **diagnóstico estratégico interno**. Trata-se agora de olhar para dentro da organização no sentido de analisar suas

SAIBA MAIS — Sobre mecanismos internos de controle das ExOs

Os autores do conceito das Organizações Exponenciais descrevem os mecanismos internos de controle a serem gerenciados pelas ExOs, expressos pela sigla IDEAS, como sendo:

- **Interfaces:** algoritmos e fluxos de trabalho automatizados para entendimento das externalidades à ExO.
- *Dashboard*: conjunto de métricas essenciais, acessíveis a toda a organização.
- **Experimentação:** implementação de metodologias de *startups* enxutas, avaliando sistematicamente os riscos associados aos projetos.
- **Autonomia:** presença de equipes auto-organizadas e multidisciplinares que operam como uma autoridade descentralizada, também chamadas de *squad* ou forças-tarefa.
- **Tecnologias sociais:** propiciam a interação horizontal em empresas verticalizadas, a partir do funcionamento de comunidades interativas.

potencialidades e fortalezas, de um lado e suas fragilidades e fraquezas, de outro.

Assim, o planejamento estratégico se refere ao futuro. E o amanhã jamais será como hoje, ainda mais em um mundo exponencial que se modifica a cada instante. Planejar a partir da idealização de cenários é definir premissas, ponderar eventuais desdobramentos e visualizar possíveis consequências futuras, procurando minimizar os riscos inerentes à tomada de decisão. É que o planejamento estratégico se baseia em decisões de hoje que deverão impactar o amanhã. É o que permite à organização desenvolver atitudes proativas em relação ao futuro projetado.

O diagnóstico estratégico externo precisa também mapear o ambiente relacional da organização, o mais próximo e imediato de cada organização e com o qual ela mantém intensa e íntima interação. É o segmento ambiental do qual a organização retira seus insumos e coloca seus produtos e serviços, colabora com outras organizações, enfrentando concorrentes e agências reguladoras.

Para funcionarem adequadamente, as empresas necessitam de um modelo confiável e estável que proporcione um arcabouço ou plataforma para coordenar e integrar todos os recursos, capacidades, competências, incluindo as pessoas com seus cargos e hierarquias e as equipes com suas tarefas e relacionamentos.

A arquitetura organizacional, também denominada desenho ou estrutura organizacional, representa o modelo de coordenação ou integração de todos os elementos vitais para a organização. Ela permite definir, descrever os processos, e constitui a maneira pela qual realizam-se atividades em um dado ambiente para alcançar os objetivos organizacionais.

Com o recente impulso da cultura do empreendedorismo, surgem inovações nos modelos de negócios, que têm a pretensão de acelerar a criação de valor pelos adotantes desses modelos. Dois desses modelos vêm recebendo grande aceitação, como o *Business Model Canvas* e o outro modelo conceituado como Organização Exponencial (ExO).

REFERÊNCIAS

1. HEIJDEN, K. D. *Planejamento de cenários*: a arte da conversação estratégica. Porto Alegre: Bookman, 2004. p. 16.

2. EMERY, F. E.; TRIST, E. L. The casual texture of organizational environments. *Human Relations*, v. 13, 1965. Disponível em: https://journals.sagepub.com/doi/10.1177/001872676501800103. Acesso em: 03 nov. 2022.

3. CHIAVENATO, I. *Teoria Geral da Administração*. 8. ed. São Paulo: Atlas, 2021.

4. CHRISTENSEN, C. M. The innovator's dilemma: when new technologies cause great firms to fail. *Harvard Business Review Press*, 2016. Citado em: https://www.forrester.com/blogs/jack-welchs-passing-leaves-a-management-legacy-that-still-resonates/. Acesso em: 03 nov. 2022.

5. STANTON, W. J.; ETZEL, M. J.; WALKER, B. J. *Marketing*. 13. ed. New York: McGraw-Hill/Irwin, 2004.

6. GEORGANTZAS, N. C.; ACAR, W. *Scenario-driven planning*: learning to manage strategic uncertainty. New York: Quorum Books, 1995.

7. GEORGANTZAS, N. C.; ACAR, W. *Scenario-driven planning*: learning to manage strategic uncertainty. New York: Quorum Books, 1995.

8. SCHWARTZ, P. *The art of the long view*: planning for the Future in an Uncertain World. New York: Currency, 1996.

9. SCHOEMAKER, P. J. H.; DAY, G. Preparing organizations for greater turbulence. *California Management Review*, v. 63, n. 4, p. 1-23, 2021.

10. SAPIRO, A. Impactos e resultados de um planejamento por cenários. *Revista DOM da Fundação Dom Cabral*, p. 118-121, jul./out. 2011. Disponível em: https://www.fdc.org.br/busca-global?k=sapiro#k=sapiro. Acesso em: 12 set. 2022.

11. BESANKO, D.; DRAVONE, D.; SHANLEY, M.; SCHAEFER, S. *Economics of strategy*. 7. ed. New York: John Wiley & Sons, 2017.

12. PORTER, M. E. How competitive forces shape strategy. *Harvard Business Review*, nov./dez. 1979. p. 137.

13. PIDUN, U. Corporate ambition. *In*: *Corporate strategy*: theory and practice. Wiesbaden: Springer Gabler, 2019.

14. BARNEY, J. B. Firm resources and sustained competitive advantage. *Journal of Management*, v. 17, n. 1, p. 99-120, 1991. PETERAF, M. A. The cornerstones of competitive advantage: a resource-based view. *Strategic Management Journal*, v. 14. n. 3, p. 179-192, 1993.

15. PRAHALAD, C. K.; HAMEL, G. The core competence of the corporation. *Harvard Business Review*, v. 68, n. 3, p. 79-91, 1990.

16. BARNEY, J. B. Firm resources and sustained competitive advantage. *Journal of Management*, v. 17, p. 99-120, 1991.

17. HITT, M. A.; IRELAND, R. D.; HOSKISSON, R. E. *Strategic management*: competitiveness and globalization. Cincinnati: South-Western College Publishing, 2001. p. 101.

18. TEECE, D. J. Business models, business strategy, and innovation. *Long Range Plan*, v. 43, n. 2, p. 172-194, 2010.

19. PINCHOT, E.; PINCHOT, G. "The End of Bureaucracy and the Rise of the Intelligent Organization". *In*: *Knowledge Management and Organizational Design*, Butterworth-Heinemann, 1996.

20. LINDGARDT, Z. R. M.; STALK G.; DEIMLER, M. S. *Business model innovation*. BCG Report. 2009. Disponível em: https://www.bcg.com/documents/file36456.pdf. Acesso em: 30 out. 2019.

21. The Mckinsey 7-S Model. Disponível em: The Mckinsey 7-S Model (bconglobal.com). Acesso em: 03 nov. 2022.

22. PASCALE, R. T.; ATHOS, A. G. *The art of japanese management*. Londres: Penguin Books, 1986.

23. PASCALE, R. T. *Managing on the edge*: how the smartest companies use conflict to stay ahead. Touchstone Books, 1991.

24. OSTERWALDER, A.; PIGNEUR, Y.; CLARK, T.; SMITH, A. *Business model generation*: a handbook for visionaries, game changers and challengers. New York: John Wiley & Sons, 2010.

25. ISMAIL, S.; MALONE, M. S.; Van GEEST, Y. *Exponential organizations*: why new organizations are ten times better, faster, and cheaper than yours (and what to do about it). Diversion Books, 2014.

PARTE III — A ESCOLHA ESTRATÉGICA

Compreendendo como as organizações buscam e empreendem alternativas estratégicas

Assista aos vídeos dos autores na Sala de Aula Virtual

Esta terceira parte trata da formulação dos compromissos estratégicos da organização – declarados em sua missão e visão de futuro – e as políticas que deverão orientar as ações organizacionais, bem como a necessidade de identificar e aproveitar da maneira mais rápida possível as oportunidades que surgem e esquivar-se das ameaças externas, aproveitando as forças internas que possam acelerar a consecução do compromisso e corrigindo suas fragilidades que possam retardá-lo, sempre dentro de uma perspectiva de superação de desafios e busca da excelência.

A escolha e formulação da estratégia organizacional constitui um dos aspectos mais envolventes e complexos da administração moderna, pois não somente lida com elementos internos da organização – recursos e competências e suas forças e fragilidades – e elementos externos – como mercados, clientes, concorrentes, oportunidades e ameaças ambientais –, mas também trata basicamente das ações estratégicas necessárias para alcançar da melhor maneira possível objetivos organizacionais amplos e situados no longo prazo para alcançar competitividade e sustentabilidade. Trata-se de visualizar o futuro e o destino que se pretende dar à organização como um todo e planejar as ações conjuntas e integradas para chegar lá através da participação conjunta de todos os seus integrantes. Isso exige amplo quadro, que envolve uma cascata de planos táticos desdobrados em planos operacionais, todos eles interdependentes e alinhados à estratégia, definindo todas as ações necessárias e os devidos indicadores de desempenho e de resultados esperados.

Quase sempre existem variados cursos alternativos de ação oferecendo opções que favorecem alguns aspectos em detrimento de outros em um intrincado jogo em que custos, recursos, competências e tempo se alternam e se misturam com desafios e riscos. Dentre tantas alternativas, apenas uma delas deverá ser escolhida por meio de um processo decisório que avalia vantagens e desvantagens de cada alternativa em termos de recursos e competências necessários, custos, riscos, tempo etc. Sempre levando em conta o conhecimento estratégico externo e interno que acabamos de ver nos capítulos anteriores. Trata-se de conceber o que fazer, como, para quê, quando, onde, por quem e por quanto. A formulação estratégica constitui sempre um processo criativo e empreendedor de mudança organizacional onde ingressam componentes dos mais variados aspectos, como arquitetura organizacional, cultura corporativa, estilo de gestão e, principalmente, recursos e competências para dar conteúdo, impulso e sentido ao processo estratégico. Esta parte está totalmente dedicada à maneira pela qual as organizações buscam meios inteligentes de lidar com o seu mercado e com a concorrência no longo prazo. E abrange um capítulo, como mostrado pela Figura III.1.

Capítulo 5 – As Escolhas Estratégicas: é dedicado ao estudo da escolha e formulação da estratégia e de seus *guidelines* que expressam os limites dentro dos quais as futuras ações organizacionais deverão ocorrer. Envolve a seleção das abordagens estratégicas a adotar, a definição e desdobramento das estratégias genéricas possíveis, bem como considerações sobre principais abordagens estratégicas referentes ao crescimento acelerado, à sustentação e desenvolvimento de mercados e políticas de relacionamento, bem como uma reflexão sobre as políticas de inovação. Focaliza também os jogos de empresas e as estratégias de ataque, defesa e cooperação, bem como os possíveis movimentos de entrada e saída, retaliação ou cooperação, aplicação de modelos de apoio à decisão sobre definição de objetivos e formulação de estratégias.

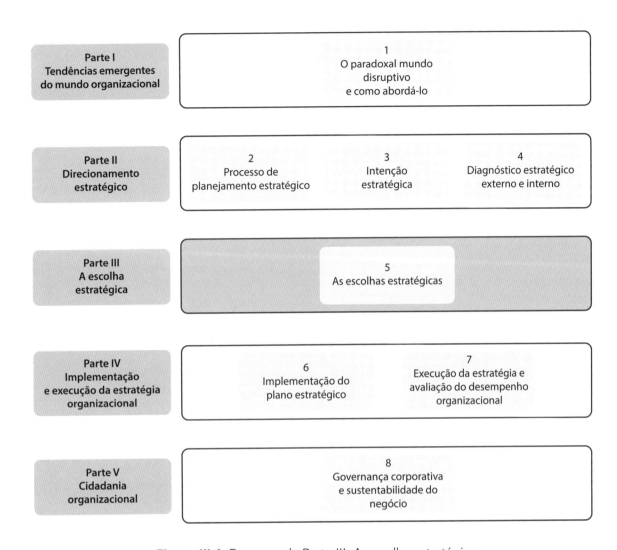

Figura III.1 Estrutura da Parte III: A escolha estratégica.

AS ESCOLHAS ESTRATÉGICAS
Estabelecimento de políticas de negócios

OBJETIVOS DE APRENDIZAGEM

- Identificar os fatores críticos de sucesso em um negócio.
- Indicar os modelos de apoio à decisão.
- Definir as políticas de crescimento.
- Detalhar as abordagens estratégicas genéricas.
- Explicitar a política de relacionamento.
- Indicar os meios de reestruturação estratégica.

O QUE VOCÊ VERÁ NESTE CAPÍTULO

- Fatores críticos de sucesso.
- Decisões estratégicas.
- Estratégia como mecanismo de aprendizagem organizacional.
- Inteligência de negócios.
- Modelos de apoio à decisão.
- Matriz de integração estratégica.
- Políticas de crescimento.
- Políticas de operações.
- Políticas de relacionamento.
- Reestruturação organizacional.
- Redes de negócios.

INTRODUÇÃO

A partir do diagnóstico estratégico externo e interno, o volume de conhecimento adquirido a respeito do macroambiente, do microambiente e do ambiente interno da organização – é quase sempre volumoso e complexo. Ao idealizar cenários, com base nesse conhecimento complexo, será possível fazer uma escolha (decisão) das variáveis-chave que serão gerenciadas e que tenham a capacidade de, efetivamente, assegurar o sucesso da organização diante daqueles cenários. Esses elementos são os chamados fatores críticos de sucesso (FCS ou *KSF – Key Critical Factors*).

5.1 FATORES CRÍTICOS DE SUCESSO

Os fatores críticos de sucesso (FCS) é que darão a resposta para superar as ameaças e contingências do ambiente, apesar das fragilidades da organização, do mesmo modo que permitirão maximizar as oportunidades do ambiente, associando-se às forças da organização. FCS são elementos que, quando ausentes ou frágeis, impedem o sucesso de uma organização. São, portanto, prioridades para o êxito organizacional.

Para identificar os FCS em qualquer negócio, é necessário fazer a seguinte pergunta: O que deve ser feito para ser bem-sucedido? Em uma organização lucrativa, o sucesso significa fazer lucro. Os FCS dependerão de quais negócios geram lucro. Se o negócio é produzir roupas, os fatores estarão localizados em operações de baixo custo e elevado volume de vendas. Se o negócio é produzir roupas de luxo, os custos não serão tão importantes quanto a alta qualidade dos materiais, da confecção aprimorada e do desenho criativo.

Lista de fatores críticos de sucesso: o Quadro 5.1 apresenta uma lista de possíveis FCS que devem ter a condição potencial para lidar com as diferentes variáveis identificadas na preparação dos diagnósticos dos ambientes contextual e transacional.

A decisão sobre quais serão os fatores críticos de sucesso escolhidos para atuar em cada cenário avaliado (como explicado no Capítulo 4, Seção 4.2 – Construção de cenários) é de fundamental importância. Quando esses fatores são definidos acertadamente, permitem focar a organização nas atividades-chave do seu negócio, possibilitando que ela atinja seus objetivos de maneira sustentável.

Figura 5.1 Tomada de decisões com base na análise preditiva.

Fonte: adaptada de Davenport e Harris (p. 7).[1]

Capítulo 5 | As Escolhas Estratégicas **121**

Quadro 5.1 Lista não extensiva de potenciais FCS

Variáveis dos ambientes contextuais e transacionais	Fatores críticos de sucesso
Variáveis demográficas	**Resiliência:** capacidade de enfrentar e superar perturbações externas. É a resiliência quem determina o grau de defesa ou vulnerabilidade do sistema às pressões ambientais externas. **Stewardship:** gestão ética e responsável do negócio durante todo seu ciclo, desde a criação, operação e mesmo após sua extinção. Visa minimizar os riscos potenciais para os públicos envolvidos, procurando maximizar seus benefícios duradouros.
Variáveis econômicas	**Qualidade da gestão financeira:** excelência na gestão dos recursos financeiros da organização de modo a suportar adequadamente, em termos de práticas de controle, previsão e gestão dos riscos, os planos, estratégias e processos da organização. **Rentabilidade e lucratividade:** rentabilidade é a relação entre o retorno sobre o investimento realizado. Lucratividade é a relação do lucro com o montante de vendas, ou outro indicador de atividade. Corresponde, genericamente, à capacidade da organização de obter receitas a mais do que as despesas necessárias para gerar a receitas.
Fatores político-legais	**Ética nos negócios:** corresponde ao comportamento da organização quando ela respeita e age em conformidade às leis, aos princípios morais e às regras de proceder aceitas pela coletividade. Quando bem implementados, os valores éticos tendem a especificar a maneira como a empresa administrará os negócios e consolidará as relações com fornecedores, clientes e outros públicos de interesse. **Liderança setorial:** capacidade e poder de antecipar, vislumbrar, flexibilizar, orientar, padronizar práticas de um setor, criando as condições de mudança estratégica sempre que necessário.
Variáveis tecnológicas	**Criatividade:** processo pelo qual, diante de problemas, deficiências, lacunas ou desarmonias no conhecimento, identificam-se as dificuldades, buscam-se soluções, testando e retestando possibilidades de modo autônomo, original e, às vezes, surpreendente. **Pesquisa e desenvolvimento:** refere-se às atividades de longo prazo, relacionadas a ciência ou tecnologia, usando técnicas similares ao método científico sem que haja resultados predeterminados mas com expectativas de sucesso. **Produtividade:** representa a quantidade de bens ou serviços produzidos em relação aos recursos utilizados no processo produtivo. As organizações que usam menos recursos para produzir uma quantidade específica de produtos são mais produtivas do que aquelas que precisam de mais recursos para produzir no mesmo nível.
Fatores de recursos naturais	**Acesso a recursos naturais:** significam a quantidade potencial dos recursos acessíveis pela organização, como energia, matéria-prima, água. Muitas organizações definem objetivos estratégicos que indicam quantidades relativas de cada um desses recursos que devem ser preservados. **Responsabilidade socioambiental:** processo contínuo e progressivo de envolvimento com questões sociais e ambientais relacionadas a todos os públicos com os quais a organização interage, de modo a proteger e melhorar o bem-estar da sociedade e do ambiente, à medida que procura atingir seus próprios interesses.
Variáveis socioculturais	**Cultura organizacional:** conjunto complexo de ideologias, símbolos, idiossincrasias, valores e práticas compartilhados por toda a organização e que influenciam no modo como os negócios e os processos são conduzidos. **Reputação e imagem:** conjunto de crenças sobre as características de uma organização que se expressa por meio de um sentimento ou atitude favorável, promovendo a confiança nela.
Forças competitivas	**Posicionamento competitivo:** representa a posição de uma organização em relação a seus concorrentes. Um dos objetivos organizacionais deve indicar a posição que a organização está tentando alcançar em relação aos seus concorrentes. **Desenvolvimento organizacional:** significa a qualidade do desempenho administrativo e do desempenho das pessoas da organização e seus sentimentos em relação ao trabalho e à organização.

Escolhidos os FCS relevantes para o sucesso da organização, o próximo passo no processo de planejamento estratégico é a definição das políticas organizacionais que darão a direção necessária para a atuação competitiva da organização. Uma política é um guia genérico para a ação. Ela delimita a ação, mas não especifica o tempo. Trata-se de um conjunto integrado de decisões que deverão alinhar o comportamento da organização e estabelecer linhas de orientação e limites para a ação das pessoas responsáveis pela implementação dos planos. Assim, as políticas são planos que lidam com os problemas recorrentes e para os quais não existe solução rotineira e levam a organização a reconhecer objetivos específicos e a trabalhar em conjunto para o seu alcance e dentro de uma maneira amplamente definida. Uma política simplesmente estabelece linhas-mestras ou fronteiras dentro das quais as decisões subsequentes devem ser tomadas.

Essas políticas organizacionais devem ser resultantes do trabalho sobre o conhecimento adquirido até agora na preparação do diagnóstico dos ambientes contextuais e transacionais e agora considerando o conhecimento adquirido na preparação do diagnóstico interno da organização.

A verdade é que para se lidar com tal volume de informações e consolidá-las para efeito de escolha das políticas organizacionais, deve-se lançar mão de ferramentas gerenciais chamadas de ferramentas de apoio à decisão. Caso contrário, corre-se o risco de se perder de vista o todo, o que pode comprometer os resultados esperados das decisões tomadas.

5.2 DECISÕES ESTRATÉGICAS

O novo cenário competitivo é uma ampla e complexa arena onde as organizações querem se fazer presentes, ocupar seu espaço, construir seu domínio e alcançar seus objetivos. Isso faz com que as organizações passem a disputar de maneiras diferentes, a fim de obter competitividade estratégica e retornos acima da média.

Reflita sobre **Humanocracia – Criando organizações tão incríveis quanto as pessoas dentro delas** na seção *Para reflexão* PE 5.1

5.2.1 Processo de tomada de decisão

Decisão é uma escolha sempre que ocorrem alternativas ou opções pela frente. A maioria das decisões em uma encruzilhada requer considerar vários fatores inter-relacionados simultaneamente obrigando a uma escolha daquilo que é crítico e envolvendo uma enorme incerteza e riscos sobre as consequências dos seus resultados. A maioria das decisões impacta interesses de pessoas e organizações que também deverão decidir se irão aceitá-las, apoiá-las ou cumpri-las. Mas, como tomar tais decisões complexas como aquelas que envolvem a estratégia organizacional? A experiência profissional, intuição e análise criteriosa são as bases para uma boa tomada de decisão. Mas não são suficientes para garantir sua adequação e qualidade. Os tomadores de decisão, principalmente quando as decisões envolvem situações novas, desconhecidas e complexas terão de buscar metodologias mais eficazes do que outros dependendo da urgência ou natureza da decisão a ser tomada, porém não são excludentes entre si e com frequência são combinadas várias técnicas.

No processo de tomada de decisão com o propósito de definição dos fatores críticos de sucesso e associando-os à decisão das políticas organizacionais, dois conjuntos de variáveis determinam os contornos que as estratégias a serem elaboradas tomarão: o conjunto de fatores externos que moldam as configurações da organização industrial ou setorial e o conjunto de fatores internos que moldam a configuração de recursos e competências organizacionais.

Disso resultam dois modelos de concepção das estratégias organizacionais: o modelo estruturalista de organização setorial e o modelo reconstrutivista dos recursos organizacionais.[2]

1. **Modelo estruturalista de organização setorial ou *I/O Model – Industrial Organization Model*:** este modelo sugere um fluxo causal entre estrutura

setorial e de mercado com a capacidade competitiva das organizações e desempenho de uma organização. O paradigma subjacente ao modelo estruturalista de organização é o determinismo ambiental segundo o qual a estrutura setorial e de mercado são dadas e as empresas devem buscar uma posição defensável contra a concorrência. Esse raciocínio sobre estratégia leva à consideração de que há setores atrativos e não atrativos em termos competitivos, para a geração de margens e evolução sustentável. Uma vez que a margem total do setor é determinada exogenamente por fatores estruturais do setor, a organização deve posicionar-se competitivamente de um modo que lhe permita garantir vantagens competitivas e maior poder de barganha ou poder de influência ao longo do canal de valor do setor.

2. **Modelo reconstrutivista de recursos organizacionais ou *Resource-Based Model*:** este modelo se baseia no paradigma de que toda organização é um conjunto único de recursos, capacidades e habilidades e que esse conjunto, quando aplicado, cria as condições para um crescimento endógeno potencial influenciando primariamente as estratégias da organização. De acordo com esse modelo, há sempre uma grande demanda potencial ainda inexplorada. O ponto crucial do problema é como converter a demanda potencial em demanda real. Isso exige que se desloque a atenção do lado da oferta para o lado da demanda, do foco na concorrência para o foco na criação de valor. Com base no modelo reconstrutivista, não há setor atraente ou não atraente em si, pois o grau da atratividade setorial pode ser alterado por meio da aplicação das competências essenciais de uma organização, conforme visto no Capítulo 4.

Tomada de decisões baseada em procedimentos: pode ser a melhor escolha quando aplicada a problemas que aparecem de maneira continuada, reiterada e sistemática. Com o tempo, podem-se definir respostas padronizadas e baseadas em um conjunto de instruções explícitas (lista de verificação ou *checklist*). Mas não é o melhor método quando se está decidindo as políticas organizacionais. Esse método deve ser considerado na fase de execução do plano estratégico, porque ele torna previsível e uniforme a maneira pela qual a organização gerencia os problemas comuns recorrentes e isso aumenta a coerência e o foco da organização. Permite também que várias pessoas se beneficiem do melhor conhecimento disponível sem ter de repetir os erros de outros que enfrentaram o mesmo problema no passado. O melhor exemplo de aplicação desse método corresponde às decisões tomadas por um piloto de avião em seu *cockpit*, por meio de uma listagem, quando enfrentar certos tipos de problemas e reagir de maneira previsível, inclusive sob as condições mais excepcionais.

Tomada de decisão baseada na experiência: quando o problema enfrentado é diferente ou complexo, torna-se difícil saber qual procedimento adotar – ou se algum procedimento é aplicável. Melhor será confiar na própria experiência para reconhecer semelhanças do problema enfrentado com outros vivenciados anteriormente. Esta abordagem de tomada de decisões tem maior possibilidade de êxito quando quem toma as decisões tem ampla gama de experiências relevantes e não há muito tempo para decidir. A expectativa é de que o tomador de decisões com mais experiência no tipo de problema enfrentado certamente tomará as melhores decisões.

Em geral, há uma forte correlação entre experiência e habilidade. A habilidade de um piloto, por exemplo, é medida em horas de voo. E a confiabilidade depositada em um cirurgião em um processo cirúrgico está diretamente relacionada com o número de procedimentos similares já realizados. Muitos profissionais confiam em sua experiência e intuição durante o processo de planejamento estratégico, porém a experiência nem sempre será a melhor conselheira ao se tomar uma decisão, pois:

- Talvez as experiências passadas não sejam aplicáveis à situação atual. Aquilo que no início parece um problema habitual pode ser bastante diferente na sequência.

- Além disso, a experiência pode ser uma fonte de autoestima e de autoridade. E para não ceder essa autoridade, o tomador de decisão pode não reconhecer que uma decisão é completamente nova em determinada situação.
- O mundo dos negócios está mudando velozmente e nem sempre a experiência passada tem algo a ver com situações futuras. Custa aceitar que certas experiências perdem sua validade devido às constantes mudanças de hoje.
- Finalmente, as lembranças das experiências passadas podem não ser precisas. Muitos fatos que são lembrados com mais clareza não aconteceram da maneira como são recordados, fazendo com que as conclusões tiradas com base naquelas experiências sejam equivocadas.

A experiência é uma das bases mais importantes para a tomada de boas decisões. Por essa razão, as organizações procuram executivos experientes, porém desde que o tomador de decisão esteja consciente de suas limitações pessoais.

Aumente seus conhecimentos sobre **Decisões intuitivas** na seção *Saiba mais* PE 5.1

Tomada de decisão baseada na análise ou analítica preditiva (*analytics*): e como se faz para tomar decisões sobre problemas desconhecidos e complexos e sem um padrão definido a seguir? Principalmente quando se lida com enorme volume de dados (*big data*). Nesse caso, é necessário fazer uma análise do problema e das opções de ação, passando pelas seguintes etapas:

1. Definição do problema.
2. Seleção dos aspectos mais importantes do problema.
3. Identificação das alternativas para resolver o problema.
4. Identificação das consequências de cada alternativa.
5. Avaliação dos riscos e incertezas que acarretam estas consequências.
6. Identificação das alternativas mais adequadas dentro de recursos disponíveis.

A tomada de decisão baseada em análise preditiva é utilizada quando já se tem informação suficiente para gerar alternativas de ação e requer critérios para definir o que é verdadeiro ou falso ou o que é relevante ou não. Ela não corresponde a uma análise quantitativa, embora os números sejam muito convenientes, mas não constituem as ferramentas mais apropriadas. Conforme Davenport e Harris,[1] a tomada de decisões com base na análise preditiva é uma forma de pensamento crítico aplicável a todo tipo de problema, seja ele quantitativo ou qualitativo, como elencado pela Figura 5.1.

A tomada de decisões baseada na análise preditiva apresenta algumas desvantagens:

- O processo requer tempo para levantar, colher, organizar, avaliar e interpretar grandes volumes de dados e informações. Quando é necessário tomar uma decisão em tempo real, essa abordagem pode não ser apropriada, a menos que tenha tecnologia apropriada.
- A tomada de decisões exige que se disponha de dados e informações-chave, mas quando não se dispõe delas, a decisão será cercada de muitas incertezas.
- O seu uso frio e inflexível pode produzir resultados acadêmicos e pouco práticos. Ou, então, as decisões se tornam tão técnicas que ficam incompreensíveis para quem deva apoiá-las ou executá-las, ou podem afastar-se do senso comum das experiências acumuladas, critérios utilizados e intuição.
- Ela não é indicada quando a decisão envolve critérios de juízo de valor, morais ou éticos, pois não responde como uma organização deve crescer, mas apenas direciona para a melhor maneira de crescer.

O Quadro 5.2 apresenta o resumo das diferentes abordagens na tomada de decisão.

Pelo exposto, pode-se concluir que a escolha das decisões sobre as políticas organizacionais exige abordagens criativas que contemplem tanto a

Capítulo 5 | As Escolhas Estratégicas **125**

Quadro 5.2 Os quatro contextos competitivos

Tipo de ambiente	Características	Processo decisório	Adaptação
1. Plácido e randômico	■ Simplicidade e rotina	■ Baseado na certeza, na rotina e na previsibilidade	■ Passividade, estabilidade, causalidade
2. Plácido e segmentado	■ Simples e previsível, mas diferenciado	■ Baseado na certeza, com algum risco em face da diferenciação	■ Algum conhecimento do ambiente
3. Perturbado e reativo	■ Complexo, mutável, com reações imprevisíveis	■ Hierarquizado e baseado no conhecimento do mercado concorrente	■ Previsão das mudanças
4. Campos turbulentos	■ Complexidade, mudança, turbulência e incerteza ■ Desdobramento monopolista	■ Baseado na identificação das ameaças e das oportunidades ambientais	■ Antecipação às mudanças ambientais ■ Cooperação

Fonte: Emery e Trist.[3]

experiência, intuição e análise preditiva de dados e informações. De um lado, a experiência e a intuição ajudam no reconhecimento de padrões e estruturas e oferecem saídas inesperadas e por isso de grande valor, enquanto a análise preditiva proporciona elementos básicos para administrar problemas complexos sistematicamente de forma gradual, explicitando e revisando cada passo por todos os participantes, minimizando as chances de se errar.

5.3 ESTRATÉGIA COMO MECANISMO DE APRENDIZAGEM ORGANIZACIONAL

Em um meio ambiente caracterizado por rápidas e incessantes mudanças e transformações, muitas organizações costumam protelar as providências necessárias para mudar suas políticas. Até mergulharem numa grave crise. E aí precisam rapidamente improvisar para tentar sai dela da melhor maneira possível. Por que as organizações deixam de se antecipar aos sinais de mudança? Por que elas deixam para a última hora a tomada de providências saneadoras? Por que é tão difícil para os gestores desenvolverem a sensibilidade e proação em relação à mudança? Por que há tantas organizações aparentemente tão cegas e surdas

em relação ao que acontece à sua volta? Quase sempre as organizações são apanhadas de calças curtas. Isso é desleixo, inabilidade ou miopia? É que as organizações conseguem enxergar apenas aquilo que é relevante para sua visão de futuro. Isso tem a ver com a percepção e sensibilidade de seus gestores das pessoas que nelas trabalham. Se as organizações pudessem enxergar de antemão as mudanças externas e gerir a mudança interna de acordo com essa antecipação, poder-se-ia evitar uma enorme mortalidade organizacional.

Percepção e sensibilidade: todo aprendizado começa com a percepção. Isso traz implicações importantes para a administração que esteja tentando conduzir a organização em meio a um ambiente mutável e turbulento. A percepção não é simplesmente uma questão de coletar informações, de olhar para uma situação e revisar todas as observações e dados em relação a ela. Nas pessoas, a percepção significa envolver-se ativamente com o mundo. E nas organizações ela é também ativa. A percepção requer o esforço deliberado das equipes de trabalho da organização para visitar seu futuro, desenvolver lapsos de tempo e opções de comportamento. Caso contrário, as observações e os dados coletados não terão significado. Empreender tal esforço é mais fácil para o indivíduo do que para a organização, porque seu cérebro está intimamente equipado para esse tipo de mobilização ativa. Mas uma organização não está inatamente equipada para fabricar tipos de memórias de futuro. A organização precisa tomar medidas específicas para produzir tal memória e descobrir formas de construir a memória organizacional do futuro.

PARA REFLEXÃO

Percepções pessoais

As pessoas se comportam de acordo com as percepções do mundo que as rodeia. Essas percepções levam ao que as pessoas creem que podem fazer e alcançar com seu comportamento. A percepção ocorre por meio dos sentidos. As pessoas recebem e transmitem a informação por meio de receptores especializados – os órgãos dos sentidos – que comunicam a elas as impressões óticas (visão), acústicas (audição), olfativas (olfato), gustativas (gosto) e táteis (sistema sinestésico). Esses receptores transmitem os estímulos externos ao cérebro que, pelo processo de generalização, distorção e seleção, filtra esses sinais elétricos e os transforma em uma representação interna. A sensação provinda dos órgãos dos sentidos produz a percepção. Quanto maior a riqueza de informação percebida, tanto maiores as possibilidades de seu registro e processamento. Dessa maneira, a percepção potencializa a inteligência. Aumentar a capacidade de percepção permite captar maior quantidade e qualidade da informação sobre a realidade que nos rodeia. Na prática, o que interpretamos como real não é a realidade, mas uma representação mental dessa realidade. Essa percepção é indispensável ao estrategista.

Aprendendo a tomar boas decisões: essa reflexão explica a dificuldade de se tomar decisões preventivas. Todo processo decisório é na verdade um processo de aprendizado. Assim, as decisões não podem ser tomadas à velha moda autoritária e conservadora. Elas precisam de interação, reflexão intuitiva e desenvolvimento cooperativo de novos modelos mentais. A forma de aumentar a velocidade e correção da tomada de decisão passa pela capacidade de aprender. Quanto mais profunda a simulação e quanto mais se exploram as possibilidades, mais se estimulam a imaginação e o aprendizado. E mais eficaz passa ser o processo decisório.

Aumente seus conhecimentos sobre **Imaginação, aprendizado e criatividade** na seção *Saiba mais* PE 5.2

Aprendizagem é uma mudança ou alteração de comportamento em função de novos conhecimentos, habilidades ou destrezas incorporadas a fim de melhorá-lo.

Com base em seus estudos sobre o desenvolvimento humano, Jean Piaget[4] afirma que cada pessoa constrói o conhecimento por si mesma, organizando aquilo que interpreta a partir da experiência e, ao interpretá-la, dá-lhe a forma de um mundo estruturado. Mas na medida em que acumula experiência repetida, cada pessoa gera certos invariantes que funcionam como uma necessidade cognitiva indispensável para manter a racionalidade humana para pensar, raciocinar, saber, conhecer, planejar, decidir e não ficar insano com tanta complexidade e variação ao redor. Um invariante é uma relação que se mantém, enquanto todo o restante do mundo muda. Dessa maneira, surgem os paradigmas que se perpetuam na medida em que preservam o equilíbrio mental da pessoa. E essa passa a ser a característica comportamental dos executivos e funcionários da organização.

Aumente seus conhecimentos sobre **Tipos de aprendizagem** na seção *Saiba mais* PE 5.3

5.4 INTELIGÊNCIA DE NEGÓCIOS

A inteligência de negócios (*BI – business intelligence*) constitui um processo abrangente de coleta de dados e informações relevantes a respeito de objetivos, estratégias, recursos e competências da organização e dos concorrentes. Assim, utiliza intensamente dados para compreender, analisar e guiar o desempenho dos negócios. Aliás, a analítica (*analytics*) constitui o uso extensivo de dados, análise estatística e quantitativa, modelos explanatórios e preditivos e gestão baseada em fatos, para impulsionar decisões e ações. Acesse o *site* da empresa Idanalytics (http://www.idanalytics.com), que oferece serviços de BI, para uma descrição parcial das características desse tipo de conhecimento. Nesse sentido, a analítica constitui o insumo para decisões humanas ou pode fundamentar decisões totalmente automatizadas.

CLIPPING COMPETITIVO

Análises rigorosas

De todas as decisões baseadas em análises rigorosas, as decisões baseadas em dados desmoronam sob o peso de um futuro extremamente mutável e incerto. Tendências futuras não se espelharão nas passadas, mas em um mundo em rápida mudança pela frente. Com base apenas em fatos de hoje caminha-se para o insucesso face às mudanças e transformações que virão. Todo modelo de gestão reflete a maneira sobre como pensamos. Os antigos modelos não funcionam mais. Como projetar uma estratégia que funcione agora e no futuro? Ninguém sabe o futuro porque ele é extremamente volátil. E como ajustá-la ou modificá-la? Se montá-la com base no passado ou no presente, assumirá que o futuro será idêntico ao passado ou presente. Torna-se menos dados atuais e do passado e mais criatividade e inovação para o futuro.[5]

5.4.1 Inteligência competitiva

Um subconjunto da inteligência de negócios é a inteligência competitiva, ou seja, um conjunto de tecnologias e processos que utilizam dados para compreender e analisar o desempenho da organização *vis-à-vis* com dos concorrentes no mercado.

A análise da concorrência procura focalizar cada um dos concorrentes diretos com os quais a organização disputa o mercado. Segundo Conner,[6] a análise da concorrência busca entender os seguintes aspectos:

- Quais são os objetivos futuros do concorrente.
- Qual são suas estratégias atuais, quais as ações que ele está executando e o que ele ainda poderá fazer.
- Quais são as suposições da organização concorrente, o que ela acredita a respeito de si própria e do setor.
- Qual é a capacidade do concorrente.

A análise das informações relacionadas com esses aspectos ajuda a esboçar um perfil antecipado de resposta ou reação para cada concorrente. Os resultados da análise permitem entender, interpretar e prever as possíveis ações e iniciativas dos concorrentes.

A análise da concorrência envolve uma série de círculos concêntricos de competidores, conforme mostrado pela Figura 5.2. Na parte mais central estão os concorrentes diretos num grupo estratégico; a seguir, vêm as organizações de um setor que são motivadas a superar as barreiras à entrada ao grupo estratégico; na parte mais externa, estão os participantes potenciais e os substitutos.

Modelos dinâmicos de concorrência e cooperação: o mundo dos negócios é assim, dinâmico e complexo. Nada está em repouso. Nada é estático. Tudo se movimenta incessantemente em direções e velocidades diferentes que podem mudar bruscamente e sem prévio aviso. Os protagonistas desse complicado e nebuloso cenário disputam ferozmente por tudo aquilo que pretendem obter. Trata-se de uma ampla e complexa arena onde as organizações querem ocupar seus espaços e

Figura 5.2 Círculos concêntricos da análise da concorrência.

alcançar seus objetivos, sendo que, muitas vezes, os principais concorrentes, clientes ou fornecedores podem defender os mesmos interesses. Por exemplo, a Kodak, Fuji e Agfa sempre foram grandes rivais no mercado de filmes fotográficos, mas entre elas há uma intensa colaboração no sentido de dificultar o avanço das empresas de informática no setor, o que não as impede de brigarem na justiça sobre questões de domínio de mercado.

Desafio da avaliação competitiva dos concorrentes: sem o conhecimento dos pontos fortes e fracos dos concorrentes e de suas ações mais prováveis, é impossível formular um componente central da formulação estratégica: descobrir um grupo de clientes para os quais há uma vantagem competitiva em relação à concorrência. Como a vantagem competitiva é um conceito relativo e contingencial, a organização que tiver um conhecimento deficiente de seus concorrentes não terá nenhum conhecimento de si própria. O que caracteriza a dinâmica competitiva é que as organizações são mutuamente dependentes: elas são impactadas pelos movimentos umas das outras e devem reagir em função dessa nova situação. As respostas variam, indo desde uma resposta de retaliação agressiva até a proposição de verdadeiras redes de valor para congregar diferentes organizações que atuam como se elas fossem uma só.

Assim, devem ser considerados tanto movimentos ofensivos como defensivos, como forma de deter concorrentes prestes a iniciar movimentos indesejáveis, trabalhando-se o processo da ação competitiva em um ambiente cujos contextos variam enormemente.

Existe forte relação entre a complexidade do ambiente e a modalidade de tomada de decisões e da adaptação das organizações. Cada tipo de ambiente provoca o aparecimento de diferentes características organizacionais que não são ditadas pela própria organização, mas impostas externamente pelas condições ambientais, conforme classificaram Emery e Trist (1965):[3]

- **Meio plácido e randômico**: é o ambiente mais simples e rotineiro de todos, onde ocorre a certeza nas decisões. Como qualquer comportamento é tão bom quanto a algum outro, a

aprendizagem é impossível. Como as organizações são relativamente isoladas das outras, sua adaptação é randômica e casual.
- **Meio plácido e segmentado**: nesse ambiente surge a necessidade de risco. Como as decisões casuais e randômicas são ineficientes, a organização assume decisões que envolvem riscos.
- **Ambiente perturbado e reativo**: esse ambiente leva a uma incerteza competitiva. O ambiente é significativamente influenciado pelas decisões tomadas pelas outras organizações que atuam nele. As pessoas que adquirem conhecimento do mercado (aprendizagem) tornam-se mais capazes do que as outras. O conhecimento torna-se condição básica para o processo decisório, e aquelas pessoas que o detêm passam a supervisionar aquelas que não o possuem. Surge então uma estrutura hierárquica formal para a tomada de decisão.
- **Ambiente de campos turbulentos**: este ambiente requer alguma forma de acomodação entre organizações dissimilares. Essa condição requer um relacionamento que, enquanto maximiza a cooperação, reconhece a autonomia de cada organização. Além da cooperação interorganizacional, ocorre nesse tipo de ambiente uma contínua mudança associada com à inovação, provocando relevante incerteza, forte impulso para a pesquisa e desenvolvimento ou tecnologia avançada.

A capacidade de qualquer sistema em se adaptar às contingências mutáveis em seu ambiente está inversamente relacionada com o grau de controle dos tipos de ambientes competitivos. Adaptabilidade existe por definição na medida em que um sistema possa sobreviver às mudanças externamente causadas em suas interdependências transacionais.

Acesse o conteúdo **Critérios sobre concorrência direta** na seção *Clipping competitivo* PE 5.1

O Quadro 5.3 apresenta um resumo das diferentes abordagens na tomada de decisão.

5.5 MODELOS DE APOIO À DECISÃO

Há vários modelos de apoio à decisão que podem ser utilizados. Entre eles, estão a Matriz SWOT, Matriz da McKinsey, Matriz BCG (estudada no Capítulo 6) e a Análise da Indústria de Porter, que se destacam pela abrangência na aplicação.

5.5.1 Matriz SWOT

A denominação Matriz SWOT vem do acrônimo (*Strengths* = Forças; *Weaknesses* = Fragilidades; *Opportunities* = Oportunidades; *Threats* = Ameaças). Há dúvidas se ela foi criada no

Quadro 5.3 Comparativo das abordagens na tomada de decisão

Abordagem	Aplicação	Critério	Premissas	Vantagens	Desvantagens
Baseada em procedimentos	Problemas conhecidos padronizados	Instruções programadas	Treinamento	- Previsibilidade - Uniformidade - Acessibilidade	- Impraticável para problemas complexos, não padronizados
Baseada em experiência	Problemas conhecidos não sistemáticos	Experiência Intuição	Sensibilidade	- Rapidez e segurança na tomada de decisão	- Confiança exagerada
Baseada em análise	Problemas desconhecidos sem padrão	Processo analítico	Atitude investigativa	- Solução estruturada passível de compartilhamento	- Necessidade de informações-chave; risco de soluções pouco práticas

130 Planejamento Estratégico

CLIPPING COMPETITIVO

O intenso campo dinâmico de forças competitivas

Para Day e Reibstein,[7] a dinâmica competitiva requer um referencial para a análise da concorrência, a fim de avaliar tanto movimentos ofensivos como defensivos no sentido de impedir os concorrentes prestes a iniciar reações indesejáveis. Tal processo deve levar em conta a complexidade do mundo moderno dos negócios, onde concorrente, cliente, colaborador ou fornecedor podem estar em uma mesma organização.

As ações que uma organização adota provocam reações dos concorrentes, que, por sua vez, conduzem a contrarreações daquela organização. Essa cadeia de eventos – série de ações, reações e contrarreações entre organizações que concorrem dentro de um setor em particular – cria uma dinâmica competitiva. Trata-se de um intenso campo dinâmico de forças intervenientes.

Devido à dinâmica competitiva, a eficácia da estratégia de uma organização é determinada não somente pela sua ação inicial, mas também por quão bem ela antecipa e encaminha as ações e movimentos contrários dos concorrentes e se desloca em relação às exigências dos clientes ao longo do tempo. Isso faz com que na formulação estratégica não se pense apenas nas oportunidades e ameaças ambientais e nos pontos fortes e fracos da organização, mas também no comportamento e nas reações dos concorrentes. Deve-se levar em conta que a vantagem competitiva não é um dado imutável: ela é relativa e contingente, enquanto os oponentes não conseguem chegar lá. Espera-se que, quando eles cheguem lá, a organização já se tenha deslocado para frente em uma velocidade maior.

Stanford Research Institute, por volta de 1960 e 1970, ou por Kenneth Andrews, da Harvard Business School,[8] como uma metodologia para abordar tanto o ambiente externo como o ambiente interno da organização em termos de oportunidades e ameaças exógenas e de forças e fragilidades endógenas. Tarapanoff[9] mostra que a matriz SWOT tem mais de três mil anos ao citar um conselho de Sun Tzu em que ele dizia: "Concentre-se nos pontos fortes, reconheça as fraquezas, agarre as oportunidades e proteja-se contra as ameaças" (Sun Tzu – 544-496 a.C., foi um general, estrategista e filósofo chinês. É conhecido por sua suposta obra *A arte da guerra*, composta por 13 capítulos de estratégias militares).

A formulação das políticas realizada a partir da matriz SWOT é uma das práticas mais utilizadas no processo de planejamento estratégico. A base de aplicação da matriz SWOT é o cruzamento do que sejam as oportunidades e as ameaças externas à intenção estratégica da organização, levando-se em conta sua missão, visão, valores e objetivos estratégicos, conforme discutido no Capítulo 3, com as forças (pontos fortes) e fragilidades (pontos fracos ou para melhoria) de cada organização ao lidar com aquelas ameaças e oportunidades que a envolvem.

Em uma primeira etapa, listam-se as oportunidades e as ameaças presentes no ambiente externo, com as forças e fragilidades mapeadas no ambiente interno da organização, conforme exemplo genérico apresentado pelo Quadro 5.4.

Uma vez listados esses itens ou quaisquer outros que sejam relevantes para a análise, pode-se interpretar a inter-relação de forças e fragilidades internas e de oportunidades e ameaças externas. Esse cruzamento forma quatro células da Matriz SWOT e para cada célula haverá uma indicação de que rumo tomar, mostrado no Quadro 5.5.

As quatro áreas servem como indicadores da situação, a saber:

Quadro 5.4 Listagem dos fatores

Forças	Fragilidades	Oportunidades	Ameaças
■ Competências básicas em áreas-chave ■ Recursos financeiros adequados ■ Liderança e imagem de mercado ■ Acesso a economias de escala ■ Curva de experiência em P&D	■ Falta de foco no negócio ■ Instalações obsoletas ■ Ausência de competências básicas ■ Problemas operacionais internos etc. ■ Confiabilidade dos dados, planos e previsões ■ Sucessão na liderança	■ Mudança de hábitos do consumidor ■ Surgimento de novos mercados ■ Diversificação ■ Queda de barreiras comerciais	■ Mudanças de hábitos do consumidor ■ Entrada de novos concorrentes ■ Aumento das vendas de produtos substitutos ■ Novas tecnologias, serviços, ideias ■ Crise na Economia ■ Mudanças na regulamentação etc.

1. **Quadrante 1**: sugere políticas de ações ofensivas, ou seja, o uso de forças e competências da organização para aproveitar as oportunidades identificadas.
2. **Quadrante 2**: sugere que as fragilidades da organização impedem ou dificultam o aproveitamento das oportunidades ambientais e indica uma política de manutenção do *status quo*.
3. **Quadrante 3**: indica que as forças da organização devem criar barreiras às ameaças do ambiente externo.
4. **Quadrante 4**: revela a fraqueza da organização para lidar com as ameaças, podendo sugerir uma fase de crise ou declínio nos negócios.

A matriz SWOT proporciona uma análise estratégica que permite perceber como a organização pode lidar com tendências, oportunidades, coações e ameaças provenientes do ambiente externo, utilizando suas fortalezas.

Na prática, as organizações lidam simultaneamente com todas as situações mapeadas pela matriz SWOT. Cabe aos estrategistas planejar as

Quadro 5.5 Quatro áreas na matriz SWOT

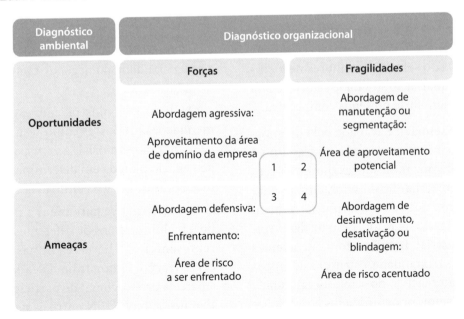

políticas mais apropriadas para cada situação, procurando fazer com que os fatores chave de sucesso estejam contemplados nelas. A dificuldade na preparação da matriz SWOT está em reconhecer o que sejam ameaças ou oportunidades. Não é um processo simples, pois análises externas ou internas superficiais, equivocadas ou omissões podem ser fatais. Nesses casos, é importante a ajuda de facilitadores profissionais externos familiarizados com a mecânica e as armadilhas da ferramenta.

5.5.2 Matriz multifatorial ou matriz de portfólio da GE

É um modelo de apoio à decisão aplicado pela primeira vez pela consultoria McKinsey para analisar os desafios estratégicos da General Electric (GE) nos anos 1960 e 1970. Para montar a matriz multifatorial, é preciso avaliar os negócios da organização de acordo com seu nível competitivo e sua dimensão, que podem constituir-se em unidades estratégicas de negócios (UEN). Os melhores negócios são aqueles nos quais a atratividade setorial é alta e a organização têm forte presença competitiva.

A matriz multifatorial parte do portfólio ou carteiras de negócios da organização e considera duas dimensões básicas na análise estratégica: de um lado, a atratividade setorial e, de outro, a capacidade competitiva potencial da organização ao lidar com os negócios do setor. Os melhores negócios são aqueles nos quais a atratividade setorial é alta e a organização tem forte presença competitiva.

1. **Atratividade setorial:** é avaliada pelo diagnóstico estratégico externo descrito no Capítulo 4 e representada por indicadores que envolvem critérios como: tamanho do setor, crescimento do setor, intensidades da concorrência, número de concorrentes no mercado, grau de desenvolvimento industrial, fraqueza dos concorrentes no mercado, sazonalidade, estrutura de custos do setor, caráter cíclico do setor, lucratividade histórica do setor, oportunidades e restrições ambientais específicas do setor, tamanho do setor, legislação trabalhista do setor e grau de inovação. A atratividade setorial pode ser avaliada como alta, média ou baixa.

2. **Capacidade competitiva potencial:** é avaliada pelo diagnóstico estratégico interno descrito no Capítulo 4 e representada por indicadores que envolvem critérios como: participação de mercado, sólida posição financeira, posição de negociação e barganha, alto nível de tecnologia utilizada, lucratividade, custo operacional, desempenho da pesquisa e desenvolvimento de processos, qualidade de produtos, talento dos gestores e dos funcionários, crescimento da participação de mercado, capacidade operacional, *know-how* e reputação da marca. A capacidade competitiva potencial pode ser avaliada como alta, média ou baixa, como mostrado no Quadro 5.6.

Situados nos blocos em branco localizados ao longo da diagonal da direita superior até a esquerda inferior estão os negócios de meia força e que devem receber investimentos apenas seletivos. Os negócios acima e à direita da diagonal são os mais fortes e é onde a organização deve investir e ajudar a crescer. Os negócios nos blocos escuros abaixo e à esquerda da diagonal são os mais baixos em força geral e candidatos ao desinvestimento. Quanto maior a atratividade do mercado e a potencialidade do negócio, tanto melhor o negócio da organização. E quanto menor a atratividade do mercado e a potencialidade do negócio, tanto pior o negócio da organização.

O Quadro 5.7 mostra, com exemplos, as recomendações propostas como resultado da análise da matriz multifatorial. Assim, para cada unidade de negócio plotada em determinada célula são indicadas as estratégias alinhadas com as políticas.

Uma alternativa para tratar a matriz de portfólio é incluir círculos de diferentes tamanhos para representar as diferentes linhas de negócios da organização. O tamanho de cada círculo indica a parcela proporcional de participação do respectivo negócio ou UEN entre os negócios totais da organização. Em cada círculo se anota a parcela de

Quadro 5.6 Matriz multifatorial da GE

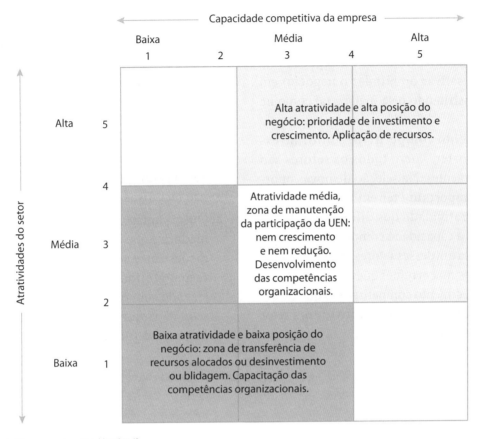

Fonte: adaptado de Thompson Jr. e Strickland III.[10]

Quadro 5.7 Exemplo de matriz GE: as três bandas da matriz multifatorial

		Forte	Média	Fraca
Atratividade setorial	**Alta**	■ Crescer ■ Procurar o domínio ■ Maximizar investimentos	■ Avaliar o potencial ■ Identificar fraquezas ■ Construir forças	■ Buscar especialização ■ Procurar nichos de mercado ■ Considerar aquisições
	Média	■ Identificar segmentos em crescimento ■ Investir firme ■ Manter posição em outra parte	■ Identificar segmentos em crescimento ■ Especializar ■ Investir seletivamente	■ Especializar ■ Procurar nichos de mercado ■ Considerar saídas
	Baixa	■ Manter posição em toda parte ■ Buscar fluxo de caixa ■ Investir em níveis de manutenção	■ Cortar produtos supérfluos ■ Minimizar investimentos ■ Renunciar a posição de mercado	■ Confiar na diplomacia do líder de mercado ■ Gerar caixa ■ Considerar tempo de saída e renúncia de posição

Fonte: adaptado de Certo.[11]

mercado proporcional (*market share*) do negócio ou UEN. As abordagens para as políticas específicas de cada negócio são representadas por letras (como I = investir negócio para fazê-lo crescer, S = selecionar os investimentos no negócio, D = desinvestir, desativar ou blindar o negócio) em cada círculo distribuído pela matriz, tal como na Figura 5.3.

Amadurecimento competitivo: conforme explicado por Porter,[12] nem todos os setores são igualmente atraentes. Na seleção de novas oportunidades, é importante ter em mente quais os critérios de atratividade dos diferentes setores, cruzando com a capacidade competitiva da organização em cada um desses setores, o que abrange a atratividade dos concorrentes que está relacionada ao seu amadurecimento competitivo. O que caracteriza o amadurecimento competitivo de um setor são os seguintes aspectos:

1. As organizações de um setor competitivamente maduro entendem o mercado em que operam e procuram estabilizar – e não desestabilizar – o ambiente do grupo estratégico. O bom concorrente ajuda a promover a estabilidade do setor se entender as regras que regem o mercado e fizer pressuposições realistas sobre o setor e sua própria posição relativa. É pouco provável que adote estratégias pouco rentáveis e que resultem em uma concorrência cujo resultado seja nulo, como gerar guerras de preços e adotar práticas não lucrativas.

2. Outra vantagem de um setor competitivamente maduro é que ele pressiona a eficiência das operações entre as concorrentes, proporcionando respeitabilidade e padrões de atuação ética, fazendo com que a vinda de novos entrantes no setor não se torne muito confortável. A aplicação da pressão torna-se maior quando o líder do

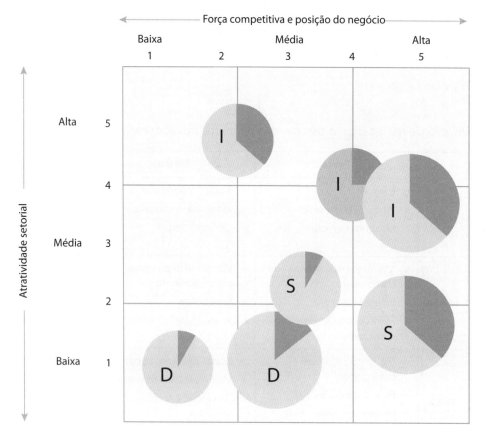

Figura 5.3 Matriz multifatorial da GE.

Fonte: Certo (p. 128).[11]

setor tem uma compreensão completa dos custos setoriais e por isso estabelece os padrões para o atendimento eficiente dos requisitos de custos em vez de apresentar ofertas desequilibradas.

3. Num setor competitivamente maduro, as metas dos concorrentes pressionam de forma benéfica e constante as demais organizações do setor. Se um concorrente tiver metas semelhantes de seus *stakeholders* quanto ao retorno sobre um investimento, enfrentará pressões competitivas semelhantes às do restante do setor. Em contrapartida, um concorrente que seja uma estatal e que não enfrenta as mesmas exigências de lucratividade ou um concorrente financiado por mercados com expectativas diferentes daquelas típicas do próprio setor pode ser uma concorrência danosa.

4. É pouco provável a existência de um setor em que os concorrentes sejam bons em todos os aspectos da mesma maneira que é impossível descobrir um setor que seja completamente atraente e consistente com os pontos fortes da organização. Ao examinar os concorrentes e procurar setores competitivamente maduros, a organização tem maior probabilidade de localizar um ambiente com oportunidades para serem aproveitadas e maximizadas.

5.5.3 Estratégias genéricas de Porter

Para Porter, existem três políticas organizacionais ou, em sua conceituação,[13] estratégias genéricas para tornar-se uma empresa mais competitiva: diferenciação, liderança de custo e enfoque.

1. **Diferenciação**: é uma estratégia que procura tornar uma organização mais competitiva mediante o desenvolvimento de um produto que o cliente perceba como diferente dos demais produtos oferecidos pelos concorrentes. Produtos podem ser oferecidos aos consumidores como diferentes porque são únicos em termos de qualidade do produto, desenho ou nível de serviço após a venda. Produtos como os tênis Nike Air, por exemplo, são visualizados como diferentes devido à sua tecnologia de construção e ao amortecimento por ar, e os automóveis Honda devido à sua elevada confiabilidade e qualidade.

2. **Liderança de custo**: é uma estratégia que focaliza tornar uma organização mais competitiva com a produção de produtos mais baratos do que os dos concorrentes. A lógica dessa estratégia é a de que produzindo produtos mais baratos que os concorrentes, a organização pode oferecer aos seus consumidores produtos a menor preço que os concorrentes e aumentar sua participação na indústria. Por essa razão, as organizações automatizam ou robotizam seus sistemas de produção para aumentar a produtividade e obter liderança de custo oferecendo produtos mais baratos.

3. **Focalização**: é uma estratégia que procura tornar uma organização mais competitiva por concentrar-se em um particular e específico consumidor. Publicadores de magazines geralmente usam uma estratégia focalizadora para oferecer seus produtos a clientes específicos. A Avon tem um foco dirigido especificamente para as donas de casa. Os produtos *diet* ou *light* focalizam o consumidor preocupado com saúde e estética pessoal.

Aumente seus conhecimentos sobre **O paradigma excludente de Michael Porter** na seção *Saiba mais* PE 5.4

5.5.4 Riscos das estratégias genéricas

Segundo Porter,[13] os riscos de seguir as estratégias genéricas são dois. Primeiro, falhar em manter ou sustentar a estratégia. Segundo, o valor das vantagens estratégicas proporcionadas por ela seja desgastado com a evolução do setor. Especificamente por estratégia genérica, os riscos são os seguintes.

Riscos da liderança no custo total: a liderança no custo impõe severos encargos para a organização preservar sua posição, o que significa reinvestimento em equipamento moderno, desfazer-se sem pena dos artigos obsoletos, evitar a proliferação na linha de produtos, estar alerta para o aperfeiçoamento tecnológico. A liderança de custo é vulnerável ao embasar-se na escala ou experiência com barreira de entrada. Alguns desses riscos são: mudança tecnológica que anula investimento ou aprendizado anterior, aprendizado de baixo custo por novas empresas, na ciência e na indústria, seguidores por meio de imitação ou de sua capacidade de investir em instalações modernas, incapacidade de ver a mudança necessária no produto ou no seu marketing em virtude da atenção colocada no custo, inflação e custos que estreitam a capacidade da organização, mantendo diferencial de preço suficiente para compensar a imagem da marca do produto, em relação ao preço dos concorrentes ou outras formas de diferenciação.

Riscos da diferenciação: a diferenciação pode acarretar uma série de riscos. O diferencial de custo entre os concorrentes de baixo custo e a empresa diferenciada torna-se muito grande para se conseguir manter a lealdade de marca. A necessidade dos compradores em relação ao fator de diferenciação diminui à medida que os compradores se tornem mais sofisticados. A imitação reduz a diferenciação percebida, uma ocorrência comum quando o setor amadurece.

Riscos do enfoque: o enfoque pode acarretar outro conjunto de riscos. As diferenças de custos entre os concorrentes que atuam no mercado e as empresas que adotam os enfoques particulares se ampliam de tal modo que eliminam as vantagens de custos de atender um alvo estreito ou anulam a diferenciação alcançada pelo enfoque. Outro risco é os concorrentes localizarem nichos dentro do alvo estratégico e se focalizarem dispersando a força do nicho.

5.6 MATRIZ DE INTEGRAÇÃO ESTRATÉGICA

O Quadro 5.8 apresenta a **Matriz de Integração Estratégica**, que consolida os modelos de apoio às decisões estratégicas: o Modelo Estruturalista de Organização Setorial e o modelo Reconstrutivista dos Recursos Organizacionais, ao propor

políticas organizacionais e estratégias genéricas considerando diferentes configurações a partir do cruzamento do conjunto de fatores externos do setor e do conjunto de fatores internos da organização.

A partir da **Matriz de Integração Estratégica**, podem-se encontrar do lado estruturalista quatro abordagens: agressiva, defensiva, de segmentação e desinvestimento ou blindagem. Do lado reconstrutivista, podem-se encontrar políticas de crescimento, de operação e de relacionamento. É o que veremos na sequência:

5.7 POLÍTICAS DE CRESCIMENTO

Quando a organização dispõe de recursos para lidar com as diferentes situações do ambiente de negócios, ela deve definir políticas de crescimento embasadas nesses recursos.

Existem seis políticas organizacionais de crescimento, a saber:

1. Liderança de custo.
2. Diversificação.
3. Internacionalização
4. Interiorização
5. Verticalização.
6. Manutenção do *status quo*.

5.7.1 Liderança de custo total

Uma das estratégias genéricas de Porter,[13] liderança de custo total é a política que se tornou comum nos anos 1970 devido à popularização dos conceitos de curva de experiência e economia de escala. Consiste em atingir a liderança no custo total em um setor por meio de um conjunto de políticas funcionais orientadas para esse objetivo básico. Suas características são:

1. A liderança no custo exige a construção agressiva de instalações em escala eficiente e redução de custo pela experiência.
2. Busca a minimização do custo em áreas como pesquisa e desenvolvimento, assistência, força de vendas, propaganda etc.

3. A atenção administrativa ao controle dos custos é necessária para atingir essas metas. Custo baixo em relação aos concorrentes torna-se o tema central de toda a estratégia, embora qualidades, assistência em outras áreas não possam ser ignoradas.

4. Atingir uma posição de custo total baixo quase sempre exige alta parcela de mercado relativa ou outras posições vantajosas, como acesso favorável às matérias-primas.

5. Pode exigir também o projeto de produto para simplificar a fabricação, a manutenção de uma vasta linha de produtos relacionados, para diluir os custos e o atendimento de todos os outros principais grupos de clientes, de modo a expandir o volume.

6. A política de baixo custo pode exigir investimentos pesados de capital em equipamento atualizado, fixação de preço agressiva e prejuízos iniciais para consolidar a parcela de mercado.

7. Uma parcela grande de mercado permite economias na compra, o que reduz ainda mais os custos e proporciona margens altas que podem ser reinvestidas em novo equipamento, em instalações mais modernas, de modo a manter a liderança de

custo. Esse reinvestimento pode ser um requisito para sustentar uma posição de custo baixo.

5.7.2 Diversificação

Organizações admiradas no mundo todo, como a GE e outras não são apenas maiores que qualquer outro empreendimento existente até hoje. Elas sabem combinar tipos diferentes de negócio sobre uma única propriedade. A revolução industrial no ocidente foi realizada em grande parte por empresas isoladas que concentravam seu empreendimento e inovação em apenas uma esfera de operações. Somente no século 20 e a partir da década de 1950 é que surgiu o conglomerado altamente diversificado.

Por volta da década de 1990, a grande maioria das grandes corporações nas economias avançadas já era diversificada. A tendência à diversificação reflete a construção do império gerencial, proporcionada pela facilidade peculiar de fusões e aquisições nos mercados financeiros. A diversificação é um desenvolvimento lógico que garante o uso racional e eficiente dos recursos. Na verdade, ela é o resultado de decisões estratégicas racionais.

Quadro 5.8 Matriz Chiavenato/Sapiro de Integração Estratégica

		Modelo Reconstrutivista de Recursos Organizacionais (*Resource-Based Organization*)		
		Políticas de crescimento (a partir da aplicação de recursos organizacionais)	Políticas de operação (a partir do desenvolvimento das capacidades organizacionais)	Políticas de relacionamento (a partir da capacitação das habilidades organizacionais)
Modelo estruturalista de organização setorial *Industrial Organization Model* (*I/O Model*)	Abordagem agressiva	Liderança de custo Diversificação	Diferenciação	Inovação
	Abordagem segmentada	Internacionalização Interiorização	Terceirização (*Outsourcing*)	Enfoque
	Abordagem defensiva	Verticalização	Seguimento	Alianças
	Abordagem de desinvestimento ou blindagem	*Status quo*	Complementar	Reestruturação Venda

Na prática, o que leva à diversificação é o compartilhando da confiança na economia de custo.

Em outras palavras, a diversificação não é nem boa nem ruim. A explicação para a diversificação se deve ao impulso dado por fatores sociais e institucionais peculiares, sobretudo o desenvolvimento de mercados de capital em que montar e desmontar grandes operações eram tarefas fáceis e rápidas de ganhar dinheiro. As origens dos grandes conglomeradas se devem também aos consultores e bancos de investimento que se ocupam e ganham com as negociações. As Figuras 5.4 e 5.5 apresentam as opções estratégicas para uma empresa que pretende diversificar-se e para uma já diversificada.

Avaliação da diversificação: é possível avaliar *a priori* se uma decisão de diversificar é capaz de aumentar o valor para os *stakeholders*. Para Porter,[14] a avaliação deve ser feita por meio de três provas essenciais:

1. **Prova da atratividade da indústria:** o setor escolhido para a diversificação oferece sistematicamente bons retornos para o investimento. Isso depende da presença de condições competitivas favoráveis em um entorno de mercado propício para a rentabilidade no longo prazo.

2. **Prova do custo de ingresso:** o custo de ingressar no setor selecionado não deve ser tão alto que reduza o potencial de uma boa rentabilidade, o que poderia criar uma situação de saída. Contudo, quanto mais atrativo o setor, tanto mais caro custa ingressar nele, devido às barreiras de entrada das empresas já instaladas. Se essas barreiras forem baixas, haverá uma enxurrada de novos concorrentes. Além disso, comprar uma empresa que já opera com um forte atrativo, em geral, supõe um elevado custo de aquisição, reduzindo as possibilidades de obter rentabilidade superior à média e melhorar o valor para os acionistas.

3. **Prova de melhor desempenho:** a diversificação deve oferecer o potencial de que os negócios existentes da empresa e os novos tenham melhor desempenho juntos do que separados. A melhor possibilidade de sinergia (1 + 1 = 3) ocorre quando uma empresa se diversifica em negócios que tenham coincidências competitivas

Opções estratégicas (para uma empresa que pretende diversificar-se)

Diversificar em negócios relacionados:

- Criar valor para os acionistas captando as coincidências estratégicas entre negócios:
  - Transferir habilidades e competências de um negócio para o outro.
  - Compartilhar instalações ou recursos para reduzir custos.
  - Fazer uso eficaz de uma marca comum.
  - Combinar recursos para criar novas forças e competências distintivas.

Diversificar em negócios não relacionados:

- Dividir o risco entre diversos negócios.
- Criar valor para os acionistas com a seleção de negócios e com a administração de todo o grupo de negócios da carteira da empresa.

Diversificar tanto em negócios relacionados como em negócios não relacionados:

- Para juntar todas as vantagens competitivas acima.

Figura 5.4 Opções estratégicas para empresa que pretende diversificar-se.

Fonte: adaptada de Thompson Jr. e Strickland III (p. 298-315).[10]

Figura 5.5 baseada em lista:

Opções estratégicas (para uma empresa já diversificada)

Realizar novas aquisições ou estabelecer associações estratégicas adicionais:
- Para criar posições em novas indústrias.
- Para fortalecer a posição das UENs em indústrias nas quais a organização tem interesse.

Vender alguns negócios da empresa já existentes:
- Para reduzir a base de negócios e o alcance das operações da empresa.
- Para eliminar negócios débeis da carteira.
- Para eliminar negócios que já não se encaixam.

Reestruturar a carteira de negócios da empresa:
- Por meio da venda de UENs com desempenho deficiente.
- Por meio do uso do capital proveniente dos desinvestimentos sem utilizá-lo em novas aquisições.

Transformar-se de uma empresa multinacional em múltiplas indústrias:
- Para triunfar em negócios globalmente competitivos.
- Para colher benefícios da convergência estratégica e adquirir vantagem competitiva com a diversificação.

Figura 5.5 Opções estratégicas para uma organização já diversificada.

Fonte: adaptada de Thompson Jr. e Strickland III.[10]

importantes no canal de valor com os negócios existentes. Essas coincidências oferecem oportunidades para reduzir custos, transferir habilidades e competências ou tecnologia de um negócio a outros e aproveitar recursos e competências existentes.

Porter afirma que as oportunidades de diversificação que passam por apenas uma ou duas provas devem despertar suspeitas.

Oportunidades de diversificação: o principal risco de concentrar-se em um único negócio significa pôr todos os ovos da companhia em uma só cesta industrial. Se o mercado fica saturado, diminui seu atrativo competitivo ou sofre erosão pelo aparecimento de novas tecnologias e produtos ou das sempre mutáveis preferências dos consumidores, o futuro da empresa pode ficar comprometido. Porém, a decisão de diversificar depende quase sempre das oportunidades de crescimento que a empresa tem no seu setor atual e das oportunidades para utilizar seus recursos e competências em outros setores do mercado.

5.7.3 Internacionalização

A internacionalização representa a entrada da organização em mercados estrangeiros e reflete a mesma lógica da diversificação. Significa uma ampliação de mercados e a busca de novas oportunidades de colocar seus produtos e serviços para aproveitar a globalização e suas características. Na política de internacionalização, pode ser um erro fatal supor que todos os concorrentes estejam lutando em um campo de jogo uniforme. Cada país tem sua cultura própria, além da língua e do fuso horário. Mas certamente a internacionalização representa uma excelente alternativa para expandir mercados.

5.7.4 Interiorização

É uma estratégia de utilizar projetos e ações no sentido de buscar a interiorização das operações da organização para atender às peculiaridades de várias regiões mais distantes. Em um país de enormes dimensões territoriais, algumas organizações buscam o desenvolvimento e a aplicação de seus recursos e competências em áreas gradativamente mais amplas e distantes.

5.7.5 Verticalização

É uma estratégia na qual a organização faz tudo ou quase tudo o que precisa para operar. Foi uma abordagem que predominou no início do século passado, quando as grandes empresas produziam tudo o que necessitavam em seus produtos finais. Na época, as organizações tinham a preocupação de manter absoluto controle sobre matérias-primas ou componentes utilizados em suas operações de produção. Por meio dessa estratégia, era possível dominar as tecnologias de processo, de produtos e de negócios, mantendo segredos industriais. Acontece que a grande variedade de atividades realizadas internamente trouxe como consequência problemas como aumento do tamanho da empresa e foco em atividades não relacionadas diretamente com o negócio principal. Daí, a perda de eficiência e o aumento do custo de produção. A verticalização pode ser feita mediante aquisições, fusões e envolvimento de cadeias de suprimentos.

A verticalização oferece várias vantagens, a saber:

- Permite maior autonomia da organização.
- Proporciona independência de terceiros e fornecedores.
- Favorece maiores lucros.
- Proporciona maior domínio sobre a tecnologia própria.

Por outro lado, a verticalização tem suas desvantagens, tais como:

- Exige maior investimento em termos de recursos e competências.
- Reduz a flexibilidade da organização pela perda de foco em função da sua abrangência.
- Impõe aumento da estrutura organizacional.

5.7.6 Manutenção do *status quo*

Essa não é bem uma estratégia de crescimento, mas apenas de blindagem. É uma estratégia eminentemente defensiva, de manutenção da situação atual. Envolve o aumento da eficiência na utilização dos recursos e competências para assegurar o domínio atual e proteger seu mercado e manter a clientela. Devido ao alto grau de passividade em relação aos concorrentes, essa estratégia em geral conduz à retirada do negócio, ou seja, a organização sai da disputa por falta de uma estratégia mais ofensiva frente aos concorrentes.

5.8 POLÍTICAS DE OPERAÇÕES

Quando a organização dispõe de uma grande capacidade gerencial ou tecnológica para lidar com as diferentes situações do ambiente de negócios, ela deve definir políticas de operações embasadas nessa capacidade. Há cinco políticas organizacionais de operações: liderança tecnológica, diferenciação, terceirização/*outsourcing*, seguimento, complementação.

5.8.1 Diferenciação

A segunda estratégia genérica de Porter[14] é diferenciar o produto ou o serviço oferecido pela organização criando algo que seja considerado único no âmbito do setor. As táticas para essa diferenciação podem assumir muitas formas, projeto ou imagem da marca, tecnologia, peculiaridades, especialidades, serviços sob encomenda, rede de fornecedores ou outras dimensões. Suas características são:

1. A organização se diferencia ao longo de várias dimensões. Deve ser ressaltado que a política de diferenciação não permite à organização ignorar os custos, mas eles não são alvo estratégico primário.

2. A diferenciação pode, às vezes, tornar impossível a obtenção de alta parcela de mercado.

3. Requer um sentimento de exclusividade, que é incompatível com a alta parcela de mercado. Muito comum é atingir a diferenciação por meio do chamado *trade-off* com a posição de custo, se as atividades necessárias para as criar são inerentemente dispendiosas, como pesquisa extensiva, projeto do produto, materiais de alta qualidade e o apoio intenso ao consumidor.

4. Mesmo que os consumidores do âmbito do setor reconheçam a superioridade da organização, nem todos os clientes estarão dispostos ou terão condições de pagar os altos preços requeridos. Em outros negócios, a diferenciação pode não ser incompatível com custos relativamente baixos e com preços comparáveis aos da concorrência.

SAIBA MAIS

Trade-off significa nada mais do que escolher uma coisa no lugar da outra. Trata-se de uma decisão que leva em conta os custos de oportunidade associados à decisão, isto é, o custo de oportunidade representa o valor da alternativa não escolhida. Ao se tomar determinada escolha, deixa-se de lado as demais possibilidades, pois são excludentes (escolher uma é recusar outras). Assim, numa situação de *trade-off* deve-se avaliar o benefício não obtido por não se escolher uma opção e o benefício obtido com a opção escolhida.

5.8.2 Terceirização/*outsourcing*

É uma estratégia de transferir para terceiros o máximo possível de atividades ou itens que compõem o produto final ou serviços oferecidos pela organização. Pode ser chamada também de horizontalização. Recebe o nome de *outsourcing* (do inglês *out* = fora e *sourcing* = fonte) pelo fato de utilizar recursos e competências externos para a realização de atividades tradicionalmente realizadas por meio de recursos e competências internos. Em geral, a palavra **terceirização** envolve fontes externas localizadas no próprio país, enquanto *outsourcing* se refere a fontes externas localizadas fora do país.

Na verdade, as atividades não essenciais – que não fazem parte do *core* da organização – é que normalmente são terceirizadas e transferidas para outras organizações que sabem fazê-las melhor e mais barato. Isso reduz a necessidade de recursos e de ativos fixos da organização e transforma o *outsourcing* em custos variáveis. Os processos fundamentais, todavia, em geral não são terceirizados, porque fazem parte do *core business* e, por questões de detenção tecnológica, qualidade e responsabilidade final do produto/serviço. Isso permite à organização concentrar-se naquilo que ela sabe fazer bem.

Entre as vantagens da terceirização estão:

- Acesso a diferentes recursos e competências.
- Maior visibilidade e redução de custos operacionais.
- Foco nas competências essenciais do negócio.
- Flexibilidade para determinar o volume de produção.
- Obter engenharia simultânea, isto é, *know-how* dos fornecedores.
- Transferência do risco para terceiros.

Contudo, suas desvantagens apontam para:

- Falta de controle tecnológico sobre os fornecedores.
- Os resultados podem não corresponder ao esperado.
- Transfere lucros para os fornecedores.
- Os custos podem ficar além do previsto.
- Fica na dependência de terceiros pouco comprometidos com o negócio.
- Em sua fase inicial, desinveste em recursos e demite funcionários.

5.8.3 Seguimento

Trata-se de uma política operacional e defensiva. A organização segue, imita e copia as organizações líderes no mercado. Quando uma organização se torna imitadora, ela sinaliza ao mercado que é uma seguidora e não uma líder ou inovadora. Imitar a estratégia de um concorrente significa que a organização está emulando ações, processos, produtos e competências de um concorrente ou grupo de concorrentes. Quando uma organização escolhe essa política, ela o faz pelas seguintes razões:

1. Pode não ter capacidade para inovar, mas tem capacidade de copiar.
2. Acredita que pode superar o desempenho do concorrente e ganhar vantagem competitiva em custo, serviço, velocidade ou qualidade.
3. Pode se contentar com alcançar paridade com a concorrência.
4. Pretende assumir poucos riscos.
5. Esta escolha pode ser mais conveniente ou adequada.
6. Como atua à sombra dos outros, ela não quer saber o que fazer mais adiante.

Uma das melhores maneiras para se preparar uma política de seguimento é por meio do *benchmarking*, para importar as melhores práticas e processos do mercado. Contudo, seguimento oferece pouca diferenciação e pouca vantagem competitiva em relação aos concorrentes. No máximo, ao imitar um *benchmarking*, a empresa pode alcançar paridade com os concorrentes. Mas se o concorrente é ágil e inovador, essa paridade é passageira. Em contrapartida, os custos para seguir são relativamente pequenos.

As vantagens de seguimento são:

- A maior parte dos investimentos alheios em desenvolvimento e experimentação faz com que o seguimento seja mais barato para a organização.
- O seguimento pode ser acompanhado de pequenos custos de investimentos se comparada com os investimentos de riscos e de esforços na inovação.

As vantagens do seguimento são:

1. Se outras empresas já o tentaram, a política poderá ser viável e talvez comprovada na prática.
2. A maior parte dos investimentos alheios em desenvolvimento e experimentação faz com que a imitação seja mais barata para a organização.
3. O seguimento pode ser acompanhado de pequenos custos de investimentos se comparados com os investimentos de riscos e de esforços na inovação.

SAIBA MAIS

Benchmarking é um processo de comparação de produtos, serviços e práticas empresariais, realizado por meio de pesquisas para comparar as ações de cada empresa com o objetivo de melhorar as funções e os processos de uma determinada empresa, na medida em que se podem criar e ter ideias novas com base no que já é realizado.

5.8.4 Complementação

Esta política, por exemplo, acontece nos negócios de *high-tech* e *softwares*, no setor de produtos para o atletismo (sapatos, tênis e equipamentos) e nos mercados automotivos e de motos. Políticas de complementação também incluem a terceirização (*outsourcing*) seletiva ou completa de funções, como desenho de produtos, TI, expedição, gestão de inventários e atendimento ao cliente.

É uma política de operação e defensiva. A organização procura complementar os produtos/serviços das empresas líderes do mercado com produtos/serviços complementares ou acessórios. O iPod e o IPhone da Apple provocaram o surgimento de uma enorme quantidade de produtos complementares no mercado. Quando uma organização escolhe essa política, ela sinaliza que deseja uma coexistência pacífica com os principais concorrentes. Muitas vezes, a organização pode aumentar, estender e complementar as competências essenciais, processos, mercados e produtos das líderes no mercado. A organização escolhe a complementação como política pelas seguintes razões:

- Deseja coexistir com as líderes no mercado:
  - Não pretende desafiar diretamente, concorrer ou mover-se contra as competências essenciais, produtos, clientes e mercados das empresas líderes.
  - Oferece produtos e serviços que são complementares e que adicionam valor às empresas líderes.

- ☐ Deseja uma função em uma variedade de posições, incluindo trabalhar na frente ou atrás das líderes.
- ■ Segue geralmente as iniciativas e movimentos das líderes e oferece retaguarda para as necessidades dos clientes não atendidas pelas empresas líderes.

5.9 POLÍTICAS DE RELACIONAMENTO

Quando a organização dispõe de capacitação para lidar com as diferentes situações do ambiente de negócios, ela deve definir políticas de relacionamento com base nessas capacitações centradas no desempenho de suas pessoas.

Um relacionamento claro é constituído a partir de uma série contínua de interações colaborativas. Isso ocorre ao longo do tempo, e a relação desenvolve um contexto do qual os participantes – organização e cliente – participam por meio de interações sucessivas. Cada relação é diferente e inerentemente singular. Só recentemente a política de relacionamento tornou-se prática e acessível em grande escala devido à redução dos custos dos recursos da TI.

A tecnologia de banco de dados – como o *Customer Relationship Management* (CRM) – permite que a organização acompanhe de perto seus clientes de forma individual. A política de relacionamento produz impactos também para manutenção de relacionamentos e construção de parcerias com revendedores, fornecedores e outros públicos de interesse. A cada interação surge nova personalização: cada vez que empresa e cliente investem na relação, a organização é capaz de adequar os seus produtos e serviços um pouco melhor às necessidades daquele cliente. Na realidade, o relacionamento torna-se mais e mais inteligente, satisfazendo cada vez mais as necessidades de cada cliente em particular. O que acontece é, na verdade, uma relação de aprendizado.

Antes de determinar a amplitude correta para os esforços na implementação da política de relacionamento, é preciso entender o raciocínio para tomar a iniciativa e os componentes básicos da política que está fundamentada na ideia de estabelecer relações e aprendizado com cada cliente, fornecedor, revendedor ou qualquer outro público de interesse. O relacionamento de aprendizagem fica mais inteligente a partir de cada interação. O cliente informa alguma necessidade e a organização personaliza ou customiza seu produto ou serviço para atender aquele cliente. Cada interação e modificação melhoram sua habilidade de colocar o produto para aquele cliente em particular. Mesmo se um concorrente oferecer o mesmo tipo de customização e interação, o cliente não conseguirá apreciar o mesmo nível de conveniência, a menos que possa ensinar ao seu concorrente as lições que sua empresa já aprendeu.

Há cinco políticas organizacionais de relacionamento: inovação, enfoque, alianças, reestruturação e venda.

5.9.1 Inovação

A inovação deveria estar no coração de toda estratégia. Na tradição clássica dominante, uma forte orientação para o mercado é essencial para a inovação bem-sucedida. Nessa concepção, a inovação efetiva vem da busca das necessidades do mercado e, no intuito de atendê-las com ofertas adequadas de produtos e serviços. Para serviços tanto quanto para bens manufaturados, uma forte orientação de mercado expressa por pesquisa de mercado, testes extensivos e capacidade de reação às necessidades do cliente, é vital para o sucesso na inovação. A implicação dessa orientação para o mercado é simples. Ao conduzir o processo de inovação, a pressão para a tecnologia feita por departamentos P&D deve ser substituída pela demanda do mercado, do marketing.

Para ser inovadora efetiva, a organização deve examinar constantemente os horizontes em busca de novas oportunidades para satisfazer os clientes. Para inovar com sucesso, a organização precisa criar clientes e satisfazê-los. As pesquisas de desenvolvimento P&D devem ser integradas aos esforços do Marketing e subordinadas a ele. A importância da demanda de mercado para o sucesso da inovação agora está bem clara. O velho ideal do cientista isolado em uma torre de marfim, aguardando pela inspiração é um anacronismo. A satisfação das necessidades do cliente se torna incompleta quando se reduz a inovação para focar a clássica preocupação com a maximização do lucro.

Aumente seus conhecimentos sobre **Inovação** na seção *Saiba mais* PE 5.5

Assim como os empreendedores que ganham poder, a inovação ou a simples ameaça dela pode ser usada por aqueles que se incubem de derrotar os desafiadores em potencial. Esse foi o papel do famoso fator "*fud*" da IBM (*fear* – medo, *uncertainty* – incerteza e *doubt* – dúvida) infundido entre os clientes, com mudanças graduais na série dominante de computadores de grande porte durante a década de 1970. A técnica tem sido refinada pelos atuais gigantes do setor de computadores com o desenvolvimento do chamado *vaporware*: promessas de novos produtos que nunca chegam, mas que são suficientes para passar a concorrência para trás.

Reflita sobre o texto **A filosofia kaizen é uma inovação?** na seção *Para reflexão* PE 5.2

5.9.2 Enfoque ou nicho

Segundo Porter,[14] a política de enfoque ou de nicho é uma das três estratégias genéricas e consiste em focar um determinado grupo comprador, um segmento da linha de produtos ou um mercado geográfico. Como ocorre com a diferenciação, o enfoque de nicho pode assumir diversas formas. Embora as políticas de baixo custo e diferenciação tenham o intuito de atingir seus objetivos no âmbito de todo o setor, a política de foco visa atender ao alvo determinado, e cada política funcional é desenvolvida levando isso em conta.

As características do enfoque ou nicho são:

- A política de enfoque assume a premissa de que a organização é capaz de atender seu alvo estratégico estreito de maneira mais efetiva ou eficiente do que os concorrentes que estão competindo de maneira ampla.
- A política de nicho de mercado ou a concentração em um setor limitado do mercado total é interessante para empresas de pequeno e médio porte que operam em mercados dominados por grandes organizações. Ela é bastante adequada para situações em que existem dentro do mercado total bolsões definidos e rentáveis, mas mal atendidos e onde a empresa dispõe de uma vantagem diferencial real para atender este bolsão ou pode criar esta vantagem.
- Uma característica do explorador bem-sucedido de nichos é a sua capacidade de segmentar o mercado de forma criativa, buscando identificar nichos novos e potenciais, mas ainda não detectados pelos concorrentes principais.
- A essência da política de nichos consiste em enfocar sua atividade nos alvos selecionados e não permitir que a empresa corra às cegas apenas atrás de mais um cliente. Desenvolver uma política de nicho exige disciplina para concentrar o esforço nos alvos escolhidos.

5.9.3 Alianças estratégicas

É uma política de relacionamento e cooperação. Nos dias de hoje, nenhuma organização consegue possuir e manter atualizadas todas as competências necessárias para o sucesso nos negócios. A complexidade está se tornando tão elevada, que as organizações estão buscando na atividade conjunta a solução para envolver uma variedade enorme de competências distintivas. Por essa razão, a estratégia focada em parcerias ou alianças estratégicas está se tornando bastante comum na atualidade. Cada organização envolvida na aliança contribui com suas competências e no conjunto a aliança se torna muito mais do que uma soma de atividades conjuntas.

A colaboração ocorre quando duas ou mais organizações trabalham juntas para um específico propósito ou projeto. A colaboração é complexa e, para ser bem-sucedida, envolve confiança e coordenação entre todas as partes envolvidas.

Quando uma organização escolhe essa política, ela se apresenta como um parceiro ou um membro da equipe por um período específico de tempo, para um projeto específico e geralmente com responsabilidades também específicas.

Parcerias podem oferecer muitas vantagens, mas exigem certos condicionantes:

- Envolvimento de parceiros relevantes e que agreguem valor para o negócio.
- Flexibilidade no trabalho conjunto.
- Relacionamento de longo prazo.
- Objetivos conjuntos e claros.
- Franqueza e confiança recíprocas.

As razões para escolha dessa política de alianças estratégicas são:

- Ela é confiável quando assume coparticipação e responsabilidade pelo sucesso ou falha do negócio.
- Ela dedica recursos e competências necessários para assegurar o sucesso do esforço colaborativo.
- Proporciona valor agregado e aspectos básicos para expertise e serviços que complementam ou recolocam os da outra parte.
- Pode desempenhar processos complexos e alcançar os desejados retornos com maior precisão, baixos custos e alto valor relativamente à outra parte.
- Sinaliza que deseja assumir todos os riscos ou parte deles em particular aspecto ou porção de um processo ou função.

As organizações de elevado desempenho reconhecem que nesse período as pessoas e sua organização aprendem como explorar as competências e oportunidades criadas pelas mudanças descontínuas ou inovações. A mudança bem-sucedida requer não somente direção, mas um enorme compromisso das pessoas envolvidas. Compromisso quer dizer também a tendência da política de persistir ao longo do tempo.

Uma política de alianças bem-sucedida requer tempo para aprender a adaptar-se. As organizações de elevado desempenho reconhecem que nesse período as pessoas e sua organização, por meio de parcerias, aprendem como explorar as competências e oportunidades criadas pelas mudanças descontínuas ou inovações.

Acesse o conteúdo **Da economia linear para a economia circular** na seção *Tendências em planejamento estratégico* 5.1

5.10 REESTRUTURAÇÃO ORGANIZACIONAL

Gestores e executivos por todo o mundo estão lutando para evitar a armadilha da concorrência embasada em preço, o que não é fácil quando se está vendendo *commodities*. Graças à tecnologia digital de informação e a internet, agora é possível sair da armadilha da *comoditização* e ressuscitar as bem-sucedidas estratégias utilizadas em outros tempos. Em vez de vender para mercados, a ideia é vender para clientes. Em vez de procurar maior participação de mercado, a ideia é buscar maior participação no cliente. Em vez de oferecer descontos para aumentar receitas, criam-se vínculos mais fortes com os clientes. Desenvolver a fidelidade dos clientes mais valiosos e aumentar a lucratividade, essa é base da reestruturação organizacional.

Segundo Mische,[15] ao adotar diferentes políticas de negócios, a organização deve considerar diferentes reestruturações estratégicas para a mudança e obtenção de vantagem competitiva frente a seus concorrentes. A organização pode enfrentar seis escolhas de reestruturação estratégica básicas, a saber:

- Tornar a concorrência irrelevante.
- Inovar as regras com as quais concorre.
- Reinventar a si mesma.
- Substituir a si mesma na concorrência.
- Colaborar com a concorrência.
- Sair da competição.

A organização pode adotar uma ou a combinação dessas escolhas para compor uma abordagem de portfólio para criar renovação estratégica e elevado desempenho. A qualquer tempo, uma ou mais escolhas terão prioridade sobre as demais. A seleção e o uso de uma estratégia dependem de um grande número de fatores internos e externos da organização. Dentre os fatores internos, estão: recursos da organização, competências essenciais, força financeira, posição de marketing da empresa em relação aos concorrentes. Dentre os fatores externos, estão: necessidades e requisitos dos clientes, dinâmicas setoriais, velocidade requerida para apoiar a mudança e nível de incerteza confrontado pela organização.

Conforme elencado pelo Quadro 5.9, algumas das implicações de cada uma dessas escolhas estratégicas são:

- **Tornar a concorrência irrelevante:** a organização que adota essa estratégia como base para competir estabelece o objetivo estratégico de ser a líder em termos de desempenho. Como tal, ela gera elevados retornos para seus novos produtos e serviços. Isso também leva a elevadas eficiências e retornos pelos novos desenhos de processos e organizacionais.

- **Inovar as regras com as quais concorre:** enquanto muitas organizações estão preocupadas em esforços de racionalização de sua cadeia de suprimentos e tentando expandir suas linhas de produtos por meio de extensões e desenvolvimentos, as organizações de vanguarda concentram recursos e energias na inovação e criam categorias inteiramente novas de produtos e conceitos.

- **Reinventar-se a si mesma:** essa estratégia é típica das organizações de aprendizagem que de maneira consistente e relevante estão sempre reinventando sua cultura corporativa, sua estrutura organizacional, seus processos internos e seu foco no cliente e no mercado. Trata-se de continuamente ajustar-se e reajustar-se tendo em vista as exigências do contexto ambiental.

- **Substituir a si mesma na competição:** quando uma organização seleciona a substituição como estratégia, ela sinaliza que irá competir em uma frente ampla utilizando vários fatores, como preço, qualidade, serviço, distribuição, processo e habilidade em mudança. As organizações que escolhem essa estratégia estão concorrendo por novas porções do mercado ou ainda criando novos segmentos para produtos e serviços dentro de um mercado ou setor existente. No fundo, é uma estratégia em que a organização concorre consigo mesma, confrontando novos produtos/serviços com os produtos/serviços anteriormente lançados.

- **Colaborar com a concorrência:** essa é uma estratégia seguidora em que a organização procura colaborar com as empresas líderes oferecendo produtos/serviços acessórios ou complementares. Na verdade, a organização oferece produtos/serviços que complementam os produtos/serviços das organizações líderes no mercado para aproveitar a força da marca ou o ciclo de vida dos produtos/serviços das líderes.

- **Sair da competição:** esta é a mais passiva das estratégias apontadas. A organização sai do páreo e se retira do mercado ou simplesmente retira seus produtos/serviços do mercado, podendo até esperar por um momento mais oportuno de retornar.

5.11 REDES DE NEGÓCIOS

Existem pressões crescentes para as organizações colaborarem a fim de competir eficazmente em mercados globalizados e orientados por tecnologia, procurando atuar em torno de redes de negócios. Os custos de desenvolvimento interno de uma variedade completa de capacidades e habilidades necessárias para competir eficazmente podem ir muito além dos recursos de uma única organização. Ou podem ser disponíveis a um menor custo por meio de redes com parceiros especializados, onde cada parceiro pode concentrar-se em aplicar sua competência essencial naquilo que cada um faz de melhor.

Quadro 5.9 As cinco escolhas de reestruturação estratégica

Mais passiva				Mais agressiva
Tornar a concorrência irrelevante	**Inovar as regras com as quais concorre**	**Reinventar a si mesma**	**Colaborar com a concorrência**	**Sair da competição**
■ Alto risco ■ Retorno elevado ■ Cria novas regras ■ Força concorrentes a mudarem ■ Define a posição no mercado ■ Sustenta ou cria vantagem competitiva	■ Cria ou captura parcela de mercado ■ Alavanca ativos e canais existentes ■ Força concorrentes para mudarem	■ Proporciona conteúdo de valor adicional ■ Compartilha os riscos ■ Requer confiança ■ Requer compromisso	■ Reduz a ameaçados líderes ■ Complementa os produtos e serviços dos líderes ■ Dá retaguarda às necessidades e requisitos	■ Falha em agir ■ Direção em necessidade confusa ■ Adquire recursos necessários ■ Espera por sinais mais claros

Fonte: Mische (p. 30-37).[15]

O surgimento de organizações envolvidas em redes de negócios, vinculadas entre si por várias formas de aliança vem se tornando um desenvolvimento estratégico dominante em muitos setores da economia, fazendo com que essas organizações passem a ser verticalmente desintegradas: funções tipicamente englobadas numa organização isolada estão sendo desempenhadas de maneira fragmentada por organizações associadas, porém independentes, às vezes na própria planta da organização integradora. As funções de *design* e desenvolvimento de produto, de manufatura e distribuição estão sendo enlaçadas em sistemas por uma variedade de novos mecanismos de mercado, mediante parcerias de mercado, de alianças estratégicas e de *marketing networks*.

Os laços interorganizacionais em uma rede podem conectar as organizações de fornecedores a usuários finais e/ou atuais ou potenciais concorrentes. A rede pode também incluir agências de serviços, tais como propaganda, pesquisa, consultoria distribuição etc. As relações entre organizações em uma rede podem incluir simples contratos transacionais; acordos colaborativos fornecedores-produtores; parcerias ou alianças estratégicas; *franchising*; *joint ventures* ou algum tipo de integração vertical. E as plataformas estão aí. Na Figura 5.6, temos quatro padrões de redes de negócios.

Aumente seus conhecimentos sobre **Tipos de redes de negócios** na seção *Saiba mais* PE 5.6

5.12 FRONTEIRAS HORIZONTAIS E VERTICAIS DAS EMPRESAS

O entendimento de que a organização se constitui como um conjunto complexo de interações entre vários indivíduos e agentes permitiu grande avanço no conhecimento da natureza organizacional. Contudo, as organizações tradicionais ainda são caracterizadas por várias fronteiras que delimitam suas áreas internas e externas e que precisam ser urgentemente flexibilizadas e permeabilizadas, ou até eliminadas, para que ideias, informação, recursos e competências possam fluir livremente acima e abaixo, dentro e fora e ao longo de toda a organização. A ideia não é somente ter fronteiras totalmente permeáveis ou mesmo não ter fronteiras, o que poderia ser uma "des-organização", mas obter adequada permeabilidade para permitir à organização ajustar-se de maneira ágil e criativa às mudanças no seu meio ambiente.

Assim, cada organização precisa reconfigurar, refinar, flexibilizar ou mesmo quebrar cerca de quatro tipos de fronteiras para se tornar flexível e ágil (Figura 5.7).

- **Fronteiras verticais:** os andares e os tetos das organizações que separam pessoas por níveis hierárquicos, títulos e *status*.
- **Fronteiras horizontais:** as paredes e os muros internos que separam as pessoas nas organizações por funções, unidades de negócios, departamentos ou divisões ou grupos de produtos.
- **Fronteiras externas:** as paredes e os muros externos que dividem as companhias por meio de seus fornecedores, consumidores, comunidades e outros elementos externos.
- **Fronteiras geográficas:** as paredes e os muros culturais que incluem aspectos das outras três fronteiras, mas que são aplicadas no tempo e no espaço, muitas vezes por meio de diferentes culturas.

Questionário sobre a permeabilidade das fronteiras da organização: Ashkenas, Ulrich e Kerr[17] propõem um questionário sobre a permeabilidade das fronteiras da organização para uma análise para ajustá-la de maneira ágil e criativa às mudanças no seu meio ambiente. As pontuações de 1 a 5 podem ser aplicadas de maneira intuitiva (Quadro 5.10).

Por seu turno, Besanko *et al.*[18] descrevem as fronteiras horizontais de uma empresa como o escopo e a escala de sua produção, que definirá as quantidades e variedades de seus bens e serviços, sendo que as fronteiras horizontais diferem muito de um setor para outro, assim como entre empresas de um mesmo setor.

Conforme análise de Besanko *et al.*,[18] em alguns setores, como o de microprocessadores, alumínio e aviões, algumas grandes empresas (por exemplo, Intel, Alcoa e Airbus) detêm enormes participações nas vendas do setor, e praticamente não há pequenas empresas viáveis. Em outros setores, como desenho de moda e consultoria gerencial, predominam as pequenas empresas. Mesmo as maiores empresas desses setores (por exemplo, Gucci, Accenture) são consideradas pequenas com base nos indicadores usuais do tamanho de um negócio, como receita de vendas e número de funcionários. Ainda em outros setores, como o de cerveja e de *software*, as pequenas empresas e as gigantes corporativas, como Inbev ou Microsoft, coexistem de forma bem-sucedida.

Ainda segundo Besanko *et al.*,[18] as fronteiras horizontais ótimas das empresas dependem

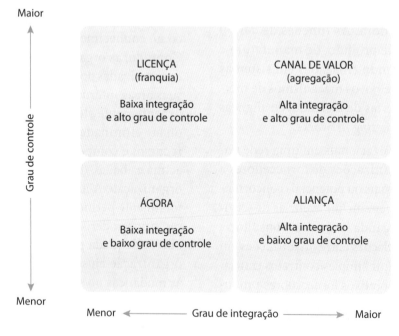

Figura 5.6 Quatro padrões de redes de negócios.
Fonte: adaptada de Tapscott (p. 28-30).[16]

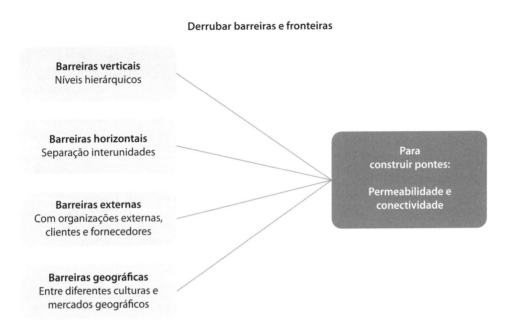

Figura 5.7 Desconstrução das barreiras internas em busca de uma visão holística da organização.
Fonte: adaptada de Ashkenas, Ulrich e Kerr (p. 28-29).[17]

enormemente das economias de escala e de escopo. As economias de escala e de escopo estão presentes sempre que os processos de produção, distribuição ou varejo em larga escala apresentam uma vantagem em termos de custos sobre os processes menores. No entanto, as economias de escala e de escopo nem sempre estão disponíveis. Muitas atividades, como paisagismo, costura e gastronomia especializada, não parecem desfrutar significativamente de economias de escala. Essas atividades normalmente são realizadas por pessoas ou empresas relativamente pequenas.

Já as fronteiras verticais, segundo Besanko et al.,[18] relacionam-se à atuação da empresa ao longo da Cadeia de Suprimentos, a partir de uma questão estratégica fundamental: o que será melhor – organizar todas as atividades em uma única empresa ou precisar de empresas independentes do mercado? Há bons exemplos de empresas que integram todas as suas atividades, constituindo-se em organizações verticalmente integradas, bem como bons exemplos de empresas que terceirizam quase todos os processos da produção à logística, ficando somente com as atividades de construção de marca e desenvolvimento de produtos, por exemplo.

As fronteiras verticais de uma empresa definem quais processos e atividades ela irá executar e quais ela terceirizará para empresas independentes no mercado. Assim, a decisão de produzir ou terceirizar (comprar no mercado) dependerá, assim como nas decisões em termos de ampliação das fronteiras horizontais, também, de considerações, sobre a forma de concorrer na base de custos menores, maiores participações de mercado ou maior poder de barganha ao longo da Cadeia de Suprimentos.

Produzir e comprar são dois extremos ao longo de uma escala de possibilidades de integração vertical. O Quadro 5.11 preenche algumas das escolhas intermediárias. Empresas integradas podem dispensar parte ou todas as suas subsidiárias. Empresas de mercado podem entrar em um contrato de longo prazo, unindo seus interesses por vários anos. Entre um extremo e outro, existem as *joint ventures* e as alianças estratégicas, nas quais duas ou mais empresas criam uma entidade independente que precisa dos recursos de ambas.

Não importa qual a posição da empresa na Cadeia de Suprimentos, ela precisa definir suas fronteiras. Para tomar as decisões sobre "produzir"

Quadro 5.10 Questionário sobre a permeabilidade das fronteiras da organização

	Rapidez	Flexibilidade	Integração	Inovação	Escore total
Fronteiras verticais	Rapidez e fluidez das decisões entre as fronteiras verticais	Maneira pela qual os gerentes de todos os níveis assumem novas responsabilidades	Maneira pela qual os problemas são abordados pelas equipes nos vários níveis organizacionais	Novas ideias são compartilhadas e decididas sem muitas rodadas de aprovação	4 a 20
Fronteiras horizontais	Novos produtos e serviços chegam ao mercado em rápido e crescente ritmo	Recursos são pronta e rapidamente distribuídos entre centros de *expertise* e unidades operacionais	Trabalho rotineiro é feito em equipes de processo e outros trabalhos são feitos por equipes de projeto definidos por centros de experiência compartilhada	Equipes ad hoc representam vários *stakeholders* de forma espontânea para explorar novas ideias	4 a 20
Fronteiras externas	As expectativas e necessidades dos consumidores são antecipadas e respondidas em tempo real	Recursos estratégicos e gerentes chave são geralmente focados nos consumidores e fornecedores	Fornecedores e consumidores são jogadores-chave na equipe que impulsiona iniciativas estratégicas	Fornecedores e consumidores são contribuintes regulares de novos produtos e ideias quanto a novos processos	4 a 20
Fronteiras geográficas	Melhores práticas são disseminadas e alavancadas rapidamente ao longo das operações de cada país	Líderes do negócio fazem rotação regularmente entre as várias operações do país	Existem plataformas padronizadas, práticas comuns e centros de experiência compartilhada ao longo dos países	Novas ideias e novos produtos são avaliados quanto à viabilidade em cada país onde surgem	4 a 20
	4 a 20	4 a 20	4 a 20	4 a 20	

Fonte: adaptado de Ashkenas, Ulrich e Kerr (p. 28-29).[17]

ou "comprar", a empresa deve comparar os benefícios e os custos de usar o **mercado** em oposição a executar a atividade em casa. O Quadro 5.12 resume os benefícios e os custos essenciais de usar as empresas de mercado.

Para Besanko *et al.*,[18] os custos e os benefícios de se basear no mercado podem ser relacionados à **Eficiência Técnica** ou **Eficiência de Agência**. Eficiência de agência diz respeito ao processo de realizar transações, enquanto eficiência técnica diz respeito aos processos de produção internos. A eficiência técnica indica se a empresa está usando o processo de produção de menor custo.

Eficiência de agência refere-se à extensão em que os relacionamentos comerciais de bens e serviços ao longo da Cadeia de Suprimentos foram organizados para minimizar os custos de coordenação, de agência e das transações. Se os relacionamentos comerciais não minimizarem esses custos, a empresa não alcança a eficiência de agência total.

SAIBA MAIS

A cadeia de suprimentos, em inglês *supply chain*, pode ser chamada de cadeia produtiva ou de produção ou, ainda, canal de suprimentos, em diferentes textos.

Williamson[19] sustenta que a organização vertical ótima minimiza a soma das ineficiências técnicas e de agência. Ou seja, as partes envolvidas nos relacionamentos comerciais da Cadeia de Suprimentos arrumam as suas transações para minimizar a soma dos custos de produção e das transações. Na medida em que o mercado é superior para minimizar os custos de produção, mas a integração vertical é superior para minimizar os custos das transações, os *tradeoffs* (opções) entre esses dois custos e inevitável.

CONCLUSÃO

O processo de planejamento estratégico refere-se à formulação de objetivos e dos cursos de ação a serem seguidos para sua adequada consecução. As organizações perseguem uma variedade de objetivos para assegurar o alcance de resultados, melhorar a si mesmas e alcançar competitividade e sustentabilidade, envolvendo crescimento e perenidade. Os objetivos têm a sua importância relacionada às mensagens internas e externas que enviam para dentro e para fora da organização, promovendo e influenciando ações e expectativas futuras.

Existe uma hierarquia de objetivos, em que os mais amplos e relevantes contemplam os resultados esperados da organização como uma totalidade e são desdobrados em uma cascata que envolve objetivos divisionais. Estes, por sua vez, se desdobram em objetivos por áreas, departamentos, até chegar aos objetivos operacionais por equipes ou individuais.

Um dos objetivos de maior relevância nas organizações é a maximização do lucro, podendo estar relacionado à rentabilidade do capital social, que é a relação do lucro sobre o patrimônio ou a lucratividade (lucro sobre vendas). Isso porque a comunidade empresarial e o mercado facilmente reconhecem esse resultado como indicador do sucesso das atividades da organização.

Em geral, as organizações encontram dificuldades de atender às variadas demandas dos diferentes *stakeholders* de forma ampla e na tentativa de buscar o equilíbrio entre diferentes expectativas frente a diferentes formas de investimentos que cada qual deles faz no negócio da organização. Embora os

Quadro 5.11 Escala de possibilidades de integração vertical

Fonte: adaptado de Besanko *et.al*. (p. 140).[18]

Quadro 5.12 Benefícios e custos essenciais de usar as empresas de mercado

Benefícios
- Empresas de mercado podem conseguir economias de escala que os processos internos produzindo apenas para as suas necessidades não podem
- Empresas de mercado estão sujeitas à disciplina do mercado e precisam ser eficientes e inovadoras para sobreviver. O sucesso global da corporação pode camuflar as ineficiências e a falta de inovação dos departamentos internos

Custos
- A coordenação de fluxos de produção pela Cadeia de Suprimentos pode ser comprometida quando uma atividade é encomendada a uma empresa de mercado independente, em vez de executada em casa
- Informação privativa pode vazar quando uma atividade é executada por uma empresa de mercado independente. Pode haver custos de negociar com empresas independentes de mercado que podem ser evitados ao se executar os processos internamente

Fonte: elaborado pelos autores com base em Besanko *et.al*.[18]

interesses dos vários *stakeholders* possam diferir, fica claro que quando a organização é próspera e bem-sucedida, aumenta a capacidade dela em servir e retribuir a todos os *stakeholders*, oferecendo bons produtos e serviços aos clientes, contribuindo para a elevação do capital de risco dos *shareholders*, melhorando a qualidade de vida da sociedade, proporcionando bons empregos, enfim criando valor e oferecendo benefícios financeiros e não financeiros ao seu redor, de modo equilibrado e proporcional a cada um deles. E isso deve fazer parte integrante dos objetivos organizacionais. Não basta tratar só do negócio, mas também e principalmente daqueles que investem nele, dos investimentos que fazem e do retorno que esperam da organização. Somente o lucro para os *shareholders* não basta. É preciso proporcionar retornos adequados a todos os demais *stakeholders*, de maneira equilibrada em um *scorecard* balanceado e justo.

O sucesso no alcance dos objetivos organizacionais almejados será função da implementação bem-sucedida de boas estratégias, que possibilitem ao estrategista deslocar, realocar, ajustar, reconciliar de modo sistemático e intensivo os recursos organizacionais e as competências essenciais, aproveitando as oportunidades emergentes no ambiente de negócios e neutralizando as ameaças e contingências que surgem pela frente.

REFERÊNCIAS

1. DAVENPORT, T. H.; HARRIS, J. G. *Competing on analytics*: the new science of winning. Boston: Harvard Business Publishing, 2007. p. 7.

2. PRAHALAD, C. K. *Competindo pelo futuro*. Rio de Janeiro: Elsevier, 2003.

3. EMERY, F. E.; TRIST, E. L. The Causal Texture of Organization Environment. *Human Relations*, v. 18, 1965.

4. 4. PIAGET, J. *Psicologia da inteligência*. Rio de Janeiro: Zahar, 1983.

5. MARTIN, R. L. A New way to think: your guide to superior management effectiveness. Boston: Harvard Business Press, 2022.

6. CONNER, K. R. Obtaining strategic advantage from being imitated: when can encouraging "clones" pay? *Management Science,* v. 41, n. 2, p. 209-225 , 1995.

7. DAY, G. S.; REIBSTEIN, D. J. The dynamic challenges for theory and practice. In: DAY, G. S.; REIBSTEIN, D. J. (eds.). Wharton on competitive strategy. New York: John Wiley, 1997. p. 2.

8. ANDREWS. K. R. *The concept of corporate strategy.* Homewood: Dow-Jones Irwin, 1971.

9. TARAPANOFF, K. (org.). *Inteligência organizacional e competitiva.* Brasília: Editora UnB, 2001. p. 209.

10. THOMPSON JR., A. A.; STRICKLAND III, A. J. *Administración estratégica*: textos y casos. McGraw-Hill, 2004.

11. CERTO, S. C. *Modern management*: diversity, quality, ethics and global environment. 6. ed. Alyn & Bacon, p. 129-131, 1994.

12. PORTER, M. E. *Vantagem competitiva*: criando e sustentando um desempenho superior. Rio de Janeiro: Elsevier, 1989. p. 203-206.

13. PORTER, M. E. *Estratégia competitiva*: técnicas para análise de indústrias e da concorrência. Rio de Janeiro: Elsevier, p. 49-58, 1989.

14. PORTER, M. E. From competitive advantage to corporate strategy. *Harvard Business Review*, p. 46-49, maio/jun. 1987.

15. .MISCHE, M. A. *Strategic renewal*: becoming a high performance organization. Prentice Hall, p. 30-37, 2001.

16. TAPSCOTT, D. *Capital digital*: dominando o poder das redes de negócios. São Paulo: Makron Books, 2001.

17. ASHKENAS, R.; ULRICH, D.; JICK, T.; KERR, S. *The boundaryless organization*: breaking the chains of organizational structure. Jossey-Bass, 2002.

18. BESANKO, D.; DRANOVE, D.; SHANLEY, M.; SCHAEFER, S. *Economics of strategy*. 7. ed. New York: John Wiley, 2017.

19. WILLIAMSON, O. E. The economics of organization: the transaction cost approach. *The American Journal of Sociology*, v. 87, n. 3, p. 548-577, 1981.

PARTE IV
IMPLEMENTAÇÃO E EXECUÇÃO DA ESTRATÉGIA ORGANIZACIONAL

Entendendo como as empresas definem seus objetivos e escolhem as estratégias adequadas para alcançá-los

Assista aos vídeos dos autores
na Sala de Aula Virtual

Não basta fazer o diagnóstico estratégico e formular o plano estratégico, embora sejam imprescindíveis e fundamentais. É preciso fazer o planejamento estratégico acontecer na prática e alcançar os objetivos propostos. Para tanto torna-se necessária a criação e da elaboração de todos os meios, recursos e competências necessários para assegurar a implementação e a execução do plano estratégico. A implementação estratégica envolve todos os cuidados a respeito de como alinhar, coordenar e integrar toda a organização para obter efeitos sinérgicos capazes de alavancar resultados e alcançar o sucesso esperado. A execução da estratégia significa colocar em marcha, pois não basta formular o plano estratégico, embora ele seja imprescindível e fundamental, mas é preciso elaborá-lo, fazê-lo trabalhar na prática e alcançar os resultados esperados. Essa é a parte mais crítica e trabalhosa, por ser a colocação em marcha e em prática de todo o processo estratégico. É a maneira como ele será realizado e executado, e como deverá alcançar os resultados propostos, avaliando-os sistematicamente.

A dificuldade de sempre é que, enquanto a formulação estratégica é feita nos níveis institucional e tático, a sua implementação e execução são geralmente realizadas no nível operacional, que nem sempre participa de sua formulação ou sequer tem a devida informação sobre os detalhes da estratégia escolhida. É como se entregasse aos colaboradores algo que eles nem sequer esperam ou sabem. Na realidade, é preciso criar e desenvolver as competências organizacionais necessárias e organizar o esforço coletivo de trabalho no sentido de desempenhar as ações básicas para a estratégia de maneira coordenada, integrada, colaborativa e excelente. A maioria dos fracassos em estratégia reside na inadequação da prática na implementação e execução do planejamento.

Já tema da avaliação do desempenho organizacional estratégico traz as abordagens e os critérios de mensuração de desempenho por meio de indicadores e métricas. Trata-se de avaliar os resultados estratégicos na medida em que são alcançados, compará-los com os indicadores e métricas previamente estabelecidos e fazer as devidas correções de rumo em tempo real e quando necessárias. Como o planejamento estratégico está alinhado para o futuro em longo prazo – e como ele não pode ser perfeito –, tais correções de rumo geralmente são constantes e permanentes para mantê-lo sempre viável e confiável.

Esta Parte IV destaca o tema da liderança de lideranças, bem como as competências essenciais. Propõe as condições da gestão da cadeia de valor que busca a excelência operacional e a agilidade organizacional com a sustentação da renovação contínua e do elevado desempenho de todos. Aborda a questão da cultura corporativa e o clima organizacional e destaca a importância das equipes multifuncionais, do espírito empreendedor e as redes de conhecimento e cooperação. Assim, o planejamento estratégico precisa ser executado com liderança e espírito empreendedor capaz de conquistar a participação e o engajamento de todos na organização, a fim de que esta consiga alcançar seus objetivos e oferecer resultados e retornos a todos os seus *stakeholders* e garantir sua competitividade e sustentabilidade ao longo do tempo.

Esta parte é constituída por dois capítulos, conforme ilustra a Figura IV.1.

Capítulo 6 – Implementação do Plano Estratégico: aqui serão apresentados todos os meios preparatórios para facilitar a execução da estratégia em todos os sentidos, ou seja, como preparar todo o esforço humano coletivo – seja individualmente ou em equipes integradas –, em todos os níveis e áreas da organização, bem como alinhar e integrar recursos produtivos, financeiros, tecnológicos, para que a organização, como um todo integrado, possa executar com sucesso o plano estratégico.

Capítulo 7 – Execução da Estratégia e Avaliação do Desempenho Organizacional: esta constitui a parte essencial e ao mesmo tempo a mais crucial do comportamento estratégico. O episódio mais sujeito aos enormes desafios de toda gestão da mudança organizacional. A execução da estratégia depende sempre de uma ampla e complexa cadeia e cadência de atividades formuladas e programadas sujeitas a erros, imprevistos, desafios inesperados, mudanças externas, concorrência, bloqueios, etc. que podem interferir a qualquer momento, mudando total ou parcialmente o andamento do processo. Tudo isso pode levar o plano estratégico ao fracasso, se não for maleável, elástico, flexível, adaptável, ágil e resiliente.

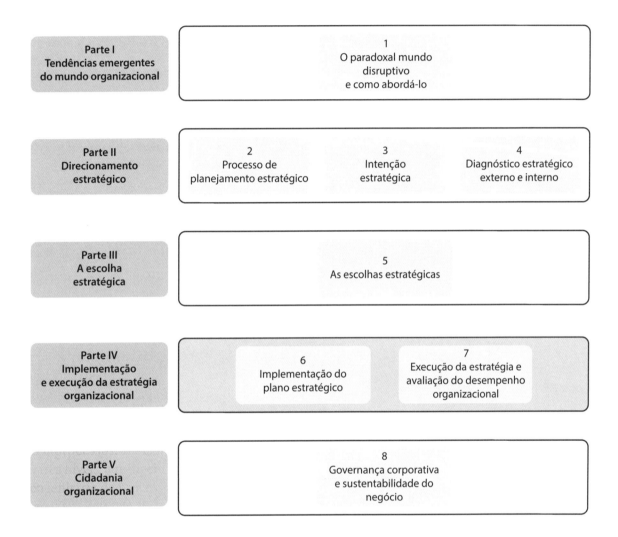

Figura IV.1 Estrutura da Parte IV: Implementação e execução da estratégia organizacional.

IMPLEMENTAÇÃO DO PLANO ESTRATÉGICO
A arte de criar processos, sistemas de atividades e fluxos de trabalho práticos que asseguram a eficácia do plano

OBJETIVOS DE APRENDIZAGEM

- Entender como e por que desenvolver o alinhamento organizacional.
- Comparar e avaliar os modelos de alinhamento organizacional.
- Saber como criar um alinhamento das unidades de negócio.
- Salientar o papel da liderança estratégica nos dias atuais.

O QUE VOCÊ VERÁ NESTE CAPÍTULO

- Alinhamento organizacional.
- Resistência às mudanças.
- Processo de definição de objetivos.
- Teoria dos *stakeholders*.
- Elaboração de estratégias.
- Modelos estratégicos.
- Sistema de atividades.
- Avaliação da estratégia organizacional.
- Eficácia organizacional.

INTRODUÇÃO

A execução do planejamento estratégico não pode ser feita sem prévia preparação e implementação para que as decisões e ações sejam bem engajadas, desempenhadas, conjugadas e alicerçadas para se obter os resultados desejados ou até mesmo ultrapassá-los.

> **PARA REFLEXÃO**
>
> **Uma viagem e não um destino**
>
> No seu tradicional modelo, que vigorou no decorrer do século passado, a estratégia seguia um processo sequencial e progressivo direcionado por objetivos situados em longo prazo em um mundo de negócios estável e relativamente previsível. Esse modelo não tem condições de funcionar mais no mundo volátil e imprevisível de hoje. Tudo mudou. A estratégia se transformou em uma viagem e não mais em um destino. Viagem por que é uma longa jornada focada mais no mediato, alinhada com uma visão de futuro que muda a cada instante. Contudo, qual seria a denominação a ser dada a todo o seu atual programa de diagnóstico prévio, formulação, implementação e execução? Preferimos manter a denominação de processo por falta de uma denominação melhor.

Implementação estratégica – o desafio da mudança organizacional: a implementação do plano estratégico se constitui numa série de passos preliminares para a execução da estratégia. Representa uma preparação prévia em termos de dotação de recursos e competências para que a execução seja não somente possível, mas eficiente e eficaz sob todos os ângulos, e se refere ao encaminhamento das ações a serem seguidas para a sua consecução.

Heskett et al.[1] destacam um aspecto crucial do processo de implementação do plano estratégico, sua preparação, que deve ser feita por meio de pessoas que interagem e discutem entre si, trocam ideias e negociam entre si os objetivos para chegar a um alinhamento de como assegurar as políticas decididas.

A implementação envolve necessariamente as seguintes providências prévias:

- Dotação de recursos financeiros adequados (*budget*).
- Treinamento e desenvolvimento de pessoas e equipes para criar e desenvolver habilidades e competências necessárias.
- Mudanças na arquitetura organizacional para adequar a organização aos requisitos de sua estratégia.
- Formação e preparação dos gestores e líderes sobre novos papéis requeridos pelo plano estratégico.
- Constituição e desenvolvimento de equipes.
- Reuniões de comunicação e esclarecimento dos objetivos organizacionais e das estratégias para alcançá-los.
- Busca de apoio, colaboração e engajamento de todas as pessoas envolvidas.

Como a organização nunca está sozinha no mundo dos negócios – e são muitos os concorrentes por perto –, ela precisa inovar continuamente para sair da mesmice, do conservantismo e das regras tradicionais para se tornar única e invejável. Mas, para inovar em relação ao ambiente externo, a organização precisa antes inovar a si própria, internamente, como mostrado no Quadro 6.1. Se a inovação interna vem antes, a inovação externa decorre como consequência natural. E isso somente é possível com a mudança organizacional.

Segundo Mische,[2] existem desafios que as organizações enfrentam em termos de mudança:

- **O que mudar:** quais aspectos da organização são prioritários em termos de mudança?
- **Como mudar:** como convergir e integrar todos os esforços de mudança?
- **Quando mudar:** a mudança organizacional precisa ser contínua e constante, mas existem

alguns aspectos que vêm antes como preparação para aqueles que devem vir depois.

- **Em que velocidade mudar:** as mudanças organizacionais deveriam ser alcançadas em tempo real e em ritmo adequado ao que ocorre no ambiente. Agilidade e rapidez são imprescindíveis no mundo de negócios de hoje.

- **Como gerenciar a mudança:** de maneira eficaz e como navegar nela?

- **Como conhecer o estado e a qualidade da mudança:** como monitorar os esforços de mudança e avaliar prontamente sua direção e seu impacto no desempenho organizacional?

- **Como determinar a capacidade e os requisitos da organização para a mudança:** como habilitar e capacitar a organização para que ela possa se renovar e revitalizar continuamente?

Quadro 6.1 Mudanças que definem as novas regras de gestão estratégica

Planejamento estratégico tradicional	Formulação estratégica para alto desempenho
■ Imitar ou substituir	■ Inovar, colaborar ou complementar
■ Concorrentes são rivais	■ Parceria e colaboração com concorrentes
■ Barganhar com fornecedores	■ Engajamento e parceria com fornecedores
■ Estruturas verticalmente integradas	■ Foco nas competências centrais
■ Maior tamanho para obter eficiência	■ Terceirizar seletivamente
■ Competir por posicionamento de liderança	■ Otimizar agilidade e adaptabilidade
■ Construir barreiras de entrada	■ Criar novos mercados
■ Reduzir barganha dos clientes	■ Engajar e encantar clientes
■ Liderar em custos e preço baixo	■ Oferecer proposta de valor
■ Trabalhar especialização e departamentalização	■ Trabalhar a experiência do cliente
■ Buscar liderança de participação de mercado	■ Enfatizar integração de funções e processos
	■ Capacitar colaboradores para a revolução digital

Fonte: adaptado de Mische (p. 12).[2]

A mudança organizacional pode ser ampla e global ou pode ficar restrita a certas áreas da empresa. Assim, ela pode acontecer em três estágios, conforme Figura 6.1.

1. **Estágio incremental:** são as mudanças contínuas feitas de modo incremental e paulatino em certas partes da organização, decorrentes de esforços de melhoria contínua em processos ou de redução de custos Em geral, têm pouco impacto imediato na organização como uma totalidade, sendo de baixo risco e baixo retorno no desempenho global.

2. **Estágio tático:** são as mudanças do tipo funcional-cruzado que ocorrem em certas áreas – departamentos, divisões ou unidades da organização – seja por meio da reengenharia de processos, seja na extensão de parceiros, como na terceirização de atividades, seja na seleção e desenvolvimento de parcerias. Seus riscos e retornos costumam ser elevados e imediatos.

3. **Estágio sistêmico:** são as mudanças organizacionais amplas e significativas que envolvem transformações profundas em toda a organização, como nos casos de renovação, revitalização ou desenvolvimento organizacional, trazendo mudanças na configuração da estrutura organizacional, na cultura corporativa e no estilo de gestão das lideranças, exigindo redefinição de políticas e criação de uma nova dinâmica de mercado. Tanto seus riscos quanto seus retornos são bem elevados.

Com base em suas pesquisas em diferentes organizações, Mische[2] chegou à conclusão de que as organizações de alto desempenho compartilham seis pilares estratégicos comuns, independentemente do seu setor, idade ou tamanho:

- Tecnologia da informação (TI).
- Inovação.
- Liderança.
- Conhecimento e competências.
- Excelência operacional.
- Flexibilidade, adaptabilidade e agilidade na execução.

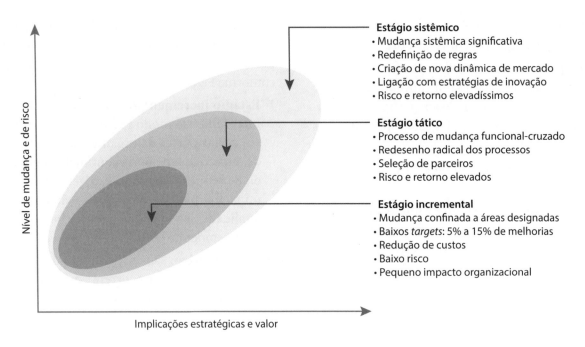

Figura 6.1 Estágios da mudança organizacional.
Fonte: Mische (p. 25).[2]

Se a organização consegue integrar estratégias por meio desses seis pilares, os resultados serão produtos bem-sucedidos, lucros e melhor posicionamento no mercado mediante a preferência do consumidor. Para o autor, a dinâmica da competição está mudando de maneira rápida, imprevisível e inesperada. Essas organizações sabem que os métodos tradicionais de planejamento estratégico com base na análise estrutural do setor não são mais válidos e eficazes. Hoje, fornecedores e parceiros, concorrentes e colaboradores, clientes e funcionários são convocados e engajados na escolha de novas opções estratégicas.

Para Meyers, Durlak e Wandersman,[3] a implementação de inovação dentro da organização é o processo para se obter o apropriado comprometimento de uso da inovação pelos colaboradores. Os autores sintetizaram 14 dimensões comuns a modelos de referência de processos de implementação, agrupadas em quatro fases, apresentadas na Figura 6.2.

Para Ogden e Fixsen,[4] os processos de implementação podem experimentar mudanças no contexto interno e externo como quando funcionários e líderes são substituídos, e quando requisitos técnicos ou financeiros mudam; parceiros vêm e vão; alianças políticas podem ser apenas temporárias e se assumem outras causas. Uma solução para o desafio da sustentação dos processos e implementação passa pela criação de equipes de implementação autossustentáveis que trabalham de modo colaborativo, para assegurar e suportar a implementação em curso (por exemplo, treinamento, *coaching*, administração facilitadora, avaliações de fidelidade).

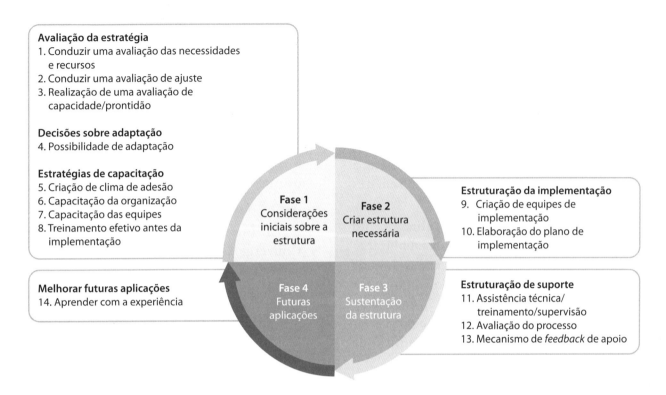

Figura 6.2 Resumo das quatro fases de implementação e suas 14 dimensões.
Fonte: Meyers et al. (p. 462-480).[3]

6.1 ALINHAMENTO ORGANIZACIONAL

Para ser adequadamente implementado e executado, o planejamento estratégico requer consistência e compatibilidade entre todas as variáveis nele envolvidas, sem nenhuma exceção. Isso significa que o plano estratégico deve repousar em um sistema integrado envolvendo missão e visão de futuro, valores, arquitetura organizacional, cultura corporativa, unidades de negócio e todas as áreas funcionais da organização. E, consequentemente, todas as pessoas envolvidas no processo em todos os níveis hierárquicos devem estar alinhadas.

Segundo Van Riel et al.,[5] o alinhamento organizacional refere-se à convergência de comportamentos de apoio e suporte dos *stakeholders* internos e externos realizada de forma integrada e consciente, a partir dos propósitos estratégicos da organização. O alinhamento organizacional permite que todos os *stakeholders* internos e externos entendam, acreditem e sejam capazes de participar das iniciativas estratégicas da organização.

O conceito de alinhamento ou ajuste interno é um tema central na busca da vantagem competitiva na estratégia organizacional e é abordado em dois eixos. Conforme identificado por Porter,[6] o primeiro deles é externo e envolve o alinhamento às oportunidades e defesa das ameaças do ambiente. O segundo é interno e focaliza a visão da organização baseada em recursos e competências e envolve os fatores internos da organização. São duas diferentes perspectivas que coexistem em uma abordagem integrada. O importante é integrar todas as atividades necessárias à implementação da estratégia de maneira lógica e ordenada e que conduzam ao sucesso em sua execução.

Conforme explicação de Hrebiniak et al.,[7] como a essência da estratégia é manter a competitividade da organização em meio às mudanças e descontinuidades no mundo dos negócios e isso implica coordenar múltiplas variáveis em períodos prolongados de tempo. Isso faz com que a operacionalização do alinhamento e do constante realinhamento organizacional seja tarefa ao mesmo tempo frequente, complexa e recorrente.

Abordagens a respeito do alinhamento estratégico: avaliando a literatura a respeito do alinhamento estratégico, Stepannovich e Mueller[8] propõem a classificação dos modelos de alinhamento em três constructos:

1. **Alinhamento externo:** trata do alinhamento das diretrizes da organização e da mobilização dos seus recursos em relação ao ambiente onde está inserida, usando para isso ferramentas como análise SWOT (Capítulo 5), análise do canal de valor (Capítulo 4) descrito por Porter e Millar[9] e análise das forças competitivas de Porter (Capítulo 4).

2. **Alinhamento interno:** para garantir a capacidade da organização de concentrar esforços no foco do negócio e operar de maneira conectada e integrada para sustentar o crescimento e a lucratividade e não apenas reduzir custos, direcionando os recursos internos em função da estratégia formulada. É o caso dos trabalhos sobre o propósito essencial de Labovitz e Rosansky[10] (descrito a seguir) e o *Balanced Scorecard* de Kaplan e Norton (descrito no Capítulo 7), para manter o encadeamento organizacional com base em estratégias já definidas para gerar vantagem competitiva.

3. **Alinhamento por consenso:** trata do grau em que os membros da organização concordam em relação ao que deve ser realizado quanto às escolhas estratégicas. Na verdade, é uma espécie de alinhamento interno em torno do propósito da organização, mas que repousa na mobilização e integração das pessoas. É necessário permear a estratégia em toda a organização para que ocorra a mobilidade organizacional necessária.

Assim, o alinhamento organizacional é fundamental para o sucesso da organização, pois:

- Converge as ações de todos os *stakeholders* envolvidos.
- Produz ação organizacional integrada e coesa.
- Aumenta a sinergia organizacional entre os níveis e as áreas da organização.
- Internaliza valores e crenças nos colaboradores.
- Incrementa o processo de aprendizagem individual, grupal e organizacional.
- Permite que todos os *stakeholders* sejam atendidos em suas expectativas.

Desse modo, o alinhamento permite que as lideranças criem as condições por meio das quais os colaboradores possam se engajar, na medida em que:

- Entendam perfeitamente a estratégia.
- Compreendam as metas e os objetivos a serem alcançados.
- Acreditem e apoiem as estratégias.

 SAIBA MAIS **Nunca julgue o resultado sem levar em consideração o processo**

Todo valor que um processo tem é produzir um determinado resultado final. Quando se constrói um processo, a primeira questão a ser levantada é qual o objetivo que será alcançado como resultante lá no seu ponto final. Se o resultado não for alcançado ou for insatisfatório é porque o processo não foi adequado ou não cuidou de fatores internos ou externos – previsíveis ou imprevisíveis – que o prejudicaram. Ou, ainda, por que o processo não foi suficientemente flexível e adaptável às mutáveis e rápidas circunstâncias externas que o envolveram. Ter uma rota bem definida é vital para o navegador desde que ele chegue aonde pretende chegar. Mesmo que esteja em águas desconhecidas.

- Sejam capazes de desempenhar e executar o plano estratégico.
- Tenham foco nos indicadores e métricas.

6.1.1 Modelos de alinhamento organizacional

Segundo Pietro, Carvalho e Fischmann,[11] a partir da revisão bibliográfica apresentada em artigo referenciado anteriormente, os modelos de alinhamento costumam basear-se em quatro diferentes abordagens:

- Como um processo de integração dos recursos e sistemas da organização em torno do propósito essencial dos negócios.
- Como um processo de desdobramento da estratégia em indicadores de desempenho.
- Como um processo de negociação e convencimento a respeito da estratégia.
- Como um processo de mudança organizacional.

O ideal é que o modelo escolhido inclua todas essas abordagens e também incluindo arquitetura organizacional, cultura corporativa, competências essenciais e tudo o mais que possa trazer apoio e retaguarda à estratégia organizacional. Entre eles, destacamos o Modelo de Labovitz e Rosansky, o Modelo de Excelência em Gestão (MEG), da Fundação Nacional da Qualidade (FNQ), o Modelo de Kaplan e Norton (*Balanced Scorecard*) e o Modelo de Perfil de Adequação Organizacional.

Modelo de Labovitz e Rosansky: Labovitz e Rosansky[10] propõem um modelo do perfil de diagnóstico de alinhamento organizacional baseado na integração de quatro dimensões – estratégia e pessoas (alinhamento vertical) e clientes e processos (alinhamento horizontal) em torno do propósito essencial dos negócios –, para oferecer uma perspectiva visual e quantitativa. Na Figura 6.4, o perfil de alinhamento estratégico mostra que a estratégia (40) oferece pouco para a clientela (30) e pouco para as pessoas (30), apesar da excelência nos processos (50). O perfil permite comparar diferentes unidades de negócios e as várias áreas da organização (marketing, produção/operações, finanças, RH e tecnologia).

Labovitz e Rosansky,[10] com o modelo, objetivavam atingir o propósito essencial da organização (*the main thing*, em inglês), que é o alinhamento organizacional proposto pelos autores: estratégia, clientes, processos e pessoas alinhados com o propósito essencial dos negócios. Dentro do contexto do alinhamento, os autores pontuam que estar alinhado e focado no propósito essencial significa pensar continuamente sobre os quatro elementos e como cada um deverá ser ajustado para obtê-lo. Afirmam que toda organização tem um propósito essencial e cabe à própria organização descobri-lo.

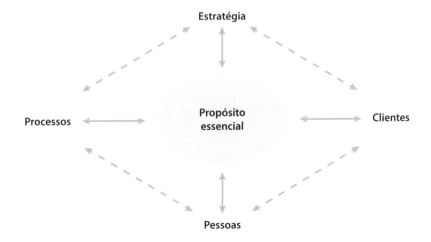

Figura 6.3 Modelo do propósito essencial de Labovitz e Rosansky.

Fonte: adaptada de Labovitz e Rosansky (p. 44).[10]

Labovitz e Rosansky[10] propõem a utilização do Perfil de Diagnóstico de Alinhamento, como uma ferramenta destinada a fornecer para a organização uma medida visual e quantitativa do seu alinhamento com referência a estratégia, clientes, pessoas e processos. O perfil é obtido mediante um questionário padronizado, e respondido individualmente, assinalando-se um número de zero a dez, que indica o grau de concordância com cada uma das afirmações propostas, segundo a aplicabilidade à organização.

Em seguida, é realizado o mapeamento do resultado. No modelo de alinhamento, assinala-se, no respectivo eixo, o total de pontos obtidos e conectam-se os pontos. O resultado é uma figura representativa do grau de alinhamento da organização em relação ao propósito essencial. Quanto mais próximo da pontuação máxima, maior o grau de alinhamento da empresa, como mostrado pela Figura 6.4.

Esse modelo baseia-se em um sistema de métricas para a realização do alinhamento vertical aliado a recompensas e reconhecimento em função de metas e atividades em todos os níveis hierárquicos. O alinhamento horizontal requer a compreensão das necessidades do cliente e o alinhamento dos processos interfuncionais capazes de entregar o valor que o cliente deseja.

Modelo de Excelência em Gestão da FNQ: a Fundação Nacional da Qualidade (FNQ) é uma organização não governamental criada em 1991 com a missão de disseminar os Fundamentos da Excelência em Gestão mediante a mobilização das organizações ao redor do seu Modelo de Excelência em Gestão (MEG),[12] mostrado na Figura 6.5.

O Modelo de Excelência da Gestão® (MEG) é o carro-chefe da FNQ para a concretização da sua missão, que é a de estimular e apoiar as organizações brasileiras no desenvolvimento e na evolução de sua gestão para que se tornem sustentáveis, cooperativas e gerem valor para a sociedade e outras partes interessadas.

O MEG incorpora as mais recentes e emergentes questões concernentes à gestão, sendo de fácil absorção e entendimento, sem, no entanto, afetar o rigor técnico com que os temas são tratados. Ele é único e incomparável em sua abrangência e visão holística da gestão. O MEG é baseado no **Tangram**, quebra-cabeça de sete peças de origem chinesa, e em seus oito *Fundamentos da gestão para excelência*, que está em sua 21ª edição. O modelo utiliza o conceito de aprendizado segundo o ciclo de PDCA (*Plan, Do, Check, Action*) e está embasado em um conjunto de oito fundamentos:[13]

1. **Pensamento sistêmico:** é preciso que todos os colaboradores tenham o entendimento de que todas

Figura 6.4 Perfil do alinhamento organizacional com foco no propósito essencial do negócio.

Fonte: Labovitz e Rosansky.[10]

Figura 6.5 Modelo de Excelência da Gestão® (MEG).
Fonte: Fundação Nacional da Qualidade (FNQ).

as atividades da organização possuem relação de interdependência, seja internamente, seja entre a organização e o ambiente com o qual interage.

2. **Aprendizado organizacional e inovação:** para ser competitiva no mercado, toda organização, seus colaboradores e redes precisam sempre buscar novos patamares de competência, por meio de um ciclo de aprendizado permanente, que contempla reflexão, avaliação e compartilhamento de conhecimentos, promovendo um ambiente favorável à criatividade, experimentação e implementação de novas ideias.

3. **Liderança transformadora:** corresponde à atuação dos líderes de forma ética, inspiradora, exemplar e comprometida com a excelência, sempre atenta aos cenários e tendências e seus possíveis impactos para a organização e as partes interessadas, no curto e longo prazos – mobilizando as pessoas em torno de valores, princípios e objetivos da empresa, preparando líderes e pessoas. Todos devem estar engajados com o mesmo propósito.

4. **Compromisso com as partes interessadas:** estabelecimento de pactos com as partes interessadas, em especial os clientes, e suas inter-relações com as estratégias e os processos, em uma perspectiva de curto e longo prazos.

5. **Adaptabilidade:** flexibilidade e capacidade de mudança em tempo hábil, frente a novas demandas das partes interessadas e alterações no contexto; promovendo ciclos rápidos de aprendizagem, velocidade na implementação de melhorias com o emprego de métodos ágeis, fatores que impulsionam a transformação.

6. **Desenvolvimento sustentável:** compromisso da organização em responder pelos impactos de suas decisões e atividades, na sociedade e no meio ambiente, e de contribuir para a melhoria das condições de vida, tanto atuais quanto para as gerações futuras, por meio de um comportamento ético e transparente.

7. **Orientação por processos:** reconhecimento de que a organização é um conjunto de processos,

que devem ser gerenciados visando à busca da eficiência e da eficácia nas atividades, de forma a agregar valor para a organização e as partes interessadas.

8. **Geração de valor:** alcance de resultados econômicos, sociais e ambientais, bem como de resultados dos processos que os potencializam, em níveis de excelência e que atendam às necessidades e expectativas primeiramente dos clientes e das demais partes interessadas.

Modelo de Kaplan e Norton (*Balanced Scorecard*): o *Balanced Scorecard* (BSC) de Kaplan e Norton[14] (ver Capítulo 7), é um modelo que atende às perspectivas financeira, do cliente, de processos internos e de aprendizagem e desenvolvimento. Se essas variáveis são suficientes no critério do estrategista, então o BSC e suas perspectivas podem ser utilizados como base do alinhamento organizacional, mostrado na Figura 6.6.

Modelo de Perfil de Adequação Organizacional: Beer e Eisenstat[15] elaboraram uma ferramenta denominada *Strategic Human Resource Management* (SHRM) e posteriormente modificada para *Organizational Fitness Profiling* (OFP) em que consideram o alinhamento um processo de mudança que envolve a aprendizagem organizacional quanto à formulação da estratégia e do seu constante realinhamento. O modelo constitui um diagnóstico de ajuste organizacional baseado em cinco questões básicas para a identificação das barreiras e deficiências ao alinhamento, conforme mostrado pela Figura 6.7, a saber.

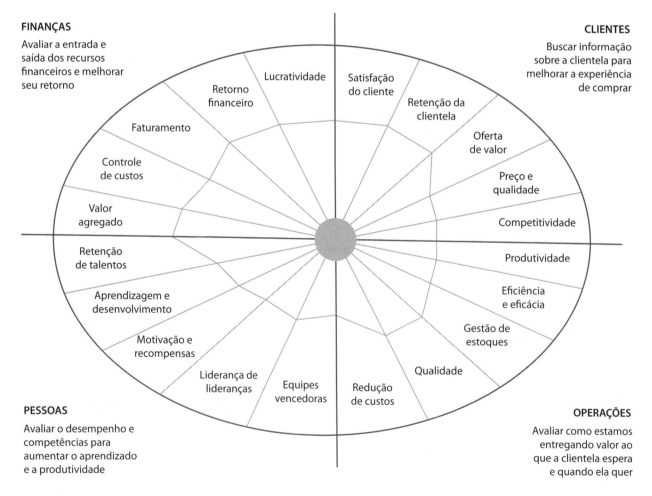

Figura 6.6 Alinhando e balanceando recursos e competências a partir das perspectivas do BSC.

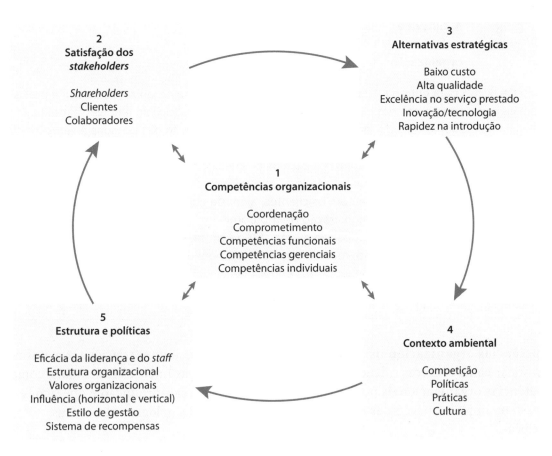

Figura 6.7 Modelo de perfil de adequação organizacional.

Fonte: Beer e Eisenstat (p. 29-40).[15]

 **SAIBA MAIS** **Sobre a aplicação do Modelo de Excelência da Gestão® (MEG)**

Veja no *site* da Fundação Nacional da Qualidade (FNQ):

- https://fnq.org.br/autoavaliacao_assistida
- https://fnq.org.br/plataforma-modelo-de-excelencia-da-gestao

Veja também:

- https://administradores.com.br/artigos/os-8-fundamentos-do-novo-modelo-de-excelencia-da-gestao-meg

> **SAIBA MAIS — A cultura é a alma da organização**
>
> Segundo Kadyan,[16] para entregar todo o enorme potencial que uma organização possui é preciso lidar com os comportamentos das pessoas, poderosos em sua simplicidade e universalmente aplicáveis em qualquer idioma do mundo. O primeiro comportamento das pessoas é ser respeitoso, é ser inclusivo, comunicar de forma transparente e autêntica, até mesmo quando se trata de oferecer *feedback*. O segundo é ser responsivo, tanto para os clientes como dentro da organização, tomar decisões com rapidez e assumir riscos calculados. O terceiro é comunicar-se sempre com as partes interessadas dentro da organização e com os clientes, além de compartilhar notícias cada vez mais rápido. O quarto é sobre a demonstração de mordomia ou seja, ter uma mentalidade forte e uma atitude de "posso fazer" em oposição a uma atitude cínica, compartilhar com as pessoas e ajudar outras partes da organização, mesmo que não haja nenhum benefício para si. O quinto comportamento é sobre construir confiança nos corredores.
>
> Tudo isso é muito importante quando uma organização lida com centenas de pessoas em seu ambiente.

1. **Competências organizacionais:** trata-se de diagnosticar como as forças e deficiências nas competências organizacionais podem afetar o sucesso na implementação das alternativas estratégicas.
2. **Satisfação dos *stakeholders*:** é condição básica para a sobrevivência da organização.
3. **Alternativas estratégicas escolhidas pela empresa**.
4. **Contexto ambiental:** para identificar as variáveis contextuais, como as forças competitivas ou de mercado, que podem provocar problemas.
5. **Estrutura e políticas:** o diagnóstico é concluído investigando aspectos da estrutura organizacional e das políticas internas que podem provocar deficiências no desempenho organizacional.

O modelo exige um ambiente participativo, pois o diagnóstico é conduzido por uma força-tarefa que dirige o processo e apresenta os resultados à cúpula da organização.[15]

Alinhamento das unidades de negócio: o tema básico no alinhamento organizacional é a construção única capaz de refletir suas circunstâncias particulares, tanto quando a empresa tem várias unidades estratégicas de negócio e precisa manter compatibilidade e preservar sua identidade, como quando o assunto se relaciona com o alinhamento de suas áreas internas funcionais, como marketing, finanças, produção e operações, recursos humanos, tecnologia, entre outras.

Alinhamento das áreas funcionais da organização: o alinhamento interno requer que todas as áreas funcionais da organização estejam coordenadas entre si e integradas de maneira que cada uma delas possa criar efeitos sinérgicos no conjunto. Steiner[17] apresenta os vários fatores estratégicos por área do negócio. A Figura 6.8 apresenta os fatores estratégicos de alinhamento interno segundo o autor.

Para que o alinhamento organizacional seja completo e impulsionador da estratégia organizacional, segundo Kaplan e Norton,[18] é indispensável envolver os seguintes elementos:

- **Alinhamento da arquitetura organizacional à estratégia:** para incrementar a conectividade interna e facilitar relações e incrementar o engajamento de todos.
- **Alinhamento da cultura corporativa à estratégia:** para criar um ambiente interno favorável à comunicação, ao diálogo e à retroação constante e tornar a empresa o melhor lugar para se trabalhar.

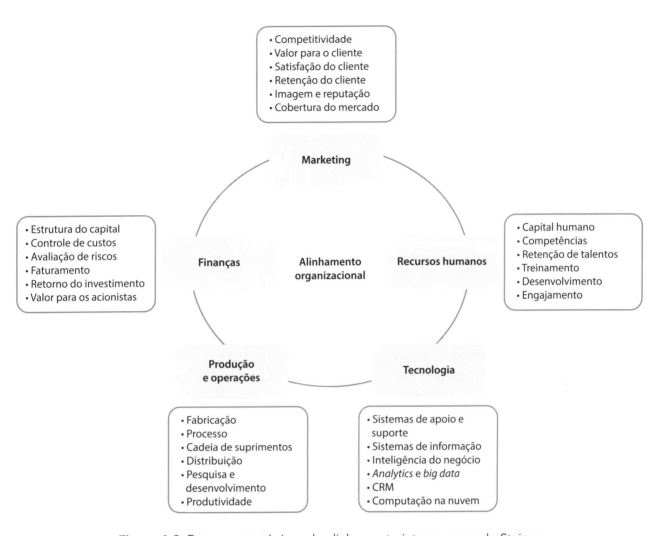

Figura 6.8 Fatores estratégicos de alinhamento interno segundo Steiner.
Fonte: adaptada de Steiner.[16]

- **Alinhamento do estilo de gestão e liderança à estratégia:** para estimular as equipes e motivar as pessoas a colaborar e a empreender.
- **Criação de impulsionadores da estratégia:** como mensagens, lembretes, reuniões, envolvimento, reconhecimento, premiações, participação, discussões de ideias e sugestões, atitudes e comportamentos positivos relacionados com as iniciativas estratégicas, entre outros.

6.2 RESISTÊNCIA ÀS MUDANÇAS

Quase todos os processos gerenciais significam, na verdade, processos de mudança e de transformação. E uma boa parcela de todos os treinamentos, programas de desenvolvimento organizacional e iniciativas de motivação envolvem alguma proposição de mudança em maior ou menor escala.

No entanto, a falhas nesses processos são recorrentes. Jacobs *et al.*[19] apontam elevadas taxas de falha (30 a 90%) para implementar inovações complexas. Tal variabilidade depende do escopo da mudança organizacional, de como é entendido o fracasso na implementação e dos critérios para julgá-lo. Por que razão? Será que as pessoas nessas organizações não percebem que se algo não for feito para mudar, a organização pode perder competitividade, parcela de mercado e em última instância, as consequências podem recair sobre elas mesmas, com cortes nos orçamentos e até perda de seus empregos? O problema reside na maneira como as ações para as mudanças são entendidas

SAIBA MAIS — Sobre Alinhamento Organizacional

Para saber mais sobre Alinhamento Organizacional, veja:

- VENKATRAMAN, N.; CAMILLUS, J. C. Exploring the concept of "fit". *In*: Strategic management. *Academy of Management Review*, v. 9, n. 3, p. 513-525, 1984;
- WERNERFELT, B. A Resource-based view of the firm. *Strategic Management Journal*, n. 5, p. 171-180, 1984;
- MINTZBERG, H.; WATERS, J. A. Of strategies: deliberate or emergent. *Strategic Management Journal*, v. 6, n. 3, p. 257-272, jul./set. 1985.
- BARNEY, J. Firm resources and sustained competitive advantage. *Journal of Management*, v. 17, n. 1, p. 99-120, 1991;
- POWELL, T. C. Organizational alignment as competitive advantage. *Strategic Management Journal*, v. 13, n. 2, p. 119-134, 1992;
- HENDERSON, J. C.; VENKATRAMAN, N. Strategic alignment: leveraging information technology for transforming organizations. *IBM System Journal*, v. 32, n. 1, p. 4-16, 1993;
- VAN RIEL, C. The alignment factor: leveraging the power of total stakeholder. *Support Reputation Institute*, 2012.

pelas pessoas para serem por elas abordadas e executadas. Na verdade, as pessoas tendem a resistir quando percebem que as mudanças podem trazer-lhes consequências negativas.

Reflita sobre **Superação de resistências** na seção *Para reflexão* PE 6.1

Para Kotter,[20] o processo de mudança requer tempo para sua concretização. Pular suas fases pode proporcionar uma sensação de velocidade, mas seus resultados raramente serão satisfatórios. E a implementação da estratégia depende disso. Para ele, as oito fases do processo de mudança são:

1. **Estabelecer um senso de urgência:** antecipando-se às crises ou às oportunidades potenciais e estabelecendo prazos para o alcance dos objetivos definidos em torno da mudança pretendida, o que exige:
   - Desenvolver cenários prospectando as consequências futuras das mudanças atuais.
   - Trabalhar com clientes e partes interessadas, bem como profissionais do setor para defender e apoiar as mudanças.

2. **Formar uma forte coalizão:** encorajando os grupos de colaboradores e parceiros a atuarem como equipe e não como grupo e com autoridade para liderar a mudança. Os esforços para a mudança começam a partir da iniciativa de uma ou mais pessoas e deve crescer em torno de outras pessoas convencidas da sua necessidade.

3. **Criar uma clara visão de futuro:** criando uma visão de negócios que direcione o esforço de mudança, elaborando estratégias para a realização da visão de negócios combinada e compartilhada por todos os envolvidos no processo. Uma clara visão faz com que as pessoas entendam o que se espera delas no processo de mudança, que passa a ganhar um significado.

4. **Comunicar a visão compartilhada:** ensinando novas percepções e comportamentos por todos os meios possíveis. Em um processo de mudança os líderes devem circular e conversar com as pessoas envolvidas no processo (*walking the talk*) para

demonstrar a importância do compromisso de todos. O que o líder faz, concretamente, é mais importante do que ele fala. A visão compartilhada deve fazer parte do cotidiano das pessoas, para que elas se envolvam na sua concretização.

5. **Dar poder às pessoas (*empowerment*):** mudando sistemas e estruturas que possam atravancar o processo de mudança, incentivando a tomada de risco, a aplicação de ideias inovadoras e promovendo ações não convencionais. Entretanto, é preciso reservar recursos de dinheiro e tempo para que possa haver foco, dedicação e energia na mudança. Nada é mais frustrante do que acreditar na necessidade da mudança e não poder se empenhar nela por falta de tempo, dinheiro, apoio, suporte ou estrutura.

6. **Obter vitórias de curto prazo:** reconhecendo e premiando as pessoas pelas pequenas vitórias consistentes com a visão que se busca. Nada motiva mais que a evidência do sucesso do que vitórias ao longo do processo. Durante as fases do processo de mudança, devem-se sinalizar as pequenas e grandes vitórias que vão ocorrendo e celebrá-las intensamente como reforço positivo. Senão as críticas e dúvidas podem provocar o pensamento negativo, que destrói a motivação de continuar a seguir no processo.

7. **Consolidar as vitórias iniciais e aprofundar o processo:** promovendo mudanças mais profundas graças à credibilidade alcançada inicialmente, revigorando o processo com novos projetos e agentes para manter o clima positivo de entusiasmo e comprometimento. O progresso deve ser consistente e continuado. É importante que não se declare a vitória muito cedo, até que a mudança seja percebida como "algo que veio para ficar", pois pode ocorrer que vitórias alcançadas não sejam sustentáveis e todo o processo regrida.

8. **Institucionalizar a nova abordagem e cultura:** articulando as conexões entre os novos comportamentos e o sucesso organizacional alcançado; desenvolvendo a liderança e criando quadros de sucessão. A mudança estará estabelecida quando houver a constatação de que este será o novo modo de fazer as coisas e estará profundamente enraizada na cultura organizacional e nas normas sociais e nos valores aceitos. Nesse contexto, a mudança deve se refletir em todos os aspectos da organização – estrutura organizacional, cultura corporativa, estilo de gestão – passando a ser praticada de modo aceito pelas novas gerações de colaboradores.

A implementação de um plano estratégico é, no fundo, uma questão de superação de um infindável conjunto de barreiras. E para ser bem-sucedida, deve-se trabalhar sobre aquelas oito fases do processo de mudança para que as pessoas participem efetivamente do processo de criar e fazer a mudança acontecer e ajudar na construção e geração de valor para todo o conjunto de públicos estratégicos da organização.

Acesse conteúdo sobre **Por que o planejamento estratégico pode falhar** na seção *Clipping competitivo* PE 6.1

6.3 PROCESSO DE DEFINIÇÃO DE OBJETIVOS

O primeiro passo para a implementação e execução do plano estratégico consiste na definição dos objetivos que se pretende alcançar. As organizações estão incessantemente perseguindo objetivos, a fim de assegurar resultados tangíveis e melhorar continuamente a si mesmas. Quando um objetivo é alcançado, ele se torna realidade e precisa ser substituído por outro objetivo maior, menor ou diferente no espaço de tempo esperado. Em função do tempo, um objetivo pode ser chamado de meta, alvo, *target*, propósito ou programa. Os objetivos têm sua importância relacionada às mensagens internas e externas que eles enviam para dentro e para fora da organização.

Para Chiavenato,[21] os objetivos apresentam os seguintes parâmetros:

- **São guias para legitimar a existência da organização:** os objetivos legitimam as pretensões da organização para os seus *stakeholders*, sejam internos (como executivos e colaboradores), sejam externos (como acionistas, investidores, clientes etc.).

>
> **SAIBA MAIS**
> **A participação dos colaboradores no planejamento estratégico**
>
> A participação dos colaboradores no planejamento estratégico é vital na sua implementação e execução, como veremos adiante. As lideranças devem fazer todo o possível para engajar todas as pessoas nessas duas atividades. O ideal seria que elas também conseguissem o comprometimento necessário e que estivessem engajadas em todo o processo estratégico desde o diagnóstico estratégico externo e interno. Quando as pessoas participam direta ou indiretamente das decisões sobre os objetivos elas se sentem mais engajadas e comprometidas com o seu alcance.

- **São guias para a tomada de decisão:** os objetivos estão associados a planos que descrevem as ações necessárias para alcançá-los. Assim, orientam os colaboradores na redução de incertezas na tomada de decisão e os motivam no sentido de indicar o caminho a seguir.
- **São guias para a consistência organizacional:** os objetivos definem uma rede integrada de diretivas e servem de guias para manter interação, integridade e articulação do conjunto de esforços organizacionais.
- **São guias para a eficiência organizacional:** os objetivos focalizam a atenção em desafios pontuais para dirigir os esforços de todos na organização para os resultados a ser alcançados.
- **São guias para a revisão do desempenho:** os objetivos definem os resultados desejados e, assim, constituem critérios de avaliação do desempenho e representam o padrão de execução desejado.
- **São guias para manter a racionalidade:** os objetivos permitem que todos saibam para onde pretende ir a organização e suas unidades e departamentos. Permitem que todas as decisões estejam alinhadas e focadas nos objetivos que a organização pretende alcançar.

6.3.1 Natureza dos objetivos

As organizações existem para atingir vários e diferentes propósitos. Um hospital pode assumir o propósito principal de proporcionar elevada qualidade de serviços médicos à comunidade. Seu objetivo estratégico será então oferecer essa assistência como forma de sustentabilidade social. Pelo contrário, uma organização de negócios, em geral, existe para assegurar determinado lucro como forma de sustentabilidade financeira. O objetivo estratégico desse tipo de organização é conquistar esse lucro.

As organizações perseguem simultaneamente uma infinidade de objetivos frente aos seus *stakeholders*, a saber: acionistas, cotistas e proprietários, clientes e consumidores, colaboradores, envolvendo dirigentes, executivos e pessoas que trabalham na organização, fornecedores, concorrentes, agências reguladoras, sindicatos, associações de classe, comunidade onde a organização está situada, sociedade e governo.

Por outro lado, os objetivos devem atender a certos requisitos fundamentais, conforme Daft:[22]

- **Devem ser específicos e mensuráveis:** os objetivos devem ser definidos em bases objetivas e realistas, isto é, considerando o tempo e os recursos disponíveis para o seu alcance e realização e em termos quantitativos, seja em números absolutos, em percentagem, em proporções ou em comparações. Objetivos vagos ou mal definidos têm pouca força motivacional sobre as pessoas. Todavia, nem todos os objetivos podem ser expressos em termos numéricos. Mas, mesmo os objetivos de caráter qualitativo devem ter algum parâmetro mensurável ou comparativo.
- **Devem cobrir todas as áreas de resultado da organização:** os objetivos devem envolver aquelas atividades que melhor contribuem para os resultados da organização, as chamadas áreas-chave de desempenho.

- **Devem ser desafiantes, mas realísticos:** os objetivos devem oferecer desafios e oportunidades para as pessoas, mas sempre em uma base razoável para elas. Os objetivos devem ser suficientemente desafiadores para assegurar um sentimento humano de superação de desafios, mas não ao ponto de se constituir algo inalcançável.
- **Devem ser definidos para um determinado período de tempo:** os objetivos devem especificar o período de tempo em que deverão ser alcançados. Isso permite uma avaliação do progresso em função do tempo disponível e uma comparação com os resultados alcançados em períodos anteriores.
- **Devem ser ligados a recompensas:** o impacto principal de um objetivo depende da extensão em que o salário aumenta, as promoções acontecem e o reconhecimento está baseado no seu alcance. É necessário evitar recompensas negativas (como admoestações, críticas, afastamento, imagem negativa ou demissões) principalmente quando o alcance do objetivo foi bloqueado ou prejudicado por circunstâncias externas difíceis ou inesperadas.
- **Os objetivos devem ser perceptivelmente relevantes:** para motivar as pessoas responsáveis por suas concretizações, as quais deverão merecer, em caso de sucesso, a meritória recompensa como reforço positivo para o desempenho excelente.
- **Os objetivos devem ser adequadamente comunicados:** para aumentar as chances de que serão perfeitamente entendidos por seus responsáveis. Quando a organização tem elevado grau de centralização, isso dificulta a sua divulgação e a perfeita disseminação em todos os níveis da organização.

Muitas vezes, as organizações propõem objetivos incoerentes e inconsistentes, confundindo a sua relevância e rebaixando o moral dos colaboradores quando provocam confusão ou dúvida. Assim, o objetivo de aumentar as vendas ou a participação no mercado pode ser incoerente com o objetivo de aumentar os preços ou aumentar a lucratividade no curto prazo. O conjunto de objetivos da organização deve ser integrado, harmonioso e consistente tanto no sentido vertical como horizontal através da estrutura da organização.

6.3.2 Interações verticais dos objetivos

É preciso observar uma hierarquia de objetivos, onde os objetivos mais amplos – os objetivos organizacionais (objetivos estratégicos) que contemplam os resultados esperados da organização como um todo – são desdobrados em objetivos divisionais ou por unidades de negócios (objetivos táticos) que, por sua vez, são desdobrados em objetivos por áreas ou departamentos (também, objetivos táticos), até chegar a estipular os objetivos por equipes e pessoais (objetivos operacionais), criando um todo integrado e convergente ao longo dos níveis da organização, como apresentado na Figura 6.9.

Aumente seus conhecimentos sobre **Categorização dos objetivos** na seção *Saiba mais* PE 6.1

Na prática, não há uma separação clara, absoluta e rígida entre os objetivos estratégicos, táticos e operacionais. Contudo, o nível estratégico funciona dentro da lógica de sistema aberto. Como está na interface entre a organização e seu ambiente externo, ele lida com as coações, contingências, oportunidades e ameaças externas e enfrenta a incerteza ao lidar com elas. No íntimo da organização está o nível operacional, que executa as atividades cotidianas e programadas da organização. Nesse sentido, trabalha dentro da lógica de regularidade do sistema fechado e os objetivos operacionais estão focados na eficiência. No meio desses dois níveis está o nível tático ou gerencial, que trabalha como articulador interno entre o nível estratégico e o operacional.

O papel do presidente e dos demais executivos está em focar toda a atenção da empresa nos objetivos a alcançar, o que pode ser feito progressivamente, tal como desafios a serem superados um a um. São verdadeiros desafios corporativos no sentido de conquistar novas vantagens competitivas. Para envolver toda a organização, torna-se necessário um conjunto integrado de ações, como gerar um senso de urgência indicando a necessidade de melhorar continuamente, promover a atenção

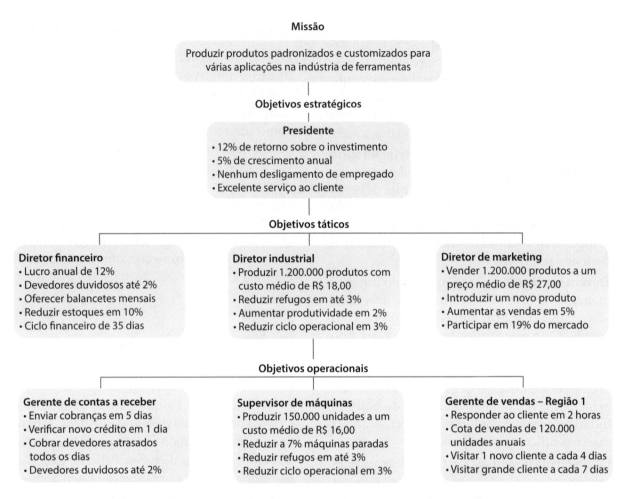

Figura 6.9 Hierarquia de objetivos em uma empresa de manufatura.
Fonte: adaptada de Chiavenato.[23]

naquilo que os concorrentes estão fazendo; assegurar capacitação para o trabalho em equipe; definir marcos intermediários e ferramentas de revisão e avaliação para monitorar o progresso; assegurar reconhecimento e recompensas. O envolvimento e a responsabilidade recíproca das pessoas são fundamentais nesse processo.

Interações horizontais dos objetivos: além das interações verticais envolvendo diferentes níveis hierárquicos, os objetivos requerem interações horizontais, isto é, no mesmo plano hierárquico. As interações horizontais são feitas entre áreas paralelas ou entre pessoas do mesmo nível da organização. É necessário reconhecer as interfaces de relacionamento recíproco entre departamentos e pessoas. De um lado, as unidades superiores podem transmitir objetivos absolutamente definidos dentro de uma faixa para ser especificada no nível inferior, como decisões de natureza quantitativa ou qualitativa. Por outro lado, pode-se adotar uma abordagem na qual, a partir de políticas superiores, os departamentos pares podem estabelecer seus planos, programas e projetos.

6.3.3 Abordagens na definição dos objetivos

Os objetivos são definidos a partir de diferentes abordagens:

- **Abordagem determinística por extrapolação:** o objetivo definido é uma derivação do objetivo alcançado no exercício anterior e estabelecido como um número, como, por exemplo: aumentar as vendas em 5%, em relação ao ano anterior.

- **Abordagem qualitativa carismática:** o objetivo é determinado pela forte vontade dos líderes e tem uma característica qualitativa, inspirando seus responsáveis, como no caso do exemplo: melhorar a imagem da empresa frente ao mercado.

- **Abordagem analítica racional:** essa forma de definição de objetivos pressupõe um diagnóstico anterior de avaliação e proposição de melhorias, para que durante o tempo de obtenção dos objetivos seja assegurada a maximização da aplicação dos recursos disponíveis. Um exemplo de objetivo definido sob essa abordagem seria não ter mais do que 2% dos produtos devolvidos por defeito.

- **Abordagem contingencial:** quando os objetivos são definidos em cima dos resultados e dos obstáculos na medida em que vão aparecendo. Essa abordagem é adequada para obtenção de resultados de curto prazo e quando o mais importante é a voluntariedade das pessoas, como, por exemplo, completar os pedidos pendentes até o final do mês.

Há uma relação entre as decisões estratégicas que são tomadas na cúpula e envolvem a organização como um todo, seus produtos e mercados, recursos e competências, seus concorrentes e influências externas e o sucesso na obtenção dos objetivos definidos. Assim, as decisões estratégicas devem ser ponderadas com relação às seguintes indagações:

- **A opção estratégica é apropriada ou conveniente?** A opção é apropriada quando atua no sentido de alcançar os objetivos estratégicos.

- **A opção estratégica é possível?** A opção é possível quando a organização reúne todos os meios para alcançar os objetivos estratégicos.

- **A opção estratégica é aceitável?** A opção é aceitável quando o *stakeholders* estão de acordo com ela em maior ou menor grau.

- **A opção estratégica faz sentido?** A opção habilitará a organização a alcançar vantagem competitiva?

O objetivo mais frequentemente encontrado nas organizações é a maximização dos lucros. Pode estar relacionado à rentabilidade, que é a relação do lucro sobre o patrimônio, ou à lucratividade (lucro sobre as vendas), para que a comunidade empresarial possa reconhecer facilmente esse resultado como indicador de sucesso das atividades da organização. Na verdade, o lucro é o resultado das operações passadas da organização e quando é utilizado como fator de previsão futura, pode incentivar decisões de curto prazo desalinhadas com as diretrizes estabelecidas no planejamento estratégico para o futuro da organização. O Quadro 6.2 traz alguns exemplos de objetivos organizacionais.

Quadro 6.2 Exemplos de objetivos organizacionais e estratégias relacionadas

Empresa	Tipo de negócio	Objetivos organizacionais	Estratégia para alcançar os objetivos organizacionais
Ford Motor	Manufatura de carros	▪ Reconquistar parcela de mercado perdida ▪ Retomar a reputação de qualidade	**1.** Redesenhar e compactar os modelos atuais de carros **2.** Produzir carros de luxo, compactos, intermediários e populares **3.** Aumentar a utilização da combustão programada nos carros
Burger King	*Fast-food*	▪ Aumentar a produtividade do serviço	**1.** Aumentar a eficiência do pessoal **2.** Aumentar a eficiência das máquinas
CP Railroad	Transporte ferroviário	▪ Manter o crescimento da empresa ▪ Manter os lucros da empresa	**1.** Modernizar a empresa **2.** Desenvolver alianças estratégicas **3.** Completar a fusão adequada com transporte rodoviário e urbano

Fonte: adaptado de Certo (p .157).[24]

6.3.4 Administração por objetivos (APO)

A administração por objetivos é um estilo de administração que enfatiza o estabelecimento do conjunto de objetivos tangíveis verificáveis e mensuráveis. A APO desloca o foco desempenho das atividades-meio, onde a preocupação é sobre os meios para se chegar aos fins, para os resultados esperados advindos daquele desempenho, no qual a preocupação está nos fins que determinam os meios para se chegar lá. No esquema de APO, os planejadores definem metas comuns, especificam as áreas de responsabilidade e utilizam esses critérios para a avaliação do andamento da atividade e a contribuição de cada responsável da etapa do processo em avaliação, como mostrado na Figura 6.10.

Para que as unidades mais baixas participem conjuntamente do estabelecimento de seus próprios objetivos, a APO funciona simultaneamente de cima para baixo e de baixo para cima. O resultado é uma hierarquia de objetivos que liga objetivos de um nível ao outro com aqueles que estão nos níveis inferiores. Para cada funcionário, a APO proporciona objetivos específicos de desempenho. Cada pessoa deve ter uma contribuição específica para fazer à sua unidade organizacional ou à organização. E todas as pessoas devem alcançar seus objetivos para que os objetivos da unidade e da organização possam se tornar realidade, como mostra a Figura 6.11.

No esquema de APO, os planejadores definem metas comuns, especificam as áreas de responsabilidade e utilizam esses critérios para a avaliação do andamento da atividade e a contribuição de cada responsável da etapa do processo em avaliação.

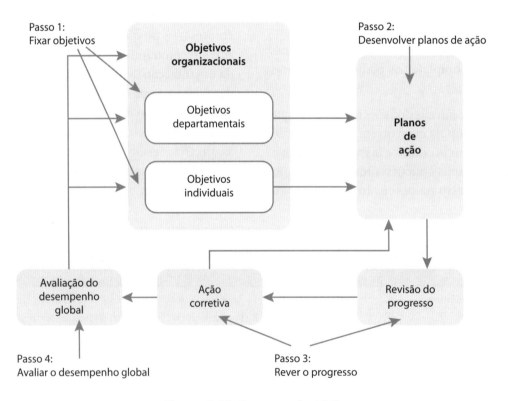

Figura 6.10 Processo de APO.

Fonte: adaptada de Daft (p. 195).[22]

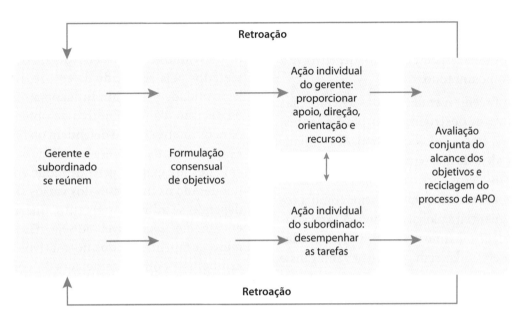

Figura 6.11 Administração participativa por objetivos.
Fonte: adaptada de Chiavenato.[23]

6.4 TEORIA DOS *STAKEHOLDERS*

Para a teoria econômica clássica, o propósito da empresa é a maximização do lucro e o "proprietário" é o único agente interessado, o único que realmente importa para a empresa nas decisões mais importantes. Ele tem um dever fiduciário de vinculação para colocar suas necessidades em primeiro lugar e aumentar o valor do seu empreendimento. O "proprietário" pode ser "único" (apenas um proprietário) ou "múltiplo" (diversos sócios proprietários) ou ainda podem ser acionistas envolvendo proprietários de ações da empresa. São os *shareholders* (do inglês *share* = porção, cota, ação, fração + *holder* = proprietário, arrendatário, portador de títulos ou ações).

Não importa a forma de sua propriedade, toda empresa existe legalmente para colocar as necessidades dos *shareholders* em primeiro lugar quando são tomadas as decisões que a dirigem, seja no longo ou no curto prazo. A ideia é que a empresa deve transformar o valor investido pelo *shareholder* em insumos (prédios, instalações, processos tecnológicos, equipamentos, matérias-primas e trabalho) e com eles criar produtos (bens ou serviços) que possam ser vendidos no mercado para seus clientes de uma maneira tal que nesse processo se tenha um retorno financeiro para os *shareholders*.

Para a teoria neoclássica, tanto os *shareholders*, os fornecedores (de terra, instalações, equipamentos, matérias-primas, tecnologia etc.), os funcionários, como os consumidores devem ser levados em consideração na tomada das decisões da empresa. No conjunto, eles constituem os *stakeholders*.

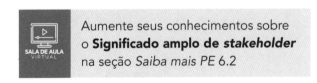

A teoria dos *stakeholders* idealizada por Freeman *et al.*[25] argumenta que há outras partes envolvidas, incluindo órgãos governamentais, grupos políticos, organizações não governamentais, associações comerciais, sindicatos, associações de consumidores, potenciais empregados, potenciais clientes, comunidades, em que elas existem ou das quais obtêm recursos, financiadores, fornecedores, funcionários e clientes. Às vezes, até concorrentes são contados como partes interessadas por sua capacidade de afetar a empresa e suas outras partes interessadas. Na verdade, envolve a sociedade como um todo.

Segundo Freeman et al.,[25] todas as empresas criam e às vezes destroem valor para clientes, fornecedores, empregados, comunidades e financiadores. A ideia de que o propósito da empresa é maximizar os lucros para os acionistas está desatualizada e não funciona muito bem, como a recente crise financeira global ensinou. A tarefa dos gestores é criar o máximo valor possível para todas as partes interessadas sem recorrer a vantagens e desvantagens. Grandes empresas são sustentáveis porque conseguem alinhar os interesses das partes com seus próprios interesses.

A teoria dos *stakeholders*, segundo Donaldson e Preston,[26] numa abordagem com grande destaque às modernas teorias éticas e da responsabilidade social, defende que a empresa não deve pautar-se apenas pelo interesse dos *shareholders*, mas também pelos interesses dos outros *stakeholders*, nomeadamente empregados, gestores, comunidade local, clientes e fornecedores.

A teoria dos *stakeholders* encara, pois, a empresa como o centro de constelação de interesses de indivíduos e grupos que afetam ou podem ser afetados pela atividade da empresa, e que com legitimidade procuram influenciar os processos de decisão, com o objetivo de obter benefícios para os interesses que defendem ou representam. Essa postura da empresa é ambiciosa, na medida em que lhe é exigido gerir de modo equilibrado e ponderado os interesses dos vários *stakeholders*, devendo se admitir, portanto, que a empresa é eticamente responsável, ou seja, não se limita ao mero cumprimento dos normativos legais, mas também se comporta de acordo com o que os vários *stakeholders* esperam dela.

A distinção entre uma perspectiva de entrada-saída (*input-output*) convencional e uma concepção de rede de *stakeholders* é destacada pelas Figuras 6.12 e 6.13. Na Figura 6.12, investidores, funcionários e fornecedores são retratados como contribuindo com os *inputs*, a "caixa-preta" das transformações dentro da empresa como saídas em benefício dos clientes. Para se ter certeza, cada colaborador de entradas espera receber compensação adequada, no mínimo em nível competitivo

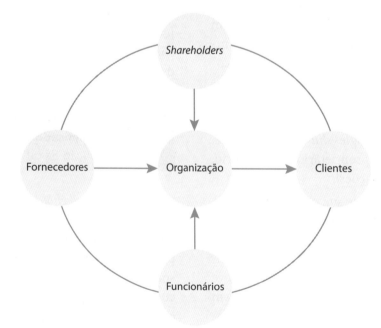

Figura 6.12 Modelo convencional de entrada-saída (*input-output*).

Figura 6.13 Modelo de redes de stakeholders.

de mercado. É claro, contribuintes individuais, que são particularmente favorecidos, tais como os possuidores de locais privilegiados ou escassos e habilidades excepcionais, receberão recompensas maiores do que a média do mercado.

O modelo de redes de stakeholders contrasta com o modelo convencional de entrada-saída. Na concepção desse modelo, todas as pessoas ou grupos com interesses legítimos em uma empresa participam da rede para obter benefícios e que não há nenhuma prioridade de um conjunto de interesses e benefícios sobre os outros. Portanto, as setas entre a empresa e seus constituintes das partes interessadas não são unidirecionais, pois funcionam em ambos os sentidos. Todos os relacionamentos são retratados no mesmo tamanho e forma e são equidistantes da "caixa-preta" da organização no centro.

Além disso, para ser bem-sucedida, a organização deve equilibrar os vários objetivos perseguidos e buscar convergência entre eles. Isso é importante para obter efeitos sinérgicos por meio dos quais cada objetivos ajuda no alcance de outros objetivos em um canal de valor, mostrada na Figura 6.14.

Diferentes resultados para diferentes stakeholders: na tentativa de buscar o equilíbrio entre diferentes expectativas, em geral, as organizações têm dificuldade de atender às demandas dos diferentes stakeholders de forma ampla. Algumas vezes, as organizações maximizam os interesses de um específico stakeholder – geralmente os acionistas (shareholders) – em detrimento dos interesses dos outros. Quando uma organização privilegia os interesses financeiros dos acionistas em detrimento das necessidades de remuneração dos funcionários, ela corre o risco de desmotivá--los e aliená-los e assim arriscar o desempenho operacional, o qual mais cedo ou mais tarde afetará o desempenho financeiro, prejudicando, então, os interesses dos acionistas. Da mesma maneira, aumentar os preços para satisfazer às demandas dos acionistas por maior retorno poderá afastar os clientes.

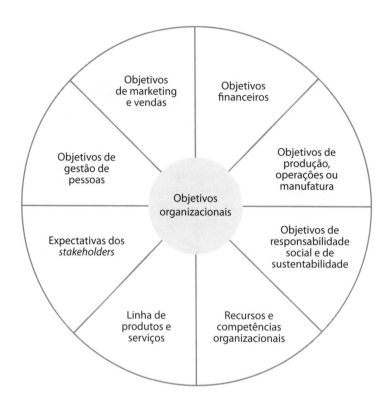

Figura 6.14 Equilíbrio e convergência entre os objetivos organizacionais.

Embora os interesses dos vários *stakeholders* possam diferir, fica claro que quando a organização é próspera, aumenta a capacidade dela em servir a todos os *stakeholders*, oferecendo bons produtos aos clientes, contribuindo com a elevação do padrão da sociedade, proporcionando bons empregos, enfim, criando valor e ofertando benefícios financeiros e não financeiros a todos os *stakeholders*, de modo equilibrado.

Além disso, os diferentes públicos de interesse, como o próprio nome diz, terão interesses diferentes em termos de resultados oferecidos pela organização e nem sempre a maximização do lucro tomado como um objetivo será suficiente ou apropriado para atender suas demandas. O desafio no processo de definição dos objetivos é contemplar todas as perspectivas de ganhos e benefícios, conforme a visão de cada *stakeholder*.

CLIPPING COMPETITIVO

Diferentes objetivos dos diferentes *stakeholders*

A organização deve, também, buscar objetivos além de suas próprias operações internas, isto é, nos canais de valor de seus fornecedores, distribuidores e clientes. Muitas organizações formam parcerias com fornecedores e distribuidores específicos para criar um canal de entrega de valor superior (também denominada canal ou cadeia de suprimento), ampliando o leque de possibilidades da organização para gerar os resultados esperados. O Quadro 6.3 apresenta o resultado de um exercício liderado pelos autores, ao identificar objetivos diferentes respectivamente a cada grupo de interesse de uma empresa de mineração.

Quadro 6.3 Diferentes objetivos dos diferentes *stakeholders* de uma organização

Stakeholders	Objetivos respectivos
Clientes	Proposta superior de confiabilidade de suprimento e de valor de uso, sustentados por inovação e desenvolvimento constantes
Fornecedores	Visão de longo prazo e disposição de promover parcerias que visem a ganhos para ambas as partes, por meio de desenvolvimento e inovação contínuos e fornecimento de bens e serviços de qualidade com custo compatível
Funcionários	Ambiente de trabalho ético, transparente, desafiador, de oportunidades e que traga orgulho profissional para todos, com remuneração competitiva baseada na meritocracia
Distribuidores	Exclusividade regional e condições justas de venda
Acionistas investidores	Retorno superior à média de mercado dos segmentos em que a empresa atua
Conselho de administração	Evolução sustentável e uma boa governança corporativa
Executivos	Benefícios pessoais e fortalecimento da marca como forma de aparecer suas competências
Comunidade em geral	Ética, pelo respeito ao meio ambiente e a responsabilidade social com que se age, integrando e garantindo a presença da empresa, contribuindo positivamente para o desenvolvimento sustentável

6.5 ELABORAÇÃO DE ESTRATÉGIAS

Os objetivos indicam "o que" fazer. Porém, a resposta ao "como" fazer será dada pelas estratégias. Os objetivos apontam o rumo, tal como uma bússola orienta o pesquisador. As estratégias definem como deslocar, realocar, ajustar, reconciliar de modo sistemático os recursos organizacionais disponíveis e como utilizar as competências para aproveitar as oportunidades emergentes no ambiente e neutralizar as possíveis ameaças. As estratégias sustentam a capacidade da organização de manobrar em meio a cenários cada vez mais mutáveis, dinâmicos e complexos. Assim, os objetivos estabelecem os fins e as estratégias definem os meios para alcançá-los.

O detalhamento das estratégias no médio prazo se faz por meio das táticas que são descrições detalhadas da aplicação dos recursos organizacionais e das competências funcionais por áreas, departamentos, gerências, que, por sua vez, são desdobrados em planos operacionais (de ação) por equipes que se desdobram em planos pessoais de ação para assegurar o alcance dos objetivos dos diferentes níveis, como explicado no início do capítulo. Para todo esse desdobramento das estratégias em táticas e em operações, destacam Heskett et al.,[1] torna-se necessário optar por modelos estratégicos capazes de fazê-lo de acordo com as pretensões da organização. O Quadro 6.4 mostra definições diferentes entre abordagens convencionais e de inovação.

TENDÊNCIAS EM PLANEJAMENTO ESTRATÉGICO

Análise estratégica

A estratégia corporativa surge paulatinamente à medida que os acontecimentos internos e externos se desenrolam. Ela é o resultado de experimentar, sondar o futuro, detectar problemas, criar consciência das várias opções, vislumbrar novas oportunidades, obter consensos e adquirir sensibilidade. A análise estratégica envolve:

- Identificar com clareza a estratégia atual.
- Avaliar no longo prazo o atrativo dos setores em que a empresa atua.
- Localizar as relações do canal de valor e as coincidências estratégicas entre negócios.
- Determinar se os recursos da empresa são compatíveis com as necessidades reais de recursos dos negócios.
- Decidir as prioridades de alocação de recursos e se o rumo geral estratégico de cada unidade de negócio deve ser a expansão dinâmica, fortificar e defender, reestruturar e reposicionar ou colher ou desinvestir.
- Usar a análise anterior para definir uma série de medidas que melhorem o desempenho corporativo geral, tais como: realizar novas aquisições, novas alianças estratégicas, vender negócios marginais ou que não se ajustem à estratégia da empresa, fortalecer posições competitivas, aproveitar coincidências estratégicas ou de recursos e convertê-las em vantagem competitiva ou ainda transferir recursos de áreas que oferecem pouca oportunidade para outras áreas com muitas oportunidades.

Capítulo 6 | Implementação do Plano Estratégico **183**

Quadro 6.4 Diferentes definições entre abordagens convencionais e de inovação

	Estrutura desenvolvida para eficiência e regularidade	Estrutura desenvolvida para inovação e flexibilidade
Recursos		
Humanos	■ Ênfase na conformidade e no compromisso	■ Ênfase na originalidade
Financeiro	■ Crescimento financeiro dos negócios	■ Crescimento requer capacidade financeira
Tecnológico	■ Melhoria do produto e dos processos	■ Criação de novos produtos e novas tecnologias
Organização		
Estrutura	■ Orientação centralizada e funcional ■ Cadeia vertical para decisões e comunicação ■ Vendas e operações são funções dominantes	■ Orientação descentralizada para produtos ■ Rede de influência e comunicação ■ Uso de projetos e forças-tarefa
Controle	■ Orçamentos e planos detalhados e estreitos revistos em pequenos intervalos	■ Planejamento amplo sobre objetivos
Padrões	■ Metas individuais ou grupais baseadas em comparações internas ■ Objetivos de produção e de vendas	■ Metas genéricas baseadas em comparações externas ■ Objetivos de tecnologia e fidelização
Recompensas	■ Recompensas por desempenho individual e grupal ■ Promoções devidas a planos executados	■ Recompensas para desempenho nos negócios ■ Promoção por resultados inovadores ■ Recompensas para tomadores de risco
Políticas e processos	■ Processo de tomada de decisão do topo ■ Estabelecem pistas claras de carreira	■ Processos decisórios ascendentes e descendentes ■ Uso de políticas claras
Ambiente de trabalho	■ Orgulho quanto à precisão ■ Horas regulares de trabalho e descanso	■ Orgulho em ser o primeiro com ideias brilhantes ■ Trabalho e descanso por preferências individuais

Fonte: adaptado de Heskett *et al.*[1]

6.6 MODELOS ESTRATÉGICOS

Os modelos estratégicos atuam como ferramentas que apoiam a tomada de decisão, estimulando e inspirando estratégias, a partir de suas premissas. A seguir, apresentamos e discutimos quatro modelos estratégicos amplamente aceitos e aplicados:

1. Matriz produto-mercado de Ansoff.
2. Modelo de ciclo de vida do produto.
3. Matriz de participação de mercado/crescimento do mercado (Matriz BCG).
4. Modelo de adoção e difusão de inovação de Rogers.

6.6.1 Matriz Produto-Mercado de Ansoff

As declarações de missão e objetivos da maior parte das organizações destacam o crescimento, isto é, a intenção de aumentar os rendimentos e os lucros. Ao procurar o lucro, a organização precisa considerar seus mercados e seus produtos para decidir se continua a fazer o que está fazendo agora – apenas fazendo cada vez mais e melhor – ou se se aventura em um novo risco. A **Matriz Produto-Mercado** proposta por Igor Ansoff[27] descreve essas opções. Para Ansoff, em termos genéricos, existem quatro estratégias de crescimento de produto-mercado, como mostrado no Quadro 6.5.

184 Planejamento Estratégico

Quadro 6.5 Matriz Produto-Mercado de Ansoff

		PRODUTO/SERVIÇO	
		Existentes	Novos
MERCADO	Existentes	Penetração de mercado	Desenvolvimento de produtos/ serviços
	Novos	Desenvolvimento de mercado	Diversificação

- **Estratégia de penetração no mercado:** a organização tenta vender mais dos seus produtos atuais para os seus mercados atuais. Táticas de suporte incluem um maior gasto com propaganda ou com venda pessoal. Por exemplo, os fabricantes de chiclete utilizam essa estratégia encorajando os fumantes a mascar chiclete nos locais onde é proibido fumar.

- **Estratégia de desenvolvimento de mercado:** a organização continua a vender seus produtos atuais, mas também para novos mercados. Por exemplo, quando o mercado de aviação comercial entra em queda, a Embraer investe mais recursos para vender seus equipamentos militares.

- **Estratégia de desenvolvimento de produto:** essa estratégia exige que a organização desenvolva novos produtos para vender nos seus mercados atuais. Para melhor satisfazer seus clientes (e sem dúvida atrair novos clientes também), o Grupo Accor tem várias marcas de hotéis – o sofisticado Sofitel, o tradicional Novotel, o barato Ibis e o Partenon direcionado a executivos.

- **Estratégia de diversificação:** a organização desenvolve novos produtos para vender em novos mercados. Essa estratégia é arriscada porque ela não depende dos produtos de sucesso da organização ou da sua posição em mercados estabelecidos. Às vezes, ela funciona e às vezes não. Como um exemplo de diversificação (talvez radical), a *griffe* de roupas Gucci decidiu desenhar carros.

6.6.2 Modelo de ciclo de vida do produto

O ciclo de vida retrata desde o nascimento até a morte de um produto. Esse modelo consiste em cinco estágios na vida de um produto: introdução, crescimento, maturidade, saturação e declínio, como na Figura 6.15.

O conceito de vida do produto deve ser aplicado a uma categoria genérica de produto (como fornos de micro-ondas e microprocessadores, por exemplo) e não a marcas específicas (como Sharp e Intel, respectivamente).

O ciclo de vida pode ser representado ao se assinalar o volume de vendas agregado para uma categoria genérica de produto durante um tempo, geralmente anos. É também válido acompanhar a curva do volume de vendas com a curva de lucro correspondente para a categoria de produto, até porque, uma organização está interessada em lucro, não somente em vendas. As formas dessas duas curvas variam de uma categoria de produto para outra. Para a maioria das categorias, as formas básicas e a relação entre as curvas de vendas e de lucro são como a ilustração no Quadro 6.6. Nesse típico ciclo de vida, a curva de lucro para a maioria dos produtos novos é negativa (significando uma perda) por meio do estágio introdutório.

Na última parte do estágio de crescimento, a curva de lucro começa a declinar enquanto o volume de vendas ainda está aumentando. Os lucros declinam porque as organizações num setor

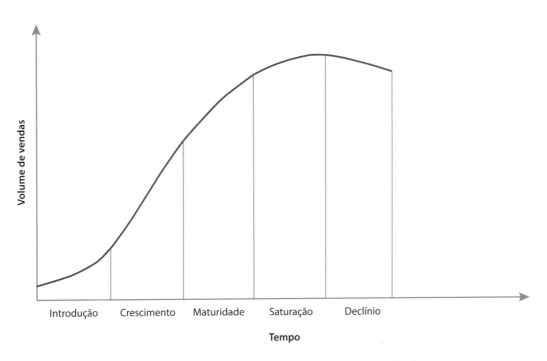

Figura 6.15 Gráfico do ciclo de vida do produto.

Quadro 6.6 Características e implicações dos diferentes estágios do ciclo de vida típico de um produto

ESTÁGIOS				
Características	**Introdução**	**Crescimento**	**Maturidade**	**Declínio**
Venda	Baixa	Rápido crescimento	Atinge apogeu	Declinante
Custo	Alto	Médio	Baixo	Baixo
Lucro	Negativo	Crescente	Elevado	Declinante
Consumidores	Inovadores	Adotantes imediatos	Adotantes posteriores	Retardatários
Concorrentes	Poucos	Crescente	Número estável que começa a declinar	Número declinante
POLÍTICAS DE NEGÓCIOS				
	Introdução	**Crescimento**	**Maturidade**	**Declínio**
	Criar consciência do produto	Maximizar participação de mercado	Maximizar lucro e ao mesmo tempo defender a participação de mercado	Reduzir gastos e tirar o mesmo proveito da marca

(continua)

(continuação)

	ESTRATÉGIAS			
Características	**Introdução**	**Crescimento**	**Maturidade**	**Declínio**
Produto	Oferecer um produto básico	Oferecer extensões de produto, serviços e garantia	Diversificar marcas e modelos	Retirar itens fracos
Preço	Preço elevado	Preço de penetração	Preço para acompanhar ou vencer a concorrência	Reduzir preço ao nível que incentive a retirada de concorrentes
Distribuição	Seletiva	Intensa	Mais intensiva	Reduzir ao nível necessário para manter fiéis bons consumidores
Propaganda	Construir consciência do produto entre adotantes e revendedores	Construir consciência e interesse no mercado de massa	Enfatizar as diferenças e os benefícios da marca	Reduzir ao nível necessário para manter bons consumidores fiéis
Promoção de Vendas	Usar intensa promoção de vendas para estimular a experimentação	Reduzir para aproveitar a forte demanda do consumidor	Aumentar para estimular a troca de marca	Reduzir ao nível mínimo

Fonte: Kotler (p. 338).[28]

CLIPPING COMPETITIVO

O tempo certo da inovação

Introduzir um produto novo na hora apropriada ajuda a manter o nível de lucro desejado pela companhia. Lutando para manter sua posição dominante no mercado de barbeadores, a Gillette enfrenta esse desafio frequentemente. Na década de 1980, uma grande organização francesa, a Bic, arrancou uma parcela de mercado da Gillette ao introduzir com sucesso os barbeadores descartáveis Bic. Após considerável pesquisa e desenvolvimento, a Gillette contra-atacou com o novo barbeador Sensor, apresentando lâminas independentes e suspensas. A estratégia funcionou, já que muitos consumidores abandonaram a conveniência dos barbeadores descartáveis mais baratos em favor de um barbear melhor, oferecido pelo barbeador Sensor, de preço mais alto. Mais recentemente, em uma nova arrancada, a Gillette lançou o novo modelo Fusion Power após um longo e fabuloso investimento em pesquisa e desenvolvimento.

normalmente devem aumentar seus esforços de propaganda e de vendas e/ou diminuir seus preços para sustentar o crescimento das vendas diante da intensa concorrência durante o estágio de maturidade, como mostrado no Quadro 6.6.

Se um novo produto não tem concorrência e está particularmente apelando para os consumidores, uma organização pode cobrar um preço relativamente alto e conseguir altos lucros. A Intel procura uma medida de controle de preços ao permanecer à frente da concorrência. Para fazer isso, ela desenvolve e introduz novas gerações de microprocessadores num espaço de somente dois anos, mesmo que a demanda ainda esteja crescendo para a sua versão corrente.

O conceito de ciclo de vida de um produto tem sido criticado como não tendo suporte empírico e sendo muito geral para ser útil em casos específicos. Mesmo admitindo que o ciclo de vida não é perfeito e deve ser adaptado para se encaixar em diferentes circunstâncias, ele é direto e poderoso. O sucesso de marketing de uma organização pode ser afetado consideravelmente por sua habilidade de determinar e se adaptar aos ciclos de vida de cada uma das suas categorias de produto.

Características de cada estágio do ciclo de vida: a administração deve ser capaz de reconhecer em qual estágio do ciclo de vida o produto está em qualquer momento. O ambiente competitivo e as estratégias de marketing que deveriam ser usadas ordinariamente dependem do estágio particular do ciclo de vida. Cada estágio é detalhado a seguir:

1. **Introdução**: ocorre quando a organização lança o produto no mercado. Durante o estágio de introdução, às vezes chamado de estágio pioneiro, o produto é lançado no mercado num programa de marketing de escala total. Ele passou pelo desenvolvimento de produto, inclusive pela seleção da ideia, protótipo e pelos testes de mercado. O produto inteiro pode ser novo tal como um substitutivo para gordura em comidas preparadas. Ou pode ser bem conhecido, mas ter uma característica nova significativa que, com efeito, cria uma categoria de produto novo.

O carro elétrico é um exemplo. A introdução é o estágio mais arriscado e caro, porque valores substanciais devem ser gastos não somente para desenvolver o produto, mas também para procurar aceitação do consumidor em relação à oferta. A maioria dos produtos novos não é aceita por um número suficiente de consumidores e fracassa nesse estágio.

As estratégias indicadas para a fase de introdução do produto são as seguintes:

a) Produto inteiramente novo no mercado.

b) Produto parcialmente novo no mercado.

c) Produto com uma nova característica no mercado.

d) Produto com uma nova e diferente utilização pelo mercado.

e) Produto inteiramente inovador.

2. **Crescimento**: ocorre quando o mercado começa a utilizar o produto e a conhecê-lo melhor. No estágio de crescimento ou estágio de aceitação do mercado, as vendas e o lucro aumentam, frequentemente numa taxa rápida. Os concorrentes entram no mercado, sempre em grande número se a possibilidade de lucro for particularmente atraente. Como resultado da concorrência, os lucros começam a declinar perto do fim do estágio de crescimento. Como parte dos esforços das organizações para construir vendas e, por sua vez, parcela de mercado, os preços tipicamente declinam gradualmente durante esse estágio.

As estratégias indicadas para a fase de crescimento do produto são as seguintes:

a) Produto com melhor qualidade e com adição de novas características.

b) Acréscimo de novos modelos e produtos de flanco.

c) Entrada do produto em novos segmentos de mercado.

d) Aumento da cobertura de mercado mediante a entrada em novos canais de distribuição.

e) Mudança no apelo de propaganda para conscientização para obter preferência do produto.

f) Redução de preços no produto para atrair novos consumidores.

g) Segmentação demográfica.

3. Maturidade: ocorre quando o mercado já conhece bem o produto e passa a consumi-lo. Durante a primeira parte do estágio de maturidade, as vendas continuam a aumentar, mas numa taxa decrescente. Quando as vendas nivelam, os lucros dos produtores e intermediários declinam. A razão primária: intensa concorrência no preço. Procurando se diferenciar, algumas organizações estendem suas linhas de produtos com novos modelos; outras lançam uma versão "nova e melhorada" da sua marca primária. Durante esse estágio, a pressão é maior naquelas marcas que seguem as marcas líder. Durante última parte desse estágio, as empresas de menor expressão, aquelas com altos custos ou com nenhuma vantagem competitiva, saem do mercado. Eles fazem isso por não terem compradores e/ou lucros suficientes.

As estratégias indicadas para a fase de maturidade do produto são:

a) Introdução de modificações no mercado:

- Para expansão do número dos consumidores.
- Para expansão da taxa de consumo no mercado.

b) Introdução de modificações no produto:

- Para melhoria da qualidade do produto.
- Para melhoria das características do produto.
- Para melhoria do estilo (*design*) do produto.

c) Modificação do composto de marketing:

- Alteração no preço do produto.
- Alteração na distribuição do produto.
- Alteração na propaganda sobre o produto.
- Alteração na promoção de vendas.
- Introdução de venda pessoal.
- Introdução do marketing direto.
- Inclusão de serviços adicionais.

4. Saturação: ocorre quando o mercado já não consome mais o produto como anteriormente. A razão pode ser que o mercado foi amplamente coberto pela oferta do produto em sua fase de maturidade e os clientes não fazem a recompra por alguma razão. Outra razão pode ser a entrada de produtos concorrentes que ajudam a saturar o mercado. O fato é que o produto já não encontra mais a receptividade no mercado.

5. Declínio: ocorre quando o produto não desperta mais o interesse do mercado e as vendas caem abruptamente. Para a maioria dos produtos, um estágio de declínio consistente do volume de vendas para a categoria total é inevitável por uma das seguintes razões:

a) Um produto melhor ou menos caro é desenvolvido para preencher a mesma necessidade.

b) A necessidade por um produto desaparece, frequentemente por causa do desenvolvimento de outro produto. Por exemplo, o apelo por suco de laranja congelado virtualmente eliminou o mercado de espremedores de laranja domésticos.

As estratégias indicadas para a fase de declínio do produto são:

a) Identificação dos pontos fracos do produto:

- A fim de manter o produto.
- A fim de modificar o produto.
- A fim de abandonar o produto.

b) Manter o nível de investimento sobre o produto.

c) Aumentar o investimento sobre o produto.

d) Reduzir o investimento sobre o produto.

- Para retrair seletivamente.
- Para recuperar ao máximo.
- Para desacelerar rapidamente.

Ao perceber pouca oportunidade para vendas ou lucros, a maioria dos concorrentes abandona o mercado durante esse estágio de declínio. Entretanto, poucas organizações conseguem desenvolver um pequeno nicho de mercado e permanecer com um sucesso moderado no decorrer do estágio de declínio. Alguns fabricantes de fogões a lenha conseguiram essa proeza.

Em algum ponto da vida da maioria dos produtos e serviços, pode ficar claro que não existe mais o longo prazo para eles. Isso pode ocorrer em função de grandes mudanças nas exigências dos clientes, que o projeto do produto atual não consegue acompanhar, ou pode ser devido a mudanças tecnológicas que tornem o produto obsoleto. Nessas circunstâncias, uma estratégia de colheita (ou "ordenha") pode ser adotada para obter o máximo de retorno do produto, antes de sua morte ou retirada do mercado.

Negócios ou produtos candidatos à colheita podem ser aqueles que estão dando prejuízo, apesar dos recursos gerenciais e financeiros neles investidos, ou podem ser aqueles em processo de obsolescência devido à inovação da empresa ou da concorrência.

A implementação de uma estratégia de colheita exige redução do apoio de marketing a um mínimo, corte de despesas de propaganda, apoio de vendas e P&D. Geralmente, ocorrerá uma racionalização da linha do produto para reduzir os custos de produção e outros custos diretos. Além disso, os preços podem ser aumentados um pouco, para melhorar as margens, ao mesmo tempo em que se espera uma redução no volume de vendas.

Quando uma empresa decide que uma política de colheita não é possível – por exemplo, quando, apesar de todos os esforços o negócio ou o produto continua a dar prejuízo –, a atenção volta-se para a desativação ou a eliminação do negócio ou produto do portfólio da empresa. A desativação ou a decisão de sair de um mercado ou negócio específico nunca é tomada de maneira trivial. Quando se pondera a extinção de um negócio ou produto específico, é crucial questionar seus impactos para os rumos da organização.

Extensão do ciclo de vida do produto: a total extensão do ciclo de vida – desde o início do estágio de introdução ao final do estágio de declínio – varia de acordo com a categoria do produto. Ela vai de poucas semanas ou uma curta estação (para uma roupa da moda) a muitas décadas (para automóveis ou telefones) ou até mais de um século como o combustível de petróleo. E ela varia por causa das diferenças na extensão dos estágios individuais de uma categoria de produto para a próxima. Embora a curva do ciclo de vida dos produtos sugira que todos os quatro estágios de ciclo de vida quase se igualam em período de tempo, os estágios de qualquer ciclo de vida normalmente são muito diferentes.

Variações do ciclo típico de vida dos produtos: num ciclo típico, o produto ganha ampla aceitação do consumidor somente após um período introdutório estendido. Em outra variação, o ciclo inteiro de vida começa e termina num período de tempo relativamente curto. Essa variação retrata o ciclo de vida para um modismo, um produto ou estilo que se torna imensamente popular quase da noite para o dia e, então, sai do gosto dos consumidores quase tão rapidamente quanto apareceu. O bambolê é um bom exemplo de modismo do passado. Se as sandálias Havaianas produzidas pela São Paulo Alpargatas e o ato de colocar *piercings* em partes do corpo podem ser modismos, somente o tempo dirá. Numa terceira variação, o estágio maduro do produto pode demorar quase indefinidamente. Esse ciclo de vida é ilustrado pela palha de aço Bom Bril e pelo amido de milho Maizena e, também, por automóveis com motores a gasolina de combustão interna. Outras formas, tais como carros elétricos, movidos a energia solar ou autônomos, têm sido propostas, mas o automóvel que é usado de maneira abrangente permanece dominante.

De um modo geral, os ciclos de vida dos produtos estão ficando cada vez mais curtos. Se os concorrentes conseguem rapidamente introduzir um clone de um produto popular, ele pode se mover rapidamente para o estágio de maturidade. Mudanças rápidas na tecnologia podem tornar obsoleto um produto virtualmente da noite para o dia. Várias categorias de produtos não conseguem passar pelos quatro estágios do ciclo de vida. Algumas fracassam no estágio introdutório. Esse pareceu ser o caso, na década de 1980, de um produto que tocava videodiscos em vez de fitas de vídeo.

6.6.3 Matriz participação de mercado/crescimento do mercado – Matriz BCG

Também denominada análise do portfólio de negócios ou matriz de participação de mercado/crescimento do mercado, é uma técnica de análise da carteira (portfólio) de negócios para a formulação de estratégias com base na filosofia de que a organização deve ter estratégias adequadas para melhor administrar suas carteiras de investimentos. Da mesma forma como os investimentos rentáveis devem ser mantidos e aplicados, os investimentos deficitários devem ser desativados ou descartados.

A matriz de crescimento e participação foi criada pela consultoria Boston Consulting Group (BCG) e data de pelo menos 50 anos, quando foi publicado o artigo de Bruce Henderson,[28] que a desenvolveu e popularizou como uma ferramenta de análise de portfólio. A proposta do BCG é buscar um equilíbrio entre os produtos (ou unidades de negócio) geradores de fundos e aqueles produtos nos quais os fundos são requeridos. A potencialidade de geração de fundos de determinado negócio (produto ou unidade de negócio) deve ser dada pela sua posição competitiva relativa e pela taxa de crescimento do mercado. A inter-relação entre essas duas variáveis é representada pela matriz de portfólio, onde são categorizados os produtos de uma carteira.

Trata-se de um modelo para classificar cada um dos produtos ou linhas de produtos de acordo com dois fatores: sua parcela de mercado relativa à concorrência e a taxa de crescimento do mercado do produto. Os dois fatores são divididos em categorias alta e baixa, para criar uma grade 2 × 2, como mostra a Figura 6.16.

Os quadrantes diferem com respeito não somente à parcela de mercado e taxa de crescimento do setor, mas também com relação às necessidades de caixa e as estratégias adotadas. Os produtos situados em cada quadrante recebem nomes sugestivos para denotar suas características em função dos fatores considerados. Dessa classificação saem indicações de estratégias que serão elaboradas, considerando a dinâmica de funcionamento entre as quatro diferentes situações dos produtos:

- **Estrelas:** as altas parcelas de mercado e as altas taxas de crescimento do mercado caracterizam os produtos nesse quadrante. Entretanto, um produto que cai nessa categoria apresenta um

Figura 6.16 Matriz participação de mercado/crescimento do mercado – Matriz BCG (Boston Consulting Group).
Fonte: adaptada de Henderson.[29]

desafio para as organizações, porque ele exige muito dinheiro para permanecer competitivo em mercados em crescimento. As estratégias agressivas de marketing são imperativas para que os produtos estrelas mantenham ou até mesmo construam parcela de mercado.

- **Vacas leiteiras ou "caixeiras" (*cash cow*):** são produtos com grande participação em um mercado que cresce cada vez menos e possivelmente estão atravessando o estágio de maturidade de seu ciclo de vida (aquele com baixas taxas de crescimento). Como verdadeiras vacas leiteiras que alimentam todo mundo, mas geralmente são chamados de vacas "caixeiras" (em uma tradução livre do conceito em inglês – *cash cow*). Como o crescimento do mercado é baixo, não são necessários grandes investimentos, e o caixa é utilizado para atender a demandas financeiras da organização em outras áreas, como na expansão de uma "estrela". Quando o crescimento de uma área diminui, as estrelas se movem para essa categoria porque a maioria dos seus clientes são remanescentes fiéis, seus custos de marketing não são altos. Consequentemente, ele gera mais dinheiro do que pode ser reinvestido de forma lucrativa nas suas operações. Como resultado, as vacas leiteiras podem ser ordenhadas para dar suporte a outros produtos que precisam de mais recursos. As estratégias para vacas leiteiras procuram defender a parcela de mercado mediante o reforço da lealdade do consumidor.

- **Pontos de interrogação:** também chamados de crianças-problema, identificam os produtos caracterizados por baixas parcelas de mercado, mas com altas taxas de crescimento. Requerem grandes alocações de fundos devido à elevada taxa de crescimento de seu mercado, porém geram baixos níveis de fundos devido à sua baixa participação. Um produto ponto de interrogação não atingiu uma base segura num mercado em expansão, mas altamente competitivo. A questão em torno desse tipo de produto é se ele pode ganhar parcela de mercado adequada e vir a ser lucrativo. Se a administração responder "não", então o produto deve ser desativado. Se a administração responder "sim", a organização deve prover o dinheiro para construir a parcela de mercado – mais dinheiro do que o ponto de interrogação típico gera com seus lucros.

- **Bichos de estimação:** são produtos com baixas parcelas de mercado e operam em setores com baixas taxas de crescimento. Uma organização normalmente estaria equivocada em investir fundos substanciais em produtos nessa categoria. As estratégias de marketing para os bichos de estimação pretendem maximizar qualquer lucro potencial ao minimizar os gastos ou promover um diferencial para construir parcela de mercado. A organização pode, em vez disso, dar um basta e desativá-los.

SAIBA MAIS

No Brasil, os produtos do quadrante Bichos de estimação são equivocadamente traduzidos como produtos abacaxi ou cachorros, com a conotação de que seriam produtos a serem descartados. Na verdade, sua gestão aproxima-se mais dos cuidados oferecidos aos bichos de estimação ou mascotes (*pets*, em inglês) que reflete melhor as concepções dos criadores do modelo.

O equilíbrio deve ser alcançado pelos fundos gerados pelos resultados operacionais (vacas leiteiras) e desinvestimentos (bichos de estimação ou pontos de interrogação) nos negócios que permitam crescimento futuro de toda a carteira (estrelas e alguns pontos de interrogação selecionados). Como o crescimento do mercado não é uma variável controlável, o problema consiste em selecionar produtos que, ao investir neles, tragam participação maior (pontos de interrogação) e se consolide o domínio (realocação dos fundos gerados pelas estrelas).

Na arena financeira, o investidor precisa de um portfólio equilibrado com respeito aos riscos e retornos em potencial de seus investimentos. Da mesma forma, a organização deveria procurar um portfólio equilibrado. Certamente, as vacas leiteiras são indispensáveis. As estrelas e os pontos de interrogação também são essenciais para o portfólio equilibrado, porque os produtos em mercados em crescimento determinam um desempenho em longo prazo da organização. Quanto aos bichos de estimação, é rara uma organização que não tenha pelo menos um.

Existe uma dinâmica que explicaria a movimentação dos produtos entre os quadrantes, como se houvesse um círculo virtuoso – uma empresa sistematicamente deveria transferir caixa produzido por suas vacas leiteiras, aplicando os recursos no lançamento de pontos de interrogação em mercados de grande ascensão que com o tempo devem arrefecer. A empresa deveria, nesse tempo, fazer com que seus produtos pontos de interrogação ganhem parcelas de mercado, transformando, assim, seus pontos de interrogação em produtos estrelas, que com o tempo, com o arrefecimento no crescimento do mercado, passarão a ser vacas leiteiras, reiniciando a ciclo virtuoso. Numa sequência de decisões competentes, o portfólio de produtos apresentará um perfil equilibrado, com geração contínua de caixa e sistemática política de inovação, como mostrado na Figura 6.17.

O planejamento estratégico deve encaminhar estratégias que promovam o surgimento de vacas leiteiras, assegurando assim o caixa necessário para possibilitar investimentos em inovações, como mostrado na Figura 6.18, que apresenta a posição atual de seis produtos de uma empresa e a posição três anos antes. A participação relativa no faturamento é representada pelo diâmetro do círculo correspondente. A escala do eixo vertical tem por base a taxa percentual de crescimento do mercado, variando de 0 a 20%, e a escala do eixo vertical é logarítmica, variando de 0,3:1 (a participação de mercado da empresa corresponde a 30% da líder do setor) a 3:1 (a participação de mercado da empresa corresponde a 3 vezes a participação da seguidora do setor). Como se pode analisar, o produto 2 é o que tem maiores chances de crescimento. O produto 6 é verdadeiramente uma incógnita, e o produto 4 deverá ser excluído da linha.

Na Figura 6.19, à direita, pode-se analisar a posição esperada dos produtos após as decisões estratégicas tomadas com relação a eles, nos próximos três anos. O produto 4 sairá de linha, o produto 3 continuará a ser uma vaca leiteira, porém de menor

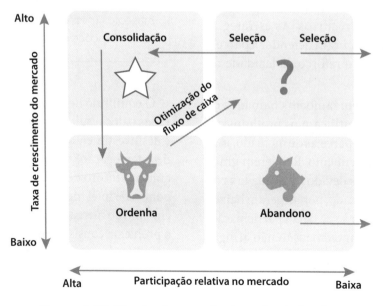

Figura 6.17 Círculo virtuoso da alocação de fundos.

Fonte: adaptada de Henderson.[29]

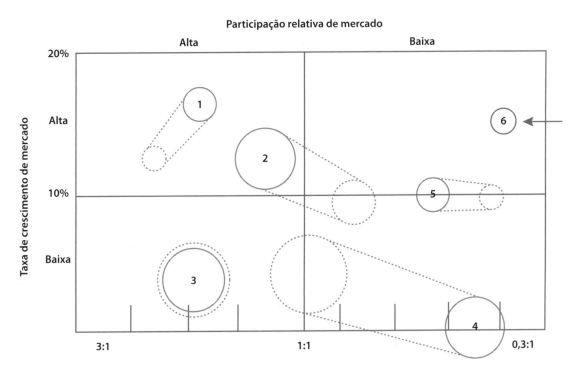

Figura 6.18 Posição relativa de um portfólio de produtos agora e três anos antes.
Fonte: adaptada de Henderson.[29]

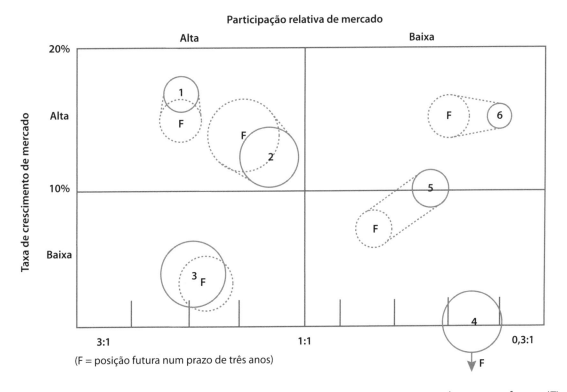

(F = posição futura num prazo de três anos)

Figura 6.19 Posição relativa de um portfólio de produtos agora e três anos depois, no futuro (F).
Fonte: adaptada de Henderson.[29]

194 Planejamento Estratégico

expressão, e, com o tempo, o produto 1 deverá se transformar numa nova vaca leiteira da empresa.

A Matriz BCG tem a vantagem de apresentar várias estratégias para todos os produtos e tem a função de equilibrar a carteira de negócios e produtos em geradores de caixa e tomadores de caixa.

Contudo, o modelo apresenta algumas limitações:

1. A alta participação de mercado não é o único fator de sucesso da organização.

2. O crescimento de mercado não é o único indicador de atratividade de um mercado.

3. Algumas vezes, um bicho de estimação pode gerar mais caixa do que uma vaca leiteira.

Em função dessas limitações, deve-se ponderar cuidadosamente tais fatores externos quando se utilizar o modelo matriz BCG.

6.6.4 Modelo de adoção e difusão de inovação de Rogers[30]

A probabilidade de se fazer sucesso com um produto novo ou uma tecnologia superior é maior se a administração compreender os processos de adoção e difusão para aquela inovação. Mais uma vez, destaca-se que as organizações precisam entender como os compradores em prospecção se comportam. O processo de adoção é o conjunto de decisões sucessivas que uma pessoa faz antes de aceitar uma inovação, seja um produto, um conceito ou uma tecnologia superior. A difusão, por seu turno, é o processo pelo qual uma inovação se espalha em um sistema social. Ao conhecer esse processo, uma organização pode entender como e quando essa inovação é aceita ou não e quais grupos provavelmente comprarão um produto logo após sua introdução, um pouco depois ou nunca. Esse conhecimento sobre o comportamento de adoção pode ser valioso ao se desenhar um programa efetivo de marketing.

Estágios no processo de adoção: um comprador prospectivo passa por seis estágios no processo de adoção para decidir se aceita algo novo, mostrado pelo Quadro 6.7.

Categorias dos adotantes: algumas pessoas vão adotar uma inovação logo após sua introdução no mercado. Outras vão demorar antes de aceitar o novo, e outras ainda talvez nunca o adotem. Há cinco categorias de adotantes, como mostrado na Figura 6.20, baseadas no momento em que as pessoas adotam determinada inovação. É improvável que um indivíduo esteja numa mesma categoria (como, por exemplo, a de adotante inicial) para todos os produtos. É possível que uma pessoa possa cair numa categoria para um produto específico (como equipamento de áudio), mas ir para outra categoria para um produto muito diferente (como roupas).

Quadro 6.7 Os seis estágios no processo de adoção pelos quais um comprador prospectivo passa

Estágio	Atividade naquele estágio
Consciência	O indivíduo é exposto à inovação; torna-se um *prospect*
Interesse	O *prospect* está interessado em procurar informação
Avaliação	O *prospect* julga as vantagens e desvantagens de um produto e o compara com as alternativas
Teste	O *prospect* adota a inovação numa quantidade limitada. Um consumidor experimenta uma amostra, se o produto puder ser entregue em amostras
Adoção	O *prospect* decide se usa a inovação em escala total
Confirmação	Após adotar a inovação, o *prospect* torna-se um usuário que imediatamente procura uma confirmação de que a decisão de comprar o produto foi correta

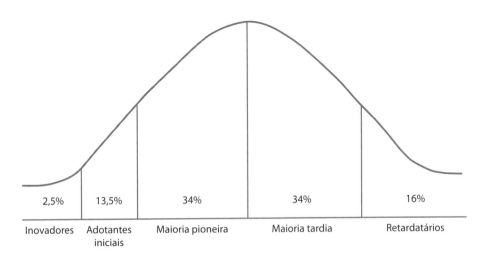

Figura 6.20 Tipos ideais de adotantes pelo modelo de Rogers.
Fonte: elaborada pelos autores com base em Rogers.[30]

Revolucionários: representando aproximadamente 3% do mercado, os inovadores são consumidores aventureiros. Eles são os primeiros a adotar uma inovação. Em relação aos adotantes tardios, os revolucionários provavelmente são mais jovens, têm um *status* social mais alto e estão em melhor posição financeira. Os inovadores também tendem a ter amplas relações sociais, envolvendo vários grupos de pessoas em mais de uma comunidade. Eles provavelmente vão confiar mais em fontes de informação não pessoais, tais como propaganda, mais que em vendedores ou outras fontes pessoais.

Líderes de opinião: representando aproximadamente 13% do mercado, os adotantes iniciais compram um produto novo depois dos revolucionários, e, ao contrário deles, que têm amplos envolvimentos fora de uma comunidade local, os líderes de opinião tendem a ser socialmente envolvidos dentro de uma comunidade local. A maioria é muito influenciada por suas opiniões.

Maioria pioneira: a maioria pioneira, representando aproximadamente 34% do mercado, inclui mais indivíduos deliberados que aceitam uma inovação um pouco antes do adotante "médio" num sistema social. Esse grupo está um pouco acima da média, considerando indicadores econômicos e sociais. Os pertencentes a essa categoria confiam muito pouco em propaganda e vendedores.

Maioria tardia: a maioria tardia, outros 34% do mercado, é um grupo de consumidores céticos que normalmente adotam uma inovação para economizar dinheiro ou em resposta à pressão social dos seus amigos. Eles confiam em membros da maioria pioneira como fontes de informação. Propaganda e vendas pessoais são menos efetivas com esse grupo do que o boca a boca.

Retardatários: são os indivíduos numa sociedade que estão ligados pela tradição e, assim, são os últimos a adotar uma inovação e, às vezes, nem a adotam. Somam aproximadamente 16% do mercado. Os retardatários suspeitam das inovações e dos inovadores e se perguntam por que alguém pagaria tanto dinheiro por um tipo novo de aparelho de segurança, por exemplo. Quando os retardatários adotam algo novo, esse produto já pode ter sido descartado pelos revolucionários em favor de um conceito mais novo. Os retardatários são geralmente mais idosos e normalmente estão abaixo da escala econômico-social.

Num processo de difusão da adoção, o agente de mudança é uma pessoa que procura acelerar a disseminação de determinada inovação. Na organização, a pessoa responsável pela introdução de um novo produto inovador, por exemplo, deve ser um agente de mudança que foca seus esforços iniciais persuasivos em campanhas direcionadas a pessoas que se encaixem no perfil demográfico dos líderes de opinião, pois outros consumidores respeitam – frequentemente pedem – a opinião deles e, eventualmente, validam suas opiniões.

Assim, se uma organização pode conseguir que os líderes de opinião comprem seu produto inovador e fiquem satisfeitos com ele, então, eles dirão coisas boas a respeito da nova oferta. Isso é o chamado boca a boca. Por sua vez, o mercado mais amplo, em algum momento, vai aceitar o produto também. Certamente, ao contrário da propaganda, que é controlada pela organização, o boca a boca pode ser influenciado pela propaganda, mas ainda é muito pouco mensurado. Muitas vezes, ele se transforma em desfavorável e prejudicial, em vez de útil.

Fatores de adoção: são cinco os fatores que afetam a taxa de adoção para inovação, especialmente produtos verdadeiramente inovadores:

- **Vantagem relativa:** é o grau para o qual uma inovação é superior aos produtos atualmente disponíveis. A vantagem relativa pode ser refletida em custo mais baixo, maior segurança, uso mais fácil ou algum outro benefício relevante.

- **Compatibilidade:** é o grau para o qual uma inovação coincide com os valores e experiências culturais dos compradores prospectivos, já que muitos deles querem poupar tempo e satisfazer seus desejos agora e não mais tarde. A pipoca de micro-ondas certamente satisfez essa característica.

- **Complexidade:** é o grau de dificuldade em entender ou usar uma inovação. Quanto mais complexa for uma inovação, mais lentamente ela será adotada – caso seja adotada. Os combinados de xampu e condicionador certamente são simples de usar, então a adoção deles não foi impedida pela complexidade. Entretanto, muitas formas de seguro e alguns produtos eletrônicos têm problemas com essa característica.

- **Possibilidade de experimentar:** corresponde a quanto uma inovação pode ser experimentada antes da adoção. Colocando de lado as outras características, quanto maior a possibilidade de se experimentar, mais rápida será a taxa de adoção. Por exemplo, um sistema de ar-condicionado domiciliar central provavelmente terá uma adoção mais lenta do que uma semente nova ou um fertilizante que pode ser testado numa pequena porção de terra. Em geral, devido a essa característica, os produtos com custo mais alto serão adotados mais lentamente que os mais baratos. Da mesma forma, muitos serviços (como seguros) são difíceis de usar numa base de experimentação, portanto tendem a ser adotados mais lentamente.

- **Possibilidade de observação:** é o quanto uma inovação pode ser demonstrada como eficiente. Em geral, quanto maior a possibilidade de observação, tanto mais rápida a taxa de adoção. Por exemplo, um pesticida novo que mata as ervas existentes provavelmente será aceito mais rapidamente que um produto que evita o crescimento das ervas. A razão? O último produto, mesmo sendo mais eficaz, não produz ervas mortas para se mostrar aos compradores prospectivos! O mesmo acontece com as campanhas de prevenção à proliferação do mosquito da dengue em áreas urbanas menos desenvolvidas.

Obsolescência planejada e moda: o mercado está constantemente à procura de "algo novo", mas não "tão novo". Ele quer novidades: novos produtos, novos estilos, novas cores. Entretanto, ele quere ser movido gentilmente para fora dos seus padrões habituais, não jogado para fora deles. Consequentemente, muitos fabricantes usam uma estratégia de produto de obsolescência planejada. A intenção dessa estratégia é tornar ultrapassado um produto existente e, assim, aumentar o mercado para produtos de substituição. Os compradores frequentemente satisfazem sua sede por novidade utilizando a moda. E os produtores de moda confiam pesadamente na obsolescência planejada.

A expressão **obsolescência planejada** é usada para se referir a dois desenvolvimentos:

- **Obsolescência tecnológica:** melhorias técnicas significativas resultam num produto mais eficiente. Por exemplo, as fitas cassetes tornaram os discos de vinil obsoletos; os CDs de áudio tornaram obsoletos os cassetes e os discos compactos. Esse tipo de obsolescência geralmente é considerado socialmente e economicamente desejável porque a substituição de produto oferece mais benefícios e/ou um custo menor. Ainda assim, a obsolescência tecnológica (ou funcional) é criticada às vezes. Por exemplo, a Intel tem irritado alguns fabricantes de computadores ao lançar novas gerações de processadores frequentemente, o que reduz as vendas dos computadores desprovidos da tecnologia de ponta.
- **Obsolescência de estilo:** as características superficiais de um produto são alteradas para que o novo modelo seja facilmente diferenciado do modelo anterior. A obsolescência de estilo, às vezes chamada de obsolescência "psicológica" ou "de moda", pretende fazer com que as pessoas se sintam ultrapassadas se continuarem a usar velhos modelos. Os produtos sujeitos a esse tipo de obsolescência incluem roupas, celulares, móveis e automóveis. Normalmente, quando as pessoas criticam a obsolescência planejada, elas estão se referindo à obsolescência de estilo.

6.7 SISTEMA DE ATIVIDADES

A efetiva implementação e execução das estratégias formuladas irá depender de um sistema de atividades que destacará a consistência daquelas estratégias e assegurará o reconhecimento do posicionamento como vantagem competitiva da organização. O sistema de atividades corresponde à efetivação das atividades previstas no canal de valor e executadas de maneira única, conforme apresentado no Capítulo 4. Segundo Porter,[31] nessa concepção a vantagem competitiva se dá não pela eficácia operacional e sim pela opção de exercer as atividades diferentemente da concorrência. O posicionamento competitivo será fruto da execução de atividades que agreguem valor. Há três posicionamentos competitivos que são embasados em critérios de oferecimento de valor distinto, a saber:

- **Posicionamento competitivo baseado na variedade:** dá prioridade às atividades de oferta de produtos e serviços e não segmentos de clientes. O valor é concretizado por produtos e serviços únicos.

CLIPPING COMPETITIVO

Sistema de atividades da Southwest Airlines

A Figura 6.21 apresenta a engenharia de construção do posicionamento competitivo baseado em variedade da Southwest Airlines, a partir de uma estruturação de premissas e atividades. Essa companhia aérea se destacou no mercado americano por seu crescimento e por ter se mantido no azul, mesmo com a crise do setor, após o atentado de 11 de setembro. Para concretizar seu posicionamento competitivo, ela fez algumas escolhas: não oferecer conexões de voos, refeições ou reservas, nem transferências de bagagem. Os agentes de viagem têm atuação limitada, e a empresa oferece máquinas automáticas para a emissão de *tickets* de viagem. Os poucos funcionários nada deixam a desejar, porque seus salários são altos e porque possuem ações da companhia.

Em contrapartida, há muito valor agregado aos clientes. O tempo de espera para embarque é de apenas 15 minutos, a frota é padronizada, e o preço da passagem é bem baixo, com um serviço direto e produtivo.

(continua)

(continuação)

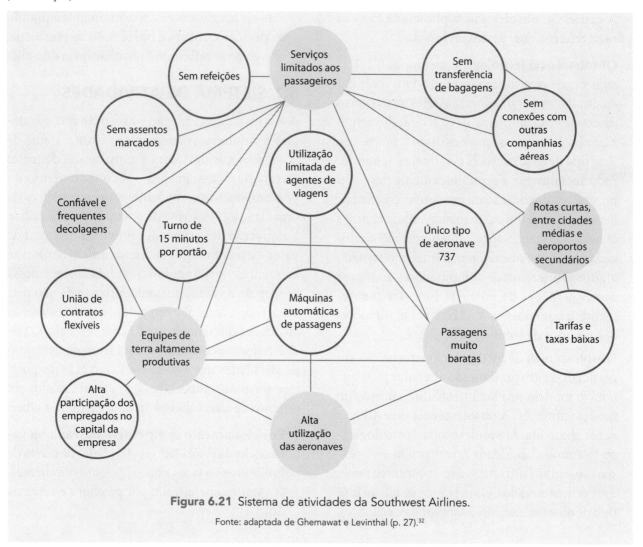

Figura 6.21 Sistema de atividades da Southwest Airlines.
Fonte: adaptada de Ghemawat e Levinthal (p. 27).[32]

- **Posicionamento competitivo baseado na necessidade:** as atividades buscam atender a maior parte ou todas as necessidades de determinado segmento, no tempo e sob medida.
- **Posicionamento competitivo baseado no acesso:** as atividades oferecem diferentes acessos para a satisfação das necessidades, em função da escala do cliente e ou situação geográfica, exigindo a personalização do conjunto de atividades para cada cliente.

6.8 AVALIAÇÃO DA ESTRATÉGIA ORGANIZACIONAL

Durante toda a sua implementação e execução, a avaliação da estratégia não pode ficar à mercê dos acontecimentos e nem ao sabor dos ventos. Ela não pode apenas ser continuamente conduzida e liderada, mas também intensamente monitorada e avaliada. É preciso acompanhar de perto e ao longo de todo o processo o alcance de metas e de objetivos e fazer com que os resultados realmente aconteçam. Isso significa garantir, de um lado, a gestão do desempenho e, de outro lado, a gestão de metas, objetivos e resultados concretos. A execução da estratégia requer uma inteligente e envolvente gestão do talento humano para que as pessoas envolvidas estejam sempre prontas e preparadas para aplicar suas habilidades, conhecimentos e competências da melhor maneira possível. E a gestão do talento humano impõe o envolvimento da cúpula – a partir do papel do líder estratégico – e de todos os executivos da organização em uma verdadeira liderança de lideranças.

Contudo, nem sempre a execução corresponde ao que o planejamento definira com antecipação. Quase sempre, ocorrem mudanças, contingências, desvios, gargalos, manobras, recuos, acelerações etc.

 Acesse conteúdo sobre **Agilidade rima com estabilidade** na seção *Clipping competitivo* PE 6.2

Para Hrebiniak[33] avaliação da estratégia refere-se à fase do processo de gestão estratégica na qual os gestores acompanham e avaliam se a escolha estratégica, tal como foi formulada, implementada e executada, está alcançando os objetivos propostos e trazendo os resultados esperados. É o processo pelo qual se comparam os objetivos pretendidos – meios – com os resultados alcançados pela estratégia – fins. Quando se formula a estratégia, também se cuida dos critérios, indicadores e métricas para avaliar os resultados da estratégia e, aqui, eles se tornam cruciais. O importante é monitorar desempenho e resultados para adotar as medidas corretivas necessárias para que a estratégia alcance os objetivos desejados, como mostra a Figura 6.22.

 Reflita sobre **As linhas gerais de uma estratégia eficaz** na seção *Para reflexão* PE 6.2

Critérios de avaliação da estratégia organizacional: para Chiavenato,[21] existem três tipos de critérios genéricos para avaliação da estratégia organizacional:

- **Consistência interna:** a estratégia organizacional deve ser consistente com os objetivos que

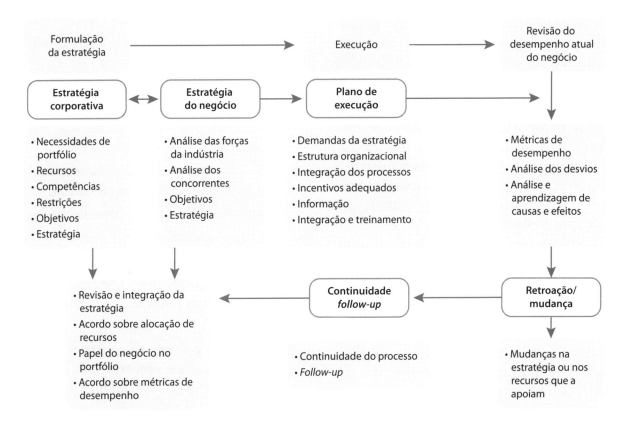

Figura 6.22 Revisão da estratégia: planejamento, execução e controles.
Fonte: Hrebiniak (p. 211).[33]

a organização pretende alcançar. A estratégia deve estar identificada com os padrões internos da organização, seus valores, sua cultura, revelados por seus objetivos globais. Deve também envolver a estrutura organizacional que deve ser necessariamente flexível e orgânica e o estilo de gestão a ser adotado que deve ser impulsionador e alavancador.

- **Consistência com o ambiente:** a estratégia organizacional deve ser consistente com as condições ambientais existentes para garantir competitividade, sustentabilidade e responsabilidade social e ambiental. A inadequação estratégica com o ambiente externo pode custar caro à organização ou pode conduzi-la ao fracasso em suas operações.

- **Adequação às competências e recursos disponíveis:** a estratégia organizacional deve ser consistente com os recursos e competências de que a organização dispõe ou precisa obter. Os recursos são os ativos tangíveis que uma organização possui e que a ajudam a alcançar os objetivos propostos. As competências representam os ativos intangíveis e a inteligência humana disponível para saber aplicar de modo rentável os recursos organizacionais.

Chiavenato,[22] mais uma vez, destaca que o processo de avaliação estratégica começa com a própria avaliação sistemática da consistência do plano estratégico que vai transparecendo ao longo do processo de planejamento estratégico e principalmente na etapa de execução. Para efetuar a análise dessa consistência, devem-se considerar alguns determinantes de sucesso, entre os quais:

- Capacitação e desenvolvimento das pessoas da organização.

- Disponibilidade dos recursos da organização.

- Estrutura organizacional flexível e orgânica para permitir integração e conectividade entre todas as áreas, níveis e pessoas envolvidas.

- Escala de valores dos executivos e funcionários para avaliar seu desempenho e alcance de objetivos.

- Cultura organizacional envolvente e dinâmica no sentido de assegurar comprometimento, responsabilidade individual e grupal, motivação e entusiasmo.

- Estilo de gestão participativo, apoiador, estimulador e orientador baseado no *empowerment* das pessoas e das equipes.

- Governança corporativa capaz de assegurar boas relações com investidores no sentido de prestação de contas e sustentabilidade do negócio no longo prazo.

- Garantir a interação do plano estratégico quanto aos seguintes aspectos externos:
  - Foco no cliente ou consumidor.
  - Orientação para o mercado.
  - Garantia de obtenção de recursos externos (financeiros, materiais, tecnológicos etc.).
  - Atendimento à legislação vigente.
  - Atenção aos concorrentes e às suas estratégias.
  - Atendimento às expectativas dos *stakeholders*.

- Considerar a execução da estratégia ao longo do horizonte de tempo, avaliando:
  - Impactos recebidos no curto prazo, quanto à execução da estratégia.
  - No médio prazo, quanto a metas a serem alcançadas.
  - No longo prazo, quanto ao alcance dos objetivos globais e resultados oferecidos.
  - Aplicabilidade do planejamento estratégico.

- Acompanhar os resultados financeiros do negócio e retorno do investimento.

- Acompanhar os resultados sociais.

- Acompanhar os resultados ambientais.

Entretanto, deve-se lembrar que a avaliação do processo de planejamento estratégico nas organizações não é um processo fácil, devido aos seguintes aspectos que complicam o processo:[23]

1. O período de tempo necessário para a implementação e execução do plano estratégico é relativamente longo.

2. O nível de incerteza é elevado, pois envolve ampla série de fatores ou variáveis internas e externas (gestão, competências reunidas, mercado, condições econômicas e sociais, disponibilidade de recursos etc.) que podem provocar desvios ou interrupções do curso de ação previsto ou desejado.

3. O próprio planejamento estratégico pode ser alterado ou modificado no decurso de sua implementação e execução na medida em que encontra obstáculos ou mudanças. A organização pode necessitar alterar seu rumo para usufruir oportunidades eventualmente surgidas ou evitar possíveis ameaças ou riscos que aparecem pela frente.

Mas e os objetivos estratégicos a serem alcançados no futuro? Como, por quanto e quando serão atingidos? Como eles devem pesar na avaliação da estratégia? E a posição competitiva da organização frente aos concorrentes? Ademais, a flexibilidade e a agilidade organizacional constituem outros aspectos importantes na condução e avaliação da estratégia organizacional futura.

De acordo com Mische,[2] a flexibilidade organizacional envolve vários aspectos do comportamento, para desenhar processos e estruturas capazes de redefinir e realocar recursos e buscar a integração seletiva de processos, enquanto a agilidade envolve rapidez, velocidade e prontidão nessas manobras. Uma organização somente consegue ser flexível e ágil quando seu capital humano dispõe de uma elevada propensão para:

- Ler e interpretar o ambiente.
- Antecipar mudanças no ambiente.
- Trabalhar sob condições de imprevisibilidade e incerteza.
- Reagir favoravelmente às mudanças e transformações.
- Dispor de flexibilidade e de ajustamento pessoal.
- Ser capaz de contínua aprendizagem e adaptabilidade.

Quase sempre se esbarra nas pessoas quando se tenta formular, executar ou avaliar uma estratégia. Elas podem ser a vantagem competitiva – e isso representa a excelência do seu capital humano –, como também podem ser o obstáculo à sua efetiva realização – e isso significa que a organização não investe adequadamente nas pessoas a quem entrega a execução de suas estratégias.

Quando se trata de uma estratégia, a sua avaliação deve cobrir desde a etapa inicial da intenção estratégica, gestão do conhecimento estratégico externo e interno, formulação da estratégia, até a execução da estratégia e sua total realização. Pode-se até avaliar uma estratégia em termos de desempenho e execução na medida em que ela estiver sendo colocada em prática, mas a etapa final se refere quase sempre aos resultados que ela consegue atingir. E tudo isso é realizado e consagrado por meio de pessoas. Não se formula ou executa uma estratégia sem pessoas. E a avaliação da estratégia deve também ser do conhecimento das pessoas ou, mesmo, ser feita por meio delas. Elas constituem os *stakeholders* essenciais nessa tarefa essencial.

Reflita sobre **A condição de superioridade de uma estratégia** na seção *Para reflexão* PE 6.3

6.9 EFICÁCIA ORGANIZACIONAL

As organizações constituem entidades complexas e intrincadas dotadas de indivíduos e grupos que desempenham tarefas e são auxiliados por vários esquemas organizacionais. A eficácia de uma organização é, em última instância, afetada pelos padrões de comportamento que se desenvolvem e emergem à medida que o tempo passa e a experiência melhora. A maneira como pessoas e grupos se comportam tem um impacto significativo e profundo sobre o quanto a organização consegue atingir seus objetivos e ser bem-sucedida. As pessoas estão no centro disso tudo. A eficácia organizacional é função dependente das pessoas. Assim, Fitz-Enz[34] assinala que as oito práticas utilizadas por organizações excepcionais na busca da eficácia são:

1. Fixação de valor balanceado.
2. Compromisso com uma estratégia básica e essencial.

3. Intensa ligação da estratégia com seu sistema cultural.

4. Comunicação massiva em duas vias.

5. Intensa parceria com *stakeholders*.

6. Colaboração funcional.

7. Foco na inovação e no risco para aproveitar oportunidades.

8. Essas organizações nunca estão satisfeitas.

Enfim, as organizações de elevado desempenho possuem certos atributos comportamentais e qualidades operacionais que formam um conjunto harmonioso e integrado.

Indicadores da eficácia organizacional. Como avaliar o desempenho de uma organização? Para avaliar o desempenho da organização, torna-se necessário adotar indicadores adequados em função dos objetivos visados. Veja a seguir uma relação de indicadores básicos de eficácia organizacional, conforme apresentado por Mische:[2]

1. Desempenho financeiro e criação de valor para o *stakeholder*:

- A organização alcança e sustém 25% de crescimento nos retornos ou lucros e/ou valor de mercado por um período superior a cinco anos.

- A organização gera e sustém um retorno anual médio para os acionistas de 1,5 maior do que as organizações *benchmarks*.

- A organização proporciona consistentemente dividendos sem grandes surpresas ou variações.

- A organização administra eficazmente as relações com investidores, expectativas, e investe em comunicação.

- Os ativos são totalmente aplicados de maneira que otimizam seu uso e proporcionam retorno para os investidores.

- A organização demonstra consistentemente que as decisões sobre investimentos e a alocação de ativos são feitas com claro propósito, com proposição de valor econômico e com os melhores interesses dos investidores em mente.

2. Posicionamento estratégico:

- A organização demonstra compromisso impulsionado por um conjunto integrado de visões estratégicas, direções ou imperativos.

- Alcança e sustém uma penetração superior nos mercados globais.

- Estende e expande sua influência por meio de alianças seletivas e eficazes.

- A TI alavanca a presença no mercado e na busca e no relacionamento com clientes.

- Cria consistentemente novos mercados e oportunidades mediante novos negócios, produtos e desenhos organizacionais.

- Define consistentemente padrões e regras que os concorrentes precisam reagir ou gastar recursos para compensar.

3. Liderança e inovação:

- A organização demonstra continuamente e oferece características de liderança estratégica no mercado.

- Cultiva o pluralismo como fonte de liderança e de vantagem competitiva.

- Cria oportunidades de desenvolvimento de lideranças por meio da rotação no trabalho e programas de enriquecimento e investimento nas pessoas.

- Demonstra e promove uma cultura orientada para o consumidor e foco no cliente e excelência no serviço.

- Pratica o planejamento de sucessão de longo prazo e desenvolvimento de novas gerações de líderes.

- Cultiva consistentemente um ambiente de criatividade e inovação.

- Administra o conhecimento ativamente com o uso de uma arquitetura de conhecimento e de processos de gestão do conhecimento.

- Fomenta e encoraja o aprendizado, experimentação e descoberta e é tolerante com erros.

- Admite e nutre funcionários altamente talentosos.

- Gera uma percentagem maior de retornos por meio da introdução de novos produtos.

- Cria e sustém um ambiente colaborativo e agradável de trabalho.

4. Governança e Responsabilidade Social:

- A organização cultiva um Conselho Administrativo com um envolvimento ativo e engajado.
- O Conselho Administrativo tem interesse econômico e moral no comportamento financeiro e social da organização.
- O Conselho Administrativo demonstra um forte compromisso com o posicionamento estratégico e com a vantagem competitiva de longo prazo.
- O Conselho Administrativo é relativamente aberto e seus membros são acessíveis aos investidores.
- O Presidente reporta-se ao Conselho Administrativo, que avalia ativamente seu desempenho em relação aos objetivos estratégicos e resultados operacionais.
- O Conselho Administrativo participa ativamente na formulação da estratégia organizacional.
- O Conselho Administrativo atua em respeito aos interesses dos acionistas.
- O Conselho Administrativo demonstra compromisso significativo com as economias locais onde são realizados os negócios da organização.
- A organização investe na estrutura social das comunidades locais.
- A organização administra suas relações com as comunidades locais.
- A organização define e sustém alto nível de comportamento ético e moral.
- A organização define um padrão de comunicação com clientes e com a comunidade em assuntos importantes.
- Práticas e programas de remuneração refletem precisamente o desempenho organizacional e os resultados financeiros.

5. Reconhecimento da marca e qualidade dos produtos:

- A organização tem marca e imagem altamente positivas.
- A organização racionaliza sua identidade e imagem em um nível corporativo.
- A organização gera elevada confiança a respeito de sua marca.
- Gera elevado interesse do cliente a respeito de sua marca.
- Define consistentemente *benchmarks* e padrões de alta qualidade em relação aos seus concorrentes.
- A organização cria consistentemente uma imagem e aceitação entre os clientes quanto ao preço e ao desempenho.
- A organização pratica métodos de qualidade total que são desenhados para melhorar continuamente valor, qualidade e desempenho.

CONCLUSÃO

A execução do planejamento estratégico não pode ser feita sem prévia preparação e implementação para que as decisões e ações sejam bem engajadas, desempenhadas, conjugadas e alicerçadas para se obter os resultados desejados ou até mesmo ultrapassá-los. Em termos de mudança, as organizações se deparam com os seguintes questionamentos: o quê, como, quando, com qual rapidez, com quais recursos.

Para ser adequadamente implementado e executado, o planejamento estratégico requer consistência e compatibilidade entre todas as variáveis nele envolvidas, sem nenhuma exceção. Isso significa que o plano estratégico deve repousar em um sistema integrado envolvendo missão e visão de futuro, valores, arquitetura organizacional, cultura corporativa, unidades de negócio e todas as áreas funcionais da organização. E, consequentemente, todas as pessoas envolvidas no processo em todos os níveis hierárquicos devem estar alinhadas.

Quase todos os processos gerenciais significam, na verdade, processos de mudança e de transformação. E uma boa parcela de todos os treinamentos, programas de desenvolvimento organizacional e iniciativas de motivação envolvem alguma proposição de mudança em maior ou menor escala.

No entanto, a falhas nesses processos são recorrentes. Por que razão? Será que as pessoas nessas organizações não percebem que se algo não for feito para mudar, a organização pode perder competitividade, parcela de mercado e, em última instância, as consequências podem recair sobre elas mesmas, com cortes nos orçamentos e até perda de seus empregos? O problema reside na maneira como as ações para as mudanças são entendidas pelas pessoas para serem por elas abordadas e executadas. Na verdade, as pessoas tendem a resistir quando percebem que as mudanças podem trazer-lhes consequências negativas.

O primeiro passo para a implementação e execução do plano estratégico consiste na definição dos objetivos que se pretende alcançar. As organizações estão incessantemente perseguindo objetivos a fim de assegurar resultados tangíveis e melhorar continuamente a si mesmas. Quando um objetivo é alcançado, ele se torna realidade e precisa ser substituído por outro objetivo maior, menor ou diferente no espaço de tempo esperado. Em função do tempo, um objetivo pode ser chamado de meta, alvo, *target*, propósito ou programa. Os objetivos têm sua importância relacionada às mensagens internas e externas que eles enviam para dentro e para fora da organização.

Para a teoria econômica clássica, o propósito da empresa é a maximização do lucro, e o "proprietário" é o único agente interessado, o único que realmente importa para a empresa nas decisões mais importantes. Ele tem um dever fiduciário de vinculação para colocar suas necessidades em primeiro lugar e aumentar o valor do seu empreendimento. O "proprietário" pode ser "único" (apenas um proprietário) ou "múltiplo" (diversos sócios proprietários) ou ainda podem ser acionistas envolvendo proprietários de ações da empresa. São os *shareholders* (do inglês *share* = porção, cota, ação, fração + *holder* = proprietário, arrendatário, portador de títulos ou ações).

Os objetivos indicam o "o que" fazer. Porém, a resposta ao "como" fazer será dada pelas estratégias. Os objetivos apontam o rumo, tal como uma bússola orienta o pesquisador. As estratégias definem o como deslocar, realocar, ajustar, reconciliar de modo sistemático os recursos organizacionais disponíveis e como utilizar as competências para aproveitar as oportunidades emergentes no ambiente e neutralizar as possíveis ameaças. As estratégias sustentam a capacidade da organização de manobrar em meio a cenários cada vez mais mutáveis, dinâmicos e complexos. Assim, os objetivos estabelecem os fins e as estratégias definem os meios para alcançá-los.

Os modelos estratégicos atuam como ferramentas que apoiam a tomada de decisão, estimulando e inspirando estratégias, a partir de suas premissas. Neste capítulo, apresentamos e discutimos quatro modelos estratégicos amplamente aceitos e aplicados:

1. Matriz produto/mercado de Ansoff.
2. Modelo de ciclo de vida do produto.
3. Matriz de participação de mercado/crescimento do mercado (Matriz BCG).
4. Modelo de adoção e difusão de inovação de Rogers.

Assim, a efetiva implementação e execução das estratégias formuladas irá depender de um sistema de atividades que destacará a consistência daquelas estratégias e assegurará o reconhecimento do posicionamento como vantagem competitiva da organização. O sistema de atividades corresponde à efetivação das atividades previstas no canal de valor e executadas de maneira única.

Durante toda a sua implementação e execução, a avaliação da estratégia não pode ficar à mercê dos acontecimentos e nem ao sabor dos ventos. Ela não pode apenas ser continuamente conduzida e liderada, mas também intensamente monitorada e avaliada. É preciso acompanhar de perto e ao longo de todo o processo o alcance de metas e de objetivos e fazer com que os resultados realmente aconteçam. Isso significa garantir, de um lado, a gestão do desempenho e, de outro lado, a gestão de metas, objetivos e resultados concretos.

Como avaliar o desempenho de uma organização? Para avaliar o desempenho da organização, torna-se necessário adotar indicadores adequados em função dos objetivos visados. Enfim, as organizações de elevado desempenho possuem certos atributos comportamentais e qualidades operacionais que formam um conjunto harmonioso e integrado.

REFERÊNCIAS

1. HESKETT, J. L.; SASSER JR., W. E.; SCHLESINGER, L. A. *The service profit chain*: how leading companies link profit and growth to loyalty, satisfaction, and value. New York: Free Press, 1997.

2. MISCHE, M. A. *Strategic renewal*: becoming a high performance organization. Upper Saddle River: Prentice Hall, 2001. p. 12.

3. MEYERS, D. C. *et al*. The quality implementation framework: a synthesis of critical steps in the implementation process. *American Journal of Community Psychology*, v. 50, n. 3-4, p. 462-480, 2012.

4. OGDEN, T.; FIXSEN, D. L. Implementation science: a brief overview and a look ahead. *Zeitschrift für Psychologie*, 222, p. 4-11, 2014.

5. VAN RIEL, C. B. M.; BERENS, G.; DIJKSTRA, M. *The influence of employee communication on strategic business alignment*, 2005. Disponível em: repub.eur.nl/pub/6996/ERS%202005%20060%20ORG.pdf. Acesso em: 23 nov. 2019.

6. PORTER, M. E. How competitive forces shape strategy. *Harvard Business Review*, p. 137-149, 1979.

7. HREBINIAK, L. G.; JOYCE, W. F. Implementing strategy: an appraisal and agenda for future research. *In*: HITT, M.; FREEMAN, R. E.; JEFFREY, H. (eds.). Handbook of strategic management. *Blackwell Business*, p. 602-626, 2001.

8. STEPANNOVICH, P. L.; MUELLER, J. D. Mapping strategic consensus. *Journal of Business and Management*, v. 8, p. 147-164, 2002.

9. PORTER, M. E.; MILLAR, V. E. How information gives you competitive advantage. *Harvard Business Review*, v. 63, n. 4, p. 149-160, 1985. Disponível em: https://hbr.org/1985/07/how-information-gives-you-competitive-advantage. Acesso em: 19 nov. 2019.

10. LABOVITZ, G.; ROSANSKY, V. *The power of alignment*: how great companies stay centered and accomplish extraordinary things. Nova Jersey: John Wiley & Sons, 1997.

11. PRIETO, V. C.; CARVALHO, M. M.; FISCHMANN, A. A. Análise comparativa de modelos de alinhamento Estratégico. *Production*. v. 19, n. 2, 2009. Disponível em: http://dx.doi.org/10.1590/S0103-65132009000200008. Acesso em: 20 nov. 2019.

12. FUNDAÇÃO NACIONAL DA QUALIDADE (FNQ). *Modelo de Excelência da Gestão*. Disponível em: https://fnq.org.br/plataforma-modelo-de-excelencia-da-gestao. Acesso em: 21 nov. 2019.

13. Disponível em: https://fnq.org.br/fundamentos. Acesso em: 14 nov. 2022.

14. KAPLAN, R. S.; NORTON, D. P. *The strategy-focused organization*: how Balanced Scorecard companies thrive in the new business environment. Brighton: Harvard Business School Press, 2000.

15. BEER, M.; EISENSTAT, R. A. Developing an organization capable of implementing strategy and learning. *Human Relations*, v. 49, n. 5, p. 597-603, 1996.

16. KADYAN, A. *Inside Rishad Premjis's quest to create a high-performing culture at Wipro*. McKinsey & Co., jun, 08, 2022. Disponível em: https://www.mckinsey.com.br/industries/technology-media-and-telecommunications/our-insights/inside-rishad-premjis-quest-to-create-a-high-performing-culture-at-wipro. Acesso em: 14 nov. 2022.

17. STEINER, G. *Strategic planning*. Free Press, 1979. Disponível em: https://archive.org/details/Strategic Planning/page/n1. Acesso em: 17 nov. 2019.

18. KAPLAN, R. S.; NORTON, P. D. *Alinhamento*: utilizando o Balanced Scorecard como um sistema gerencial estratégico. São Paulo: Elsevier, 2006.

19. JACOBS, S. R.; WEINER, B. J.; REEVE, B. B., HOFMANN, D. A.; CHRISTIAN, M.; WEINBERGER, M. Determining the predictors of innovation implementation in healthcare: a quantitative analysis of implementation effectiveness. *BMC Health Services Research*, v. 15, n. 1, 2015. p. 6.

20. KOTTER, John. *Leading change*. Brighton: Harvard Business Review Press, 2012.

21. CHIAVENATO, I. *Introdução à Teoria Geral da Administração*. 10. ed. São Paulo: Atlas, 2020.

22. DAFT, R. L. *Management*. 13. ed. Cengage Learning, 2018.

23. CHIAVENATO, I. *Administração nos novos tempos.* 4. ed. São Paulo: Atlas, 2020.

24. CERTO, S. C. *Modern management:* diversity, quality, ethics, and the global environment. Allyn & Bacon, 1994. p .157.

25. FREEMAN, R. E.; HARRISON, J. S.; WICKS, A. C.; PARMAR, B. L.; DE COLLE, S. *Stakeholder theory:* the state of the art. Cambridge: Cambridge University Press, 2010.

26. DONALDSON, T.; PRESTON, L. E. The stakeholder theory of the corporation: concepts, evidence, and implications. *Academy of Management Review*, v. 20, n. 1, p. 71, 1995.

27. ANSOFF, H. I. *Corporate strategy.* New York: McGraw-Hill, p. 106-109, 1965.

28. KOTLER, P. *Administração de marketing.* 10. ed. Revisão técnica Arão Sapiro. São Paulo: Pearson Education, 2000. p. 338.

29. HENDERSON, B. D. The product portfolio. *In: The experience curve – reviewed.* Boston Consulting Group, 1973. Disponível em: experience_curve_iv_growth_share_matrix_1973.pdf. Acesso em: 27 out. 2019.

30. ROGERS, E. M. *Diffusion of innovations.* New York: Free Press of Glencoe, 1962. Este livro é o segundo mais referenciado no campo das Ciências Sociais. Rogers (1931-2004), acadêmico respeitado no campo da Teoria da Comunicação, foi o pioneiro na formulação da Teoria da Difusão que explicava a dinâmica da aceitação das inovações.

31. PORTER, M. *What is Strategy.* Brighton: Harvard Business School Press, 1996.

32. GHEMAWAT, P.; LEVINTHAL, D. Choice structures and business strategy. *Harvard Business School Competition* e *Strategy Working Paper Series Working*, n. 01-012, p. 27, nov. 2000. Disponível em: https://papers.ssrn.com/sol3/papers.cfm?abstract_id=264364&download=yes. Acesso em: 30 out. 2019.

33. HREBINIAK, L. G. *Making strategy work:* leading effective execution and change. Upper Saddle River, NJ: Prentice Hall, 2005. p. 211.

34. FITZ-ENZ, J. *The eight practices of exceptional companies:* how great organizations make the most of their human assets. New York: AMA, 1997.

EXECUÇÃO DA ESTRATÉGIA E AVALIAÇÃO DO DESEMPENHO ORGANIZACIONAL
Excelência na execução do plano estratégico

OBJETIVOS DE APRENDIZAGEM

- Indicar os principais passos para a execução estratégica.
- Apresentar a mudança como desafio e oportunidade para a inovação.
- Descrever como ocorre o aprendizado organizacional.
- Mostrar a importância da informação no desempenho organizacional.
- Explicar o conhecimento corporativo e sua importância para o sucesso organizacional.
- Mostrar os principais indicadores da eficácia organizacional.

O QUE VOCÊ VERÁ NESTE CAPÍTULO

- Execução da estratégia.
- Liderança estratégica.
- Os desafios da execução estratégica.
- O espírito empreendedor.
- Empreendedorismo corporativo.
- Empreendedorismo e inovação.
- Gestão do desempenho organizacional.
- *Balanced Scorecard* como ferramenta de gestão estratégica.
- Controle estratégico.

INTRODUÇÃO

Da boa formulação estratégica depende o sucesso do planejamento estratégico. Mas, quase sempre ela não é concretizada e nem chega a acontecer, por falhas em sua execução e avaliação. Por melhor que a estratégia seja formulada, se a sua execução não for cuidadosamente implementada, a estratégia não será bem-sucedida. E a formulação estratégica vai acabar no fundo da gaveta ou no arquivo morto da empresa. A execução da estratégia requer o comprometimento de todos dentro da organização e deve ser uma tarefa de todas as pessoas na organização – desde o presidente até a base da organização – e deve fazer parte integrante das tarefas cotidianas de todos na organização.

7.1 EXECUÇÃO DA ESTRATÉGIA

A execução constitui a etapa mais demorada, difícil e complexa de todo o processo de planejamento estratégico e depende da maneira como este foi formulado e implementado. A execução constitui a etapa que define o sucesso ou fracasso do plano estratégico. Mais vale a estratégia conduzida e praticada nas mãos e corações das pessoas do que simplesmente imaginada e concebida na cabeça dos dirigentes. O segredo maior está em fazer com que as pessoas sejam protagonistas e não simplesmente expectadores do processo. E isso envolve muitos desafios, como veremos na sequência.

A execução da estratégia é a soma total de atividades e escolhas requeridas para colocar o plano estratégico em ação. É o processo por meio

---

PARA REFLEXÃO

O talento vence

As práticas de RH, segundo Charan, Barton e Carey,[1] estão estacionadas desde o século 20. Esses autores criticam os processos de planejamento de talentos do RH – que são muito caros, demoram muito e são projetados para ambientes previsíveis e maneiras tradicionais de realizar o trabalho e que definem como as pessoas são gerenciadas por meio de "linhas" e "caixas". Não se trata mais de planejar a estratégia organizacional em anos pela frente, mas detectar e aproveitar novas oportunidades e se adaptar rapidamente a um ambiente em constante mudanças. Isso requer obrigatoriamente engajar e alavancar talentos por meio de novas maneiras para que a empresa se torne mais ágil e competitiva. Trata-se de reinventar novas abordagens do talento humano. Os autores sugerem um plano de sete itens a respeito:

1. Integrar os objetivos dos talentos com o capital.
2. Fazer com que o talento impulsione a estratégia organizacional.
3. Projetar e redesenhar o trabalho desempenhado na organização.
4. Ampliar e desenvolver continuamente o talento individual.
5. Criar uma estratégia adequada e alavancadora para o talento humano.
6. Reinventar o papel do RH, tornando-o absolutamente estratégico.
7. Viver e empolgar intensamente a agenda de talentos.

Os autores lembram que são as pessoas – e não as empresas – que criam valor. Seu livro é endereçado a CEOs e a líderes de empresas para repensar e criar uma organização orientada a talentos, pois para vencer é preciso colocar as pessoas em primeiro lugar.

do qual as políticas são postas em ação mediante o desenvolvimento de programas, orçamentos e procedimentos. Conforme Thompson Jr. e Strickland III,[2] a formulação da estratégia e sua execução podem ser consideradas duas faces da mesma moeda: uma execução inadequada pode inviabilizar totalmente uma estratégia maravilhosamente formulada. Ambas estão estreitamente inter-relacionadas.

Para que a estratégia possa acontecer, ela precisa ser executada e posta em prática. Isso exige planejamento, organização, direção e controle da execução, como mostrado na Figura 7.1, conforme descrito por Wheelen e Hunger.[3]

Para iniciar o processo de execução da estratégia, é preciso considerar quatro questões básicas:

1. Quem são as pessoas que executarão todo o plano estratégico.
2. O que deve ser feito para alinhar as operações da companhia na nova direção almejada.
3. Como cada pessoa fará em conjunto o trabalho coletivo que será necessário.
4. Quais os fins desejados e suas métricas almejadas.

Aumente seus conhecimentos sobre **A variedade de aspectos que compõem a execução da estratégia** na seção *Saiba mais* PE 7.1

7.1.1 Aspectos fundamentais na execução da estratégia

Os aspectos fundamentais da execução da estratégia, elencados por Thompson Jr. e Strickland III,[2] apresentados na Figura 7.2, são os seguintes:

1. **Liderança estratégica:** o presidente da organização deve ser o líder estratégico, o condutor de todo o processo estratégico, desbravador e principal empreendedor. Deve contar com a ajuda de uma equipe estratégica escolhida cuidadosamente para apoiar, ajudar, orientar o pessoal envolvido na tarefa estratégica, monitorar, relatar, propor ações incentivadoras ou corretivas que se tornem necessárias, avaliar o progresso e medir os resultados. Além disso, o líder estratégico deve contar com uma equipe de diretores das várias áreas da organização

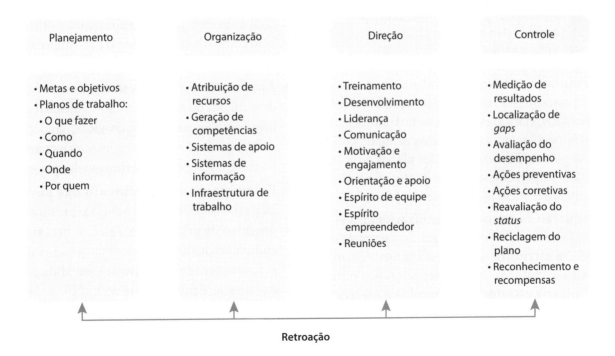

Figura 7.1 Passos para a execução da estratégia.
Fonte: adaptada de Wheelen e Hunger (p. 192).[3]

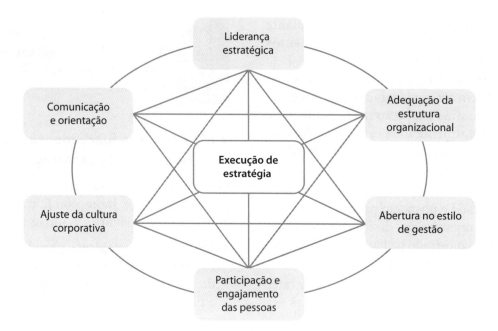

Figura 7.2 Aspectos fundamentais na execução da estratégia.
Fonte: adaptada de Thompson Jr. e Strickland III (p. 389-414).²

para ajudá-la em todo o processo. Trata-se de construir uma liderança de lideranças, deixando claro que toda a cúpula está envolvida e comprometida na condução da estratégia.

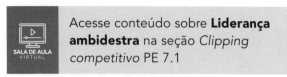

Acesse conteúdo sobre **Liderança ambidestra** na seção *Clipping competitivo* PE 7.1

2. **Comunicação e orientação:** todas as áreas, equipes e pessoas devem receber intensa comunicação e orientação clara a respeito de como transformar a estratégia formulada em uma realidade cotidiana por meio da execução dos planos de ação – táticos e operacionais – para que todos estejam envolvidos e integrados "na mesma página".

3. **Adequação da estrutura organizacional:** a estrutura deve servir à estratégia. Se a estratégia muda, a estrutura deve seguir junto. Assim, ajustes estruturais devem ser adotados para viabilizar a estratégia no sentido de oferecer os meios de relacionamento e integração necessários para a obtenção de efeitos sinérgicos. O desenho organizacional deve funcionar como uma plataforma de conectividade e integração entre as partes do sistema.

4. **Ajuste da cultura organizacional:** a cultura corporativa deve estar ajustada e alinhada à estratégia organizacional, para facilitar e incentivar os relacionamentos entre as pessoas, a construção de equipes de alto desempenho, a preocupação com a excelência, o foco em metas e objetivos, bem como o reconhecimento e recompensa pelo bom trabalho e pelo alcance de resultados.

5. **Abertura no estilo de gestão:** o estilo de gestão deve migrar do gerenciamento tradicional para a liderança democrática e renovadora, na adoção do *coaching* e *mentoring* e de meios para incrementar o aprendizado e desenvolvimento das pessoas.

6. **Participação e engajamento das pessoas:** as pessoas devem ser incluídas, sempre, no processo de gestão estratégica. É necessária a completa adesão das pessoas para que a estratégia possa ser adequadamente entendida, aceita, executada e posta em marcha. Entusiasmo, motivação, estimulação, firmeza, reconhecimento e recompensas são indispensáveis. A estratégia precisa envolver um clima de consenso e harmonia que permita sua execução e alcance dos resultados pretendidos.

PARA REFLEXÃO

Conversas estratégicas

Para criar e construir o futuro da organização, as lideranças devem reservar um tempo para conversar com suas equipes, estimulando-as a refletir sobre questões ligadas à estratégia, como:

- Mostrar que a ação é importante e a inação é um risco.
- Abrir novas frentes para o crescimento individual e organizacional.
- Definir e abrir novas frentes de ação.
- Alavancar tendências que estão surgindo e fazer as mudanças necessárias.
- Indagar o que faz a organização ser bem-sucedida.
- Perguntar se estamos prontos para mover adiante.

7.1.2 Passos para a execução da estratégia

Para Thompson Jr. e Strickland III,[2] o processo de execução da estratégia exige cinco passos importantes, como mostra a Figura 7.3.

PARA REFLEXÃO

Navegar à deriva não leva a nenhum porto seguro

Todo líder ou executivo deve perguntar a si mesmo se é realmente um estrategista pois a estratégia constitui o sustentáculo de qualquer empresa. Atualmente, se você não tem uma boa estratégia todo o restante estará em risco. Navegar à deriva não leva a nenhum porto seguro. Nosso objetivo é ajudá-lo a desenvolver a sensibilidade e habilidades que tal trabalho, tão difícil, exige. O importante é que o pouco que fizer já terá um enorme valor.

7.1.2.1 Alocação de recursos e meios

Para garantir que todas as unidades da organização contem com orçamento suficiente para realizar adequadamente seu trabalho. Em outras palavras, deve haver uma estreita vinculação dos orçamentos financeiros com a estratégia para que as unidades da organização possam executá-la com sucesso. Mudanças na estratégia exigem modificações orçamentárias e diferentes ou maiores recursos. E muitos acontecimentos exigem velocidade na

Figura 7.3 Passos para a execução da estratégia segundo Thompson Jr. e Strickland III.

Fonte: adaptada de Thompson Jr. e Strickland III (p. 389-414).[2]

resposta estratégica, o que requer flexibilidade orçamentária com revisões periódicas para fazer frente a novas competências e recursos para criar produtos inteiramente novos e aproveitar emergentes oportunidades de negócios.

7.1.2.2 Mudanças na estratégia

As mudanças na estratégia requerem modificações nas práticas e nos procedimentos. A definição de procedimentos ajuda a canalizar medidas, comportamentos, decisões, e pôr a estratégia em prática, pelas seguintes razões:

- Proporcionam orientação a respeito de como fazer certas coisas e qual o comportamento que se espera, permitindo certo grau de regularidade e confiabilidade na maneira como os administradores tratam de executar a estratégia e operar o negócio.
- Ajudam a alinhar as ações e os comportamentos com a estratégia em toda a organização, pois colocam limites às ações independentes e canalizam os esforços individuais e das equipes. E também reduzem possíveis resistências das pessoas, pois muitas pessoas deixam de infringir as políticas da empresa sem obter antes alguma autorização ou justificativa.
- Por serem padronizadas, proporcionam coerência sobre o desempenho de atividades fundamentais para a estratégia nas unidades da organização.
- Ao eliminar antigos procedimentos e instituir novo ambiente de trabalho, os executores da estratégia podem utilizar o processo de mudança como uma poderosa alavanca para mudar a cultura corporativa de modo que produza uma coincidência com a nova estratégia.

7.1.2.3 Instituição das melhores práticas

Como as atividades do canal de valor deverão ser realizadas de maneira eficiente e eficaz, cada unidade organizacional precisa comparar a forma como desempenha certas atividades específicas com relação às melhores adotadas. Daí a necessidade de ferramentas como:

a) **Benchmarking**: para aferir e comparar atividades cruciais para a estratégia, em que a qualidade e os custos afetam os resultados financeiros. É preciso buscar as melhores práticas em relação ao mercado e em comparação entre as unidades da organização. *Benchmarking* é o processo contínuo e sistemático de comparar e avaliar a própria organização, suas operações/processos,

---

 SAIBA MAIS — **Metanoia**

O estrategista precisa educar o seu olhar, a sua maneira de ver as coisas, de tratar a sua imaginação e criatividade quando se trata de assuntos relacionados com a estratégia. Em outras palavras, ele deve visualizar as coisas e o mundo ao seu redor de uma maneira ampla, integrada e distinta, e criar um modelo mental que permita *insights* incríveis. O fato é que a transformação digital que envolve o mundo dos negócios de hoje envolve competição, inovação dados, valor e *stakeholders*. Tudo isso requer da sua empresa a criação de um verdadeiro ecossistema envolvendo:

1. Redes integradas para abranger todos os *stakeholders*.
2. Construção de plataformas e não apenas produtos.
3. Transformar dados em ativos vitais e estratégicos.
4. Inovar sempre por meio da experimentação rápida.
5. Adaptar crescentemente a proposta de valor.
6. Avançar no seu propósito e escopo organizacional.
7. Avançar resolutamente na transformação digital.

CLIPPING COMPETITIVO

Passos do *benchmarking*

O processo de *benchmarking* envolve as seguintes etapas, segundo Chiavenato:[4]

- Identificar a área ou processo a ser examinado: qual é a atividade que tem o potencial de definir uma vantagem competitiva para a organização ou unidade de negócio.
- Localizar medidas de resultado da área ou processo para fazer as comparações.
- Selecionar um conjunto acessível de competidores e melhores companhias para fazer o *benchmarking*: buscar companhias excelentes com atividades similares para conhecer suas práticas.
- Calcular as diferenças entre as medidas de desempenho da organização e as *best-in-class* e determinar quais as diferenças que existem.
- Desenvolver programas táticos para reduzir os *gaps* de desempenho.
- Implementar os programas e então comparar os resultados das novas medições com as das companhias *best-in-class*.

seus produtos e serviços com outras organizações em seu setor ou no mercado mais amplo, que são reconhecidas como líderes empresariais ou referências das melhores práticas, com o propósito de aprimoramento organizacional, identificando o que as torna superior em seu desempenho e implementando mudanças até alcançar um nível de superioridade ou vantagem competitiva.

Mas não basta identificar as melhores práticas internas e as de outras companhias, pois imitá-las não é suficiente, já que as empresas podem modificá-las e melhorá-las continuamente. É preciso aprender com elas, melhorar e aperfeiçoar, para depois ensiná-las a fazer melhor. Aprender para ensinar!

a) **Gestão da qualidade total:** a execução da estratégia exige excelência, e qualidade é imprescindível. Os processos de melhoria da qualidade estão constituindo parte fundamental na estrutura posta em prática das estratégias no sentido de tornar a produção totalmente livre de defeitos, qualidade superior dos produtos, atenção e satisfação dos clientes. É nesse contexto que tem origem o método de *Total Quality Management* (*TQM*), ou, em português, Gestão da Qualidade Total, conforme abordado por Deming, Juran e Crosby.[5] Ele diz respeito a uma abordagem pela qual todos tenham consciência da importância de agregar qualidade aos processos organizacionais, e na qual se busca a inserção no método de todos os escalões de uma empresa, como também aqueles que indiretamente estão envolvidos no processo de produção, como fornecedores, distribuidores e demais *stakeholders*. A TQM busca criar uma cultura de qualidade total empenhada em melhorar continuamente o desempenho de cada atividade e tarefa dentro do canal de valor da empresa. A gestão da qualidade é um processo gradativo, lento, paulatino e constante. O Quadro 7.1 apresenta os pontos principais estabelecidos por três dos mais reconhecidos autores em programas de qualidade.[5]

Powell[6] identifica 12 princípios que devem embasar os programas de TQM:

1. **Liderança comprometida:** um compromisso quase evangélico, inquebrantável e a longo prazo da alta direção com a filosofia de administração da qualidade ou melhoria contínua ou TQM.
2. **Adoção e comunicação da TQM:** uso de ferramentas como a declaração da missão e temas relacionados.
3. **Relações mais estreitas com os clientes:** determinação das necessidades dos clientes externos e internos e sua satisfação sem se importar com o que se requeira.
4. **Relações mais estreitas com os fornecedores:** trabalhar em colaboração estreita e cooperadora com os fornecedores para garantir que suas entregas se ajustem ao uso final dos clientes.

214 Planejamento Estratégico

Quadro 7.1 Pontos principais estabelecidos por três dos mais reconhecidos autores em programas de qualidade

14 pontos de Deming	Trilogia de Juran	14 passos de Crosby
1. Constância de propósito	1. Planejamento da qualidade:	1. Compromisso da gerência
2. Adotar a filosofia	▪ Estabelecer metas	2. Equipes de melhoria da qualidade
3. Não confiar em inspeção massiva	▪ Identificar os clientes e suas necessidades	3. Medição da qualidade
4. Não negociar com base no preço	▪ Desenvolver produtos e processos	4. Custo da avaliação da qualidade
5. Melhoria constante	2. Controle da qualidade:	5. Consciência da qualidade
6. Capacitação das pessoas	▪ Avaliar o desempenho	6. Medidas corretivas
7. Lideranças	▪ Comparar as metas e adaptar	7. Comitê de zero defeito
8. Eliminar o medo	3. Melhoria da qualidade:	8. Capacitação dos supervisores
9. Superar as barreiras	▪ Estabelecer infraestrutura	9. Dia de zero defeito
10. Eliminar os *slogans*	▪ Identificar projetos e equipes	10. Estabelecimento de metas
11. Eliminar as cotas	▪ Proporcionar recursos e capacitação	11. Eliminação de causas de erros
12. Orgulho pela qualidade	▪ Estabelecer controles	12. Reconhecimento
13. Educação e recapacitação		13. Conselhos de qualidade
14. Planos de ação		14. Voltar a fazer

5. *Benchmarking*: investigar e observar as práticas de operação competitivas no mercado.

6. **Maior capacitação das pessoas:** incluindo princípios do TQM, competências das equipes e solução de problemas.

7. **Organização flexível e aberta:** dotada de equipes de alto desempenho, comunicações horizontais abertas e relaxamento da hierarquia tradicional.

8. *Empowerment* **dos colaboradores:** participação crescente dos colaboradores no desenho e no planejamento, bem como maior autonomia na tomada de decisões.

9. **Mentalidade de zero defeito:** instalação de um sistema para detectar defeitos no momento em que ocorrem e não por meio de inspeção ou readaptação.

10. **Fabricação flexível:** incluindo inventários em tempo real, manufatura celular, desenho com base na facilidade de produção, controle estatístico dos processos e desenho de experimentos.

11. **Melhoria dos processos:** para diminuir a perda de tempo em todas as áreas por meio da análise dos processos interdepartamentais.

12. **Medição:** orientação para metas e fervor pelos dados, com medição constante do desempenho e utilização de métodos estatísticos.

c) **Reengenharia:** é uma tentativa de mudança organizacional drástica e radical por meio de reprojeto, redesenho, reformulação e reinvenção dos processos de trabalho do negócio e implementação de novos projetos. Representa uma reconstrução e não uma reforma total ou parcial da empresa em seus processos fundamentais. Como se baseia em processos e não em tarefas, a reengenharia busca entender o quê e o por quê e não o como de cada processo para alcançar melhorias rápidas em indicadores críticos de desempenho, como custos, qualidade, serviço, atendimento e velocidade.[4]

Chiavenato[4] explica que tanto o TQM como a reengenharia constituem formas de gerenciamento de processos. Ambas estão focalizadas no cliente, criam valor para o cliente e estão voltadas para a excelência dos processos e se fundamentam em um profundo comprometimento das pessoas envolvidas. Todavia, as diferenças entre ambas residem no método de fazer a mudança. A primeira é lenta, gradual, evolutiva, participativa e é feita a partir dos

| SAIBA MAIS | **Sobre as características principais da reengenharia** |

Para Hammer e Champy,[7] criadores do conceito de reengenharia, algumas de suas características principais são:

- Vários serviços combinados em apenas um: antes fragmentados e separados e agora resumidos em um só.
- Organização com base em resultados e não de tarefas.
- Trabalhadores tomam as decisões. A separação entre planejar e executar desaparece e a tomada de decisão torna-se parte do trabalho.
- Etapas do processo realizadas em uma ordem natural e não sequencial: o trabalho pode ser paralelo, simultâneo ou até sequenciado.
- Associação de atividades paralelas para integrar seus resultados.
- Trabalho realizado onde faz mais sentido: o próprio fornecedor pode realizá-lo parcial ou totalmente, com maior eficácia.
- Captura de informação onde ela se origina.

escalões inferiores da empresa, de baixo para cima. A reengenharia é radical, drástica, revolucionária, feita de cima para baixo, joga o processo antigo pela janela e reinventa outro processo inteiramente novo com base em três componentes: pessoas, tecnologia da informação e processos. A reengenharia pode se dar em três níveis: a reengenharia organizacional, a reengenharia de processos e a reengenharia de operações ou tarefa.

A reeducação das pessoas não constitui um objetivo da reengenharia, mas uma consequência fatal do impacto que ela produz dentro da organização. Em qualquer dessas ferramentas – gestão total da qualidade, *benchmarking* ou reengenharia –, o importante é que todos os gestores as entendam como algo que vale a pena tentar utilizar com ideias criativas que poderiam melhorar as coisas. Elas devem servir como parte de um esforço mais amplo para executar a estratégia. Quando isso não acontece, os resultados da execução terminam sendo precários e pobres.

7.1.2.4 Instalação de sistemas de apoio

Esses sistemas devem permitir às pessoas desempenhar, todos os dias, as suas funções estratégicas de maneira competente. A estratégia não pode ser cumprida ou executada sem uma série de sistemas de apoio que facilitam as operações. Uma empresa que pretende ser um fornecedor de baixo custo é competitivamente mais forte se possui um sistema de *benchmarking* que identifique oportunidades para aplicar as melhores práticas de redução e eliminação de custos. Além disso, no atual ambiente de negócios, a vantagem competitiva está nas empresas com maior capacidade para mobilizar prontamente informação e criar sistemas que permitem utilizar eficazmente o conhecimento.

A era da informação em tempo real, da revolução digital, gerada pela internet, permite aos gestores dar rápido seguimento às iniciativas de execução e as operações diárias para dirigi-las para uma conclusão bem-sucedida, caso as primeiras medidas não produzam o avanço esperado ou quando as coisas parecem sair do rumo.

Todos os indicadores do desempenho estratégico devem ser medidos se possível em tempo real ou diariamente, o que exige conexões múltiplas para detectar prontamente os problemas, diagnosticá-los com precisão e oferecer medidas corretivas imediatas.

> **PARA REFLEXÃO**
>
> **A execução da estratégia compete ao líder**
> O segredo para executar a estratégia é a soma de liderança, disciplina e cultura organizacional. O fracasso dos líderes, segundo Charan e Bossidy[8] raramente se deve à sua falta de visão ou inteligência. O problema é que falham na execução. A execução é hoje apontada como o principal desafio dos negócios e dos líderes. Criar uma estratégia brilhante é fácil; o difícil é colocá-la em prática e fazê-la funcionar e produzir resultados maravilhosos.

7.1.2.5 Motivação e recompensa aos colaboradores

Isso é feito de maneira que se fortaleçam o compromisso e o engajamento de toda a organização na busca da excelente execução da estratégia. Para que haja entusiasmo, motivação e inspiração, esse compromisso deve ser alcançado por meio da liderança, sem dúvida, mas ela deve desenhar e utilizar incentivos monetários e não monetários como mecanismo de reforço. A função dos sistemas de reconhecimento é alinhar o bem-estar dos membros da organização com a realização da visão organizacional, de modo que eles se beneficiem ao ajudar a empresa a executar sua estratégia de maneira competente e satisfazer plenamente os clientes.

7.2 LIDERANÇA ESTRATÉGICA

Liderança estratégica significa a capacidade de antecipar, vislumbrar e manter flexibilidade e agilidade e saber delegar poderes para criar mudança estratégica sempre que necessário for. A liderança estratégica implica gerir por meio das pessoas os demais recursos da organização, gerir a organização inteira e não apenas uma unidade funcional e saber lidar com a mudança cada vez mais rápida e profunda que caracteriza o atual cenário competitivo. Em razão dessa complexidade, mutabilidade e agilidade, os líderes estratégicos devem aprender como influenciar o comportamento das pessoas em um ambiente mutável, incerto e imprevisível.

Em outras palavras, liderança estratégica significa liderar líderes de outros líderes. Uma verdadeira liderança de lideranças nas grandes organizações. E a liderança estratégica apresenta aspectos multifuncionais que envolvem a definição da direção estratégica que a organização deverá seguir, a exploração e desenvolvimento das competências essenciais da organização, o desenvolvimento contínuo do capital humano, a sustentação de uma cultura organizacional ajustada à formulação estratégica, a ênfase em práticas éticas, a responsabilidade social do empreendimento e o estabelecimento de controles organizacionais balanceados e equilibrados entre si, sem esquecer das expectativas dos *stakeholders* internos ou externos.

Aumente seus conhecimentos sobre **A preparação dos estrategistas e das lideranças: uma prioridade das empresas** na seção *Saiba mais* PE 7.2

Talvez o papel primordial da estratégia seja criar a individualidade de cada organização e dotá-la de personalidade própria e de uma cultura toda especial. Para tanto, a estratégia precisa contar com uma forte liderança estratégica. Uma liderança de tal porte e amplitude capaz de incentivar o espírito empreendedor em todos os níveis e áreas da organização e provoque a inovação que renova e revitaliza continuamente a organização. E com isso criar as condições para que a estratégia organizacional possa ser executada em toda a sua intensidade.

Assim, toda estratégia requer uma liderança que envolva comprometimento, empolgação, espírito missionário e visionário, foco em metas e objetivos, senso de oportunismo e, por extensão, ênfase em participação, dedicação, impulso, orientação, reforço, retroação, motivação e foco no aprendizado das pessoas.

Em outras palavras, o líder máximo não deve trabalhar sozinho, mas com a ajuda de uma valorosa equipe sob sua liderança. Seu êxito vai depender dessa equipe. O cuidado de selecioná-la, prepará-la, liderá-la, impulsioná-la, incentivá-la e dirigi-la é fundamental. O líder precisa ter um incrível faro para talentos: saber localizá-los e aproveitá-los em todas as suas dimensões.

 SAIBA MAIS — **O estrategista**

O estrategista é o líder que deve analisar, ponderar, dar continuidade e assumir a responsabilidade de vivenciar as questões mais importantes do negócio da empresa em um futuro caracterizado por tempos complicados, incertos, ambíguos e exponenciais. Ele faz um convite à análise e à ação que deverá ter um profundo efeito no negócio. Sabemos que todos nós queremos aprender como encontrar formas de fazer os negócios alcançarem maior eficiência e sucesso pela frente em um mundo extremamente mutável.

7.2.1 Características da liderança estratégica

Segundo Hitt, Ireland e Hoskisson,[9] os desafios que se apresentam para a liderança estratégica são os seguintes, também representados na Figura 7.4.

1. **Determinação da direção estratégica**: significa criar uma visão de longo prazo da intenção estratégica da organização. Essa visão de longo prazo mira um horizonte de vários anos projetados no futuro. Essa visão de longo prazo tem duas vertentes: uma ideologia central e um futuro visado. A ideologia central permanente e viva motiva os colaboradores por meio da herança da organização, enquanto o futuro visado os encoraja a se estenderem para além de suas expectativas temporais de realização e impõe mudança e progresso para que elas sejam realizadas ao longo do tempo.

2. **Exploração e desenvolvimento das competências essenciais**: significa explorar e desenvolver competências essenciais em muitas áreas funcionais diferentes para implementar as estratégias organizacionais. Os líderes estratégicos avaliam se as competências essenciais são enfatizadas nos esforços de implementação estratégica.

Figura 7.4 Desafios da liderança estratégica.

3. Desenvolvimento do capital humano: o capital humano representa o acervo de conhecimentos, habilidades e competências da força de trabalho da organização. Assim, os colaboradores representam um recurso capital que requer investimento em termos de preparo, treinamento e desenvolvimento. À medida que a competição se torna mais intensa, as pessoas passam a constituir a única fonte verdadeiramente sustentável de vantagem competitiva. O papel da gestão humana passa a ter importância determinante na capacidade que a organização tem de formular e executar de maneira bem-sucedida suas estratégias. Saber localizar, utilizar e incentivar talentos, construir equipes eficazes comprometidas com a realização da visão de futuro e dos objetivos da organização constituem competências que o líder estratégico precisa possuir em grau elevadíssimo.

4. Sustentação de uma cultura organizacional eficaz: a cultura organizacional é um complexo de ideologias, símbolos e valores centrais que é compartilhado em toda a organização e que influencia poderosamente a maneira pela qual ela realiza os negócios. Modelar a cultura organizacional – modelar o contexto dentro do qual a organização formula e executa suas estratégias – é uma tarefa básica dos líderes estratégicos. A cultura pode ajudar definitivamente – como também pode atrapalhar, se não for adequada – o esforço estratégico da organização na busca de oportunidades.

5. Ênfase em práticas éticas: os líderes estratégicos devem praticar ações que aumentem a probabilidade de fazer prevalecer uma cultura ética em suas organizações. Isso envolve:

- Criar e desenvolver um código de conduta para a organização.
- Rever e atualizar continuamente o código de conduta.
- Disseminar o código de conduta para todas as pessoas.
- Desenvolver e implementar métodos e procedimentos e práticas de auditoria interna e conformidade.
- Criar e desenvolver sistemas de recompensas que premiem o desempenho excelente.
- Criar um ambiente de trabalho que transforme a organização no melhor lugar para se trabalhar.

6. Controles organizacionais balanceados: controles são necessários para ajudar a garantir que a organização atinja seus resultados desejados de competitividade estratégica e de oferta de retornos acima da média.

A liderança estratégica é hoje considerada a competência essencial para o elevado desempenho estratégico da organização. E ela tem pouco a ver com a liderança do passado, como mostra o Quadro 7.2.

Quadro 7.2 Novas competências de liderança

Traços tradicionais de liderança	Qualidades de elevado desempenho
■ Conformidade	■ Espírito criativo e inovador
■ Autoritativo	■ Assimilador, aprendiz e coreógrafo
■ Heroico, centro da atenção	■ Compartilha poder e atenção
■ Isolado, separado, indiferente	■ Acessível, próximo, apoiador
■ Delegador e hierárquico	■ Condutor, alavancador e criador de redes
■ Especialização em áreas tradicionais	■ Generalista com *expertise* em várias áreas
■ Conhecimento extensivo da indústria	■ Experiência em muitas indústrias
■ Posse de um cargo a longo prazo	■ Portfólio de conhecimentos diversificados
■ Alto controle e comando	■ *Empowerment* e patrocinador
■ Orientação doméstica e internalizada	■ Perspectiva global e sistêmica
■ Cria consenso quando necessário	■ Cria coalizações e fomenta colaboração
■ Conhecimento íntimo da organização	■ Conhecimento íntimo do cliente
■ Atenção nos concorrentes	■ Conhecimento dos concorrentes

Fonte: Mische (p. 195).[10]

A liderança estratégica, porém, não pode ser confundida com a liderança tática ou com a liderança que ocorre no nível operacional. A liderança passa por profundas diferenças quando realizada no nível institucional (pela presidência ou diretoria) e no nível tático (quando praticada pelos gerentes e executivos), em comparação com a liderança típica do nível operacional (levada a efeito sobre equipes pelos supervisores de primeira linha). O Quadro 7.3 apresenta as diferenças proporcionadas pelo nível e pela amplitude dos líderes organizacionais.

Aumente seus conhecimentos sobre **As irrefutáveis leis da liderança** na seção *Saiba mais* PE 7.3

A execução da estratégia requer vários níveis de liderança em uma escala de ampliação das dimensões à medida que se sobe na escala hierárquica, tal como mostra a Figura 7.5.

CLIPPING COMPETITIVO

Competição e colaboração

- As organizações competem entre si como também colaboram entre si em um jogo de concorrência e de coparticipação. Para tanto, precisam ser eficazes ao competir para vencer e também em colaborar. Nesse aspecto elas disputam com outras, assim como criam valor juntamente com outras. Já internamente, elas necessitam de colaboração, integração e comprometimento de seus líderes e equipes para o seu sucesso.

7.2.2 Critérios de liderança

Estar à frente de um grupo de trabalho requer dedicação, comprometimento e postura ética. Exercer a liderança significa, entre outras coisas, ter uma

Quadro 7.3 Transição das lideranças ao longo da organização

Líder		Nível organizacional
Estratégico (dirigentes)	■ É um *global thinker* ■ É um estrategista ■ Impulsiona mudanças e renovação ■ É "missionário" e "visionário" ■ Advogado e defensor de talentos (mentor) ■ Espírito altamente empreendedor ■ Guardião do negócio	Institucional
Tático (gerentes)	■ Impulsiona o alcance de metas e resultados ■ É um tático ■ Identifica e seleciona talentos ■ Mobiliza as pessoas para a mudança e inovação ■ Treina e desenvolve líderes	Intermediário
Operacional (supervisores)	■ Conduz pessoas para a execução do trabalho ■ Impulsiona o desempenho excelente ■ É um operacional ■ Faz parcerias dentro e ao longo das equipes ■ Gerencia o trabalho cotidiano ■ Influencia pelo seu poder pessoal ■ Inspira lealdade e confiança	Operacional

Figura 7.5 Dimensões das lideranças no planejamento estratégico.
Fonte: baseada em análise da Schoonover Associates.[11]

visão sistêmica da organização para disseminar os valores e conhecimento da empresa para a equipe, atuar de forma transparente, democrática e inspiradora, visando ao desenvolvimento da cultura da excelência, gerenciar processos para alcançar os objetivos da empresa, ter papel fundamental na criação de um ambiente propício a inovação, aperfeiçoamento e aprendizado constantes, motivar colaboradores e servir de exemplo para sua equipe. O bom trabalho do líder se traduz em ser admirado pela sua postura exemplar e ter como resultado o sucesso na gestão do negócio.

Para auxiliar os gestores na busca pela excelência da organização, a Fundação Nacional da Qualidade (FNQ) recomenda cinco passos fundamentais que vão servir de referência para que se tornem líderes de sucesso, com base no critério Liderança do Modelo de Excelência da Gestão® (MEG).[12]

1. **Promover o alinhamento de interesses:** assegurar a harmonia e o equilíbrio no relacionamento da equipe é tarefa básica de um líder, que muitas vezes tem de lidar com diferentes interesses na mesma organização. Para tornar isso um fato positivo, é essencial fazer todos entenderem como cada um pode, em sua área, colaborar com o desenvolvimento do projeto de trabalho, sem necessariamente conflitarem em suas ideias.

2. **Internalizar as mudanças culturais:** implementar a cultura da excelência em uma equipe requer alterar o seu conceito organizacional, colocando novos valores à mesa. Recomenda-se incentivar e estimular a diversidade de ideias, a fim de tornar o ambiente de trabalho mais criativo e inovador. Atuando como catalisador dessas ideias, o líder facilita a aceitação desta cultura por parte da equipe e sua internalização ao processo de trabalho.

3. **Manter canal de comunicação aberto com a equipe:** comunicar-se com clareza e objetividade é o que garante à equipe total assimilação dos valores e princípios da organização. Da mesma forma, é importante ouvir o que cada um tem a dizer sobre assuntos diversos. Assim,

estabelece-se uma relação de confiança entre o líder e seu grupo, criando uma sintonia de ideias e um ambiente encorajador para que todos se sintam parte relevante do processo de trabalho.

4. **Estabelecer e verificar o cumprimento de padrões de trabalho:** adotar padronizações nos processos de trabalho é imprescindível para se avaliar o desempenho da empresa. Com a execução de práticas mais uniformes, os resultados ficam menos sujeitos a variações, e a equipe se mantém focada nos objetivos da organização. É importante também ter métodos eficazes para verificar o cumprimento desses padrões, obtendo melhores condições de primar pelos bons resultados da companhia.

5. **Identificar e desenvolver novos líderes:** para garantir a perenidade do negócio, é importante saber identificar, entre os colaboradores, pessoas com potencial para exercer a liderança. Isso significa procurar pessoas com caráter inovador e motivador, que exerçam influência positiva sobre o grupo. Ter líderes confiáveis em diversos níveis faz com que todos os segmentos da empresa estejam alinhados na busca pela excelência.

SAIBA MAIS — **A execução da estratégia**

A execução da estratégia sempre enfrenta o imprevisível e muitas situações pela frente que exigem decisões rápidas. Absolutamente não estamos ainda acostumados a tomar decisões em situações de urgência e de incerteza pela frente. Como não podemos definir com exatidão os pontos de vista a respeito de uma situação precisamos recorrer a abordagens alternativas. Precisamos adotar uma espécie de piloto automático com alto grau de *feedback* em tempo real, sem deixar de visualizar o horizonte de longo prazo. Precisamos saber utilizar o tempo a nosso favor, avançando e retornando sempre que necessário, mas sempre seguindo para a frente.

7.3 DESAFIOS DA EXECUÇÃO ESTRATÉGICA

O processo de planejamento estratégico não muda apenas o modelo de fazer negócios ou os processos de trabalho da organização. Ele muda também, e principalmente, a cultura organizacional. E talvez seja esta a sua principal finalidade nos tempos atuais: mudar o modelo mental que predomina nas organizações. A mudança cultural – diferentemente da mudança organizacional ou da mudança em produtos, serviços, processos, tecnologias – é lenta e demorada. Ela sofre resistências de todos os tipos e de todos os lados. Mas a mudança da cultura organizacional não somente é possível e desejável, como também indispensável e fundamental para o sucesso organizacional, levando-se em conta que a organização atua em ambientes altamente dinâmicos, mutáveis, instáveis e em constante transformação.

Acontece que o horizonte temporal do planejamento estratégico pode ser encurtado ou estendido conforme o volume permitido pela mudança cultural. Em outras palavras, o planejamento estratégico tanto influencia como pode ser influenciado pela cultura organizacional: ele pode ser mais rápido ou mais lento em seus resultados e consequências quando ajudado ou obstaculizado pela cultura organizacional vigente na organização. Se a cultura organizacional é adaptativa e evolucionária, ela ajuda, mas se é conservadora e rígida, ela atrapalha.

Muitas vezes, o descompasso entre a mudança cultural e o processo estratégico inviabiliza o sucesso da organização. Outras vezes, a formulação estratégica é brilhante, mas a sua execução peca por falta de comprometimento e colaboração das pessoas envolvidas devido à maneira como elas percebem e sentem a necessidade de comportamentos e atitudes favoráveis ao processo estratégico.

Para Hrebiniak,[13] os principais desafios da execução da estratégia são:

- A velha cultura organizacional: quando ela não está adequada aos novos desafios enfrentados pela organização.

- Incentivos oferecidos: quando as pessoas são recompensadas pelo tempo de casa ou pela idade e não pelo desempenho ou realização competitiva.
- A necessidade de ultrapassar problemas com "silos" funcionais tradicionais típicos da divisão do trabalho da velha estrutura organizacional.
- Os desafios inerentes à gestão da mudança em organizações conservadoras.

Além disso, segundo o autor, existem outros problemas quanto à execução da estratégia:

- Fazer a estratégia funcionar é mais complicado que a tarefa de formular a estratégia.
- A execução é crítica, mas fazer a estratégia trabalhar rende dividendos.
- Os gestores são treinados para planejar e não para executar.
- Os gestores de topo acreditam que a execução ou implementação da estratégia deve ficar na base da organização. E em muitas organizações há uma separação entre planejar e fazer e formulação e execução. A execução requer proprietários em todos os níveis da administração.

Ainda segundo Hrebiniak,[13] as causas de dificuldades na execução da estratégia são:

1. As equipes não têm conversas estratégicas.
2. Não houve explicações sobre como jogar e vencer.
3. O plano não mostra o estado futuro.
4. O plano não inclui alinhamento e implementação adequados.
5. Faltam indicadores e medidas de sucesso para acompanhar e monitorar o plano.
6. A equipe não sabe explicar a estratégia e nem qual é a sua responsabilidade nela.
7. Não há um ritual da equipe para avaliar e adaptar seu desempenho.

Hrebiniak[13] acrescenta que planejamento e execução são interdependentes. Deve haver simultaneidade entre planejar e executar. O planejamento afeta execução e esta afeta mudanças na estratégia e no planejamento ao longo do tempo. Os resultados da estratégia são melhores quando os responsáveis pela sua execução também fazem parte do processo de planejamento ou formulação. Quanto maior a interação entre planejadores e executores ou maior a sobreposição dos dois processos ou tarefas, tanto maior a probabilidade do sucesso na execução.

SAIBA MAIS — As prioridades do estrategista

1. Coloque a estratégia em primeiro lugar, a função vem em segundo lugar.
2. Otimize a organização como um todo e não apenas os seus processos.
3. Defina uma estrutura organizacional que alcance flexibilidade e agilidade.
4. Torne a cultura corporativa uma forte impulsionadora de pessoas e de negócios.
5. Defina um modelo de liderança aberto, democrático e impulsionador.
6. Ouça os pontos de vista de todos e leve-os sempre em consideração.
7. Tenha sempre uma visão ampla e dinâmica apontada para o futuro.
8. E tenha uma visão de futuro sempre atualizada dia a dia.

7.3.1 Dificuldades na execução da estratégia

A maioria dos fracassos estratégicos ocorre exatamente na fase da execução da estratégia, mesmo com estratégias maravilhosamente idealizadas. É que, boa parte das vezes, o impulso dado pelo líder estratégico não chega ao nível tático e operacional e quase sempre a estratégia morre no meio do caminho e se esvanece no ar. Simplesmente, a estratégia não acontece na prática, pois a base da organização não tem a mínima ideia do que fazer, por falta de comunicação e treinamento adequados. A forte separação entre a formulação (aqueles que tomam decisões a respeito do futuro da organização) e a execução (aqueles que irão executá-las) provoca um hiato que impede a sua viabilidade.

Para enfrentar os desafios da execução, Hrebiniak[13] propõe:

- Desenvolver um modelo prévio para integrar e guiar as decisões e ações da execução.
- Compreender como a criação da estratégia afeta a sua execução.
- Administrar a mudança eficazmente, inclusive a mudança da cultura organizacional.
- Compreender o poder ou a influência e utilizá-los adequadamente para o sucesso da execução.
- Desenvolver estruturas organizacionais que fomentem o compartilhamento da informação, coordenação e clara responsabilidade.
- Desenvolver mecanismos de controle e retroação eficazes.
- Saber como criar uma cultura organizacional empreendedora que apoie e impulsione a execução da estratégia.
- Exercitar liderança focada na execução da estratégia.

7.3.2 Causas do insucesso na execução

Planejamento e execução se sobrepõem e não devem ser considerados sequenciais ou lineares. É preciso sempre identificar atividades e desafios não previstos na execução para perceber por que as coisas não funcionam. A execução exige ação pronta e imediata direcionada para os objetivos, a fim de eliminar os problemas. Garvin[14] aponta oito causas para o insucesso na execução da estratégia:

- **Falta de compreensão:** quando as ações não são devidamente esclarecidas para os colaboradores, que não conseguem ter uma visão do todo.
- **Falta de adesão ou compromisso:** é preciso que as pessoas tenham vontade e desejo de mudança. A execução exige venda da ideia e que as pessoas a comprem, pelas quatro seguintes razões:
  - Por que precisamos mudar?
  - Por que essa mudança é correta?
  - Por que você pensa que a organização pode lidar com a mudança?

- O que você fará para me ajudar ao longo da mudança?
- **Falta de capacidades, habilidades e competências:** a execução precisa começar com o treinamento e educação intensivos e alocação dos recursos necessários;
- **Falta de alinhamento das metas:** é necessário um mecanismo de *scorecards* (painéis de pontuação) para assegurar uma direção comum ou uma base de compromisso comum.
- **Falta de consciência dos problemas:** a execução requer continuamente supervisão, monitoramento e solução de problemas que vão surgindo e que se tornam mais complexos pela frente. É preciso manter ciclos de *feedback* mais curtos.
- **Falta de respostas às mudanças no ambiente:** deve haver um plano de contingência para adequação às mudanças ambientais imprevistas e fugir à rigidez.
- **Falta de validação:** é preciso testar a validade das premissas adotadas sobre o ambiente e definir gatilhos para a ação corretiva.
- **Falta de disciplina:** prioridades mudam ou não estão claras. Excesso de iniciativas e falta de reforço ou estímulo fazem o progresso desacelerar.

7.3.3 Barreiras à execução da estratégia

Por que a estratégia deixa de acontecer? O fato é que existem inúmeras barreiras à execução da estratégia que fazem com que simplesmente as coisas permaneçam onde e como sempre estiveram. O Quadro 7.4 permite uma visão geral das principais barreiras à execução.

Participação das pessoas na execução da estratégia: afinal, quem executa a estratégia? Tecnologias, estrutura organizacional, cultura corporativa, estilo de gestão dos líderes, processos? Tudo isso ajuda, e muito, mas quem põe a mão na massa, alcança metas e objetivos e oferece resultados? A execução depende do trabalho das pessoas. São elas que, devidamente preparadas, orientadas,

Quadro 7.4 Barreiras à execução da estratégia organizacional

Barreiras de visão	Barreiras pessoais	Barreiras administrativas	Barreiras de recursos
Somente 5% da força de trabalho compreende satisfatoriamente a estratégia organizacional	Somente 25% dos gerentes e executivo recebem incentivos e recompensas ligados à estratégia organizacional	85% das equipes executivas gastam menos de 1 hora por mês para discutir a estratégia organizacional	60% das organizações não alinham o orçamento com a estratégia organizacional

Fonte: adaptado de Niven (p. 11).[15]

lideradas e motivadas fazem a estratégia acontecer na prática. O principal segredo da boa execução da estratégia está na maneira de lidar com as pessoas que deverão executá-la em seu cotidiano.

A execução do plano estratégico representa a mais estreita ligação entre a estratégia e as pessoas. Nem todo mundo é bom em tudo. Conhecer suas competências e limitações é um exercício de humildade e de liderança que ajuda as pessoas a se sintonizarem naquilo que sabem fazer melhor. Em outras palavras, o estratégico toque humano para garantir que a estratégia alcance o seu objetivo básico por meio de uma comunidade de talentos: ganhar a preferência do consumidor e criar uma vantagem competitiva, enquanto remete suficiente dinheiro na mesa para os *shareholders*, segundo Bossidy e Charan,[16] e enquanto simultaneamente cria valor suficiente para encantar todos os seus demais públicos estratégicos além dos consumidores. Vale a pena torcer para que a estratégia seja bem executada e bem-sucedida. E isso depende de nós, estrategistas.

E quais são esses segredos para bem executar a estratégia e conseguir resultados incríveis por meio das pessoas? Como transformar as pessoas em excelentes executores do plano estratégico? Como obter o dinamismo, participação, entusiasmo e engajamento das pessoas para uma nova revoada organizacional? Hambrick e Cannella[17] indicam que as seguintes práticas podem responder a essas perguntas:

- **Explicitar claramente às pessoas os principais objetivos da estratégia organizacional:** e os meios para alcançá-los com os recursos disponíveis. As pessoas precisam entender o que

a organização pretende fazer e o que delas se espera. E quais as razões pelas quais a estratégia é necessária para a organização e para elas. É necessária muita comunicação de via dupla e muita orientação e esclarecimento no sentido de engajá-las como parceiras no processo e responsáveis por ele.

- **Explicitar claramente qual será o papel de cada pessoa ou equipe:** as pessoas precisam entender exatamente qual será o seu papel na execução da estratégia. E quais metas e objetivos deverão alcançar. Isto é, aonde deverão chegar.

- **Orientar as pessoas sobre as mudanças internas:** as pessoas precisam entender quais as mudanças necessárias – na estrutura, na cultura, no estilo de gestão, nos processos internos, entre outras – e a necessidade de sua participação ativa e proativa nessa transformação. E por que razão tais mudanças deverão ser feitas, inclusive por elas.

- **Preparar e capacitar as pessoas:** para poderem assumir seus novos papéis e atividades para a execução da estratégia. Isso não pode ser feito de uma hora para outra, pois exige maturação não somente do aprendizado, mas principalmente nas atitudes e nos comportamentos que serão solicitados. Muitas vezes, a estratégia exige mudanças comportamentais e mesmo culturais, e as pessoas precisam ser previamente preparadas para que possam participar dessa renovação. Elas precisam sentir-se seguras e poderosas.

- **Preparar a capacitar os gerentes e líderes:** cada líder deverá saber como conduzir sua equipe, para onde, como, por que e quando. Tanto sob o aspecto técnico como comportamental em função de metas e objetivos a alcançar. É preciso oferecer uma liderança inspiradora e fazer com que as pessoas se sintam parte de algo que vale a pena e se sintam entusiasmadas. O papel das lideranças é vital para que a execução seja uma propriedade das pessoas e que elas se sintam como protagonistas e não como espectadoras do processo.

- **Ouvir, ouvir, ouvir:** as pessoas precisam sentir que fazem parte da solução e não do problema. E a imaginação, experiência e criatividade delas precisa ser capitalizada ao máximo. As pessoas precisam sentir-se donas de suas ideias e dos resultados que elas provocam.
- **Compartilhar informação relevante:** sobre o desempenho financeiro, condições do mercado, andamento da estratégia, alcance dos objetivos pretendidos, resultados operacionais, ações dos concorrentes oferecendo constante retroação para que acompanhem o andamento da estratégia. As pessoas precisam sentir e avaliar os resultados de seu trabalho coletivo.
- **Criar um ambiente de trabalho agradável:** onde as pessoas sentem respeito mútuo, sinceridade, abertura, liberdade, autonomia, camaradagem e equanimidade. Isso é vital para que a execução da estratégia seja alcançada mediante a iniciativa e a autorrealização das pessoas. As pessoas precisam sentir-se em casa, em seu *habitat*.
- **Instituir a meritocracia e identificar talentos:** com potencial de desenvolvimento acima da média para oferecer oportunidades de participação em novos projetos ou missões que demandem competências distintas ou promoções mais rápidas para demonstrar que a organização pensa no futuro e prosperidade das pessoas. As pessoas precisam perceber que têm oportunidades pela frente.
- **Utilizar incentivos e recompensas:** sempre que as pessoas ou equipes ultrapassem suas metas e objetivos de maneira pública e notória. Isso estimula o espírito ambicioso, o foco em desafios, a busca de retornos pessoais ou grupais, a vontade de ultrapassar limites e atender o próprio desejo de reconhecimento pessoal e satisfação íntima. O sistema de prêmios é uma poderosa ferramenta que a gerência ou liderança conta para obter o compromisso das pessoas para uma execução adequada da estratégia. Mas é necessário que as pessoas entendam que ele está intimamente relacionado a resultados de desempenho estrategicamente relevantes para a organização.

Finalmente, não esquecer de festejar intensamente os resultados na medida em que são alcançados. As pessoas precisam sentir-se reconhecidas, recompensadas e entusiasmadas pelas conquistas feitas.

SAIBA MAIS — **Sobre *startup***

O que é uma *startup*? Segundo Yuri Gitahy, especialista em *startups*, em resposta a uma questão editada por Daniela Moreira (http://exame.abril.com.br/pme/noticias/o-que-e-uma-startup), tudo começou durante a época que chamamos de bolha da Internet, entre 1996 e 2001. Apesar de usados nos EUA há várias décadas, só na bolha ponto-com o termo *startup* começou a ser usado por aqui. Significava um grupo de pessoas trabalhando com uma ideia diferente que, aparentemente, poderia gerar dinheiro. Além disso, *startup* sempre foi sinônimo de iniciar uma empresa e colocá-la em funcionamento. Muitas pessoas dizem que qualquer pequena empresa em seu período inicial pode ser considerada uma *startup*. Outros defendem que uma *startup* é uma empresa com custos de manutenção muito baixos, mas que consegue crescer rapidamente e gerar lucros cada vez maiores. Mas há uma definição mais atual, que parece satisfazer a diversos especialistas e investidores: uma *startup* é um grupo de pessoas à procura de um modelo de negócios repetível e escalável, exponencialmente, trabalhando em condições de extrema incerteza.

7.4 ESPÍRITO EMPREENDEDOR

Todas as conquistas ao longo da história da humanidade tiveram sempre um empreendedor por trás delas. O empreendedor é a pessoa que inicia e/ou opera um negócio ou empreendimento, usualmente chamado de *startups* para realizar uma ideia original ou projeto pessoal assumindo riscos e responsabilidades e inovando continuamente. Essa definição envolve não apenas os fundadores de organizações, mas os membros da segunda ou terceira geração de organizações familiares e os executivos que se tornam proprietários ao comprar dos seus fundadores organizações já existentes. Mas, lembra Gartner,[18] o espírito empreendedor está também presente em todas as pessoas que – mesmo sem fundarem sua própria organização ou iniciarem seus próprios negócios ou projetos – estão preocupadas e focalizadas em prospectar oportunidades antes dos outros, iniciar projetos criativos e originais, assumir riscos e inovar continuamente nas organizações em que trabalham. Essas pessoas são os empreendedores internos ou intraempreendedores.

Os empreendedores são heróis populares do mundo dos negócios. Fazem perguntas nunca antes feitas e buscam respostas por caminhos que sempre foram rejeitados por outros. Criam novos empreendimentos, fornecem empregos, introduzem inovações e incentivam o crescimento econômico. Não são simplesmente provedores de produtos ou de serviços, mas verdadeiras fontes de energia que assumem riscos inerentes em uma economia em mudança, transformação e crescimento. Continuamente, milhares de pessoas com esse perfil – desde jovens adolescentes aos mais idosos e de todas as classes sociais – inauguram novos negócios por conta própria e agregam a liderança dinâmica que conduz ao desenvolvimento econômico e ao progresso das nações. É essa tremenda força vital que faz pulsar o coração da economia de cada país.

O empreendedor não é somente um criador de novas organizações ou o construtor de novos negócios. Ele também alavanca os recursos, promove talentos e concretiza ideias. Seu impulso é romper o *status quo*. Mais ainda: ele é quem fareja as oportunidades e precisa ser muito rápido, aproveitando as oportunidades fortuitas, antes que outros aventureiros o façam. O termo empreendedor – do francês *entrepreneur* – significa aquele que não se conforma com o *status quo*, toma a iniciativa, assume riscos e começa algo novo. Na verdade, o empreendedor é a pessoa que consegue fazer as coisas acontecerem, pois é dotado de forte sensibilidade para os negócios, tino financeiro e capacidade de identificar oportunidades que passam despercebidas para os outros mortais. Com todo esse arsenal, transforma ideias em realidade, para benefício próprio e para o benefício da organização ou da comunidade.

SAIBA MAIS

O empreendedor

Schumpeter[19] amplia o conceito, explicando que *"o empreendedor é a pessoa que destrói a ordem econômica existente graças à introdução no mercado de novos produtos e serviços, pela criação de novas formas de gestão ou pela exploração de novos recursos, materiais e tecnologias"*. Para ele, o empreendedor é a essência da inovação no mundo, tornando obsoletas as antigas maneiras de fazer negócios. É o processo de destruição criativa. O empreendedorismo preocupa-se com a descoberta e a exploração de oportunidades lucrativas. Atualmente, o empreendedorismo é um importante fator para criar mudanças e ajudar as organizações a adaptarem-se às mudanças criadas por outras.

Identificação do espírito empreendedor: segundo Longenecker, Moore e Petty[20] o espírito empreendedor pode ser identificado por meio de três características:

1. **Necessidade de realização:** significa a necessidade de romper o *status* atual, competir para alcançar um padrão elevado de excelência e

sentir-se pessoalmente responsável por tarefas e objetivos que a pessoa atribui a si própria. É o impulso para melhorar continuamente. Os empreendedores apresentam elevada necessidade de realização em relação às pessoas da população geral. O impulso para a realização reflete-se nas pessoas ambiciosas que iniciam novas organizações e orientam o seu crescimento, segundo Brockhauss Jr. e Horwitz.[21]

2. **Disposição para assumir riscos:** o empreendedor assume riscos ao defender ideias inovadoras e partir para projetos novos e diferentes. São responsabilidades adicionais que incorpora ao seu trabalho. Contudo, as pessoas com alta necessidade de realização preferem situações arriscadas até o ponto em que podem exercer certo controle pessoal sobre o resultado, em contraste com situações de jogo em que o resultado depende apenas da sorte. A preferência pelo risco moderado e limitado reflete a autoconfiança do empreendedor.

3. **Autoconfiança:** quem possui autoconfiança sente que pode enfrentar os desafios que existem ao seu redor e tem domínio sobre os problemas que enfrenta. As pesquisas mostram que os empreendedores de sucesso são pessoas independentes que enxergam os problemas inerentes a um novo projeto, mas acreditam em suas habilidades pessoais para superá-los.

Acesse conteúdo sobre **Processo empreendedor** na seção *Tendências em planejamento estratégico 7.1*

7.5 EMPREENDEDORISMO CORPORATIVO

Qual organização não quer ter em seus quadros pessoas com ambição, independência e autodeterminação? Os empreendedores são pessoas que agem de maneira independente ou como os componentes de uma organização que criam um novo empreendimento ou desenvolvem uma inovação relevante e assumem riscos ao introduzi-los no negócio. São importantes agentes do desenvolvimento e do crescimento econômico graças a novos produtos, serviços, processos, soluções inovadoras e que levam a organização a um novo patamar de excelência e competitividade. As organizações que conseguem essa proeza fazem o que chamamos de empreendedorismo corporativo: é o processo de incentivar que pessoas ou grupos de uma organização criem novos empreendimentos ou projetos para desenvolver e incentivar inovação. No fundo, o empreendimento corporativo funciona como um conjunto de esforços de inovação, renovação e empreendimento de uma organização.

As práticas utilizadas para facilitar e incentivar o empreendedorismo corporativo, aproveitar a criatividade e engenhosidade dos colaboradores e recompensá-los a toda hora por isso estão focadas no processo de gestão estratégica. As organizações estão atuando decisivamente para impulsionar o espírito empreendedor em seus quadros, criando um empreendimento corporativo interno, que é um conjunto de atividades utilizadas pela organização para criar invenções e inovações por meios internos. É o caso dos investimentos focados em pesquisa e desenvolvimento (P&D), voltados para, de modo descentralizado e não em um único departamento, se prepararem para permanecer competitivas nos próximos cinco a dez anos. E arregimentar o maior número possível de empreendedores internos.

Cultura empreendedora: para Hitt, Ireland e Hoskisson,[22] o empreendedorismo corporativo não surge do nada. Ele não brota naturalmente e nem é espontâneo. A cultura empreendedora precisa ser semeada e colhida adequadamente. A organização precisa criar uma cultura que desenvolva e incentive o espírito empreendedor em seus funcionários. E isso leva tempo, esforços e dedicação. E deve partir da liderança. O líder principal deve ser – ele mesmo – um empreendedor e cultivar essa característica em toda a sua organização. Não somente dando o exemplo pessoal, mas criando todas as condições para que haja uma cultura empreendedora em seus quadros.

Assim, a cultura empreendedora é uma cultura de desafios continuados, ao criar todas as condições organizacionais para que as pessoas possam ter as oportunidades efetivas para desempenhar como empreendedoras. Assim, não basta apenas focalizar os aspectos comportamentais – a consequência imediata do espírito empreendedor –, mas principalmente proporcionar abertura e meios para que as pessoas possam se desempenhar como empreendedoras corporativas. Isso implica preparar as pessoas, dar-lhes todos os recursos necessários, orientá-las, guiá-las, apontar-lhes os objetivos a serem alcançados, estimulá-las e premiá-las pelo alcance desses objetivos. E, se possível, em conjunto: trabalho em equipe é essencial para incentivar a colaboração irrestrita e fomentar a propriedade grupal da inovação para que ela seja implementada de maneira bem-sucedida. O coletivismo ajuda muito.

É preciso burilar a arquitetura organizacional e forjá-la para fazer tudo isso acontecer. Ela deve constituir uma rede de apoio e suporte para que as pessoas se relacionem e inovem em conjunto. Arquitetura e cultura juntas devem ser os dois pilares fundamentais da infraestrutura adequada para que as pessoas possam enveredar pela via do empreendedorismo corporativo. O terceiro pilar são os incentivos e as recompensas para que a iniciativa pessoal venha à tona. As pessoas precisam ser premiadas – com recompensas financeiras e socialmente simbólicas – em função do resultado de suas inovações.

O empreendedorismo tem muito a ver com o comportamento estratégico. Muitas organizações estão tentando incentivar o espírito empreendedor mediante duas maneiras diferentes: comportamento estratégico autônomo e comportamento estratégico induzido.

- **Comportamento estratégico autônomo:** é uma forma de empreendimento corporativo interno que se constitui em um processo que vem de baixo para cima, no qual os campeões

CLIPPING COMPETITIVO

Campeã da inovação

Bowles[23] descreve como a 3M, a cada três dias em média, lança um produto novo. Três quartos de seu faturamento decorrem de produtos com menos de dois anos de ciclo de vida. Para alcançar essa façanha, a 3M cultiva o empreendedorismo interno há décadas. A organização inova pela mesma razão que as vacas comem capim. A inovação faz parte do seu DNA. A 3M promove uma cultura de inovação entre seus funcionários. Os executivos de nível médio e de primeiro nível são promotores e vigias da eficiência organizacional: seu trabalho se torna importante na medida que uma ideia de um produto tiver sido comercializada e a organização necessária para sustentar e promover o produto tiver sido formada. Diante de seu contato íntimo com clientes, fornecedores e outras fontes de informação externa, os executivos de primeiro nível são fundamentais para os esforços de absorver e avaliar informações de fora da organização que sinalizem os *insights* sobre inovações que podem ser bem-sucedidas. O pessoal de *staff* ajuda a promover a inovação oferecendo o conhecimento necessário para desenvolver processos inovadores que aumentam a eficiência organizacional. Ao mesmo tempo, todas as pessoas que produzem um bem ou serviço recebem a experiência e retaguarda necessária para facilitar os esforços da organização, projetar e produzir inovações. Como resultado, inovação e empreendedorismo estão intimamente relacionados na organização para o alcance da competitividade estratégica e retornos acima da média.

de produto perseguem novas ideias, muitas vezes mediante um processo político, por meio do qual eles desenvolvem e coordenam a comercialização de um novo produto ou serviço até alcançarem sucesso no mercado. O campeão de produto é um membro da organização com uma visão empreendedora de um novo produto ou serviço, que procura criar apoio para sua comercialização. A organização dá asas aos empreendedores: condições e oportunidades para se sobressaírem. A organização cria mananciais de conhecimento e competências – que são suas fontes de inovação –, para que as pessoas compartilhem novos conhecimentos e aumentem gradativamente suas competências pessoais.

CLIPPING COMPETITIVO

O exemplo da GE

A GE é uma organização em que o comportamento estratégico autônomo funciona regularmente. Cada unidade operacional – dentre os incontáveis negócios da GE – procura a tecnologia apropriada para fazer melhor aquilo que ela já faz. Ao dominar a tecnologia, a GE a incorpora em um serviço que possa ser vendido a outras organizações. E isso acontece em todas as suas unidades de negócios.

- **Comportamento estratégico induzido:** é outra forma de empreendimento corporativo interno que se constitui em um processo de cima para baixo em que a estratégia e a estrutura da organização fomentam e incentivam inovações de produto, serviços, processos e atividades que estão intimamente relacionadas com esta estratégia e estrutura. Induzir tal comportamento passa a ser o papel fundamental de todos os executivos, a começar pelo líder principal da organização.

Fomentando o espírito empreendedor na organização:[24] partindo do pressuposto de que a motivação para realização – ou impulso para melhorar – é fundamental para os empreendedores, procurou-se definir um modelo de treinamento de motivação para a realização, no sentido de desenvolver essa característica e fazê-la aplicável nas situações típicas das organizações. O segundo passo foi desenvolver um projeto de seleção e desenvolvimento de empreendedores (baseado em um estudo realizado em 34 países) para criar os instrumentos adequados de seleção e treinamento. O programa foi lançado por meio de um convênio entre a Organização das Nações Unidas (ONU) e o Serviço Brasileiro de Apoio às Micro e Pequenas Empresas (Sebrae). Segundo o modelo, as principais características que um empreendedor bem-sucedido deve possuir ou desenvolver são as seguintes:

- Iniciativa e busca incessante de oportunidades.
- Perseverança.
- Comprometimento.
- Busca de qualidade e eficiência.
- Coragem para assumir riscos, mas calculados.
- Fixação de metas objetivas.
- Busca e coleta de informações.
- Planejamento e monitoração sistemáticos, isto é, detalhamento de planos e controles.
- Capacidade de persuasão e de estabelecer redes de contatos pessoais.
- Independência, autonomia e autocontrole.

Tais características devem ser equilibradas, aplicadas com bom-senso e, se possível, distribuídas também entre os parceiros ou colaboradores do empreendedor, para assim constituir um todo harmonioso. Não basta oferecer oportunidades se o empreendedor não se aprofundar na tomada de informações. Também não adianta estabelecer metas objetivas se o empreendedor não for persistente e perseverante na sua conquista. De nada vale ser independente e autoconfiante se o empreendedor não tiver profundo comprometimento emocional com o negócio da organização. O segredo está em desenvolver todas essas características no seu conjunto, pois elas constituem a matéria-prima básica do espírito empreendedor.

7.6 EMPREENDEDORISMO E INOVAÇÃO

Para Drucker,[25] o empreendedorismo está associado caracteristicamente à inovação, seja em um negócio já existente, em uma instituição pública de serviços, ou em um novo empreendimento iniciado por um único indivíduo na cozinha da família. Em outras palavras, o empreendedorismo e a inovação que ele gera são aspectos importantes para grandes e pequenas organizações, tanto para investimentos iniciais, como para a manutenção da posição competitiva no mundo dos negócios. Além disso, a inovação é o meio pelo qual o empreendedor cria novos recursos produtivos de riqueza ou dota recursos existentes com um maior potencial para criar valor e riqueza.

Para Franko,[26] vencer nos negócios atualmente requer inovação. As organizações que inovam colhem todas as vantagens de quem chega primeiro. Pesquisas acadêmicas realçam a enorme importância da inovação no aumento da competitividade estratégica e no desempenho financeiro das organizações.

Aumente seus conhecimentos sobre **As contribuições de Schumpeter para o desenvolvimento econômico** na seção *Saiba mais* PE 7.4

PARA REFLEXÃO

Por que é tão necessário o espírito empreendedor?

Hunter[27] cita uma analogia do filme *Ben-Hur*, em que Charlton Heston, acorrentado ao remo no porão de um navio, ouvia os sons dos furacões e dos navios colidindo, mas sem permissão para subir ao convés. Tinha de ouvir a incessante batida do tambor do sujeito grande e suar para manter o ritmo das remadas. Muitas vezes, as pessoas se sentem do mesmo jeito em seus trabalhos. Hunter lembra ainda a caneca de café onde está escrito:

> Não é meu trabalho pilotar o navio.
> Nunca soprarei a corneta.
> Não é meu lugar dizer até onde
> O navio irá.
> Não tenho licença para ir ao convés
> Ou mesmo tocar o sino.
> Mas se esta coisa começar a afundar
> Olhe quem vai para o inferno!

É exatamente esse sentimento que precisa ser banido das organizações. É por essa razão que o espírito empreendedor deve ser fomentado. Principalmente, para que a estratégia organizacional possa ser implementada e executada de modo eficiente e eficaz.

Corporativos internos: para alcançar sucesso competitivo, a inovação é necessária, mas não suficiente. Segundo Hitt, Ireland e Hoskisson,[22] processos e estruturas capazes de implementar com sucesso os resultados dos empreendimentos corporativos internos são tão fundamentais quanto as próprias inovações. Requerem profunda integração entre todas as várias funções envolvidas – desde a engenharia à manufatura e à distribuição no mercado – para implementar – utilizar efetivamente – as inovações decorrentes desses empreendimentos. Os requisitos para a apropriação do valor da inovação interna da organização são apresentados a seguir:

1. **Utilização de equipes de desenvolvimento de produto para obter integração transfuncional:** significa coordenar e aplicar conhecimentos e habilidades de diferentes áreas funcionais para maximizar a inovação. Em vez de ser construída em torno de funções ou departamentos hierárquicos verticais, a organização horizontal é construída em torno de processos horizontais centrais que são utilizados para produzir e gerenciar inovações.

2. **Eliminação das barreiras à integração:** as duas principais barreiras à inovação são:

   a) **Estruturas independentes de referência:** quando a organização é departamentalizada, cada departamento tem a sua própria estrutura e dimensões próprias e exclusivas. Isso separa em silos e faz com que pessoas de diferentes departamentos funcionais tenham orientações divergentes e até mesmo antagônicas em certos aspectos.

   b) **Política organizacional:** é a segunda barreira à integração das funções. A política é vital para ganhar decisões sobre alocação de recursos a diferentes funções, resultando em possíveis disputas e conflitos. Daí a necessidade de encontrar meios para a integração transfuncional sem atritos.

3. **Inclusão de facilitadores de integração:** os quatro principais facilitadores de integração são:

   a) Valores compartilhados.
   b) Liderança visionária.
   c) Orçamentos e alocações encorajadores.
   d) Sistemas de comunicação eficientes.

4. **Realce dos resultados desejáveis para se obter integração transfuncional:**

   a) Tempo até o mercado, ou seja, rápida e ágil introdução do produto no mercado de maneira mais veloz que os concorrentes.
   b) Qualidade do produto como uma das vantagens competitivas.
   c) Criação de valor para o cliente.

A resultante da aplicação desses requisitos é o modelo de apropriação do valor da inovação, como apresentado pela Figura 7.6.

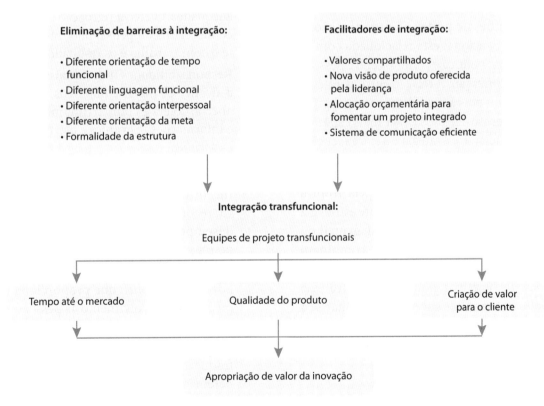

Figura 7.6 Modelo de apropriação do valor da inovação interna da organização.

Fonte: adaptada de Hitt, Hoskisson e Nixon (p. 161-185).[28]

7.7 GESTÃO DO DESEMPENHO ORGANIZACIONAL

Para Nadler, Hackman e Lawler III,[29] a execução da estratégia influencia e depende do desempenho organizacional de várias maneiras:

A execução da estratégia determina as tarefas organizacionais: a execução da estratégia focaliza a alocação de recursos e as tarefas críticas que a organização deve realizar. A estratégia serve para esclarecer "o que" é crítico e prioritário para a organização.

A execução da estratégia influencia o desenho organizacional: o desenho organizacional deve servir totalmente à estratégia, o que significa que a estrutura organizacional é função da estratégia. Mudanças estratégicas em um mundo instável implicam necessariamente mudanças tanto na estrutura organizacional como na execução estratégica.

A execução da estratégia influencia e é influenciada por questões de poder na organização: a estratégia organizacional está relacionada com as relações de poder, política e conflitos entre pessoas e grupos na organização. A relação entre estratégia e poder é circular, pois à medida que um grupo se torna mais poderoso, ele passa a ser mais capaz de decidir e influenciar a estratégia e a sua execução.

A eficácia organizacional é determinada tanto pelas decisões sobre estratégias como pela própria execução da estratégia: as decisões sobre estratégia e sua execução – em nível individual, grupal ou sistêmico – são interdependentes e se combinam para determinar quão eficaz será a organização no alcance de seus objetivos globais. Uma estratégia com elevado potencial de sucesso pode falhar se a sua execução for mal projetada, se as equipes não funcionarem bem ou se as pessoas não estiverem devidamente preparadas e motivadas.

7.7.1 Planejamento do desempenho organizacional

O desempenho organizacional não pode ficar ao acaso. Ele deve seguir a missão organizacional, a visão de futuro e sobretudo a execução da estratégia formulada. Os passos para o planejamento do desempenho organizacional, como mostrado pela Figura 7.7, são:

1. **Planejamento do desempenho**, que envolve:
   - O que fazer: em termos de objetivos a atingir, padrões, métodos, processos, procedimentos, metas e resultados que se pretende alcançar.
   - Como fazer: em termos de competências, conhecimentos, habilidades e atitudes necessários e comportamentos ativos e proativos das pessoas.

2. **Execução do desempenho**, que envolve:
   - Responsabilidades gerenciais: ou seja, como os executivos e os líderes da organização devem fazer para criar condições motivadoras para as pessoas, estimular, orientar, eliminar problemas que surgem intempestivamente, rever e atualizar objetivos, proporcionar oportunidades e reforçar atitudes e desempenhos adequados. Oferecer retroação constante. E reconhecer e recompensar pública e notoriamente o bom trabalho e os resultados alcançados.
   - Responsabilidades individuais: relacionadas a alcance de metas e objetivos, comunicação aberta, coleta e compartilhamento de dados e informações relevantes e oferta de retroação e *coaching*.

3. **Avaliação do desempenho**, que envolve:
   - Incentivos: a partir de liderança participativa, reconhecimento, recompensas pelo bom desempenho, motivação e comunicação às pessoas.
   - *Coaching*: transformando o executivo ou líder em um *coach* que proporciona treinamento e desenvolvimento às pessoas.
   - Revisão do desempenho: por meio de julgamento e avaliação a respeito de forças e fraquezas da equipe e de cada membro e do potencial de desenvolvimento humano a ser transformado em realidade.

Por fim, procede-se à revisão do progresso da execução, por meio de indicadores e métricas para avaliar o andamento das atividades em relação às

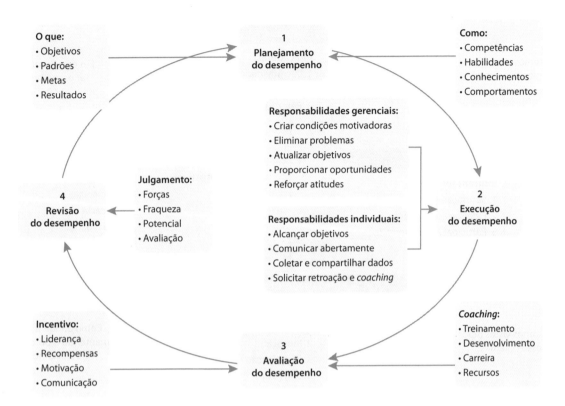

Figura 7.7 Gestão do desempenho na execução do planejamento estratégico.
Fonte: adaptada de Nadler, Hackman e Lawler III (p. 232-234).[29]

metas e aos objetivos pretendidos para oferecer retroação e averiguar possíveis atrasos ou alterações na trajetória.

7.8 BALANCED SCORECARD COMO FERRAMENTA DE GESTÃO ESTRATÉGICA

O *Balanced Scorecard* (BSC), idealizado por Kaplan e Norton,[30] é um placar balanceado e equilibrado. Constitui uma ferramenta administrativa que envolve várias perspectivas diferentes e que devem ser integradas e balanceadas para promover sinergia. O BSC se constitui num sistema de avaliação do desempenho organizacional que parte do princípio de que os indicadores financeiros, por si mesmos, não refletem perfeitamente a eficácia da organização. Os indicadores financeiros somente medem os resultados dos investimentos e das atividades medidas em termos monetários, não sendo sensíveis aos chamados impulsionadores de rentabilidade em longo prazo.

O BSC é uma metodologia baseada no equilíbrio organizacional, como mostrado pela Figura 7.8, e se fundamenta no balanceamento entre quatro diferentes perspectivas de objetivos, a saber:

- **Perspectiva financeira:** como a organização é vista pelos acionistas, proprietários e investidores. Os indicadores devem mostrar se a execução da estratégia organizacional está contribuindo para a melhoria dos resultados. Exemplos: lucratividade, retorno sobre o investimento, fluxo de caixa, retorno sobre o capital.

- **Perspectiva do cliente:** como a organização é vista pelo cliente e como ela pode atendê-lo da melhor maneira possível. Os indicadores devem mostrar se os serviços prestados estão de acordo com a missão da organização. Exemplos: satisfação do cliente, pontualidade na entrega, participação no mercado, tendências, retenção de clientes e aquisição de clientes potenciais.

- **Perspectiva dos processos internos:** em quais processos de negócios a organização precisa

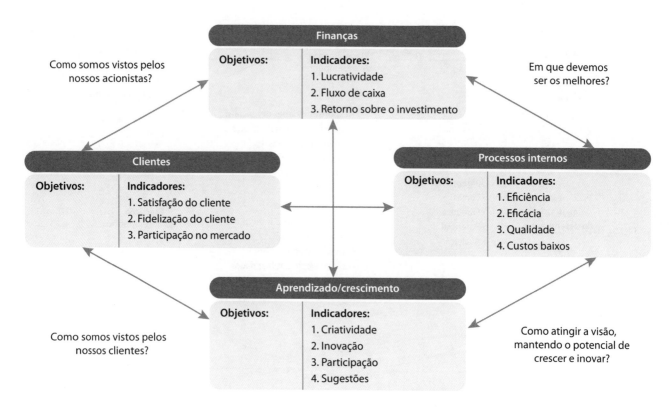

Figura 7.8 *Balanced Scorecard.*
Fonte: baseada em Kaplan e Norton.[31]

CLIPPING COMPETITIVO

Cada organização tem seus próprios objetivos

O problema é que os objetivos organizacionais são vários e, muitas vezes, conflitantes entre si. Assim, a redução de custos conflita com a melhor qualidade dos produtos, enquanto o aumento de preços conflita com a competitividade. Em geral, um objetivo atrapalha o outro. Algumas organizações definem hierarquias de objetivos para privilegiar alguns em detrimento de outros. As prioridades podem definir quais objetivos devem anteceder os demais. Mas como priorizar ao mesmo tempo clientes, acionistas, pessoas, futuro, estratégia, serviço, processos internos, liderança, aprendizado e inovação? Cada objetivo aponta em uma direção diferente. O problema está em fazer com que os múltiplos e diferentes objetivos organizacionais funcionem de modo colaborativo, integrado e cooperativo entre si, evitando possíveis conflitos entre eles. Busca-se a sinergia, ou seja, a ação multiplicadora de um objetivo sobre os demais para proporcionar efeitos ampliados e não apenas somados.

ter excelência. Os indicadores devem mostrar se os processos e a operação estão alinhados e se estão gerando valor. Exemplos: qualidade, produtividade, logística, comunicação interna e interfaces.

- **Perspectiva da inovação e aprendizagem:** qual a capacidade da organização para melhorar continuamente e se preparar para o futuro. Os indicadores devem mostrar como a organização pode aprender e se desenvolver para garantir o crescimento. Exemplos: índices de renovação dos produtos, desenvolvimento de processos internos, inovação, competências e motivação das pessoas.

O importante é representar o mapa da estratégia em termos de objetivos estratégicos, indicadores para mensurar os resultados, bem como definir as metas específicas e as respectivas ações individualizadas, como mostram as Figuras 7.9 e 7.10.

O BSC habilita a organização a alinhar e focar suas equipes de executivos, unidades de negócios, recursos humanos, TI e recursos financeiros para sua estratégia organizacional. É necessário comunicar às pessoas de maneira consistente e significativa os objetivos estratégicos e seus desdobramentos, indicadores, metas e ações.

A Figura 7.11 traduz a estratégia em termos operacionais para que ela seja executada adequadamente na perspectiva do cliente, definindo fatores críticos, dimensões críticas, metas e ações necessárias.

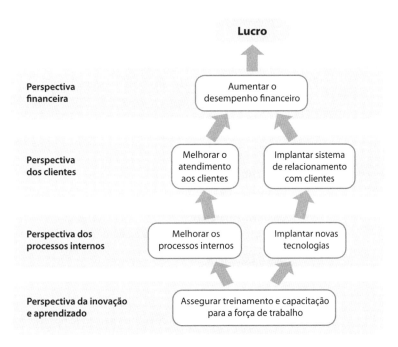

Figura 7.9 Mapa da estratégia BSC.

Fonte: baseada em Kaplan e Norton.[31]

236 Planejamento Estratégico

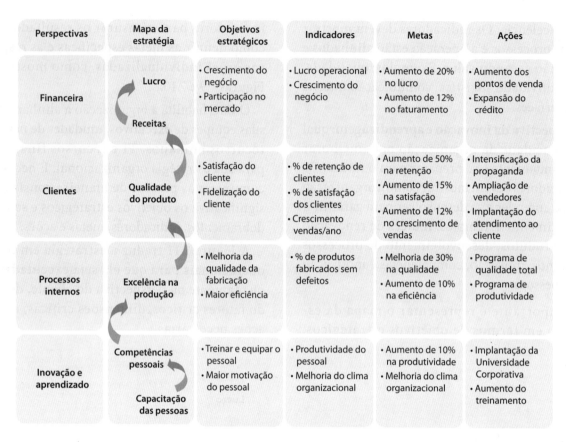

Figura 7.10 Exemplo de um BSC básico.

Fonte: baseada em Kaplan e Norton.[31]

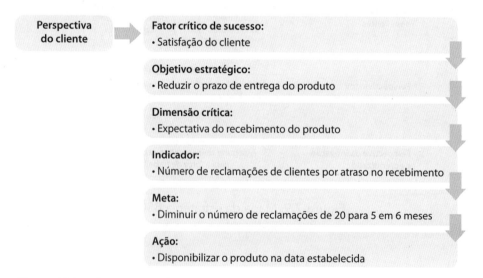

Figura 7.11 Construção do sistema de medição de uma perspectiva do BSC.

Fonte: baseada em Kaplan e Norton.[31]

Capítulo 7 | Execução da Estratégia e Avaliação do Desempenho Organizacional **237**

TENDÊNCIAS EM PLANEJAMENTO ESTRATÉGICO

Sistema gerencial para a integração entre planejamento estratégico e execução operacional

Em seu livro *A execução premium*, Kaplan e Norton[32] apresentam a arquitetura para um sistema gerencial abrangente e integrado que liga a formulação e o planejamento da estratégia com a execução. O sistema tem seis grandes estágios:

- **Estágio 1:** Os gestores desenvolvem a estratégia, usando as ferramentas estratégicas descritas no Capítulo 6.

- **Estágio 2:** A organização planeja a estratégia, com base em ferramentas como mapas estratégicos e *Balanced Scorecard*.

- **Estágio 3:** Após a elaboração do mapa estratégico e do *Balanced Scorecard*, os gestores alinham a organização com a estratégia, por meio de desdobramentos com mapas estratégicos e *Balanced Scorecards* interligados para as unidades organizacionais. Também alinham os colaboradores, por meio de processo de comunicação formal, e vinculam os objetivos e incentivos de cada empregado aos objetivos estratégicos.

- **Estágio 4:** Uma vez alinhadas as unidades organizacionais e os colaboradores à estratégia, os gestores podem planejar as operações, usando métodos como gestão da qualidade, reengenharia, *dashboards* (quadro de indicadores), *rolling forecasts* (previsões rotativas), custeio baseado em atividades, planejamento da capacidade dos recursos e orçamentação dinâmica.

- **Estágio 5:** Na medida em que executa a estratégia e os planos operacionais, a empresa monitora e aprende sobre problemas, barreiras e desafios. Esse processo integra informações sobre operações e estratégia, por meio de um sistema de reuniões de análise da gestão.

- **Estágio 6:** Os gestores usam dados operacionais internos e novas informações sobre o ambiente externo e sobre os concorrentes, para testar e adaptar a hipótese estratégica, lançando outro *loop* em torno do sistema integrado de planejamento estratégico e execução operacional. Esse processo é apresentado na Figura 7.12.

(continua)

(continuação)

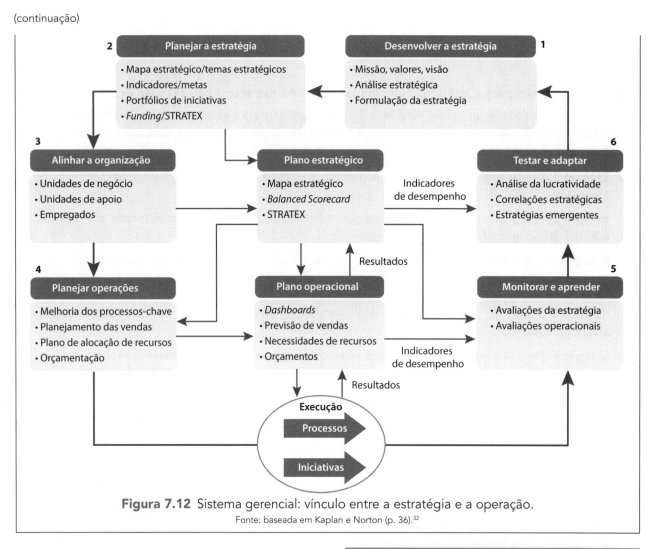

Figura 7.12 Sistema gerencial: vínculo entre a estratégia e a operação.
Fonte: baseada em Kaplan e Norton (p. 36).[32]

7.8.1 Mapa estratégico

Os mapas estratégicos representam uma estrutura consistente de descrever a estratégia e comunicá-la ao seu público-alvo. O mapa estratégico é uma ferramenta que permite visualizar os diferentes itens do BSC de uma organização em uma cadeia de causa e efeito que relaciona os resultados pretendidos com as quatro diferentes perspectivas de objetivos, explicitando quais medidas são necessárias para a consecução de cada objetivo proposto, bem como os indicadores que serão utilizados para o acompanhamento da execução dessas medidas e, ainda, quais as iniciativas de cada setor envolvido para o cumprimento das medidas. Um mapa estratégico deve ser construído de cima para baixo, como mostrado pela Figura 7.13, num exemplo hipotético.

PARA REFLEXÃO

Necessidade de medição

Medir faz parte integrante da natureza humana. Fazemos avaliações de todo tipo, de nossa saúde, finanças, investimentos, disponibilidade de tempo, e utilizamos índices de todos os tipos para medições, quantidades, tempo etc. Se o fato de medir índices de gordura, colesterol, pressão arterial e outros é essencial para acompanhar a saúde pessoal, considere então o negócio da empresa. O que garante o sucesso da estratégia são as ações baseadas em informações concretas e em índices firmes e adequados. A avaliação da estratégia requer o uso de uma matriz de indicadores e métricas que permitam objetividade e precisão que fundamentem as decisões principais.

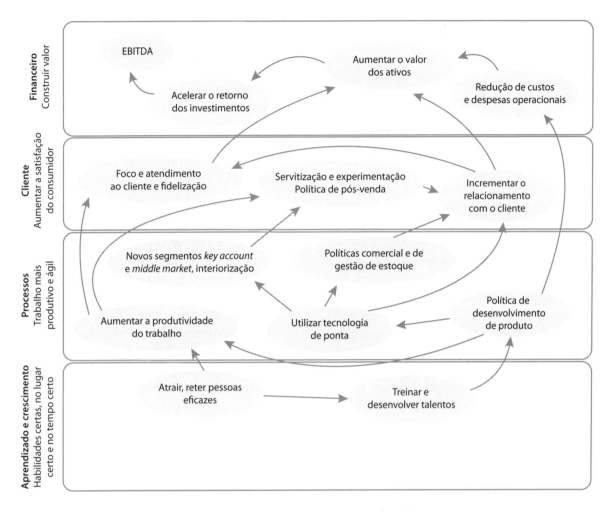

Figura 7.13 Mapa estratégico do BSC.

7.9 CONTROLE ESTRATÉGICO

O controle é algo universal. Todas as atividades humanas – quaisquer que sejam – sempre utilizam alguma forma consciente ou inconsciente de controle. Ele consiste basicamente em um processo que guia a atividade exercida para um fim previamente determinado. A essência do controle reside em verificar se a atividade controlada está ou não alcançando os resultados desejados. A função controle como etapa do processo de planejamento estratégico é assegurar que o desempenho real alcance os resultados previamente desejados e planejados.

A função básica dos indicadores está em:

1. Caracterizar: estabelecer um referencial para possibilitar avaliações.

2. Predizer: apoiar a elaboração de planos.

3. Avaliar: permitir progresso quanto a planos e objetivos.

4. Identificar causas de atrasos, gargalos, ineficiências e oportunidades de melhoria de processos e produtos.

Quando se fala em resultados desejados, pressupõe-se que eles sejam conhecidos por todos os envolvidos e previstos. Isso significa que o conceito de controle não pode existir sem o conceito de planejamento. Aliás, os controles requerem planos. Assim, o controle é a função administrativa que monitora e avalia atividades e resultados alcançados para assegurar que o planejamento, a organização e a direção sejam bem-sucedidos.

CLIPPING COMPETITIVO

O controle verifica se a execução está de acordo com o que foi planejado: quanto mais completos, definidos e coordenados forem os planos, tanto mais fácil será o controle. Quanto mais complexo o planejamento e quanto maior for o seu horizonte de tempo, tanto mais complexo será o controle. Quase todos os esquemas de planejamento trazem em seu bojo o seu próprio sistema de controle. Por meio da função de controle, o administrador assegura que a organização e seus planos estejam em sua trilha certa.

O controle estratégico funciona em nível corporativo, os controles táticos funcionam no nível intermediário e os controles operacionais funcionam na base da organização, cada qual dentro de sua área de competência. Os três níveis se interligam e se entrelaçam intimamente. Contudo, o processo é exatamente o mesmo para todos os níveis: monitorar e avaliar incessantemente as atividades e as operações contidas no planejamento da organização.

7.9.1 Processo de controle

Chiavenato[33] explica que o controle deve ser visualizado como um processo sistêmico em que cada etapa influencia e é influenciada pelas demais. Para o autor, o processo de controle consiste basicamente em um processo que guia a atividade exercida para um fim previamente determinado. O processo de controle apresenta, então, quatro etapas, como mostrado na Figura 7.14.

1. **Estabelecimento de objetivos ou padrões de desempenho:** o primeiro passo do processo de controle é estabelecer previamente os objetivos ou padrões que se deseja alcançar ou manter. Os objetivos já foram estudados anteriormente e servem de pontos de referência para o desempenho ou resultados de uma organização, unidade de negócios ou atividade individual. Um padrão significa um nível de realização ou de desempenho que se pretende tomar como referência. Os padrões dependem diretamente dos objetivos e fornecem os parâmetros que deverão balizar o funcionamento do sistema. Os padrões são a base para a comparação dos resultados desejados e podem ser tangíveis ou intangíveis, mas sempre têm como unidade representativa

Figura 7.14 As quatro etapas do processo básico de controle.

Fonte: Chiavenato.[33]

a quantidade, a qualidade e o tempo. Existem vários tipos de padrões utilizados para avaliar e controlar os diferentes recursos da organização, mostrados na Figura 7.15.

a) **Padrões de quantidade:** como número de empregados, volume de produção, total de vendas, porcentagem de rotação de estoque, índice de acidentes, índice de absenteísmo etc.

b) **Padrões de qualidade:** como padrões de qualidade de produção, índice de manutenção de máquinas e equipamentos, qualidade dos produtos ou serviços oferecidos pela organização, assistência técnica, atendimento ao cliente etc.

c) **Padrões de tempo:** como permanência média do empregado na organização, tempo padrão de produção, tempo de processamento dos pedidos de clientes, ciclo operacional financeiro etc.

d) **Padrões de custo:** como custo de estocagem de matérias-primas, custo do processamento de um pedido, custo de uma requisição de material, custo de uma ordem de serviço, relação custo-benefício de um equipamento, custos diretos e indiretos de produção etc.

Os padrões definem o que deve ser medido em termos de quantidade, qualidade, tempo e custos dentro de uma organização e quais os instrumentos de medida adequados. Uma organização pode decidir, por exemplo, que é necessário medir a qualidade de seus produtos e que a medida de boa qualidade é o baixo número de rejeição na produção. Mas qual é a porcentagem aceitável de rejeições – 1, 5 ou 10%? É realista esperar zero de rejeições? Essas perguntas são feitas dentro das organizações, e suas respostas são obtidas mediante muita pesquisa e muito trabalho de melhoria constante. E cada organização tem a sua própria resposta.

2. **Avaliação do desempenho organizacional: a avaliação continuada** é a segunda etapa do processo de controle. Para se avaliar o desempenho, deve-se conhecer algo a respeito dele e do seu passado. Todo sistema de controle dos dados depende da informação imediata a respeito do desempenho, bem como da unidade de mensuração a ser utilizada. Esta deve ser expressa de maneira a facilitar uma comparação entre o desempenho e o objetivo ou padrão previamente estabelecido.

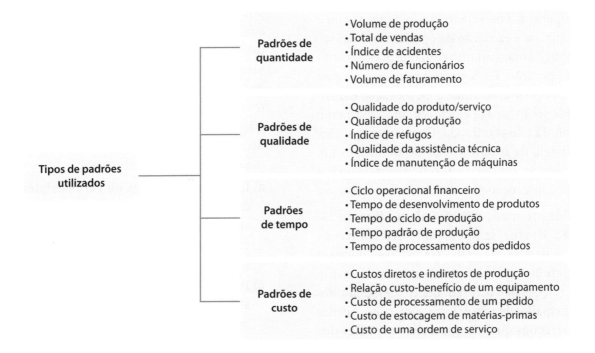

Figura 7.15 Tipos de padrões utilizados para avaliar e controlar.

Fonte: Chiavenato.[33]

O propósito da avaliação do desempenho organizacional é verificar se os resultados estão sendo obtidos e quais as correções necessárias a serem feitas. A mensuração pode ser tanto um motivador como uma ameaça às pessoas. Quando focalizada nas falhas e nos erros, ela impede de ver o sucesso. As pessoas prestam atenção naquilo que é mensurado. O sistema de medição do desempenho deve atuar mais como reforço do bom desempenho e não simplesmente como uma tentativa de correção do mau desempenho.

3. **Comparação do desempenho com o objetivo ou padrão:** a comparação pode acontecer em duas situações:

a) **Resultados:** quando a comparação entre o padrão e a variável é feita após terminar a operação. A mensuração é utilizada em algo pronto e acabado no fim da linha e apresenta o inconveniente de mostrar os acertos e as falhas de uma operação já terminada. Uma espécie de atestado de óbito de algo que já ocorreu. É o controle sobre os fins.

b) **Desempenho:** quando a comparação entre o padrão e a variável é feita em paralelo com a operação, ou seja, quando acompanha e monitora a execução da operação. A mensuração é concomitante com o processamento da operação. Embora feita paralelamente ao tempo, portanto atual, a mensuração é realizada sobre uma operação em processamento e ainda não terminada. Corresponde a uma espécie de monitoração do desempenho, podendo interferir em seu resultado ou em sua consecução. É o controle sobre os meios.

Toda atividade provoca algum tipo de variação, e torna-se importante determinar os limites dentro dos quais essa variação pode ser entendida como normal ou aceitável. Assim, as variações que ocorrem dentro desses limites de normalidade não exigem correções. Apenas as variações que ultrapassam os limites dos padrões é que são denominadas erros, desvios, afastamentos ou anormalidades. O controle procura separar o que é normal e o que é excepcional, para que a correção se concentre nas exceções segundo os seguintes critérios:

a) **Conformidade ou aceitação:** o resultado ou desempenho está plenamente de acordo com o padrão e, portanto, aceito.

b) **Região de aceitação:** o resultado ou desempenho apresenta um leve desvio quanto ao padrão, mas dentro da região de aceitação, ou seja, dentro da tolerância permitida e é, portanto, aceito, embora a conformidade não seja total.

c) **Rejeição ou não aceitação:** o resultado ou desempenho apresenta desvio, afastamento ou discrepância para mais ou para menos em relação ao padrão, além da tolerância permitida e é, portanto, rejeitado e está sujeito à ação corretiva.

A comparação dos resultados ou do desempenho com os resultados ou desempenho planejados é geralmente feita por meio de apresentações, como gráficos, relatórios, índices, porcentagens, medidas e estatísticas etc.

4. **Ação corretiva:** as variações, erros ou desvios devem ser corrigidos, para que as operações sejam normalizadas. A ação corretiva é a ação administrativa que visa manter o desempenho dentro do nível dos padrões estabelecidos. Ela visa assegurar que tudo seja feito exatamente de acordo com o que se pretendia fazer. O objetivo do controle é exatamente indicar quando, quanto, onde e como se deve executar a correção necessária. Na realidade, o controle visa alcançar duas finalidades principais.

a) **Correção de falhas ou erros existentes:** o controle serve para detectar falhas, desvios ou erros – seja no planejamento ou na execução – e apontar as medidas corretivas adequadas para saná-los ou corrigi-los.

b) **Prevenção de novas falhas ou erros:** ao corrigir as falhas ou erros existentes, o controle aponta os meios necessários para evitá-los no futuro.

As tecnologias modernas permitem que os sistemas administrativos controlem a si próprios por meio da retroinformação (*feedback*) que revela erros ou desvios no alcance dos objetivos e efetua as correções para eliminá-los, mediante a autorregulação (homeostase).

Aumente seus conhecimentos sobre **Conceitos que fundamentam a Teoria do Controle** na seção *Saiba mais* PE 7.5

7.9.2 Tipos de controle

Para Chiavenato,[34] cada organização requer um sistema básico de controles para aplicar seus recursos financeiros, desenvolver pessoas, analisar o desempenho financeiro e avaliar a produtividade operacional, em níveis estratégicos, táticos e operacionais, conforme descrito a seguir e mostrado pela Figura 7.16.

1. **Controles estratégicos**: são denominados controles organizacionais e constituem o sistema de decisões de cúpula que controla o desempenho e os resultados da organização como um todo, tendo por base as informações externas – que chegam do ambiente externo – e as informações internas – que sobem internamente por meio dos vários níveis organizacionais. Existem vários tipos de controles estratégicos, como os balanços contábeis, relatórios financeiros como o demonstrativo de lucros e perdas, e quase sempre permitem a transposição de previsões de vendas e previsão de despesas a serem incorridas, para proporcionar o balanço projetado ou uma espécie de projeção de lucros e perdas como importante ferramenta para o processo decisório da organização.

2. **Controles táticos**: são feitos no nível intermediário e referem-se a cada uma das unidades organizacionais – sejam departamentos, divisões ou equipes. Geralmente, estão orientados para o médio prazo, isto é, para o exercício anual. Os tipos de controles táticos mais importantes são o controle orçamentário e a contabilidade de custos.

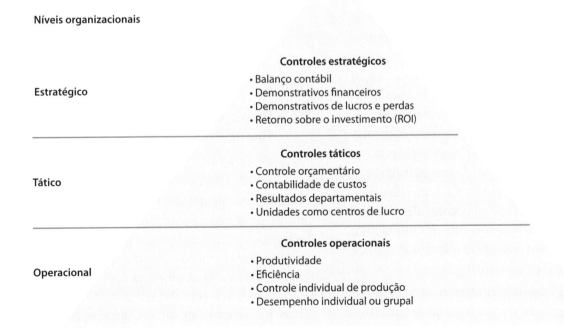

Figura 7.16 Tipos básicos de controle.

Fonte: Chiavenato.[34]

3. Controles operacionais: são realizados no nível operacional da organização e são projetados no curto prazo. Boa parte de ações corretivas de controle no nível operacional é realizada sobre pessoas ou desempenho das pessoas.

As organizações utilizam vários sistemas de controle para medir e avaliar o seu desempenho global. Quase sempre, são necessários sistemas de controle para medir o desempenho de uma ou de todas as unidades organizacionais – departamentos ou divisões – ou de unidades estratégicas de negócios ou de projetos considerados prioritários.

Para Chiavenato, existem três razões básicas para a existência de alguma forma de controle sobre o desempenho global da empresa:

1. Adequação ao planejamento estratégico: o planejamento estratégico é aplicável à empresa como uma totalidade no sentido de alcançar objetivos empresariais globais. Para acompanhá-lo e medi-lo, tornam-se necessários controles igualmente globais e amplos, para permitir ações corretivas por parte da direção da empresa.

2. Autonomia requer controle global: na medida em que ocorre delegação ou descentralização da autoridade – especialmente nos departamentos por produto ou por localização geográfica –, as unidades passam a ser semi ou totalmente autônomas em suas operações e em suas decisões locais, exigindo controles globais capazes de medir seus resultados e avaliar seu desempenho. A descentralização das operações quase sempre é acompanhada de uma forte centralização dos controles. Ocorre autonomia e relativa liberdade nas operações, mas intensa cobrança de resultados e alcance de objetivos previamente fixados.

3. Controles globais: permitem medir o esforço da organização como um todo ou de uma área integrada em vez de medir simplesmente partes dela. O importante é medir o sistema e não cada um de seus subsistemas.

Na maior parte dos casos – e isso representa um reducionismo –, os controles globais são predominantemente de caráter financeiro. Embora a existência dos negócios seja justificada em termos de geração de lucro e o dinheiro seja cada vez mais um recurso importante, escasso e caro, a avaliação do desempenho global da organização, quando medida apenas pelo dinheiro, nem sempre é completa e adequada. Existem outros aspectos igualmente importantes na avaliação do desempenho global da empresa: o atendimento às necessidades de clientes e dos *stakeholders*, imagem no mercado, competências e talentos, ética e responsabilidade social, potencial de desenvolvimento e inovação etc., que não são adequadamente medidos por meio de índices financeiros.

Apesar disso, os controles financeiros constituem os mais importantes controles do desempenho global das empresas. As medidas financeiras permitem um denominador comum – o dinheiro – capaz de indicar os gastos totais incorridos no alcance dos objetivos da empresa. Sua ênfase, todavia, recai exclusivamente sobre recursos financeiros e trata os demais recursos e competências da empresa – humanos, materiais, mercadológicos, tecnológicos etc. – dentro de uma abordagem estritamente financeira. A razão disso estava no atendimento privilegiado dado aos interesses dos proprietários ou acionistas do negócio – os *shareholders*.

7.9.3 Balanço contábil e relatórios financeiros

Em geral, o controle do desempenho global da empresa assume a forma de relatórios contábeis que relacionam os principais fatos da empresa, como volume de vendas, volume de produção, volume de despesas em geral, custos, lucros, utilização do capital, retorno sobre o investimento dentro de um relatório que varia de empresa para empresa. Por meio do balanço contábil e dos relatórios financeiros, é possível saber como a empresa está sendo bem ou malsucedida em relação ao desempenho financeiro. Muitas vezes, são incluídas as previsões de vendas e sua translação em termos de despesas a serem incorridas, para dar uma ideia dos custos, possibilitando uma espécie de balanço projetado ou uma espécie de projeção de lucros e perdas para que a administração possa ponderar o efeito das atividades departamentais sobre a empresa como um todo ou tomar as ações corretivas com antecedência. A contabilidade é um sistema de linguagem especializada utilizada para medir as consequências das ações empresariais e comunicar esta informação aos executivos e a outros interessados.[34]

No entanto, a contabilidade aborda apenas os ativos tangíveis da empresa, ou seja, prédios, máquinas, dinheiro etc. Ativos intangíveis como conhecimento, talentos, capital humano, competências e capital intelectual são tratados à parte. Em plena era do capital intelectual em que o recurso mais importante é o conhecimento ainda não se inventou um sistema adequado para contabilizá-lo. Os balanços e relatórios financeiros – como mensagens em qualquer outra linguagem – retratam um quadro abstrato e incompleto da realidade das operações financeiras. O significado da informação contábil somente pode ser determinado relacionando-o com fatores conjunturais e organizacionais que afetam a dinâmica empresarial. Os relatórios contábeis devem ser acompanhados de algum material explicativo, a fim de permitir um retrato completo dos planos da empresa.

7.9.4 Demonstrativo de lucros e perdas

O demonstrativo de lucros e perdas (L&P) oferece uma visão resumida da posição de lucro ou perda da empresa em determinado período de tempo. Comparando os demonstrativos dos períodos anteriores, é possível verificar as variações e detectar as áreas (como despesas de vendas ou lucro bruto sobre vendas etc.) que necessitam de maior atenção e cuidado. Como a sobrevivência do negócio depende basicamente da lucratividade, o lucro passa a ser um importante padrão para a medida do sucesso, seja da organização como um todo ou de suas unidades, como departamentos ou divisões. O controle de lucros e perdas, quando aplicável a departamentos ou divisões da empresa, se baseia na premissa de que o objetivo do negócio como um todo é gerar lucros e cada parte da empresa deve contribuir para esse objetivo. A capacidade de cada parte em atingir determinado lucro esperado passa a ser um padrão para medir seu desempenho.

Para Chiavenato,[34] a análise de lucros e perdas pode ser feita recorrendo-se a métodos diferentes. Um deles é comparar a demonstração de lucros e perdas orçada (da empresa como um todo ou uma unidade em particular) para determinado período e com os dados reais do mesmo período anterior. As diferenças entre o que foi orçado e a realidade são determinadas, identificadas e explicadas.

PARA REFLEXÃO

O problema básico do planejamento

A informação que entra inicialmente no processo contábil sofre uma série de registros e lançamentos, de acordo com a codificação estabelecida no plano de contas da empresa. Mudanças e alterações no ativo, passivo e na renda líquida – como resultados dos negócios da empresa – são registradas nas contas de débitos e créditos. Cada entrada envolve débitos e créditos em quantidades iguais, de forma que os dois lados de uma conta ou um plano de contas devem estar sempre balanceados. As informações são apresentadas à administração e a outros interessados na forma de balanços financeiros e outros relatórios, utilizando o plano de contas que estabelece a forma de tabulação das informações que decorrem dos lançamentos relacionados às operações, permitindo demonstrar os custos e os lucros. Assim, o problema básico do planejamento – dentro da contabilidade – é obter um equilíbrio favorável entre receitas e custos envolvidos.

E, se necessário, corrige-se o desvio ocorrido. Outro método para verificar lucros e perdas é a análise percentual, que utiliza percentagens ou índices contábeis ou financeiros, para comparar o planejado (orçado) e o real.

7.9.5 Análise do retorno sobre o investimento (ROI)

É uma técnica de controle global utilizada para medir o sucesso absoluto ou relativo da empresa ou de uma unidade departamental em razão dos ganhos em relação ao investimento de capital. Conforme Ckline Jr. e Hessler, essa abordagem foi desenvolvida pela DuPont Company como uma importante parte de seu sistema de controle estratégico global.[35] O sistema da DuPont se assenta na ideia de que a melhor medida do esforço e do desempenho de uma empresa com grande investimento de capital é a taxa de retorno sobre o investimento efetuado (*Return On Investment* – ROI). O sistema utilizado pela DuPont envolve a consideração simultânea de muitos fatores. O retorno sobre o investimento (ROI) é computado na base do capital de giro multiplicado pela percentagem dos lucros em relação às vendas. Este cálculo reconhece que um departamento com elevado giro de capital e baixa percentagem de lucro sobre vendas pode ser mais lucrativo em termos de retorno sobre o investimento do que outro departamento com elevada percentagem de lucro sobre vendas, mas com baixo giro de capital. O giro é computado na base do total de vendas dividido pelo investimento total (que inclui não somente o investimento permanente, mas também o ativo circulante da unidade). A avaliação por meio do ROI utiliza o tradicional gráfico da DuPont, conforme a Figura 7.17.

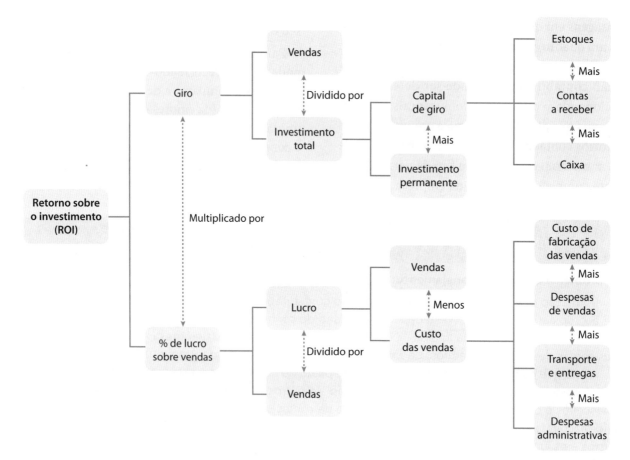

Figura 7.17 Fatores que afetam o retorno sobre o investimento (ROI).
Fonte: American Management Association.[36]

7.9.6 Hierarquia de objetivos a partir de determinado objetivo organizacional

A análise do ROI permite avaliar suas diferentes linhas de produtos e verificar onde o capital está sendo mais eficientemente empregado, além de poder definir uma aplicação balanceada do capital para alcançar um lucro global maior. Isso lhe permite identificar os produtos mais rentáveis, bem como melhorar outros que estão pesando negativamente na balança dos lucros. Além disso, permite analisar como os objetivos departamentais podem colaborar com o alcance dos objetivos organizacionais, como mostra a Figura 7.18.

7.10 AUDITORIA DE RECURSOS E COMPETÊNCIAS

Outra área de aplicação do processo de controle e avaliação refere-se à auditoria dos recursos disponíveis para a implementação do plano estratégico. A auditoria de recursos se decompõe em auditoria de recursos e auditoria de marketing. Pode-se ainda fazer uma avaliação da efetiva aplicação dos recursos disponíveis, da aplicação dos recursos de marketing e uma avaliação da operacionalidade do canal de valor da organização:

- **Auditoria de recursos disponíveis:** para entender as competências corporativas e a visão baseada em recursos da organização, uma alternativa válida é avaliar as capacidades organizacionais que vão além de uma mera lista de recursos para identificar quais os recursos que fazem com que a organização seja estrategicamente distinta de seus competidores. Por isso, a auditoria de recursos tem sido sugerida como um enfoque sistemático para avaliar recursos e seus usos dentro da organização. Esse assunto foi abordado no Capítulo 4.

- **Reavaliação estratégica:** a reavaliação estratégica procura rever o que foi implementado e executado para decidir os novos rumos do processo, mantendo o que foi bem-sucedido e

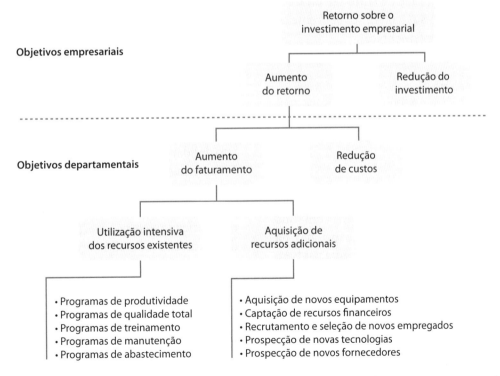

Figura 7.18 Hierarquia de objetivos a partir de determinado objetivo organizacional.

Fonte: adaptada de Chiavenato.[34]

revendo o que não está funcionando. Na verdade, o processo estratégico funciona como um ciclo no qual se reavaliam as questões residuais não resolvidas nas primeiras etapas do ciclo ou surgidas durante a implementação.

Bryson[37] apresenta um roteiro de orientação para as três situações de reavaliação das estratégias: a de manutenção, a de mudança e a de conclusão. Em todas elas, a reavaliação de estratégias aparece como resultado de um processo de mediação dos *stakeholders* associados a cada estratégia.

1. **Reavaliação de manutenção**: a participação dos *stakeholders* leva a um reforço e fortalecimento da missão e da visão de negócios que alimenta a estratégia que deve ser mantida.
2. **Reavaliação de mudança**: trata-se de atender a aspirações dos *stakeholders* que não foram contempladas ou a revisão da missão pela inclusão de novas ideias ou conceitos, o que exige novos direcionamentos nas estratégias implementadas.
3. **Reavaliação de conclusão**: é um caso extremo da anterior, pois já não se trata de corrigir a direção dos esforços, mas de eliminar tal direção devido à sua não sustentabilidade frente ao insucesso em sua implementação.

Reflita sobre planejamento, controle e direção com **A fábula do cão de caça** na seção *Para reflexão* PE 7.1

CONCLUSÃO

Finalmente, o planejamento estratégico deve ser visualizado de maneira molar e sistêmica em toda a sua totalidade. Não basta apenas caprichar na concepção da estratégia e na sua formulação bem sintonizada. O importante é que a estratégia seja plenamente executada e monitorada em toda a sua extensão. Isso conduz a um aparente e complicado paradoxo: o estrategista deve simultaneamente focar intensamente a estratégia e, ao mesmo tempo, concentrar-se em sua execução. Por outro lado, deve observar os processos internos da organização, mas, ao mesmo tempo, focar o cliente e o mercado para avaliar seus resultados. E, também, avaliar o que ocorreu no passado histórico, entender o que está acontecendo no presente e, sobretudo, antecipar-se àquilo que poderá ocorrer no futuro.

Em outras palavras, o estrategista deve pensar grande e de maneira sistêmica em uma abordagem estratégica, mas sem deixar de pensar nos pequenos detalhes que se sucedem ao longo das atividades. Além disso, deve olhar para dentro da organização, a fim de acompanhar as táticas e as operações, mas sem deixar de olhar para fora, no mercado, exercendo sua visão periférica. E também aproveitar a experiência passada, acompanhar e impulsionar as táticas e operações atuais e preparar-se para as consequências que decorrerão no futuro. Daí, a complexidade do jogo estratégico: mirar holisticamente no todo para compreender o jogo dos detalhes, focalizar o que ocorre dentro e fora da organização, pensar no presente e nas decorrências futuras. Isso nem sempre é fácil. Pelo contrário, essa multifacetada atuação constitui um enorme desafio para o estrategista.

O estrategista – ao contrário do especialista – precisa simultaneamente desenvolver visão sistêmica e visão periférica, a fim de visualizar o todo (foco na estratégia) e o entorno (foco no cliente e no mercado) em que se encontra, mas sem se desligar do foco nos processos internos e do foco na operação cotidiana. Precisa também cultivar a visão antecipatória, pelo fato de lidar com o futuro e o destino da organização. E, se possível, buscar *insights* e intuição para enfrentar o elevado grau de mudança que está ocorrendo no mundo moderno. É difícil, sem dúvida alguma, mas perfeitamente possível para aqueles que querem desenvolver a mentalidade estratégica. A mente do estrategista é diferente da mente do especialista. Temos muitos especialistas, mas precisamos urgentemente de estrategistas!

REFERÊNCIAS

1. CHARAN, R.; BARTON, D.; CAREY, D. *Talent wins*: the new playbook for putting people first. Brighton: Harvard Business Review Press, 2018.

2. THOMPSON JR., A. A.; STRICKLAND III, A. J. *Administración estratégica*: textos y casos. México: McGraw-Hill, 2003. p. 360.

3. WHEELEN, T. L.; HUNGER, J. D. *Strategic management and business policy*. Englewood Cliffs: Prentice Hall, 2002. p. 192.

4. CHIAVENATO, I. Ad*ministração nos novos tempos*. 4. ed. São Paulo: Atlas, 2020.

5. DEMING, W. E. *Out of the crisis*. 2. ed. Cambridge: Mit Press, 2000; JURAN, J. *Juran on quality*. New York: Free Press, 1992; CROSBY, P. *Quality is free*: the actual of making quality certain. New York: McGraw-Hill, 1979.

6. POWELL, T. C. Total quality management as competitive advantage; a review and empirical study. *Strategic Management Journal*, v. 16, n. 1, 1995. p. 19.

7. HAMMER, M.; CHAMPY, J. *Reengineering the corporation*: a manifesto for business revolution. HarperBusiness: 2006.

8. BOSSIDY, L.; CHARAN, R. *Execution*: the discipline of getting things done. Crown Business, 2002.

9. HITT, M. A.; IRELAND, R. D.; HOSKISSON, R. E. *Strategic management*: competitiveness and globalization. South-Western College Publ., 2001. p. 497-513.

10. MISCHE, M. A. *Strategic renewal*: becoming a high performance organization. Upper Saddle River: Prentice Hall, 2001. p. 195.

11. SCHOONOVER ASSOCIATES, Inc. Disponível em: www.schoonover.com. Acesso em: 27 set. 2019.

12. Disponível em: http://www2.fnq.org.br/informe-se/noticias/5-passos-para-ser-um-lider-de-sucesso_1. Acesso em: 23 jan. 2020.

13. HREBINIAK, L. G. *Making strategy work*: leading effective execution and change. Upper Saddle River: Prentice Hall, 2005. p. 3-9.

14. GARVIN, D. A. Competing on the Eight Dimensions of Quality. *Harvard Business Review*, nov. 1987. p. 124-127.

15. NIVEN, P. R. *Balanced Scorecard diagnostics*: maintaining maximum performance. John Wiley & Sons, 2005. p. 11.

16. BOSSIDY, L.; CHARAN, R. *Execution*: the discipline of getting things done. New York: Crown Business, 2002.

17. HAMBRICK, D.; CANNELLA, A. *Substance and selling ideas*. Academy of Management Executive, Oxford University, v. 15, n. 3, ago. 2001. p. 36.

18. GARTNER, W. B. What are we talking when we talk about entrepreneurship? *Journal of Business Venturing*, v. 5, n. 1, p. 15-28, jan. 1990.

19. SCHUMPETER, J. A. The creative response in economic history. *Journal of Economic History*, p. 149-159, nov. 1947.

20. LONGENECKER, J. G.; MOORE, C. W.; PETTY, J. W. *Small business management*: an entrepreneurial emphasis. South-Western Publishing, 1997. p. 9-11.

21. BROCKHAUSS JR., R. H.; HORWITZ, P. S. The psychology of the entrepreneur. *In*: SEXTON, D. L.; SMILOR, R. H. (eds.). *The art and science of entrepreneurship*. Ballinger Publishing Co., 1986. p. 27.

22. HITT, M. A.; IRELAND, R. D.; HOSKISSON, R. E. *Strategic management, op. cit.*, p. 497-513.

23. BOWLES, J. Best practices: driving growth through innovation, alliances and stakeholder symbiosis. *Fortune*, p. S3-S24, nov. 1997.

24. Baseado em "Os desafios do empreendedorismo". *Qualimetria*, n. 135, nov. 2002. p. 35.

25. DRUCKER, P. F. The discipline of innovation. *Harvard Business Review*, v. 76, n. 6, p. 149-157, 1998.

26. FRANKO, L. G. Global corporate competition: who's winning, who's losing and the r&d factor as once reason why. *Strategic Management Journal*, v. 10, p. 449-474, 1996.

27. HUNTER, J. *O monge e o executivo*: uma história sobre a essência da liderança. Rio de Janeiro: Sextante, 2004.

28. HITT, M. A.; HOSKISSON, R. E.; NIXON, R. D. A mid-range theory of interfunctional integration, its antecedents and outcomes. *Journal of Engineering and Technology Management*, v. 10, p. 161-185, 1993.

29. NADLER, D. A.; HACKMAN, J. R.; LAWLER III, E. E. *Managing organizational behavior*. Little Brown & Co., 1979. p. 232-234.

30. KAPLAN, R. S.; NORTON, D. P. *Organização orientada para a estratégia*: como as empresas que adotam o Balanced Scorecard prosperam no novo ambiente de negócios. Rio de Janeiro: Campus, 2001. *Vide* também: KAPLAN, R. S.; NORTON, D. P. *A estratégia em ação*: Balanced Scorecard. Rio de Janeiro: Campus, 1997; KAPLAN, R. S.; NORTON, D. P. *Using the Balanced Scorecard as strategic management system*. Harvard Business School Press, 1996.

31. KAPLAN, R. S.; NORTON, D. P. *A estratégia em ação*: Balanced Scorecard. Rio de Janeiro: Campus, 1997.

32. KAPLAN, R. S.; NORTON, D. P. *Execução premium*. Rio de Janeiro: Campus, 2008.

33. CHIAVENATO, I. *Introdução à Teoria Geral da Administração*. 10. ed. São Paulo: Atlas, 2020.

34. CHIAVENATO, I. *Administração*: teoria, processo e prática. 6. ed. São Paulo: 2022.

35. CKLINE JR., C. A.; HESSLER, H. L. *The DuPont chart system for appraising operating performance*. N.A.C.A, Bulletin n. 33, p. 1595-1619, 1952.

36. AMERICAN MANAGEMENT ASSOCIATION. How the DuPont appraises its perfomance. *Financial Management Series*, n. 94, 1950.

37. BRYSON, J. M. *Strategic planning for public and nonprofit organizations*. Jossey-Bass, p. 175-180, 1988.

PARTE V
CIDADANIA ORGANIZACIONAL

Compreendendo como as organizações monitoram e avaliam os resultados estratégicos

Assista aos vídeos dos autores na Sala de Aula Virtual

Existem muitas expectativas que pesam sobre a organização. Ela precisa atender aos requisitos impostos pelos padrões de responsabilidade social empresarial e garantir um desenvolvimento sustentável que privilegie não somente a sua perenidade e sustentabilidade, mas igualmente do seu entorno social e ecológico (ESG). Afinal a organização também precisa prestar contas à sociedade e tem obrigação de cuidar da natureza e do planeta, pelo menos onde tem suas instalações físicas, além de prestar contas à sua governança corporativa. Tomar algo e não dar algo em troca está ficando cada vez mais imperdoável.

Todas essas múltiplas pressões e compromissos estão fazendo com que as organizações adotem certas posturas e políticas que deixam de lado a velha e antiga introversão administrativa para levar em conta aspectos externos e existentes fora de suas tradicionais fronteiras organizacionais ou geográficas. O espaço organizacional está se ampliando gradativamente. E é preciso dar conta dele em toda a sua enorme amplitude e dimensão.

Está havendo uma constante reinvenção estratégica.[1] Como o contexto em que os negócios operam muda e se transforma de maneira rápida e exponencialmente é preciso também, e sempre, mudar continuamente a jornada estratégica da organização. Isso traz a necessidade de uma iteração, não somente constante mas intensa com o suporte de dados, como *feedback* em tempo real, para não somente avaliar, flexibilizar e adaptar, mas ajustar as prioridades capazes de garantir a resiliência organizacional e o sucesso na estratégia. Isso faz com que a organização tenha sempre um relacionamento intenso e íntimo com todos os seus públicos estratégicos, diretos ou indiretos, internos e externos, e, sobretudo, com sua governança corporativa. É dela que surgem as indicações sobre metas e objetos estratégicos a serem colocados em ação organizacional planejada para o futuro e principalmente a ela é que a administração vai prestar contas do sucesso de seu trabalho.

Esta Parte é composta pelo **Capítulo 8 – Governança Corporativa e Sustentabilidade do Negócio**, que discute a profissionalização, ou seja, a separação da propriedade e do controle, e salienta o papel dos Conselhos de Administração, incluindo temas atuais como a abordagem ESG e as práticas e limites da transparência e da ética. Tudo para garantir a competitividade e a sustentabilidade da organização no longo prazo.

REFERÊNCIA

1. GASSMANN, P.; HERMAN, C.; KELLY, C. Are Your Ready for the ESG Revolution?. *Strategy+Business*, 15 june 2021. Disponível em: https://www.pwc.com/gx/en/issues/reinventing-the-future/take-on-tomorrow/download/pwcSB_2021-06-15-Are-you-ready-ESG-revolution.pdf. Acesso em: 02 dez. 2022.

Parte V | Cidadania Organizacional 253

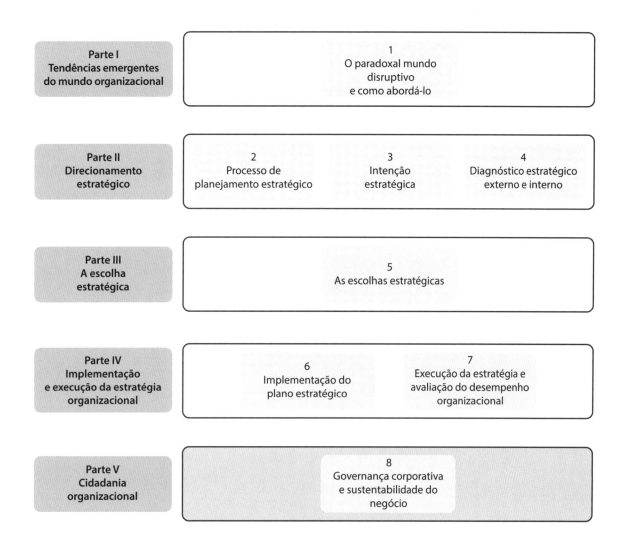

Figura V.1 Estrutura da Parte V: Cidadania organizacional.

GOVERNANÇA CORPORATIVA E SUSTENTABILIDADE DO NEGÓCIO
Princípios de conduta além da maximização do lucro

OBJETIVOS DE APRENDIZAGEM

- Mostrar a importância da governança corporativa nos assuntos estratégicos.
- Indicar os mecanismos de governança corporativa mais utilizados.
- Mostrar os tipos de relacionamentos com os *stakeholders* no processo estratégico.
- Ressaltar a importância da ética empresarial.
- Entender como incrementar e impulsionar a responsabilidade social da organização.

O QUE VOCÊ VERÁ NESTE CAPÍTULO

- Governança corporativa.
- Propriedade e gestão.
- Ética empresarial.
- Responsabilidade social.
- Desenvolvimento sustentável.
- Os 17 Objetivos de Desenvolvimento Sustentável (ODS).

INTRODUÇÃO

A estratégia empresarial deve conduzir a organização para uma posição única e singular de destaque na qual possa se distanciar das demais organizações em termos de competitividade, excelência, liderança em inovação e preparação para o futuro. A estratégia não deve resultar apenas em mais uma organização no mercado, mas sobretudo um exemplo a ser seguido pelas outras. Talvez seja este o papel primordial da estratégia: criar a individualidade da organização e dotá-la de personalidade própria. Para tanto, a estratégia precisa contar com adequada governança corporativa.

8.1 GOVERNANÇA CORPORATIVA

Para Mitchell et al.,[1] a Governança Corporativa (GC) significa o relacionamento que a organização pretende ter com seus acionistas e investidores para determinar e controlar a direção estratégica e o seu desempenho frente às suas expectativas. Segundo Davis et al.[2] quase sempre, a GC é utilizada pelas organizações como um meio para estabelecer uma ordem entre as partes – os proprietários da organização e seus executivos de alto nível – cujos interesses possam eventualmente estar em conflito. Seu objetivo primordial é garantir que os interesses dos gestores e executivos de alto nível estejam alinhados com os dos acionistas. Assim, a GC envolve uma supervisão em áreas em que os proprietários, executivos e membros do Conselho de Administração possam ter possíveis conflitos de interesse. Conforme Fama e Jensen,[3] essas áreas incluem a eleição do presidente e diretores da organização, supervisão geral da remuneração de presidentes e diretores, além da estrutura organizacional e direção estratégica da organização. De acordo com Newquist e Russell,[4] quase sempre a GC coloca investidores e acionistas em primeiro lugar. Cada vez mais, por outro lado, seus horizontes foram ampliados para incluir todos os demais *stakeholders*.

Variedade de conceitos sobre governança corporativa: a GC é conceituada de várias maneiras. Contudo, Andrade e Rossetti[5] observam que as definições de GC em geral envolvem os seguintes aspectos:

- Direitos dos acionistas (*shareholders*).
- Direitos de outras partes interessadas (*stakeholders*).
- Conflitos de agência (diretores e executivos como agentes dos acionistas).
- Sistema de relações.
- Sistema de valores.
- Sistema de governo.
- Estrutura de poder.
- Estrutura de regulação.
- Padrões de comportamento.

Os Princípios de Governança Corporativa do G20/OCDE são o padrão internacional de governança corporativa. Eles ajudam os formuladores de políticas a avaliar e melhorar o marco legal, regulatório e institucional para a governança corporativa com vistas a apoiar a eficiência econômica, o crescimento sustentável e a estabilidade financeira. Emitidos pela primeira vez em 1999 e endossados pelos Líderes do G20 em 2015, os Princípios estão sendo revistos e serão novamente emitidos em 2023.

Segundo Hitt et al.,[6] citados em Andrade e Rossetti,[5] a governança corporativa nasceu do divórcio entre a propriedade e a gestão das empresas. Seu foco é a definição de uma estrutura de governo que maximize a relação entre o retorno dos acionistas e os benefícios auferidos pelos executivos. Nesse sentido, envolve a estratégia da corporação, as operações, a geração de valor e a destinação dos resultados.

 SAIBA MAIS — **Princípios de Governança Corporativa**

A Organisation for Economic Co-Operation and Development (OECD) publica os Princípios de Governança Corporativa do G20/OCDE (*G20/OECD Principles of Corporate Governance*),[7] que constituem

> o padrão internacional de governança corporativa. Os Princípios ajudam os formuladores de políticas a avaliar e melhorar o marco legal, regulatório e institucional para a governança corporativa, com vistas a apoiar a eficiência econômica, o crescimento sustentável e a estabilidade financeira. Emitidos pela primeira vez em 1999 e endossados pelos Líderes do G20 em 2015.[7]

De acordo com o documento *G20/OECD Principles of Corporate Governance*, fica estabelecido que a governança corporativa é o sistema segundo o qual as corporações de negócio são dirigidas e controladas. A estrutura da governança corporativa especifica a distribuição de direitos e responsabilidades entre os diferentes participantes da corporação, tais como o conselho de administração, os diretores executivos, os acionistas e outros interessados, além de definir as regras e os procedimentos para a tomada de decisão em relação a questões corporativas. E oferece também bases por meio das quais os objetivos da empresa são estabelecidos, definindo os meios para se alcançarem tais objetivos e os instrumentos para se acompanhar o desempenho (esse documento é objeto de atualizações de tempos em tempos).

Em um sentido mais específico, a GC envolve as práticas e os relacionamentos entre a administração da organização, seu conselho de administração,

CLIPPING COMPETITIVO

Ascensão da governança corporativa

A governança corporativa está ganhando muita força, porque se acredita que seus mecanismos podem monitorar e controlar adequadamente as decisões estratégicas dos executivos de alto nível. Trata-se de melhorar o desempenho do quadro de dirigentes. Casos de escândalos em grandes corporações americanas – como a Enron e por empresas americanas de financiamento imobiliário mostram que a governança corporativa e um sistema de controle podem resultar em uma forte vantagem competitiva. Por essa razão, segundo Cadbury,[8] um dos mecanismos de GC – o Conselho de Administração – está se desenvolvendo como uma importante força estratégica nas organizações. Daí, a necessidade de ações projetadas para implementar estratégias que estejam concentradas em monitorar e controlar mecanismos.

A GC reflete os padrões da organização, os quais, por sua vez, refletem os padrões da sociedade. No fundo, os acionistas estão forçando no sentido de responsabilizar cada vez mais os executivos de alto nível pelas suas decisões e pelos resultados que eles geram. Mas não se trata apenas de maximizar o valor do acionista, já que sua riqueza está nas veias da organização. Existem outros grupos de interesse a zelar. Tradicionalmente, os acionistas eram tratados como os *stakeholders*-chave da organização pelo fato de eles serem os proprietários. Contudo, esse foco mais estreito da GC – limitado apenas ao relacionamento com acionistas e proprietários (*shareholders*), de um lado, e executivos da organização de outro lado – está sendo gradativamente ampliado para envolver também todos os demais *stakeholders* da organização. Nesse sentido, a GC trata das relações entre a organização e todos os *stakeholders* envolvidos na sua administração e sobre como construir uma imagem sólida com base nas pessoas que fazem as organizações funcionarem, definindo os caminhos pelos quais os fornecedores de capital das organizações possam estar assegurados do retorno de seu investimento (Blair, 1999).[9] Segundo o autor, de um modo geral, a GC trata dos meios utilizados pelas organizações para definir processos ajustando os interesses em conflito entre os acionistas e seus dirigentes de cúpula.

seus acionistas, diretoria, auditoria independente e conselho fiscal e demais partes interessadas com a finalidade de otimizar o desempenho da organização e facilitar o acesso ao capital. A GC também proporciona a estrutura para fiscalizar o desempenho. Segundo o Instituto Brasileiro de Governança Corporativa – IBGC (www.ibgc.org.br), a estrutura da GC ainda depende do ambiente jurídico, regulamentar e institucional.

A adoção de mecanismos de governança está crescendo por várias razões, entre as quais os efeitos da globalização, onde o mercado aceita pagar mais por ações de empresas que adotem os princípios de GC, tal como ocorre no "Novo Mercado" criado pela B3 – Brasil, Bolsa, Balcão (B³),[10] nos processos regulatórios, como Basileia (tratado para regular o funcionamento dos bancos e instituições financeiras) e a lei Sarbanes-Oxley,[11] que

SAIBA MAIS **Sobre constituição da Governança Corporativa**

Geralmente, a composição dos agentes envolvidos com a GC, como mostrado pela Figura 8.1, são:

- Conselho de administração: composto de um presidente do conselho de administração e conselheiros de administração representando os acionistas ou proprietários da organização.
- Presidente executivo e a diretoria: profissionais que basicamente devem executar as decisões do Conselho de Administração.
- Conselho fiscal: controla as decisões do Conselho de Administração e cuida da gestão de riscos do negócio.
- Auditoria externa: é a auditoria independente para analisar, monitorar e controlar o desempenho da organização e aprovar os balanços contábeis.

Dependendo do caso, a GC pode envolver outros órgãos ou comitês para auxiliar no governo de topo da organização.

Figura 8.1 Esquema de governança corporativa.

Fonte: Chiavenato.[12]

levam as empresas a adotarem melhores práticas de governança para assegurar a conformidade aos regulamentos (*compliance*). Em geral, nas empresas que adotam práticas de GC há transparência nas atividades, os dirigentes estão no controle da estratégia e as atividades são direcionadas de acordo com as prioridades do negócio. O valor que a organização entrega ao mercado e aos *stakeholders* pode ser medido periodicamente, o que permite a rápida correção de desvios e problemas. E a cultura de melhoria contínua sobre as práticas adotadas permite melhor gestão de riscos.

Acesse conteúdo sobre **Governança corporativa** na seção *Tendências em planejamento estratégico* PE 8.1

O conceito de GC está relacionado com um conjunto de regras sobre como as empresas devem ser administradas e controladas. É o resultado de normas, tradições e padrões de comportamento desenvolvidos por cada empresa, e não apenas um modelo genérico que possa ser exportado ou imitado. O conceito de GC surgiu a partir da separação entre a propriedade e a gestão da empresa. Seu foco reside na definição de uma estrutura de governo que maximize a relação entre o retorno dos acionistas e os benefícios auferidos pelos seus executivos. Assim, a GC costuma envolver a estratégia do negócio, as operações, a geração de valor e a destinação dos resultados.

De modo amplo, segundo Williamson,[13] a governança corporativa trata da justiça, da transparência e da responsabilidade das empresas quanto a questões que envolvem os interesses do negócio e os da sociedade como um todo. De fato, Cadbury[8] pontua que a governança corporativa é expressa por um sistema de valores que rege as organizações, em sua rede de relações internas e externas. Ela, então, reflete os padrões da companhia, os quais, por sua vez, refletem os padrões de comportamento da sociedade. Por princípios éticos, legais e regulamentares, a governança corporativa faz sentido, na medida em que:

- Assegura os direitos dos acionistas das empresas, controladores ou minoritários.
- Disponibiliza informações que permitam aos acionistas acompanhar decisões empresariais impactantes, avaliando o quanto elas interferem em seus direitos.
- Possibilita, aos diferentes públicos alcançados pelos atos das empresas, o emprego de instrumentos que assegurem a observância de seus direitos.
- Promove a interação dos acionistas, dos conselhos de administração e da direção executiva das empresas.
- Aumenta o valor da empresa e assim facilita seu acesso ao capital e contribui para sua sustentabilidade.

Andrade e Rossetti[5] mostram que a GC reúne sistemas de valores, direitos e sistemas de relacionamento entre grupos de interesse, objetivos estratégicos, estruturas de poder e práticas de gestão, conforme mostrado na Figura 8.2.

Sistema de valores: Andrade e Rossetti[5] destacam que a GC está assentada em um sistema de valores que lhe dão sustentação, constituído pelos seguintes elementos:

1. *Fairness*: senso de justiça, equidade no tratamento dos acionistas. Respeito aos direitos dos acionistas minoritários por participação equânime com a dos majoritários, tanto no aumento da riqueza corporativa, quanto nos resultados das operações, quanto ainda na presença ativa em assembleias gerais.

2. *Disclosure*: transparência das informações, especialmente das de alta relevância, que impactam os negócios e que envolvem riscos.

3. *Accountability*: prestação responsável de contas, fundamentada nas melhores práticas contábeis e de auditoria.

4. *Compliance*: conformidade no cumprimento de normas reguladoras expressas nos estatutos sociais, nos regimentos internos e nas instituições legais do país.

Figura 8.2 Elementos básicos do processo de governança corporativa.
Fonte: Andrade e Rossetti.[5]

8.1.1 Agenda positiva do IBGC

Fiel e firme em seu propósito de contribuir para a construção de uma sociedade melhor por meio da disseminação de princípios e boas práticas de governança corporativa, o IBGC propõe a Agenda Positiva de Governança para os principais líderes das organizações: sócios, acionistas, conselheiros e executivos.

Esta agenda sugere medidas a serem tomadas pelos líderes apoiadas em seis pilares, a saber: (1) ética e integridade; (2) diversidade e inclusão; (3) ambiental e social; (4) inovação e transformação; (5) transparência e prestação de contas; e (6) conselhos do futuro. Na sequência foram apresentadas 15 medidas que asseguram a concretização dos pilares propostos.

Os pilares da Agenda Positiva foram selecionados a partir dos princípios básicos de governança corporativa – transparência, equidade, prestação de contas e responsabilidade corporativa – e de temas amplamente debatidos em fóruns nacionais e internacionais.

Os pilares são aplicáveis a líderes de todos os tipos de organização, independentemente do porte e do setor de atuação. Já as medidas podem ser adotadas, com as adaptações necessárias, em cada contexto específico.

As 15 medidas que constituem um guia preciso das melhores práticas de governança corporativa são:

1. Garantir, com atitudes e medidas de conscientização, que líderes e colaboradores fundamentem suas decisões na identidade da organização (propósito, missão, visão, valores e princípios) e compreendam como seus comportamentos diários impactam a organização e a sociedade.

2. Integrar os seis pilares da Agenda Positiva de Governança ao propósito, à cultura organizacional e aos modelos de negócio e de geração de valor.

3. Zelar para que os relacionamentos da organização com seus colaboradores, clientes, fornecedores, sócios e demais partes interessadas sejam baseados nos mais sólidos princípios de integridade, principalmente naqueles relacionamentos entre o público e o privado.

4. Identificar e divulgar ao mercado os indicadores e a justificativa econômica (*business case*) para a adoção de práticas ligadas às questões ambientais, sociais e de governança corporativa.

5. Contribuir para a elaboração de leis, regulações, políticas públicas e padrões que estimulem as organizações a adotar melhores práticas em relação a questões sociais, ambientais e de governança corporativa.

6. Estimular o mercado e o consumo de produtos e serviços sustentáveis por meio de investimento em inovação, pesquisa e desenvolvimento.

7. Promover abertura a novos modelos de decisão baseados na experimentação, adotando instrumentos que permitam maior tomada de riscos na inovação.

8. Fortalecer o esforço de inovação por meio de parcerias com centros de estudos e academia e do fomento ao empreendedorismo e ao ecossistema de startups.

9. Capacitar pessoas para que a organização se desenvolva em um novo contexto de negócios, mais íntegro, transparente, sustentável, diverso e inovador.

10. Adotar os princípios básicos da governança corporativa nas atividades que devem nortear a gestão e o diálogo da organização com as partes interessadas.

11. Evidenciar a forma como a organização gera valor ao longo do tempo, por meio da divulgação de informações integradas de natureza econômico-financeira, social, ambiental e de governança corporativa com igual nível de qualidade e confiabilidade.

12. Garantir que as informações divulgadas sejam comunicadas, tanto para o público interno quanto para o externo, de forma completa, clara e concisa, considerando a percepção das partes interessadas sobre os impactos causados pela organização.

13. Implantar processos seletivos e programas de incentivo que reconheçam e desenvolvam líderes empáticos – que demonstrem capacidade de escuta ativa, vontade de servir, liderança horizontal, colaboração e abertura ao dissenso.

14. Criar um ambiente de confiança e segurança psicológica para que as pessoas possam divergir entre si, reportar erros e irregularidades, manifestar dúvidas e preocupações, e oferecer suas contribuições abertamente.

15. Constituir um programa de diversidade e inclusão com alocação de recursos financeiros e pessoas dedicadas a pôr em prática um plano com ações intencionais para ampliar a diversidade e fomentar a cultura inclusiva na organização, bem como no conselho de administração.

O cenário descrito na Agenda Positiva do IBGC demanda que os conselhos capturem o que acontece no ambiente externo, monitorem as expectativas das partes interessadas, estabeleçam um direcionamento estratégico e tomem decisões conscientes de seu legado para a empresa e a sociedade.[14]

8.2 PROPRIEDADE E GESTÃO

Proprietários e administradores nem sempre estão de acordo e podem diferir quanto a expectativas e resultados. Os principais aspectos que impactam o alinhamento entre proprietários e administradores podem ser, conforme Hess e Brandão:[15] formas de controle societário e tratamento do pequeno proprietário (minoritário); agenda dos proprietários × agenda e zelo dos administradores; assimetria informacional entre proprietários e administradores; visão dos proprietários sobre decisões dos administradores. Proprietários e administradores nem sempre estão de acordo e podem diferir quanto a expectativas e resultados. Os principais aspectos que impactam o alinhamento entre proprietários e administradores estão configurados no Quadro 8.1.

Conciliando proprietários e gestores: o Conselho de Administração é um grupo de pessoas eleitas em assembleia e cuja principal responsabilidade é agir no interesse dos proprietários, monitorando e controlando formalmente os executivos da cúpula da organização. Segundo Byrne,[16] a formação de um Conselho de Administração envolve três tipos de grupos:

262 Planejamento Estratégico

Quadro 8.1 Principais aspectos no relacionamento entre proprietários e administradores

Aspectos que impactam o alinhamento entre proprietários e administradores	Abrangência	Exemplos de conflitos entre proprietários e administradores
Formas de controle societário e tratamento do pequeno proprietário (minoritário)	■ Controle definido: por meio do qual um ou mais proprietários detêm mais de 50% do capital votante da organização ■ Controle pulverizado: onde muitos proprietários detêm parcelas do capital votante, sem que haja controle ■ Combinações de controle definido e pulverizado	**Entre Administração e proprietários pulverizados:** **1.** Contratações questionáveis para cargos executivos importantes **2.** Implantação questionável de instalações empresariais
Agenda dos proprietários × agenda e zelo dos administradores	■ Agenda dos proprietários de diferentes tipos ■ Agenda de administradores cujos interesses não se alinham aos dos proprietários ■ Postura dos administradores quanto a defender os interesses da organização	**Entre Administração e proprietários:** **3.** Priorização de recompensas de curto prazo com penalização do futuro **4.** Análise superficial de propostas prejudiciais à empresa **5.** Postergação onerosa de medidas
Assimetria informacional entre proprietários e administradores	■ Informações de maior domínio dos administradores ■ Informações repassadas aos proprietários. ■ Lacuna entre os dois conjuntos de informações supracitados	**Entre Administração e proprietários pulverizados:** **6.** Ocultação de informações aos proprietários **7.** Uso de informação privilegiada
Visão dos proprietários sobre decisões dos administradores	■ Decisões da Administração ■ Percepção e entendimento dos proprietários sobre decisões tomadas	**Entre Administração e proprietários pulverizados:** **8.** *Joint ventures* não explicadas **9.** Trocas de dirigentes e investimentos questionáveis **10.** Endividamento elevado e questionamento de risco financeiro
Lacuna entre expectativa e real entrega de resultados	■ Expectativas dos proprietários controladores ■ Expectativas dos proprietários não controladores ■ Entrega real de resultados	**Entre Administração e proprietários:** **11.** Frustração de expectativas e queda do preço das ações **12.** Frustração de expectativas de dividendos e substituição de dirigentes

Fonte: Hess e Brandão (p. 77).[15]

1. *Insiders*: são os executivos de alto nível, ativos na organização, eleitos para o quadro de diretoria por constituírem uma fonte de informação sobre as operações diárias da organização.

2. *Outsiders* relacionados: são pessoas que têm alguma relação – contratual ou não – com a organização e que não estão envolvidas nas suas atividades diárias e que podem contribuir com algo.

3. *Outsiders*: são pessoas eleitas para o Conselho de Administração para prover consultoria independente e que podem ocupar postos administrativos de alto nível em outra organização ou terem sido eleitos para o quadro da diretoria antes do início do mandato atual.

Em geral, o presidente e a diretoria da organização são eleitos e seguem diretrizes e decisões tomadas pelo Conselho de Administração. O conselho se reúne periodicamente para analisar os resultados organizacionais e definir as decisões globais a serem tomadas pela presidência e diretoria da organização. No fundo, o Conselho de Administração fornece o balizamento necessário para que os dirigentes da organização possam trabalhar da maneira estratégica e global.

>
>
> **PARA REFLEXÃO**
>
> **Quase sempre a estratégia é um campo sensível**
>
> Quase sempre a estratégia se revela um campo sensível e cheio de armadilhas que provoca uma forte tensão entre o Conselho de Administração, a presidência e os demais diretores das organizações. Mas não é o Conselho de Administração quem define a estratégia empresarial. Ele deve exigir da presidência e da diretoria da organização uma estratégia corporativa única e viável para que ele possa avaliar sua validade, utilizá-la como ponto de referência para todas as demais decisões do conselho e dividir com a presidência e diretoria os riscos associados com a adoção dessa estratégia.[17]

No final da década passada, o Conselho de Administração da Volkswagen em Wolfburg anunciou o seu novo plano estratégico global. Doravante a empresa passará a ter novos concorrentes: não mais empresas do ramo automobilístico como Toyota, Ford ou Fiat, mas Apple ou Microsoft. A empresa passará a ser uma empresa focada em tecnologia, especificamente na digitalização e em *softwares* avançados para um novo patamar de mobilidade excepcional.

Força do Conselho de Administração: cada vez mais, fica comprovado o fortalecimento dos Conselhos de Administração. Esse é um caminho definitivo e sem volta. Contudo, os conselhos precisam oferecer uma concepção clara e aceitável do seu papel na formulação, ratificação, modificação ou avaliação de uma estratégia empresarial. Trate-se de um item que deve ser mais amplamente discutido. Muitos gestores ainda rejeitam a praticidade de uma estratégia consciente e dirigem seus negócios com base em estratégias não formuladas, intuitivas ou incrementais, que raramente são articuladas ou analisadas em profundidade e que não passaram pelo crivo do Conselho de Administração. Outros restringem discussões estratégicas ao nível gerencial para evitar que o conselho ingresse no campo estratégico e reduza ainda mais o poder dos executivos de moldar por conta própria o futuro da organização.

Como a abrangência da competição está se ampliando, a GC está indo desde um modelo limitado aos *shareholders* para um modelo ampliado e desde um modelo restrito de *stakeholders* para um modelo avançado de *stakeholders*, conforme mostra a Figura 8.3.

> Reflita sobre o texto **Qual vale mais: o interesse dos *shareholders* ou dos *stakeholders*?** na seção *Para reflexão* PE 8.1

Remuneração dos executivos: é outro mecanismo de GC claramente perceptível. A remuneração do presidente e dos executivos mexe com muitos interesses e desperta opiniões variadas. A remuneração dos executivos é um mecanismo de GC que procura alinhar os interesses de executivos e de proprietários por meio de salários, bonificações e recompensas de incentivo de longo prazo, como opções de compra de ações. Cada vez mais, os planos de incentivo de longo prazo estão se transformando em uma parte crítica nos pacotes de remuneração das organizações. A utilização de pagamento de prazo mais longo se baseia na convicção de que os executivos agirão no melhor interesse dos acionistas – agora e sempre, no curto e no longo prazo. Contudo, muitos *stakeholders*, inclusive acionistas, têm mostrado descontentamento com a remuneração recebida por alguns executivos de alto nível, especialmente presidentes de organizações.

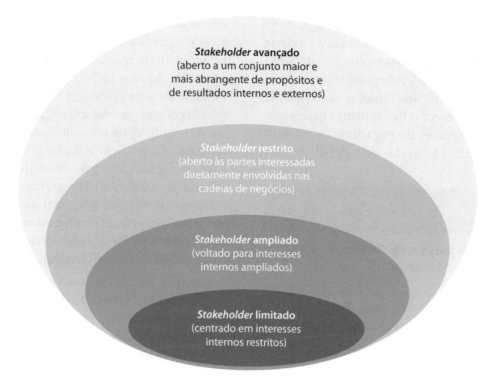

Figura 8.3 Modelos de governança corporativa e interesses considerados.
Fonte: adaptada de Andrade e Rossetti (p. 37-38).[5]

Como maximizar os retornos para os acionistas (*shareholders*) por meio do aumento do valor intrínseco do negócio ou atender aos interesses dos outros *stakeholders* – como diretores, funcionários, clientes, sociedade – no processo decisório? No passado, o argumento em favor da maximização de retornos passou por problemas devido aos excessos das empresas pontocom, a obsessão do mercado a respeito de ganhos de curto prazo e os escândalos corporativos em nome da maximização do valor do *shareholder*.

Ao entregar mais valor a todos os *stakeholders*, a empresa não somente oferece desempenho de curto prazo, mas também saúde no longo prazo – sua capacidade de sustentar desempenho ao longo do tempo. Saúde corporativa envolve muitos componentes: uma estratégia robusta, ativos bem aplicados, produtos e serviços inovadores, uma excelente reputação com clientes, reguladores, governos e outros *stakeholders*, e a capacidade de atrair, reter e desenvolver talentos de alto desempenho.

Afinal, uma organização é um empreendimento humano, vivo, dinâmico e não apenas um punhado de ativos ou de recursos inertes. O lucro é importante, mas a organização precisa preocupar-se com metas mais elevadas. A obrigação da administração é perpetuar a corporação e servir à sociedade, e isso vem antes das obrigações com os acionistas. O argumento fundamental reside no fato de que a competitividade estratégica da organização é aumentada quando seus mecanismos de governança são elaborados e aplicados de maneira que atendam aos interesses de todos os *stakeholders* envolvidos e não apenas de alguns deles. Este é o desafio da governança corporativa: atuar em 360°.

É o que está acontecendo com a agenda Ambiental, Social e Governança Corporativa (ESG, em inglês, *Environmental, Social, Corporate Governance*) que avalia como companhias e investimentos impactam o meio ambiente e a sociedade, e como esse impacto pode levar a riscos nos negócios e nos aportes de recursos a projetos, o que torna a organização mais eficiente e eficaz, mais inovadora e mais transparente ao mundo que a rodeia.

Acesse conteúdo sobre **O mundo da classificação de governança corporativa** na seção *Clipping competitivo* PE 8.1

8.3 TRANSPARÊNCIA ORGANIZACIONAL

Segundo Schnackenberg,[18] a transparência permaneceu um conceito tangencial mais frequentemente convocado pelos teóricos da organização como um dispositivo retórico até o final do século 20. Nas últimas duas décadas, porém, um interesse mais formal pela transparência tomou forma entre os domínios da pesquisa organizacional após um dilúvio de escândalos corporativos proeminentes (por exemplo, Enron em 2001, WorldCom em 2002, Lehman Brothers em 2008 e Madoff Investment Securities em 2009).

A transparência organizacional não existe dentro de nenhum domínio único da pesquisa, nem opera dentro de qualquer contexto de estudo. Em vez disso, o consenso emergente é que a transparência pode existir em contextos e domínios da pesquisa como a transparência no contexto das relações de consumo e mercados digitais, no contexto do desenvolvimento da confiança organizacional, identidade organizacional, percepções de liderança e cultura organizacional, no contexto dos mercados financeiros, divulgações de relatórios corporativos e de sustentabilidade ou tomada de decisões de política monetária, no contexto da divulgação de produtos sobre o risco de nutrientes e medicamentos, e psicólogos sociais têm explorado a transparência no contexto das negociações e mediações em conflitos nas empresas.

A transparência organizacional é importante também em nível organizacional nas relações com as partes interessadas internas, como funcionários bem como partes interessadas externas, como acionistas, governos e sociedade.

8.3.1 Transparência e informação

O consenso emergente é que a transparência é informação e, para Pagano e Roeli,[19] é um elemento crítico de compartilhamento de conhecimento, de tal forma que o aumento da transparência traz maior consciência, coerência e compreensão às informações trocadas entre duas partes. Nesse sentido, pode-se identificar que transparência é a qualidade percebida das informações compartilhadas intencionalmente de um remetente. Por outro lado, é essa intencionalidade pela qual as organizações têm a possibilidade de, deliberadamente, compartilhar informações de maneiras que aumentem ou diminuam a transparência quando compartilham informações, de tal forma que variações *ad hoc* ou não sistemáticas na qualidade da informação não são indicativas de transparência. A intenção é a chave para distinguir a má informação de fatos inadvertidamente imprecisos.

A qualidade da informação é central para a transparência, considerando três atributos: divulgação (*disclosure*, em inglês), clareza (*clarity*, em inglês) e precisão (*accuracy*, em inglês).

Divulgação – O conceito de divulgação implica que as informações devem ser abertamente compartilhadas para que sejam consideradas transparentes, no entanto a divulgação é mais do que a transferência aberta de todas as informações disponíveis. Também merecem uma consideração cuidadosa as informações mais relevantes a serem divulgadas.

Relevância, visibilidade, disponibilidade, acessibilidade e observância referem-se a aspectos do compartilhamento aberto de informações; já o termo "tempo real" sugere pontualidade em nossa definição.

Para Zhu,[20] a divulgação é definida como a percepção de que as informações relevantes são recebidas em tempo hábil pois percepções de transparência são construídas em torno da capacidade de um *stakeholder* coletar informações necessárias sobre uma empresa. Informações inacessíveis delimitam a capacidade do *stakeholder* de obter uma imagem completa da organização.

Clareza – A clareza é definida como o nível percebido de lucidez e compreensão das informações recebidas de um remetente. A clareza difere da divulgação pois é, em grande parte, sobre a transferência perfeita de significado de remetente para receptor em vez da quantidade ou relevância das informações compartilhadas. Assim, a clareza se baseia no uso hábil de dispositivos linguísticos, como os pragmáticos, para alcançar níveis mais elevados de compreensão.

Precisão – A precisão é definida como a percepção de que as informações estão corretas na medida do possível, dada a relação entre remetente e receptor. Conforme destacam Walumbwa *et al.*,[21] a importância da precisão decorre da perspectiva de que as informações não podem ser consideradas transparentes se forem propositalmente tendenciosas ou infundadamente inventadas.

Precisão tem a ver com a confiabilidade da informação em vez de completude ou compreensão, mais relacionadas à divulgação e clareza.

O que é má informação? A má informação existe há tanto tempo quanto há civilizações humanas, mas encontrou seu elemento na era digital. Os tipos de motivação por trás disso abundam, da estratégia política aos jogadores mal-intencionados, à má verificação de fatos.

Nem toda má informação é guiada pela intenção malévola. Em linhas gerais, é um termo guarda-chuva que abrange qualquer informação imprecisa, independentemente de ter sido criada ou disseminada de propósito. Porém, a má informação é a mãe das notícias falsas (*fake news*, em inglês) uma vez que a sociedade moderna lida com *fake news* se espalhando rapidamente pelas redes digitais.

Isso não é para desconsiderar a deturpação desinformada dos fatos – fatos acidentalmente falsos também podem contribuir para notícias falsas. Por causa disso, as empresas que comunicam regularmente suas informações podem ajudar a mitigar o risco de informações imprecisas. Elas podem achar mais difícil controlar o que todos dizem sobre elas, mas pelo menos elas estão no controle da fonte primária.

Amplamente definida, a má informação é a disseminação de fatos imprecisos. Ao contrário das *fake news*, que envolvem a intenção específica de enganar, a má informação é um termo mais amplo, que opera independentemente da intenção. Em sua essência, a infraestrutura de má informação envolve pelo menos duas partes, o mal informante e o mal informado; no entanto, a rapidez e facilidade de troca de informações no mundo atual cria uma complexa rede de imprecisão que, agregadamente, representa um problema significativo para os consumidores, as empresas e a sociedade em geral.

Somada à infraestrutura da rede de má informação está a psicologia por trás das *fake news*. Elas são uma forma popularmente debatida de má informação, e um estudo[22] conduzido pela Universidade de Regina e pelo Instituto de Tecnologia de Massachusetts (MIT), encontra vários fatores que influenciam a crença em notícias falsas. Estes incluem motivações políticas, a incapacidade de diferenciar entre verdade e falsidade e a tendência humana para a heurística (ou atalhos mentais) ao julgar manchetes de notícias. Os fatores psicológicos amplificam quando consideramos que as notícias falsas são apenas um tipo de má informação.

A informação falsa – que mantém a intenção subjacente de enganar – é proeminente no discurso atual, devido ao estrago que pode causar. Segundo o Comitê Seleto da Câmara dos Comuns do Reino Unido sobre Cultura, Mídia e Esporte[23] há 6 tipos diferentes de *fake news*:

- **Conteúdo fabricado**: conteúdo completamente falso.
- **Conteúdo manipulado**: distorção de informações genuínas ou imagens, por exemplo, uma manchete que se torna mais sensacionalista que o necessário.
- **Conteúdo impostor**: personificação de fontes genuínas, por exemplo, usando a marca de uma agência de notícias estabelecida.
- **Conteúdo enganoso**: uso enganoso de informações, por exemplo, apresentando comentário como fato.

- **Falso contexto de conexão**: conteúdo factualmente preciso que é compartilhado com informações contextuais falsas, por exemplo, quando a manchete de um artigo não reflete o conteúdo.
- **Sátira e paródia**: apresentando histórias humorísticas, mas falsas, como se fossem verdadeiras. Embora não seja, geralmente, categorizado como *fake news* pode, involuntariamente, enganar os leitores.

Quando consultados líderes empresariais sobre quais tipos de má informação tiveram maior impacto sobre as empresas, os resultados indicaram que o conteúdo manipulado teve maior impacto. Foi seguido por conteúdo fabricado, contexto falso e conteúdo impostor, com sátira ou paródia atrás.

O conteúdo manipulado parece ser o mais bem-sucedido em borrar as fronteiras entre realidade e falsidade, aproveitando ativamente a incerteza para enganar. Na outra ponta da escala, a sátira e a paródia têm o menor impacto, pois normalmente não são criadas para desinformar, mas para destacar a diferença entre ficção e realidade.

A má informação insinuou-se em toda a nossa vida cotidiana e sua presença é mais proeminente na esfera digital. Apesar das convicções dos indivíduos de que é um fenômeno alarmante, e dos líderes empresariais que acreditam que o problema só se proliferará nos próximos anos, a pesquisa conclui que a maioria das organizações acha que eles não são suficientemente proativos em se proteger da ameaça.

É uma tarefa considerável, mas podemos tomar medidas imediatas. Existem medidas específicas que as empresas podem tomar para mitigar seus riscos. Ao se envolver em política e governança, colocar os princípios, fundamentos e valores organizacionais em prática e desmistificar dados para aumentar a credibilidade, fortalecer as comunicações de marca e fortalecer as relações comerciais, as organizações podem reduzir os riscos que enfrentam com as *fake news*.

8.3.2 Relatórios integrados de informações corporativas

Nas últimas duas décadas, o contexto em que as empresas operam mudou radicalmente – econômica, social e ambientalmente. Como tal, seus impactos em temas críticos de sustentabilidade como mudanças climáticas, biodiversidade, acesso a medicamentos, salários e habilidades também mudaram.

Ao mesmo tempo, a ascensão da tecnologia garantiu que as partes interessadas, não apenas os acionistas, agora sejam capazes de desafiar as empresas sobre como elas se comportam. Como resultado, a medição transparente e a divulgação do desempenho financeiro e da sustentabilidade são hoje consideradas partes fundamentais da gestão efetiva, e essenciais para preservar a confiança nos negócios como força para o bem.

Os relatórios integrados de informação são os meios pelos quais os *stakeholders*, incluindo investidores, podem entender e avaliar o desempenho das empresas, assim como as próprias empresas usam informações internamente para informar a tomada de decisões.

Os padrões dos relatórios permitem às organizações assegurar a qualidade das informações de modo que todo o ecossistema possa prosperar nos mercados mais eficientemente, embasado em processos de tomada de decisão mais eficazes e efetivos.

Os relatórios financeiros amadureceram como resultado de normas contábeis reconhecidas internacionalmente e que trazem transparência, responsabilidade e eficiência aos mercados financeiros em todo o mundo.

Por outro lado, a divulgação da sustentabilidade é necessariamente mais complexa do que os relatórios financeiros por uma série de razões:

Alguns usuários de informações de sustentabilidade, como provedores de capital financeiro, compartilham o mesmo objetivo primário que os usuários de informações financeiras, ou seja, tomar decisões econômicas. No entanto, há uma variedade de outros usuários, portanto, de outros objetivos de informação de sustentabilidade. É importante que uma empresa reconheça isso ao determinar quais temas de sustentabilidade divulgará o desempenho, bem como na escolha dos canais de comunicação;

A natureza dos temas de sustentabilidade, incluindo seu interesse por diferentes tipos de usuários de informação e sua influência no desempenho das empresas, também pode mudar, às vezes lentamente, mas às vezes rapidamente. Esse conceito é chamado de materialidade dinâmica, como mostrado na Figura 8.4.

Há uma percepção equivocada comum que confunde informações de sustentabilidade com o ecossistema em expansão de classificações, índices e ferramentas analíticas relacionadas que dependem de sua divulgação.

Somadas, essas características criaram confusão entre produtores e usuários de informações sobre sustentabilidade e dificultaram o desenvolvimento da solução abrangente para relatórios corporativos, que é urgentemente necessária.

Aumente seus conhecimentos sobre **As Normas Internacionais de Contabilidade** na seção *Saiba mais* PE 8.1

8.4 ÉTICA EMPRESARIAL

A mídia e a intensa circulação da informação no mundo moderno estão fazendo com que as organizações se tornem verdadeiras vitrines de vidro para a opinião pública. Em outras palavras, as organizações estão se tornando demasiado visíveis e vulneráveis e precisam definir um comportamento irrefutável frente aos seus *stakeholders* no sentido de manter sua imagem e seu conceito. Desde o final do século passado, a questão ética tornou-se um imperativo para as organizações, sejam públicas ou privadas. Já existe uma consciência social que impõe a prática da ética empresarial, bem como da responsabilidade social, pois a sociedade quer que as organizações realizem seus negócios e alcancem o lucro por meio de procedimentos corretos e transparentes que respeitem os princípios éticos e a comunidade dentro da qual elas estão inseridas.

Acesse conteúdo sobre o **Instituto Ethos** na seção *Clipping competitivo* PE 8.2

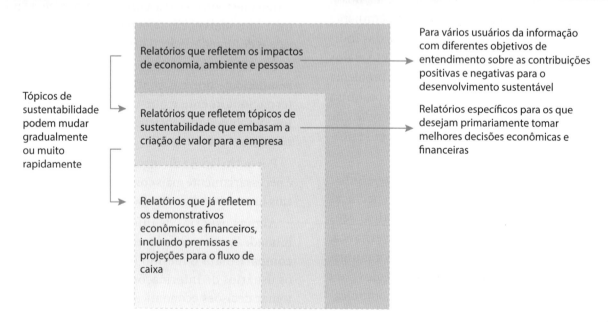

Figura 8.4 Materialidade dinâmica.

Fonte: elaborada pelos autores.

As definições de ética variam enormemente. Ela pode ser definida como:

- O código de princípios morais que estabelecem padrões de bom ou mau, certo ou errado, na conduta de uma pessoa e, desse modo, guia o comportamento da pessoa ou de um grupo.[24]

- O estudo das avaliações do ser humano em relação às suas condutas ou às dos outros. Essas avaliações são feitas sob a ótica do bem e do mal, de acordo com um critério que geralmente é ditado pela Moral.[25]

- **Ética empresarial** é o comportamento da organização – entidade lucrativa – quando ela age em conformidade com os princípios morais e as regras do bem proceder aceitas pela coletividade.[26]

A ética dos negócios reflete os hábitos e as decisões que os administradores fazem no que diz respeito às suas próprias atividades e às do restante da organização, que são alimentadas pelo sistema moral de valores pessoais próprios, mas este com frequência sofre uma transformação em suas prioridades quando operado dentro de um contexto institucional de severas restrições econômicas e pressões, assim como pela possibilidade de adquirir poder.[27]

Na prática, para Srour,[28] as questões éticas e morais se escondem em muitas decisões e ações do cotidiano empresarial, ainda que os dirigentes não tenham plena consciência disso. Para o autor, a mídia e a opinião pública mostram extremo desejo de transparência, probidade, decência, retidão, idoneidade e respeito pelos outros nas questões empresariais. Cada vez mais, as organizações estão procurando passar aos seus *stakeholders* a imagem de organizações éticas e transparentes. Afinal, organizações éticas são organizações moralmente inatacáveis porque subordinam suas atividades e estratégias a uma prévia reflexão ética e agem de forma socialmente responsável. Contudo, nem sempre as organizações se dedicam a tal tipo de reflexão e adotam posições que levam em conta apenas interesses imediatos que estão em jogo. E aí está o perigo. Sua reputação pode sofrer com tais deslizes.

8.5 RESPONSABILIDADE SOCIAL

As organizações sofrem múltiplas pressões externas e de seus *stakeholders* no sentido de adotar posturas e políticas que deixam de lado a velha e antiga introversão administrativa para levar em consideração aspectos externos e localizados fora de suas tradicionais fronteiras organizacionais ou geográficas. A responsabilidade social é uma forma de atender aos interesses da sociedade na maneira de operar uma organização. Toda organização deve prestar contas à sociedade e, portanto, não somente aos *shareholders*, mas a todos os *stakeholders* envolvidos direta ou indiretamente. Ao lado da responsabilidade financeira está a responsabilidade social e também pelo planeta e pela governança (agenda ESG, como explicado anteriormente).

Conceito de responsabilidade social: a responsabilidade social significa o grau de obrigações que uma organização assume por meio de ações que protejam e melhorem o bem-estar da sociedade à medida que procura atingir seus próprios interesses. A responsabilidade social representa a obrigação da organização de adotar políticas e assumir decisões e ações que beneficiem a sociedade. Em outras palavras, representa a obrigação gerencial de tomar ações que protegem e melhoram o bem-estar da sociedade como um todo e os interesses organizacionais especificamente. Os dirigentes de uma organização devem buscar alcançar simultaneamente objetivos organizacionais e objetivos societários. Uma organização socialmente responsável é aquela que desempenha as seguintes obrigações, conforme Lipson:[29]

- Incorpora objetivos sociais em seus processos de planejamento estratégico.

- Aplica normas comparativas de outras organizações em seus programas sociais.

- Apresenta relatórios aos membros organizacionais e aos parceiros sobre os progressos na sua responsabilidade social.

- Experimenta diferentes abordagens para medir o seu desempenho social.

- Procura avaliar os custos dos programas sociais e o retorno dos investimentos em programas sociais.

Níveis de sensibilidade social: Kotter e Heskett[30] apontam três diferentes graus de envolvimento organizacional em atividades de responsabilidade social:

1. **Abordagem da obrigação social e legal:** parte do pressuposto de que as principais metas de uma organização são de natureza econômica e focadas na otimização dos lucros e do patrimônio líquido dos acionistas. Portanto, a organização deve apenas satisfazer as obrigações mínimas impostas pela lei sem assumir nenhum esforço adicional voluntário. As decisões organizacionais estão focadas apenas em ganhos econômicos projetados.

2. **Abordagem da responsabilidade social:** parte do pressuposto de que a organização não tem apenas metas econômicas, mas também certas responsabilidades sociais. As decisões organizacionais são tomadas com base não apenas nos ganhos econômicos projetados e na conformidade legal, mas também no critério do benefício social. Alguns recursos organizacionais são usados para projetos de bem-estar social sem trazer dano econômico para a organização. Existe a preocupação em otimizar os lucros e o patrimônio líquido dos acionistas e também com programas de ação social e envolvimento social. São organizações que desejam manter uma imagem de politicamente corretas com grande esforço na área de relações públicas. Em geral, são organizações que praticam uma adaptação reativa, pois agem para providenciar uma solução a problemas já existentes.

3. **Abordagem da sensibilidade social:** parte do pressuposto de que a organização não tem apenas metas econômicas e sociais, mas também precisa se antecipar aos problemas sociais do futuro e agir agora em resposta a esses futuros problemas. Esta é a abordagem que mais exige das organizações, pois impõe que estas devem antecipar-se aos problemas sociais lidando com eles antes que se tornem evidentes e críticos. Impõe também a utilização de recursos organizacionais agora, o que cria um impacto negativo na otimização de lucros no presente. Essa abordagem é típica de cidadania corporativa e representa um papel proativo na sociedade, isto é, fazer uso do poder que lhe é dado para melhorá-la.

PARA REFLEXÃO

Sensibilidade social

Os programas educativos financiados por organizações nas escolas públicas sobre drogas são um exemplo de sensibilidade social. O ganho futuro significa uma força de trabalho saudável, mesmo que no momento a organização não tenha nenhum problema relacionado com drogas no local de trabalho. De acordo com Beauchamp e Bowe,[31] organizações com sensibilidade social procuram o envolvimento na comunidade e encorajam seus membros a fazerem o mesmo por meio de esforços de conscientização social, especialmente em áreas emergenciais, como mostrado na Figura 8.5. Os programas comunitários baseados no voluntariado espontâneo dos funcionários em áreas carentes da comunidade são um exemplo a ser imitado.

Os três níveis de sensibilização social provocam diferentes comportamentos nas organizações nas relações entre suas atividades e obras sociais. Em função desses níveis, cada organização define uma filosofia de responsabilização social que produz categorias de responsabilidades sociais que podem variar de simples reação às carências e necessidades da comunidade, acomodação, adoção de mecanismos de defesa ou até comportamento proativo e antecipatório.

Novos padrões em responsabilidade social: na prática, a responsabilidade social está deixando de se limitar aos velhos conceitos de proteção

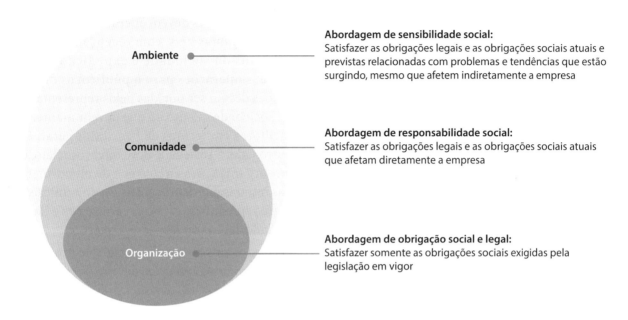

Figura 8.5 Níveis de sensibilidade social das organizações.
Fonte: adaptada de Beauchamp e Bowe (p. 1-19).[31]

passiva e paternalista ou de fiel cumprimento às regras legais para avançar na direção da proteção ativa e da promoção humana, em função de um sistema definido e explicitado de valores éticos. Conforme Davis e Bloostrom,[32] existem seis razões para essa mudança:

1. A gradativa afirmação do conceito de cidadania.
2. As condições atuais de distribuição da riqueza gerada.
3. A forte ampliação das aspirações sociais.
4. A fragilização orçamentária do governo e a consequente convergência das esferas pública e privada para a adoção de ações de interesse social.
5. A postura socialmente responsável como atributo estratégico para a sobrevivência, o crescimento e a perpetuação das organizações.
6. A busca por referenciais éticos, como pontos de sustentação de políticas, processos e ações.

Por outro lado, a responsabilidade social das organizações deve ser intensamente enfatizada, cobrada e avaliada na organização. Além dos balanços contábeis convencionais, levantam-se balanços de alcance externo, como o social e o ambiental. Assim, relações transparentes com a sociedade, responsabilidade diante de gerações futuras, autorregulação da conduta, compreensão das dimensões sociais dos atos econômicos (produção, geração de renda, consumo e acumulação), seleção de agentes e de parceiros inseridos em cadeias produtivas e gerenciamento dos impactos internos e externos de suas atividades são alguns dos novos atributos a que as organizações devem corresponder. Atributos como esses não são apenas modismos passageiros e deverão resistir indefinidamente ao tempo.

Papel social das organizações: aumenta gradativamente o papel das organizações como agentes sociais no processo de desenvolvimento. Além de produtoras de bens e serviços, as organizações estão assumindo também o papel de responsáveis pelo bem-estar de seus *stakeholders*. Mas, além dos colaboradores e parceiros, esse papel também está se estendendo cada vez mais a outros aspectos que vão além de suas tradicionais fronteiras, como a própria sociedade, envolvendo comunidades carentes e atividades assistenciais. Todavia, os diferentes *stakeholders* se manifestam por interesses específicos em um jogo de forças em que nenhuma das partes se considera totalmente satisfeita com os ganhos que retira nos objetivos que persegue. Mas não é o que deveria acontecer. A organização excelente deve dar conta de todas essas satisfações no maior grau possível. Isso exige uma visão extraordinariamente ampla e circular de todos os parceiros envolvidos no negócio da organização. A Figura 8.6 dá uma ideia das diferentes forças externas que pressionam uma organização.

Modelo de responsabilidade social: Davis[33] propõe um modelo de responsabilidade social corporativa a partir de cinco proposições – por que e como as organizações devem aderir à obrigação de tomar ações que protejam e melhorem o bem-estar da sociedade e da organização:

1. **A responsabilidade social emerge do poder social:** toda organização tem significativa influência ou poder sobre a sociedade e esta deve exigir condições que resultam do exercício desse poder.

2. **As organizações devem operar em um sistema aberto de duas vias, com recepção aberta de insumos da sociedade e expedição aberta de suas operações para o público:** as organizações devem ser ouvidas pelos representantes da sociedade quanto ao que devem manter ou melhorar em termos de bem-estar geral. Por outro lado, a sociedade deve ouvir os relatórios das organizações em termos de atendimento das responsabilidades sociais. As comunicações entre representantes das organizações e da sociedade devem ser abertas e honestas.

3. **Os custos e os benefícios sociais de uma atividade, produto ou serviço devem ser calculados e considerados nas decisões prévias sobre eles:** a viabilidade técnica e lucratividade econômica não são os únicos fatores que devem pesar nas decisões sobre as organizações. Estas devem considerar também as consequências de curto ou longo prazo sobre todas as atividades de negócios.

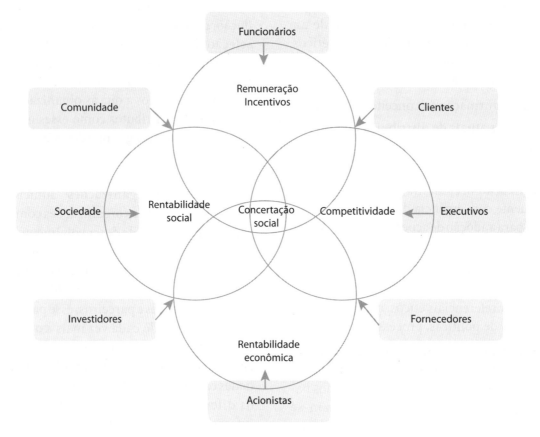

Figura 8.6 Diferentes forças externas que pressionam uma organização.
Fonte: Carvalho (p. 83).[34]

4. Os custos sociais relacionados a cada atividade, produto ou serviço devem ser repassados ao consumidor: os negócios não devem ser financiados somente pela organização. O custo de manter atividades socialmente desejáveis dentro dos negócios deve ser transferido para o consumidor por meio de preços mais elevados dos bens ou serviços relacionados com as atividades socialmente desejáveis.

5. Como cidadãs, as organizações de negócios devem ser envolvidas na responsabilidade em certos problemas sociais que estão fora de suas áreas normais de operação: toda organização que possui a expertise de resolver um problema social com o qual não está diretamente associada deve ser suficientemente responsável para ajudar a sociedade a resolver esse problema.

8.6 DESENVOLVIMENTO SUSTENTÁVEL

Por muito tempo, as estratégias das empresas tinham como único objetivo a maximização do retorno para acionistas e investidores. Não havia qualquer expectativa de atender objetivos de preservação ambiental ou de responsabilidade social. Pelo contrário, a exploração indiscriminada dos recursos disponíveis era a regra, tanto quanto a despreocupação com relação ao bem-estar dos trabalhadores e das comunidades em torno das operações das empresas, em muitos setores da economia. Era a empresa destinada a atender às demandas de lucro de seus proprietários, única e excusivamente.

Hoje, porém, o cenário é bem diferente, pois as organizações disputam num contexto competitivo bem mais complexo e num ambiente regulamentado. Não só os interesses dos *stakeholders* contam, no presente, como passam a fazer parte das preocupações dos gestores das organizações os interesses das futuras gerações, que ainda nem nasceram, além da enorme preocupação com o futuro e a saúde do planeta.

Fica cada vez mais evidente que é de interesse estratégico das organizações operar em ambientes saudáveis, tanto considerando o meio ambiente, como o ambiente econômico social, até porque só nessas condições é que os mercados encontraram oportunidade de crescer e prosperar. Assim, o desenvolvimento sustentável, que atenda as demandas de todas as partes interessadas, passa a fazer parte da agenda de todo processo de planejamento estratégico de qualquer organização que considere alcançar seus resultados de modo sustentável e transparente, no longo prazo.

Por outro lado, fica evidente, também, que o desenvolvimento sustentável não será tarefa de uma organização tomada isoladamente. O desenvolvimento sustentável é, na verdade, um conceito que extrapola os limites tradicionais da organização e para o qual é necessária a participação de todos (de governo a consumidores, de distribuidores a ONGs). Assim, identificar e harmonizar os interesses diferentes de seus *stakeholders* é uma premissa do conceito de desenvolvimento sustentável, que promoverá a credibilidade e o valor a longo prazo das organizações.

Conceito de desenvolvimento sustentável: O conceito do desenvolvimento sustentável (sustentabilidade) foi descrito pelo Relatório da Comissão Brundtland de 1987[35] como "desenvolvimento que atende às necessidades do presente sem comprometer a capacidade das gerações futuras de atender às suas próprias necessidades." É comumente pensado para abranger três pilares: ambiental, social e econômico por meio da governança corporativa, consolidados na sigla ESG, agenda Ambiental, Social e Governança Corporativa (*Environmental, Social, Corporate Governance* em inglês) como explicado anteriormente.

Conforme a Organização das Nações Unidas (ONU), desenvolvimento sustentável corresponde a um padrão de uso de recursos que ao mesmo tempo que atenda as demandas humana e organizacionais, preserva o ambiente, de uma maneira que não comprometa a os recursos e habilidade das futuras gerações de atender suas próprias demandas e necessidades. Essa é a noção de capital na perspectiva do desenvolvimento sustentável.

Segundo Daily,[36] a discussão sobre o desenvolvimento sustentável embasa-se na concepção de que há três tipos de capitais – econômico, social e natural – que devem ser gerenciados, considerando que talvez eles não sejam substituíveis ou renováveis, dependendo da maneira como serão utilizados e consumidos. Daily[36] adverte que o capital natural não necessariamente será substituído pelo capital econômico. Na verdade, algum capital natural pode ser reposto, mas isso não garante a sustentação do ecossistema onde houve a reposição, como no caso da função estabilizadora do clima desenvolvida pela floresta tropical da Amazônia. Muitos cientistas afirmam que essa função estabilizadora do clima pode ter se perdido pela devastação daquele ecossistema, de maneira insistente e, muitas vezes, incontrolável. Uma verdadeira devastação e ímpeto destruidor.

Desenvolvimento sustentável corporativo: dentro da perspectiva organizacional, o desenvolvimento sustentável significa executar estratégias e iniciativas que atendam, hoje, às suas demandas e de seus *stakeholders* ao mesmo tempo que protege e aprimora de modo sustentável os recursos naturais e humanos que serão necessários no futuro. Essa definição destaca a dependência das organizações por tais recursos – humanos e naturais – tanto quanto por capitais financeiros. Torna-se extremamente importante que seja evitada a qualquer custo a degradação irreparável daqueles recursos. A natureza precisa ser preservada, pois o planeta está correndo perigo.

O conceito de desenvolvimento sustentável corporativo tem sido cada vez mais reconhecido e entendido, porém para muitos gestores e empresários trata-se de ideia um tanto abstrata. Usualmente, para as organizações, desenvolvimento sustentável refere-se ao uso eficiente do capital natural, calculado pelo valor adicionado pela atividade de uma organização em relação ao impacto ecológico agregado provocado por aquela atividade.[37]

Mas há, também, o conceito de uso eficiente do capital social que se refere à relação entre o valor adicionado pela atividade da organização em relação ao impacto social e ecológico provocado por aquela atividade. As duas concepções de uso eficiente do capital se conectam diretamente ao aumento do capital econômico.

> **PARA REFLEXÃO**
>
> **Escolhas decisórias excludentes**
>
> Na verdade, não há consenso entre os gestores sobre o melhor balanceamento entre o autointeresse organizacional e as ações tomadas em favor do bem social. Muitas vezes, é preciso escolher entre o que se gostaria de fazer e o que deve ser feito para assegurar os resultados esperados pelos investidores da organização. De fato, privilegiar práticas sustentáveis nem sempre é uma decisão tranquila. Analise a decisão de uma empresa química cujas instalações despejam produtos tóxicos no ambiente. Seus gestores resolveram remodelar as instalações para que se torne mais efetiva no tratamento de poluentes. Qual deveria ser sua decisão: parar a instalação existente até que fiquem prontas as novas instalações e perder grandes parcelas de mercado, ou continuar a operar as instalações atuais mesmo correndo riscos de sanções públicas e legais? Qual seria a melhor decisão em termos econômicos, sociais e ambientais?

 Acesse conteúdo sobre as **Novas fronteiras da competição** na seção *Tendências em planejamento estratégico 8.2*

Princípios para a elaboração de estratégias sustentáveis: são sete as etapas para se elaborar um plano estratégico sustentável:

1. **Analisar as demandas dos *stakeholders*:** para identificar os impactos diretos e indiretos sobre os *stakeholders* afetados pelas atividades e operações da organização.

2. **Estabelecer políticas e objetivos de sustentabilidade:** articulando os valores corporativos às expectativas sobre as atitudes dos colaboradores com respeito às questões de sustentabilidade e os objetivos operacionais por área, equipe e colaborador. Formalizar tais políticas inspira e influencia o comportamento da força de trabalho, porém é bem desafiador, mas seus benefícios justificam o esforço.

3. **Elaborar e executar um plano de ações:** traduzir a política de desenvolvimento sustentável em termos operacionais é uma iniciativa básica para efetivar aquela política. É necessário mudar, ainda, a cultura corporativa e as atitudes dos empregados, definindo as responsabilidades e a estrutura organizacional e estabelecendo sistemas de relatórios e práticas operacionais.

4. **Patrocinar a cultura corporativa para a sustentabilidade:** assegurando que a organização e seus colaboradores se esforcem na execução das estratégias de sustentabilidade.

5. **Desenvolver indicadores e padrões de desempenho:** necessários para que os gestores possam comparar o desempenho da organização em comparação com indicadores externos e promovendo melhorias.

6. **Preparar relatórios:** consiste em publicar os resultados obtidos internamente e entre os *stakeholders*, para destacar as vitórias obtidas e os próximos desafios a serem vencidos;

7. **Aprimorar o monitoramento:** será sempre muito importante desenvolver os mecanismos de acompanhamento das políticas de sustentabilidade para assegurar aos seus responsáveis que os resultados sejam obtidos. O monitoramento pode assumir várias formas:
   - Relatórios de desempenho.
   - Observação direta das atividades dos colaboradores.
   - Reuniões regulares com os colaboradores buscando aprimoramentos nos instrumentos de acompanhamento.
   - Implementação de auditoria para avaliar os resultados de sustentabilidade.

Acesse conteúdo sobre **Os cinco principais institutos de padrões e normas de relatórios de sustentabilidade** na seção *Clipping competitivo* PE 8.3

8.7 OS 17 OBJETIVOS DE DESENVOLVIMENTO SUSTENTÁVEL (ODS)

As Nações Unidas reconheceram que o progresso feito no nível do discurso político não teve efetivação e em 2000 foram assinados, pela totalidade dos países nela representados, os Objetivos do Milênio (ODMs) a serem cumpridos até 2015. Os ODMs estabeleceram objetivos mensuráveis, universalmente acordados para combater a pobreza extrema e a fome prevenindo doenças mortais, e expandir a educação primária para todas as crianças, entre outras prioridades de desenvolvimento.

Os ODMs foram substituídos pelos 17 Objetivos de Desenvolvimento Sustentável (ODSs) que nasceram na Conferência das Nações Unidas sobre desenvolvimento sustentável, no Rio de Janeiro, em 2012. O objetivo foi produzir um conjunto de objetivos que suprisse os desafios ambientais, políticos e econômicos mais urgentes que nosso mundo enfrenta.

Os ODSs são o modelo para alcançar um futuro melhor e mais sustentável para todos. São um apelo universal da Organização das Nações Unidas à ação para acabar com a pobreza, proteger o planeta e assegurar que todas as pessoas tenham paz e prosperidade. Esses 17 objetivos, construídos sobre os sucessos de desenvolvimento dos ODMs, também incluem novas áreas tais como a mudança climática, a desigualdade econômica, a inovação, o consumo sustentável, a paz e a justiça, entre outras prioridades.

Os 17 objetivos integrados, projetados para acabar com a pobreza, a fome, a AIDS e a discriminação contra mulheres e meninas, reconhecem que a ação em uma área afetará os resultados em outras, e que o desenvolvimento deve equilibrar a sustentabilidade social, econômica e ambiental.

Os países comprometeram-se a priorizar o progresso para aqueles que estão mais atrás.

Esses 17 ODSs estão no bojo da Agenda 2030 da ONU, a mais abrangente referência no período contemporâneo para a mobilização de valores, direcionamento de modelos de desenvolvimento inclusivos e sustentáveis, justiça social e construção de alianças para sua conquista. É também o marco para a construção de perspectivas de médio e longo prazo, tendo em vista o marco de 2030 e o debate, já em curso, de mais longo prazo.

Criatividade, *know-how*, tecnologia e recursos financeiros de toda a sociedade têm sido necessários para alcançar os ODSs em todos os contextos.

Agenda 2030 para o Desenvolvimento Sustentável:[38] desde sua criação, em 2015, a Agenda 2030 forneceu um projeto para a prosperidade compartilhada em um mundo sustentável – um mundo onde todas as pessoas podem viver vidas produtivas, vibrantes e pacíficas em um planeta saudável. Para o ano de 2030 falta pouco menos de uma década, e devemos nos perguntar se nossas ações hoje estão lançando as bases certas para alcançar os Objetivos de Desenvolvimento Sustentável (ODS). O Relatório de Objetivos de Desenvolvimento Sustentável 2019 fornece *insights* baseados em evidências para responder a essa pergunta.

CONCLUSÃO

Governança corporativa significa o relacionamento com os investidores (*shareholders*) para determinar e controlar a direção estratégica e o desempenho da organização. Quase sempre, ela era utilizada pelas organizações como um meio para estabelecer uma ordem entre as partes envolvidas – os proprietários da organização e seus executivos de alto nível – cujos interesses possam eventualmente estar em conflito. Seu objetivo primordial é garantir que os interesses dos gestores e executivos de alto nível estejam alinhados com os interesses dos acionistas e proprietários. Modernamente, o foco está envolvendo todos os demais *stakeholders* de maneira a abrir o leque de aberturas da organização.

Assim, os interesses dos *stakeholders* também devem ser atendidos por meio das decisões e ações que a organização pratica.

Além disso, existem outras expectativas que pesam sobre a organização. Ela precisa atender aos requisitos impostos pelos padrões de responsabilidade social empresarial e garantir um desenvolvimento sustentável que privilegie não somente a perenidade da organização, mas igualmente do seu entorno social e ecológico. Afinal a organização também precisa prestar contas à sociedade e tem obrigação de cuidar da natureza, pelo menos onde tem suas instalações físicas. Tomar algo e não dar algo em troca está ficando cada vez mais imperdoável.

Todas essas múltiplas pressões e compromissos estão fazendo com que as organizações adotem certas posturas e políticas que deixam de lado a velha e antiga introversão administrativa para levar em conta aspectos externos e existentes fora de suas tradicionais fronteiras organizacionais ou geográficas. O espaço organizacional está se ampliando gradativamente com a agenda ESG de governança corporativa. E é preciso dar conta dela em toda a sua enorme amplitude e extensão.

O papel do estrategista, ao analisar todas as inúmeras variáveis envolvidas nesse complicado contexto, está em definir o melhor balanço entre todas elas e avaliar qual a dosagem exata na sua composição em um equilíbrio perfeito. Não se trata apenas do receituário do bolo, mas também a maneira de fazê-lo bem-feito. É aqui que entra o refinamento e a competência do estrategista: saber satisfazer todos os públicos estratégicos do negócio e criar todas as condições para uma longa existência da organização e dos seus negócios.

E, no final, um brinde: Vida longa às nossas organizações! Afinal, somos os estrategistas responsáveis por elas.

REFERÊNCIAS

1. MITCHELL, R. K.; AGLE, B. R.; WOOD, D. J. Toward a theory of stakeholder identification and salience: defining the principle of who and what really counts. *Academy of Management Review*, v. 22, p. 853-886, 1997.

2. DAVIS, J. H.; SCHOORMAN, F. D.; DONALDSON, L. Toward a stewardship theory of management. *Academy of Management Review*, v. 22, p. 20-47, 1997.

3. FAMA, E. F.; JENSEN, M. C. Separation of ownership and control. *Journal of Law and Economics*, v. 26, p. 1-25, 1983.

4. NEWQUIST, S. C.; RUSSELL, M. B. *Putting investors first*: real solutions for better corporate governance. Bloomberg Press, 2003.

5. ANDRADE, A.; ROSSETTI, J. P. *Governança corporativa*: fundamentos, desenvolvimento e tendências. 7. ed. São Paulo: Atlas, 2014. p. 23.

6. HITT, M. A.; IRELAND, R. D.; HOSKISSON, R.E. *Strategic management*: competitiveness and globalization. 11. ed. South-Western College Publishing, 2014.

7. Disponível em: http://www.oecd.org/corporate/principles-corporate-governance/. Acesso em: 25 fev. 2020.

8. CADBURY, A. The future of governance: the rules of the game. *Journal of General Management*, v. 24, p. 1-14, 1999.

9. BLAIR, M. M. For whom should corporations be run? An economic rationale for stakeholder. *Management*. Long Range Planning, v. 31, 1999.

10. B3 é uma empresa de capital aberto, sediada em São Paulo, que surgiu em 2017, após a fusão de duas outras empresas: a Bolsa de Valores, Mercadorias e Futuros de São Paulo (BM&F Bovespa) e a Central de Custódia e de Liquidação Financeira de Títulos (CETIP).

11. A lei norte-americana Sarbanes-Oxley, assinada em 30 de julho de 2002 e apelidada de Sarbox ou ainda de SOX, foi motivada por escândalos financeiros corporativos (dentre eles o da Enron, que acabou por afetar drasticamente a empresa de auditoria Arthur Andersen). Ela visa garantir a criação de mecanismos de auditoria e segurança confiáveis nas empresas, incluindo ainda regras para a criação de comitês encarregados de supervisionar suas atividades e operações, de modo a mitigar riscos aos negócios, evitar a ocorrência de fraudes ou assegurar que haja meios de identificá-las quando ocorrem, garantindo a transparência na gestão das empresas, por meio das boas práticas de governança.

12. CHIAVENATO, I. *Administração*: teoria, processo e prática. 6. ed. São Paulo: Atlas, 2022.

13. WILLIAMSON, O. E. *The mechanisms of governance*. Oxford University Press, 1996.

14. Para saber mais em detalhes as iniciativas propostas pela Agenda Positiva acesse o site da Agência positiva de Governança. Disponível em: https://www.agenda-positivadegovernanca.com/. Acesso em: 15 nov. 2022.

15. HESS, C.; BRANDÃO, M. Principais aspectos que impactam o alinhamento entre proprietários e administradores. IBRI – Instituto Brasileiro de Relações com Investidores, *Revista RI*, p. 76-80, out. 2014.

16. BYRNE, J. A. The CEO and the Board. *Business Week*, 15 set. p. 107-116, 1997.

17. Baseado em Mais que um bom coração. *América Economia*, n. 261, 29 de agosto a 11 de setembro de 2003, p. 13.

18. SCHNACKENBERG, A. K. e TOMLINSON, E.C. Organizational transparency: A new perspective on managing trust in organization-stakeholder relationships. *Journal of management*, v. 42, n. 7, p. 1784-1810, 2016.

19. PAGANO, M. e Roell, A. Transparency and liquidity: A comparison of auction and dealer markets with informed trading. *Journal of Finance*, v. 51, n. 2, p. 579-611, 1996.

20. ZHU, K. Information transparency of business-to-business electronic markets: A game-theoretic analysis. *Management Science*, v. 50, p. 670-685, 2004.

21. WALUMBWA, F. O.; LUTHANS, F.; AVEY, J. B. e OKE, A. Authentically leading groups: The mediating role of collective psychological capital and trust. *Journal of Organization Behavior*, v. 32, p. 4-24. 2011.

22. Pennycook, G e Rand, D. G. The Psychology of Fake News. *ScienceDirect*, 2021. Disponível em: https://www.sciencedirect.com/science/article/pii/S1364661321000516. Acesso em: 16 nov. 2022.

23. Department for Culture, Media and Sport. Disinformation and 'fake news': Interim Report, UK Parliament. Disponível em: https://publications.parliament.uk/pa/cm201719/cmselect/cmcumeds/363/36302.htm, Acesso em: 16 nov. 2022.

24. SCHERMERHORN JR., J. R. *Administração*. Editora LTC, 1999. p. 72.

25. SOUZA, B. L. A ética empresarial e a responsabilidade social: variáveis que contribuem para a vantagem de uma empresa cidadã. *Revista de Pós-Graduação*, Centro Universitário Monte Serrat, Unimonte, Santos, v. I, n. 3, p. 16-33, 2002.

26. MOREIRA, J. M. *A ética empresarial no Brasil.* Pioneira, 1999. p. 28.

27. NASH, L. L. *Ética nas empresas.* Makron Books, p. 6-7, 2001.

28. SROUR, R. H. *Ética empresarial*: posturas responsáveis nos negócios, na política e nas relações pessoais. Rio de Janeiro: Campus, 2000.

29. LIPSON, H. A. Do corporate executives plan for social responsability. *Business and Society Review,* p. 80-81, Winter 1974.

30. KOTTER, J.; HESKETT, J. *Corporate culture and performance.* New York: Free Press, 1992. p. 141.

31. BEAUCHAMP, T.; BOWE, N. *Ethical theory and business.* Englewood Cliffs: Prentice Hall, p. 1-19, 1993.

32. DAVIS, K.; BLOOSTROM, R. L. *Business and society*: environment and responsibility. New York: McGraw-Hill, 1975.

33. DAVIS, K. Five propositions for social responsability. *Business Horizons,* p. 19-24, jun. 1975.

34. CARVALHO, J. E. *Rating social*: análise do valor econômico-laboral nas organizações empresariais. 1999.

35. Em 1983 foi criada pela Assembleia Geral da ONU, a Comissão Mundial sobre o Meio Ambiente e Desenvolvimento – CMMAD, que foi presidida por Gro Harlem Brundtland, primeira-ministra da Noruega na época, e Mansour Khalid, daí o nome final do documento. A comissão foi criada em 1983, após uma avaliação dos 10 anos da Conferência de Estocolmo, com o objetivo de promover audiências em todo o mundo e produzir um resultado formal das discussões. Resultado do trabalho dessa Comissão, em 1987, o documento Our Common Future (Nosso Futuro Comum) ou, como é bastante conhecido, Relatório Brundtland, apresentou um novo olhar sobre o desenvolvimento sustentável. Disponível em: https://sustainabledevelopment.un.org/content/documents/5987our-common-future.pdf. Acesso em: 16 nov. 2022.

36. DAILY, H. E. *Towards a steady state economy.* Freeman, 1973.

37. Essa concepção foi elaborada pelo WBCSD – World Business Council for Sustainable Development (www.wbcsd.org) nos seguintes termos: "desenvolvimento sustentável significa produzir produtos e serviços a preços competitivos que satisfaçam as necessidades humanas, ao mesmo tempo que promovam a qualidade de vida, reduzindo progressivamente o uso de recursos e os impactos ecológicos".

38. Disponível em: https://unstats.un.org/sdgs/report/2019/. Acesso em: 16 nov. 2022.

ÍNDICE ALFABÉTICO

A

A Cauda Longa (*The Long Tail*), 48
Abertura no estilo de gestão, 210
Abordagem(ns)
    analítica racional, 175
    contingencial, 175
    determinística por extrapolação, 174
    na definição dos objetivos, 174
    qualitativa carismática, 175
    Zoom Out/Zoom In, 23, 24
Ação corretiva, 242
Accountability, 259
Aceitação, 242
Acesso
    a recursos naturais, 121
    aos canais de distribuição, 100
Adaptabilidade, 165
Adequação
    às competências e recursos
        disponíveis, 200
    da estrutura organizacional, 210
Aderência aos fatos reais, 73
Administração por objetivos (APO), 176
Agenda 2030 para o Desenvolvimento
    Sustentável, 276
Ajuste da cultura organizacional, 210
Alianças estratégicas, 144, 145
Alinhamento
    da arquitetura organizacional à
        estratégia, 168
    da cultura corporativa à estratégia, 168
    das áreas funcionais da organização, 168
    das pessoas aos valores criados, 78
    das unidades de negócio, 168

de interesses, 220
    do estilo de gestão e liderança à
        estratégia, 169
    externo, 162
    interno, 162, 168, 169
    organizacional, 161, 162
    por consenso, 162
Alocação de recursos e meios, 211
Amadurecimento competitivo, 134
Ambiente(s), 53
    contextual, 87, 88, 89
    de campos turbulentos, 129
    demográfico, 90
    dos recursos naturais, 92
    econômico, 90
    contextual, 89
    perturbado e reativo, 129
    político-legal, 90
    sociocultural, 91
    tecnológico, 92
    VUCA, 10, 11
Ambiguidade, 11
Ameaça
    de novos entrantes, 99
    de produtos substitutos, 100
    potenciais, 88
    reais, 87
Análise
    da história da organização, 102
    de regressão, 21
    do retorno sobre o investimento
        (ROI), 246
    estratégica, 182
    setorial, 88, 97
Analítica preditiva, 124

Analytics, 124, 127
Aquisição de inovação, 27
Armadilha
    de extrapolação, 50
    do final feliz, 50
    do PowerPoint, 50
Arquitetura organizacional, 105, 107, 112
    como variável dependente da estratégia,
        107
Atratividade setorial, 132, 133, 134
Auditoria
    de desempenho e resultados, 60
    de recursos
        disponíveis, 247
        e competências, 247
Autoconfiança, 227
Autonomia, 111
    requer controle global, 244
Avaliação
    da diversificação, 138
    da estratégia organizacional, 198
    do desempenho, 23, 229

B

Balanced Scorecard, 166, 233, 234
Balanço contábil, 244
Benchmarking, 142, 212, 213, 214
Business Model Canvas, 110

C

Cadeia básica de valor, 104
Canal(is), 109
Capacidade competitiva potencial, 132
Capital humano, 218
Cenários, 93

Ciclo
de monitoramento (*scanning*) do ambiente, 21, 22
de planejamento de longo alcance, 21, 22
de vida, 184
do produto, 184, 189
Cidadania empresarial, 59, 60
Círculo virtuoso da alocação de fundos, 192
Coaching, 232, 233
Colaboração, 144
Compatibilidade, 196
Competências
essenciais, 102, 103, 217
organizacionais, 101, 167, 168
Complementação, 142
Complexidade, 10, 11, 196
social, 104
Compliance, 259, 260
Comportamento
de aprendizado, 53
estratégico
autônomo, 228
induzido, 229
Compromisso com as partes interessadas, 165
Comunicação e orientação, 210
Conformidade, 242
Consistência
com o ambiente, 200
interna, 199
Consolidação da ideologia central, 75
Construção de cenários, 93, 94, 95
Contexto(s)
ambiental, 168
competitivos, 125
Controle(s)
globais, 244
estratégico, 239, 240
operacionais, 244
organizacionais balanceados, 218
táticos, 243
tipos de, 243
Conversação estratégica, 74
Cooperação
com parceiros externos, 27
Core competence, 103
Crescimento, 187
Criação
de impulsionadores da estratégia, 169
de valor, 57, 78, 80
Criatividade, 69, 121

Crosby, 14 passos de, 241
Crowdsourcing, 27
Cultura
de inovação, 25
empreendedora, 227, 228
organizacional, 121, 200, 221
Custos
de mudança, 100

D

Dashboard, 111
Decisão(ões)
de portfólio, 52
de posicionamento, 52
estratégicas, 122, 175
Declaração da missão, 59, 70, 71
Declínio, 188
Definição dos objetivos, 60, 171, 174
Deming, 14 pontos de, 214
Demonstrativo de lucros e perdas, 245
Departamentalização, 107
Desalinhamento do processo, 74
Desempenho
financeiro, 31, 202
Desenho
digital do negócio, 30
Desenvolvimento
organizacional, 88, 121
sustentável, 165, 273, 274
Design estratégico ágil, 62
Determinantes de sucesso, 40, 60
Diagnóstico estratégico
externo, 59, 87, 88
interno, 60, 100
Diferenciação, 135, 140
de produto, 99
Diferencial competitivo, 45
Dinâmica de grupo, 74
Direção
estratégica, 217
Disclosure, 259
Disposição para assumir riscos, 227
Diversificação, 137, 138, 139
DNA organizacional, 68

E

Economias de escala, 99
Ecossistema, 17
Efetividade, 42
Efficient consumer response (ECR), 105
Eficácia
organizacional, 201, 202, 232

Eficiência
de agência, 150
técnica, 150
Elaboração de estratégias, 182
sustentáveis, 274
Eliminação das barreiras à integração, 231
Emery, Fred, 88
Empowerment, 171
dos colaboradores, 214
Empreendedorismo
corporativo, 227
e inovação, 230
Emprego, futuro do, 32, 33
Empresa(s)
como instituição empreendedora, 53
desenhadas para o digital, 30
Enfoque, 144
Entrega do valor, 78
Era
pós-digital, 28
Escala de possibilidades de integração vertical, 151
Escola(s)
cognitiva, 52
da aprendizagem, 52
da configuração, 54
da cultura, 53
do ambiente, 54
do *design*, 51
do empreendedorismo, 52, 53
do planejamento, 50, 51
do poder, 53
do posicionamento, 51
Escolhas decisórias excludentes, 274
Espírito empreendedor, 226
Estágio
incremental, 159
sistêmico, 159
tático, 159
Estratégia(s)
emergente, 49
genéricas de Porter, 140
organizacional, 2
Estrutura(s), 16, 107
de custos, 110
organizacional, 112
Ética
empresarial, 269
nos negócios, 121
Execução
da estratégia, 60, 208, 209, 216, 221, 222, 223

Índice Alfabético   **281**

barreiras à, 223, 224

causas do insucesso, 223

do desempenho, 232

Experimentação, 111

Extensão das fronteiras de atuação das empresas do setor, 98

F

Fairness, 259

Fatores

críticos de sucesso, 120, 121

de adoção, 196

de recursos naturais, 121

político-legais, 121

Financiamento por um fundo externo de *Venture Capital* (VC), 27

Fluxo de receitas, 110

Focalização, 135

Força(s)

competitivas, 99, 121, 123

do conselho de administração, 263

motrizes, 95, 96

Formulação de estratégias, 60

Fronteiras

externas, 148, 150

geográficas, 148

horizontais, 98, 147, 148

verticais, 148, 149

G

Geração de valor, 166

Gestão

da qualidade total, 213

de impactos, 89

do desempenho organizacional, 232

Governança

corporativa, 256, 257, 258, 259, 260, 276

ascensão da, 257

constituição da, 258

Grupos estratégicos, 98

H

Hierarquia de objetivos, 247

I

I/O Model, Industrial Organization Model, 122, 137

Identificação do valor, 77

Implementação estratégica, 158

Incentivos, 225

Incerteza(s) críticas, 9

Incubação interna, 27

Inovação(ões) internas, 27

Insiders, 262

Insight, 3

Instituição das melhores práticas, 212

Inteligência

artificial (*Artificial Intelligence* – AI), 21

competitiva, 127

de negócios, 127

Intenção estratégica, 68, 69, 82

Intensidade da rivalidade entre os concorrentes, 100

Interações

horizontais dos objetivos, 174

verticais dos objetivos, 173

Interfaces, 111

Interiorização, 139

Internacionalização, 139

Introdução mais rápida de produtos, 25

Intuição, 3, 62

L

Liderança

comprometida, 213

critérios de, 219

de custo, 135

total, 136

estratégica, 209, 216

setorial, 121

transformadora, 165

Líderes de opinião, 195, 196

M

Macroambiente, 87, 88, 89

Maioria

pioneira, 195

tardia, 195

Manutenção do *status quo*, 140

Mapa

da estratégia BSC, 235

estratégico, 238, 239

Matriz

BCG, 190, 194

Chiavenato/Sapiro de Integração Estratégica, 137

de integração estratégica, 136

de portfólio da GE, 132

multifatorial, 133

da GE, 134

Produto-Mercado de Ansoff, 183, 184

SWOT, 129, 130, 131

Maturidade, 188

Meio plácido

e randômico, 128

e segmentado, 129

Metáforas e analogias, 73

Microambiente, 87, 88, 97, 98

Miopia estratégica, 72

Missão organizacional, 70, 71, 72

Modelo(s)

7S da McKinsey, 109, 110

planejamento estratégico, 51

burocrático das organizações, 106

das cinco forças competitivas de Porter, 101

de adoção e difusão de inovação de Rogers, 194

de alinhamento organizacional, 163

de apoio à decisão, 129

de ciclo de vida do produto, 184

de custo, 108

de excelência da gestão, 164, 165, 167

de Kaplan e Norton (*Balanced Scorecard*), 166

de Labovitz e Rosansky, 163

de negócios, elementos do, 108

de perfil de adequação organizacional, 166

de planejamento estratégico de Steiner, 51

de processo de gestão estratégica de Glueck, 58

de redes de *stakeholders*, 179

estratégicos, 183, 204

estruturalista de organização setorial, 122, 137

geral do processo estratégico, 55

para o desenvolvimento da estratégia corporativa, 58

reconstrutivista de recursos organizacionais, 123, 137

Monitoramento, 57, 89

Motivação, 68, 82

e recompensa aos colaboradores, 216

Mudança(s)

N

Não aceitação, 242

Natureza dos objetivos, 172

Necessidade

de medição, 238

de realização, 226

Negócio(s)

definição preliminar do, 71

novos modelos de, 8

redefinição do, 72

Nicho, 144

Novo
  crescimento, 31
  modelo de *design* flexível e ágil, 62

O

Objetivos organizacionais, 78, 79
Obrigação social e legal, 270, 271
Obsolescência
  de estilo, 197
  planejada e moda, 196
  tecnológica, 197
Opções estratégicas
  para empresa que pretende
    diversificar-se, 138
  para uma organização já
    diversificada, 139
Organização(ões),
  ágeis, 13, 15
  exponenciais, 28
  ideologia central da, 74
  por processos, 108
OS 17 Objetivos de Desenvolvimento
  Sustentável (ODS), 275
Outsiders, 262
  relacionados, 262
Outsourcing, 141

P

Padrões
  de custo, 241
  de qualidade, 241
  de quantidade, 241
  de tempo, 241
Papel social das organizações, 271
Partes interessadas, 76
Participação e engajamento das
  pessoas, 210
Pensamento sistêmico, 164
Percepção, 125
Pesquisa e desenvolvimento, 121
Pessoas, 15, 17
Planejamento
  do desempenho, 232
    organizacional, 232
  estratégico
    adequação ao, 224
    armadilhas típicas de, 45, 50
    benefícios do, 43
    ceticismo com relação ao processo
      de, 46
    determinantes do sucesso do, 44
    em tempos de incerteza, 60
    escolas de, 50

necessidade do, 42
níveis de, 55
processo de, 42, 43, 44, 45, 46, 151
tendências em, 11, 106, 182, 237
tradicional, 62, 63
operacional, 55
tático, 55
Poder de barganha
  dos compradores, 100
  dos fornecedores, 100
Política(s)
  de crescimento, 136
  de operações, 140
  de relacionamento, 143
  monetárias e fiscais, 91
  organizacional, 231
Pós-digital, 28, 31, 33
Posicionamento
  competitivo, 121
  de mercado, 45
Possibilidade
  de experimentar, 196
  de observação, 196
Previsão, 89
Processo(s), 16
  de construção de cenários, 94, 97
  de controle, 240
  de definição de objetivos, 171
  de negociação, 74
  de tomada de decisão, 122
  estratégico
    modelo geral do, 55
Produtividade, 121
Produto final, 74
Proposta de valor, 69, 77
Propriedade e gestão, 261
Prova
  da atratividade da indústria, 138
  de melhor desempenho, 138
  do custo de ingresso, 138

Q

Qualidade
  da gestão financeira, 21
Questionário sobre a permeabilidade das
  fronteiras da organização, 148, 150

R

Rastreamento e triagem, 89
Reavaliação
  de conclusão, 248
  de manutenção, 248

de mudança, 248
estratégica, 60, 247
Recurso(s)
  intangíveis, 102
  organizacionais, 101
  tangíveis, 102
Redes de negócios, 146, 147, 148
Redução de riscos, 26
Reengenharia, 214, 215
Reestruturação
  estratégica, 147
  organizacional, 154
Região de aceitação, 242
Rejeição, 242
Relatórios financeiros, 244, 267
Remuneração dos executivos, 263
Rentabilidade e lucratividade, 121
Reposicionamento do negócio, 31
Requisitos de capital, 99
Resiliência, 16, 17, 121
Resistência às mudanças, 169
Responsabilidade(s)
  gerenciais, 232
  individuais, 232
  social, 203, 268, 269, 272
    modelo de, 272
    novos padrões em, 270
  socioambiental, 121
Resposta eficiente ao consumidor, 105
Retardatários, 195
Revisão do desempenho, 232
Revolucionários, 195
Riscos
  da liderança no custo total, 135
  das estratégias genéricas, 135
  do enfoque, 136

S

Saturação, 188
Segmentos de clientes, 110
Seguimento, 141, 142
Seleção e percepção ambiental, 87
Sensibilidade
  social, 270
Sistema(s), 106
  de apoio, 215
  de atividades
    da Southwest Airlines, 197
  de valor, 105
Stakeholders
  desempenho financeiro e criação de
    valor para o, 202

diferentes objetivos dos diferentes, 181

diferentes resultados para diferentes, 179

Startup, 225

Stewardship, 121

T

Tecnologia(s), 16

de banco de dados, 143

sociais, 111

Teoria dos *stakeholders*, 177, 178

Terceirização, 141

Tomada de decisão

baseada em procedimentos, 123

baseada na análise, 124

Transformação digital, 212

Trilogia de Juran, 214

Trist, Eric, 88

V

Valor(es)

organizacionais, 74, 75

Vantagem relativa, 196

Variáveis

demográficas, 121

econômicas, 121

socioculturais, 121

tecnológicas, 121

Verticalização, 140

Visão(ões)

antecipatória, 3

baseada em recursos, 102

de negócios

elaboração da, 74

poder de persuasão da,73

premissas para a elaboração da, 73

organizacional, 72

periférica, 3

sistêmica, 2, 3

Vitórias de curto prazo, 171

Volatilidade, 11